Logo! Logistik Dokumentation, Steuerung, Erfolgskontrolle

für Berufe der Lagerlogistik

Wirtschaftsrechnen

Buchführung

Kosten- und Leistungsrechnung

Frachtrechnen

von

Norbert Egger

Manfred Eberhardt

Michael Weckbach

winklers®

Dieses neu konzipierte Fachbuch für das betriebliche Rechnungswesen deckt den aktuellen Rahmenlehrplan für die Berufe „Fachkraft für Lagerlogistik" und „Fachlageristin" und insbesondere das Lernfeld 12 ab. Mit der Konzeption dieses Buches sollen sowohl die Vermittlung von Handlungskompetenz für die Auszubildenden als auch das Selbststudium vor allem in der Fort- und Weiterbildung gefördert werden. Vor allem die Fallstudien in diesem Werk binden die logistischen Abläufe in die Dokumentation und Kontrolle der Geschäftsprozesse ein.

Das vorliegende Buch ist daher besonders zur Unterrichtsbegleitung und selbstständigen Nachbereitung sowie zum Selbststudium geeignet. Dies wird bewirkt durch den systematischen und farblogischen Aufbau der Kapitel mit:
- Einführung
- Musteraufgaben
- Musterlösungen
- Zusammenfassungen und
- im Schwierigkeitsgrad gestuften Übungsaufgaben.

In der Logistik dominiert heute eine differenzierte, prozessbezogene Kosten- und Leistungsrechnung. Das Buch berücksichtigt diese Entwicklung mit einer umfangreichen und leicht verständlichen Darstellung dieser Sachverhalte. So wird auch beim Frachtrechnen ständig Bezug zur Kosten- und Leistungsrechnung hergestellt. Die Kapitel Buchführung, Kosten- und Leistungsrechnung und Frachtrechnen sind daher eng miteinander verknüpft.

Der Inhalt ist in vier Hauptbereiche gegliedert:

Teil A: Wirtschaftsrechnen

Die traditionellen Rechengebiete werden berufsbezogen behandelt. So werden beispielsweise nationale und internationale Maße und Gewichte lager- und versandbezogen dargestellt. Das Kapitel „Währungsrechnen" wurde gemäß der neuen Notierungen auf die Mengennotierungen umgestellt.

Teil B: Buchführung

Die gesamte Buchführung wird praxisbezogen und farblogisch dargestellt. Sie basiert auf dem am Abschlussgliederungsprinzip orientierten Großhandelskontenrahmen. Die Darstellung der Buchführung basiert auf dem gesetzlich neuesten Stand (Abschreibung usw.).

Teil C: Kosten- und Leistungsrechnung

Neben der Kostenartenrechnung wird vor allem die Kostenträgerrechnung im Logistikbereich intensiv behandelt. Daneben werden die Lagerkennziffern als Führungs- und Steuerelement logistischer Prozesse ausführlich und praxisbezogen präsentiert. Dabei wird größter Wert auf das leichte Verständnis der komplexen Materie gelegt.

Teil D: Frachtrechnen

Die praxisbezogene Frachtrechnung baut teilweise auf den Vorstrukturen der Kosten- und Leistungsrechnung auf. Der Bezug zur Kostenrechnung wird, wo immer möglich, hergestellt. Das Tarifaufhebungsgesetz im Bereich des Straßen- und Eisenbahnverkehrs ist durchgehend berücksichtigt. Das Frachtkonzept der Deutschen Post AG mit Europreisen (Stand Frühjahr 2007) ist in diesem Buch ausführlich und übersichtlich wiedergegeben. Im Bereich der Schifffahrt und der Luftfracht wurde das Preisbildungssystem bewusst ausführlich beschrieben, um so einen ständigen Bezug zur speziellen Betriebswirtschaftslehre im Lager- und Logistikbereich herzustellen. Die Verfasser sind der Auffassung, mit diesem Fachbuch den aktuellen Anforderungen einer wirklichkeitsnahen und erfolgreichen Ausbildung im Fach Wirtschaftsrechnen/Rechnungswesen gerecht zu werden. Für Hinweise auf Irrtümer, Unvollkommenheiten und Lücken werden wir stets dankbar sein.

Heilbronn, Frühjahr 2007 — *Die Verfasser*

1. Auflage, 2007

Westermann Schroedel Diesterweg
Schöningh Winklers GmbH
Postfach 33 20, 38023 Braunschweig
Telefon: 01805 996696 Fax: 0531 708-664
E-Mail: service@winklers.de
www.winklers.de
Lektorat: Jürgen Umstadt, Worms
Druck: westermann druck GmbH, Braunschweig
ISBN: 978-3-8045-**6540**-1

65406

A Wirtschaftsrechnen

1 Grundrechenarten

Auch im Zeitalter von Taschenrechnern und Computern ist es für einen Kaufmann unerlässlich, Rechnungen im Kopf zu lösen bzw. zu überschlagen.

Durch das Kopfrechnen wird das Gefühl für Zahlengrößen geschult. Geübte Rechner sind häufig bei der Addition und Subtraktion schneller als mit elektronischen Hilfsmitteln. Vor allem dann, wenn die Rechenvorteile genutzt werden. Das **kleine** und das **große Einmaleins** müssen beherrscht werden, um die Rechenvorteile sinnvoll nutzen zu können.

Genaue Berechnungen, eventuell mit mehreren Dezimalstellen, können und sollen natürlich mit modernen Hilfsmitteln gerechnet werden.

1.1 Addition

Musteraufgabe

Wie groß ist die Summe folgender Zahlen?

a) 1 + 3 + 6 + 5 + 5 + 7 + 3 + 1 + 9

b) 2 + 1 + 7 + 6 + 5 + 3 + 1 + 5 + 14 + 6 + 18 + 2

Lösung

a) <u>1 + 3 + 6</u> + <u>5 + 5</u> + <u>7 + 3</u> + <u>1 + 9</u> = 40

10 + 10 + 10 + 10 = 40

b) <u>2 + 1 + 7</u> + 6 + 5 + <u>3 + 1</u> + 5 + <u>14 + 6</u> + <u>18 + 2</u> = 70

10 + 10 + 10 + 20 + 20 = 70

Merke:

- Mehrere Zahlen (<u>Summanden</u>) werden zu einer Gesamtzahl (<u>Summe</u>) zusammengezählt.
- Die Zahlen können vertauscht werden, ohne dass sich die Summe ändert.
- Die Zahlen können zu Zwischensummen zusammengezogen werden, um Rechenvorteile zu nutzen.

Rechenvorteil:

Einzelne Zahlen werden zu 10er- und 20er-Blöcken zusammengefasst.

Aufgaben

1 Wie hoch ist der Gesamtwert folgender Waren?

Stapel mit Getränkepaletten	45.234,07 €
Stapel mit Lebensmitteln	62.321,43 €
Lose Waren	153.033,50 €
Kühlkost	15.569,88 €
Frischkost	4.398,12 €
	?

2 Wie lauten die 8 Summen der unten stehenden Absatzzahlen?

	Quartal 1	Quartal 2	Quartal 3	Quartal 4	**Summen**
	27000	24000	32000	25000	?
	28000	30000	35000	29000	?
	32000	34000	38000	32000	?
Summen	?	?	?	?	?

3 Ermitteln Sie die gesuchten Summen.

	Quartal 1	Quartal 2	Quartal 3	Quartal 4	**Summen**
	4,8	6,6	7,8	5,2	?
	6,4	7,2	9,3	5,8	?
	7,7	8,9	10,5	9,7	?
Summen	?	?	?	?	?

4 Wie hoch ist das Vermögen in dem unten stehenden Inventar?

Anlagevermögen:	Grundstücke	120.000,00 €	
	Gebäude	580.880,00 €	
	Fuhrpark	80.000,00 €	
	Geschäftsausstattung	56.666,00 €	
Umlaufvermögen:	Waren	123.457,88 €	
	Forderungen	78.543,12 €	
	Bankguthaben	6.789,66 €	
	Kassenbestand	66,34 €	?

5 Über welchen Betrag lauten die Endsummen der unten stehen Abzüge?

LSt	KiSt	Soz.-Vers.
622,78	49,82	632,98
377,22	26,18	387,00
487,36	38,76	476,44
956,64	96,24	903,58
?	?	?

1.2 Subtraktion

Musteraufgabe

Wie groß ist die Differenz zwischen folgenden Zahlen?

a) 11 – 7 b) 7211 – 889 – 64 – 1213

Lösung

a) 11
– 7
4

Sprechen Sie: 7 und 4 ist 11 (nicht 11 – 7 = 4).

b) 7211
– 889
– 64
– 1213
122
5045

Sprechen Sie: 3 + 4 + 9 und 5 = 21 (Schreiben Sie Zehnerstelle 2 unter die Zehnerreihe.)

2 + 1 + 6 + 8 und 4 = 21

2 + 2 + 8 und 0 = 12

1 + 1 und 5 = 7

Merke:

- **Von einer Zahl werden eine oder mehrere Zahlen (Subtrahenden) abgezogen. Das Ergebnis ist die Differenz.**
- **Die Subtrahenden können vertauscht werden, ohne die Differenz zu verändern.**

Rechenvorteil:

Ergänzungsmethode: → Fassen Sie die einzelnen Reihen der Subtrahenden zusammen und **ergänzen** Sie den fehlenden Wert.

Aufgaben

1 Subtrahieren Sie folgende Zahlen im Kopf.

a)	b)	c)	d)	e)	f)
766	23 456	456,77	2 433 899	15 243,97	34,8876
− 456	− 12 323	− 239,65	− 2 325 766	− 9 458,65	− 13,5567

2 Welche Differenz ergibt sich aus folgenden Zahlen?

a)	b)	c)	d)	e)
34,74 €	6 471,10 kg	677,19 $	2 344,00 km	3 788,99 t
16,56 €	4 587,90 kg	211,00 $	1 559,00 km	2 532,74 t

3 Subtrahieren Sie, ohne die Zahlen zu tauschen.

a)	b)	c)	d)	e)	f)
356	12 356	14,89	234 789	1 292,73	197 648,13
486	24 789	20,11	765 432	4 745,86	367 285,78

4 Welcher Nettopreis ergibt sich aus den unten stehenden Beträgen?

	Bruttopreis	–	Umsatzsteuer	=	Nettopreis
a)	36.000,00		5.400,00	=	?
b)	72.000,00		10.800,00	=	?
c)	144.000,00		21.600,00	=	?
d)	432,00		64,80	=	?
e)	12,99		1,95	=	?
f)	46.567,20		6.985,08	=	?

1.3 Multiplikation

Musteraufgabe

Auf einer Palette befinden sich 8 Packstücke. Die gesamte Partie besteht aus 11 Paletten. Wie viele Packstücke umfasst die Partie?

Lösung

8 Packstücke · 11 Paletten = 88 Packstücke.

Merke:

- **Eine Zahl (<u>Faktor</u>) wird mit einer anderen Zahl (<u>2. Faktor</u>) zu einem <u>Produkt</u> vervielfacht.**
- **Das Produkt ändert sich nicht, wenn die Faktoren vertauscht werden.**
- **Eine Zahl multipliziert mit 0 ist 0.**

Rechenvorteile:

1. Ist einer der Faktoren eine Zahl, bei der nur eine Ziffer nicht auf Null lautet, bleiben die Nullen bei der Multiplikation zuerst unberücksichtigt. Nach der Multiplikation wird das Produkt korrigiert.
   21 · 8 000 = 21 · 8 = 168 erweitert mit 3 Nullen = 168 000
   21 · 0,008 = 21 · 8 = 168 verkleinert um 3 Kommastellen = 0,168

2. Ist einer der Faktoren eine Zahl zwischen 12 und 19 (oder das 10-, 100-, ..0,1fache), wird ebenso gerechnet.
   Eine Palette hat ein Gewicht von 567 kg. Wie viel wiegen 19 Paletten?

7 · 19 = 133	(schreibe **3** als letzte Ziffer; behalte 13)
6 · 19 = 114 + **13**	(schreibe **7** als vorletzte Ziffer; behalte 12)
5 · 19 = 95 + **12** =	(schreibe **107** vor die beiden Ziffern = 10 773 kg)

3. Ist einer der Faktoren die Zahl 11 (oder 110, 1100, 1,1, 0,11 ... usw.), dann wird der andere Faktor zu sich selbst um eine Dezimalstelle nach links addiert.

   35 679 kg · 11 = 3 5 6 7 9
   + 3 5 6 7 9
   = 3 9 2 4 6 9

4. Multiplizieren mit bequemen Teilern:
   Bestimmte Faktoren lassen sich leicht durch einfache Brüche[1] ersetzen.

   Die Aufgabe 1408 · 25 kann in folgenden Rechenschritten gelöst werden:

   1. Rechenschritt → 1 408 : 4 = 352
   2. Rechenschritt → 352 · 100 = 35 200

   Anstelle der schriftlichen Multiplikation mit 25 kann im Kopf einfacher gerechnet werden, indem in diesem Fall mit 4 dividiert und anschließend mit 100 multipliziert wird.

   Bequeme Teiler:
   $5 = \frac{1}{2}$, $10 \cdot 25 = \frac{1}{4}$, $100 \cdot 75 = \frac{3}{4}$, $100 \cdot 125 = \frac{1}{8}$

Multiplikator:	**5**	**25**	**50**	**125**
1. Rechenschritt:	: 2	: 4	: 2	: 8
2. Rechenschritt:	· 10	· 100	· 100	· 1000

Aufgaben

1 Multiplizieren Sie ohne Taschenrechner. Überschlagen Sie die Dezimalstellen vor jeder Rechnung.

a) 25 · 9 b) 234 · 8 c) 5 788 · 6 d) 1 278,95 · 7 e) 24,45 · 4,5
f) 78,56 · 17,12

2 Stellen Sie den Gesamtpreis fest.

a) 23.567,00 € · 12 t b) 4.569,45 R · 16 kg c) 440 g · 0,56 €
d) 11,7 m · 8,50 € e) 123,8 km · 11,4 € f) 344 kWh · 0,221 €
g) 770,00 · 1,15 h) 456 m² · 16,6 €

3 Rechnen Sie mit bequemen Teilern.

a) 246 · 25 b) 178 · 75 c) 88,88 · 125 d) 44 642 · 5
e) 1 632 · 125 f) 68 442 · 50

4 Wie viel m² ergeben sich aus folgenden Abmessungen?

a) 2 m · 7,90 m b) 34,6 m · 12 m c) 77,7 m · 40 m d) 126 m · 0,44 m
e) 125 cm · 125 cm f) $12 \cdot 16\frac{2}{3}$ cm g) 21 m · 2,1 km h) 144 cm · 12 m
i) 500 cm · 500 cm j) 36 m · 36 m

1 siehe Prozentrechnen

1.4 Division

Musteraufgabe

Eine Aushilfskraft verdient pro Tag 114,75 €. Wie hoch ist ihr Stundenlohn, wenn sie 8,5 Stunden gearbeitet hat?

Lösung

114,75 : 8,5 = 13,5
297
 425

Sprechen Sie: 1 mal 5 und 9 = 14 (behalte 1)
1 mal 8 + 1 und 2 = 11 usw.

Merke:

- **Eine Zahl (Dividend) geteilt durch eine andere Zahl (Divisor) ergibt den Quotient.**
- **Dividend und Divisor dürfen nicht vertauscht werden.**
- **Ist der Divisor eine Dezimalzahl, dann ist beim Divisor und beim Dividenden das Komma um so viele Stellen nach rechts zu setzen, bis der Divisor eine ganze Zahl ist.**

Rechenvorteil:

Ergänzungsmethode: → Schreiben Sie immer nur die Restbeträge an.

Aufgaben

1 Dividieren Sie im Kopf.

a) 240 : 12 b) 216 : 6 c) 728 : 13 d) 2 072 : 37 e) 5 496 : 458
f) 24 336 : 156 g) 1 936 : 44

2 Dividieren Sie im Kopf.

a) 288 : 14,4 b) 1 494 : 16,6 c) 66 234 : 33,2 d) 30 432 : 253,6
e) 24 397,56 : 36,6

3 Dividieren Sie mit bequemen Teilern.

a) 14 200 : 25 b) 18 400 : 50 c) 700 : 12,5 d) 45 250 : 125
e) 59 400 : 250 f) 63 150 : 75

4 Dividieren Sie mit der Ergänzungsmethode.

a) *Beispiel mit Lösung:*

Der Bruttopreis beträgt einschließlich 19 % USt = 691,39 €. Wie hoch ist der Nettopreis?

691,39 : 1,19 = 69 139 : 119 = 581
↓
963
↓
119

Berechnen Sie die folgenden Aufgaben nach derselben Methode.

b) Bruttopreis: 928,20 €, USt 19 %, Nettopreis ? €
c) Bruttopreis: 20,23 €, USt 19 %, Nettopreis ? €
d) Bruttopreis: 14.280,00 €, USt 19 %, Nettopreis ? €
e) Bruttopreis: 14,98 €, USt 7 %, Nettopreis ? €
f) Bruttopreis: 359,52 €, USt 7 %, Nettopreis ? €

5 Dividieren mit zerlegten Faktoren.

a) *Beispiel mit Lösung:*

Der Wert einer Warensendung beträgt 97.440,00 €. Der Preis pro kg beträgt 56,00 €. Wie viel kg beträgt das Gewicht?

97.440 : 56 = 1 740 oder 97.440 : (8 · 7)

1. Schritt: 97.440 : 8 = 12 180

2. Schritt: 12.180 : 7 = 1 740 kg

Berechnen Sie die folgenden Aufgaben nach derselben Methode.

b) 6.545 : 77	c) 17.640 : 36	d) 27.734,00 : 49
e) 33.460 : 28	f) 129.456 : 144	g) 117.775,00 : 25
h) 15.540 : 28	i) 190.836 : 81	j) 320.364,00 : 63
k) 81.305 : 35	l) 327.240 : 72	m) 458.136,00 : 81

1.5 Brüche

1.5.1 Grundbegriffe

Von einer Lagerfläche hat der Industriebetrieb Gebtag die Hälfte, Spediteur Hinz ein Viertel und Spediteur Wank ein Viertel gekauft. Folglich hat jeder **einen Teil eines Ganzen** erworben.

Gebtag = $\frac{1}{2}$, Hinz = $\frac{1}{4}$, Wank = $\frac{1}{4}$

Die Teile werden auch Bruchteile oder kurz **Brüche** genannt.

1. **Zähler** / **Nenner**	= 1 / = 2	= Anzahl der Teile / = Bezeichnung (Name) der Teile des Ganzen
2. **Echter Bruch**	→ $\frac{2}{5}$	= Zähler ist **kleiner** als Nenner.
3. **Unechter Bruch**	→ $\frac{8}{5}$	= Zähler ist **größer** als Nenner.
4. **Gemischter Bruch**	→ $3\frac{1}{3}$	= ganze Zahl und ein Bruch
5. **Gleichnamige Brüche**	→ $\frac{1}{8}+\frac{2}{8}+\frac{7}{8}$	= Alle Nenner sind gleich.
6. **Ungleichnamige Brüche**	→ $\frac{2}{5}-\frac{5}{6}\cdot\frac{9}{10}$	= Die Nenner sind verschieden groß.

1.5.2 Umwandeln von Brüchen

Gemischter Bruch in unechten Bruch:

z. B. $4\frac{3}{4} = 4 \cdot 4 = 16 + 3 = \frac{19}{4}$

(4 ↓ ganze Zahl; 4 ↓ Nenner; 3 ↓ Zähler)

Der Nenner wird mit der ganzen Zahl multipliziert und addiert den Zähler des Bruches dazu.

Erweitern eines Bruches:

z. B. $\frac{5}{6} \cdot 8 = \frac{5}{6} \cdot \frac{8}{6} = \frac{40}{48}$ Der Wert bleibt unverändert!
Zähler und Nenner werden mit der gleichen Zahl multipliziert.

Kürzen eines Bruches:

z. B. $\frac{4}{12} : 4 = \frac{4:4}{12:4} = \frac{1}{3}$ Der Wert bleibt unverändert!
Zähler und Nenner werden durch die gleiche Zahl dividiert.

1.5.3 Rechnen mit echten Brüchen

1.5.3.1 Addition

Musteraufgabe Addieren Sie folgende Brüche:

$\frac{1}{2} + \frac{1}{3} + \frac{3}{4} + \frac{5}{6} + \frac{8}{12} + \frac{4}{6} + \frac{2}{4} + \frac{1}{3}$

Lösung $\frac{6}{12} + \frac{4}{12} + \frac{9}{12} + \frac{10}{12} + \frac{8}{12} + \frac{8}{12} + \frac{6}{12} + \frac{4}{12} = \frac{55}{12} = \mathbf{4\frac{7}{12}}$

Merke:

- **Ungleichnamige Brüche (verschiedene Nenner) müssen zuerst auf einen gemeinsamen Hauptnenner gebracht werden, um sie addieren zu können.**
- **Der Hauptnenner ist die kleinste Zahl, in der alle Nenner gemeinsam enthalten sind.**
- **Brüche werden addiert, indem alle Zähler addiert werden. Der gemeinsame Hauptnenner wird beibehalten.**
- **Gemischte Brüche werden vor der Addition in unechte Brüche umgewandelt.**

Aufgaben

1 Addieren Sie im Kopf.

a) $\frac{2}{9} + \frac{4}{9} + \frac{7}{9} + \frac{3}{9} + \frac{6}{9} + \frac{1}{9}$

b) $\frac{3}{13} + \frac{6}{13} + \frac{9}{13} + \frac{2}{13} + \frac{5}{13} + \frac{7}{13}$

c) $\frac{12}{7} + \frac{6}{7} + \frac{8}{7} + \frac{4}{7} + \frac{6}{7} + \frac{3}{7}$

d) $4\frac{3}{4} + 3\frac{1}{4} + 7\frac{3}{4} + 1\frac{1}{4}$

2 Addieren Sie.

a) $\frac{7}{8} + \frac{4}{5}$

b) $\frac{3}{4} + \frac{6}{8}$

c) $\frac{5}{6} + \frac{2}{3}$

d) $\frac{16}{20} + \frac{3}{10}$

e) $\frac{3}{12} + \frac{7}{6}$

f) $\frac{5}{3} + \frac{7}{6}$

g) $\frac{1}{3} + \frac{4}{5} + \frac{8}{15}$

h) $\frac{3}{4} + \frac{6}{8} + \frac{9}{16}$

i) $\frac{3}{7} + \frac{4}{14} + \frac{6}{21}$

j) $\frac{13}{6} + \frac{1}{12} + \frac{7}{6}$

3 Addieren Sie.

a) $6\frac{1}{3}+4\frac{1}{6}$ b) $4\frac{1}{8}+2\frac{1}{5}$ c) $25\frac{1}{2}+12\frac{1}{4}$

d) $66\frac{2}{3}+2\frac{1}{6}$ e) $33\frac{1}{3}+2\frac{1}{6}$ f) $16\frac{2}{3}+8\frac{1}{3}+4\frac{1}{4}$

g) $3\frac{1}{4}+4\frac{1}{2}+5\frac{3}{4}$ h) $12\frac{1}{2}+17\frac{1}{4}+6\frac{3}{4}$

4 Addieren Sie.

a) $66\frac{2}{3}+18$ b) $112\frac{1}{3}+18\frac{5}{6}$ c) $80\frac{3}{4}+39\frac{1}{4}$

d) $249\frac{3}{4}+250\frac{1}{4}+500$ e) $17\frac{4}{3}+18\frac{2}{3}$ f) $447\frac{7}{8}+2\frac{2}{16}$

g) $1\frac{1}{2}+4\frac{1}{2}$ h) $22\frac{1}{2}+17+8\frac{2}{4}$

1.5.3.2 Subtraktion

Musteraufgabe Subtrahieren Sie folgende Brüche:

$\frac{6}{8}-\frac{2}{6}-\frac{1}{4}-\frac{1}{12}$

Lösung $\frac{18}{24}-\frac{8}{24}-\frac{6}{24}-\frac{2}{24}=\mathbf{\frac{1}{12}}$

Merke: **Für die Subtraktion gelten dieselben Regeln wie für die Addition.**

Aufgaben

1 Subtrahieren Sie im Kopf.

a) $\frac{3}{4}-\frac{1}{2}$ b) $\frac{2}{3}-\frac{1}{6}$ c) $\frac{9}{10}-\frac{4}{5}$ d) $\frac{14}{16}-\frac{2}{8}$

e) $\frac{1}{4}-\frac{1}{8}$ f) $\frac{1}{3}-\frac{2}{6}$ g) $\frac{3}{4}-\frac{2}{3}$ h) $\frac{4}{5}-\frac{2}{3}$

2 Subtrahieren Sie.

a) $6\frac{4}{5}-5\frac{2}{5}$ b) $3\frac{1}{3}-2\frac{1}{2}$ c) $7\frac{9}{10}-4\frac{1}{5}$ d) $8\frac{3}{8}-3\frac{3}{4}$

e) $6\frac{1}{6}-2\frac{3}{4}$ f) $7\frac{2}{5}-4\frac{1}{2}$ g) $20\frac{2}{9}-6\frac{2}{3}$ h) $50\frac{3}{4}-33$

i) $19\frac{2}{5}-6\frac{2}{3}$ j) $15\frac{1}{2}-8\frac{3}{4}$ k) $14\frac{1}{2}-\frac{11}{2}$ l) $18-9\frac{3}{4}$

1.5.3.3 Multiplikation

Multiplizieren eines Bruches mit einer ganzen Zahl

Musteraufgabe Multiplizieren Sie $\frac{2}{5}$ mit 11.

Lösung $\frac{2}{5} \cdot 11 = \frac{2 \cdot 11}{5} = \frac{22}{5} = \mathbf{4\frac{2}{5}}$

Merke:

- Ein Bruch wird mit einer ganzen Zahl multipliziert, indem der Zähler mit der ganzen Zahl multipliziert wird.
- Kürzen Sie, wenn es möglich ist.

Multiplizieren eines Bruches mit einem Bruch

Musteraufgabe Multiplizieren Sie folgende Brüche:

$\frac{2}{3} \cdot \frac{3}{4} \cdot \frac{5}{6}$

Lösung $\frac{2}{3} \cdot \frac{3}{4} \cdot \frac{5}{6} = \frac{30}{72} = \mathbf{\frac{5}{12}}$

Merke:

- Ein Bruch wird mit einem Bruch multipliziert, indem Zähler mit Zähler und Nenner mit Nenner multipliziert werden.
- Kürzen Sie, bevor Sie multiplizieren, spätestens das Ergebnis.

Aufgaben

1 Multiplizieren Sie im Kopf.

a) $\frac{1}{2}, \frac{1}{3}, \frac{1}{4}, \frac{1}{5}, \frac{1}{6}, \frac{1}{7}, \frac{1}{8} \cdot 5$ b) $\frac{2}{3}, \frac{3}{5}, \frac{5}{6}, \frac{7}{8}, \frac{9}{13}, \frac{12}{15} \cdot 11$

2 Multiplizieren Sie.

a) $\frac{1}{2}, \frac{1}{3}, \frac{1}{4}, \frac{1}{5}, \frac{1}{6}, \frac{1}{7}, \frac{1}{8} \cdot \frac{1}{3}$ b) $\frac{2}{3}, \frac{3}{5}, \frac{5}{6}, \frac{7}{8}, \frac{9}{13}, \frac{12}{15} \cdot \frac{4}{5}$

3 Multiplizieren Sie.

a) $2\frac{1}{4} \cdot 5\frac{1}{2}$ b) $3\frac{3}{4} \cdot \frac{2}{3}$ c) $5\frac{5}{6} \cdot 17$

d) $28 \cdot 5\frac{1}{3}$ e) $\frac{18}{3} \cdot 6\frac{2}{3}$ f) $25\frac{5}{12} \cdot 12\frac{2}{3}$

1.5.3.4 Division

Dividieren eines Bruches durch eine ganze Zahl

Musteraufgabe Dividieren Sie $\frac{3}{5}$ durch 6.

Lösung $\frac{3}{5 \cdot 6} = \frac{3}{30} = \mathbf{\frac{1}{10}}$

Merke:

- Ein Bruch wird durch eine ganze Zahl dividiert, indem der Nenner mit der ganzen Zahl multipliziert wird.

Dividieren eines Bruches durch einen Bruch

Musteraufgabe Dividieren Sie folgende Brüche:

$\frac{6}{7} : \frac{3}{5}$

Lösung $\frac{6 \cdot 5}{7 \cdot 3} = \frac{30}{21} = \frac{10}{7} = \mathbf{1\frac{3}{7}}$

Merke: **Ein Bruch wird dividiert, indem der eine Bruch mit dem Kehrwert des anderen Bruches multipliziert wird.**

Aufgaben

1 Dividieren Sie im Kopf.

a) $\frac{1}{2}, \frac{1}{3}, \frac{1}{4}, \frac{1}{5}, \frac{1}{6}, \frac{1}{7}, \frac{1}{8} : 7$ b) $\frac{2}{3}, \frac{3}{5}, \frac{5}{6}, \frac{7}{8}, \frac{9}{13}, \frac{12}{15} : 4, 9, 10, 15$

2 Dividieren Sie (gemischte Zahlen in unechte Brüche umwandeln).

a) $7 : 2\frac{1}{3}$ b) $14 : 2\frac{1}{2}$ c) $18 : 5\frac{6}{7}$ d) $20 : 4\frac{1}{5}$

e) $24 : 1\frac{5}{6}$ f) $12 : 3\frac{3}{4}$ g) $39 : 2\frac{1}{6}$

3 Dividieren Sie.

a) $\frac{49}{51} : 7$ b) $\frac{38}{17} : 19$ c) $\frac{65}{37} : 13$ d) $\frac{56}{19} : 112$

e) $\frac{81}{97} : 9$ f) $\frac{32}{34} : 8$ g) $\frac{88}{51} : 22$ h) $\frac{234}{78} : 39$

4 **Rechenrätsel:**

Aufgabe des **ALKUIN** (Rechenlehrer am Hof Karls des Großen im 8. Jahrhundert)

Eine Leiter hat 100 Sprossen. Auf der ersten Sprosse sitzt eine Taube, auf der zweiten Sprosse sitzen zwei Tauben, auf der dritten drei Tauben usw. bis zur hundertsten Sprosse. Wie viele Tauben sind es insgesamt?

Lösungsweg:

(1 + 2 + 3 + 4 + 5 + 6 + 7 + 8 + 9 + 10 + 11 + 12 + ... + 99 +100)

oder

Alkuins Lösungssatz:

Von der ersten Sprosse, auf der eine Taube sitzt, nimm diese weg und setze sie zu den 99 Tauben auf der 99. Sprosse.
Insgesamt sind das 100.
Nimm die zwei Tauben von der 2. Sprosse zu den 98 auf der 98. Sprosse, es sind wieder 100.
Rechne so weiter.
Die 50. Sprosse hat kein entsprechendes Gegenstück, auch die 100. Sprosse nicht.
Fasse alles zusammen und du findest .... Tauben.

654016

2 Flächen-, Körper- und Umfangsberechnung

Die Berechnung von Flächen, Körpern und Umfängen gehört zum grundlegenden Fachwissen der Fachkräfte für Lagerwirtschaft. Beim Lagern, aber auch beim Beladen von Transportmitteln muss häufig ein begrenztes Raumangebot (z. B. Grundfläche einer Wechselpritsche, Rauminhalt eines Containers, Stellflächen eines Lagerraumes für Industriepaletten usw.) optimal genutzt werden. Durch diese optimale Nutzung werden Kosten eingespart (z. B. zusätzliche Wechselpritsche, zusätzliche Grundfläche für die Lagerung usw.).

2.1 Flächen- und Umfangsberechnung

Beachte

$1\ m^2$	$= 10\ dm = 100\ cm$	U	= Umfang
$1\ dm^2$	$= 10\ cm \cdot 10\ cm = 100\ cm^2$	a, b, c	= Seitenlängen
$1\ m^2$	$= 10\ dm \cdot 10\ dm = 100\ dm^2$	I	= Flächeninhalt
$1\ m^2$	$= 100\ cm \cdot 100\ cm = 10\,000\ m^2$	r	= Radius
$1\ m^2$	$= 100\ dm^2 = 10\,000\ cm^2$	d	= Durchmesser
		h	= Höhe eines Dreiecks
		g	= Grundseite eines Dreiecks

2.1.1 Quadrat

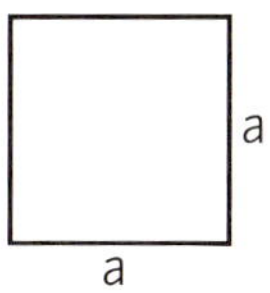

Quadrat = 4 gleich lange Seiten

$U = a + a + a + a = \mathbf{4a}$

$I = a \cdot a = a^2$

Musteraufgabe

Eine beschädigte Industriegitterboxpalette mit den Grundmaßen 80 cm · 80 cm soll ausgebessert werden.

a) Wie viel m Drahtgeflecht sind notwendig, wenn alle vier Seiten erneuert werden?

b) Auch das Holz der Grundplatte muss erneuert werden. Wie viel m² Sperrholz werden benötigt?

Lösung

a) 80 cm + 80 cm + 80 cm + 80 cm = 4 · 80 cm = 320 cm = **3,20 m**

b) 80 cm · 80 cm = **6 400 cm² = 0,64 m²**

Aufgaben

1 Berechnen Sie den Umfang folgender Quadrate sowie den Inhalt in m². Angegeben ist jeweils die Seitenlänge des Quadrats.

a) 2,50 m b) 9,6 dm c) 13,5 dm d) 4,12 m e) 25 cm f) 169 cm g) 5,53 m

2 Berechnen Sie den Umfang folgender Quadrate sowie den Inhalt in dm². Angegeben ist jeweils die Seitenlänge des Quadrats.

a) 0,12 m b) 2,4 dm c) 16,8 cm d) 5,0 dm e) 0,26 m f) 17,5 cm g) 4,5 dm

2.1.2 Rechteck

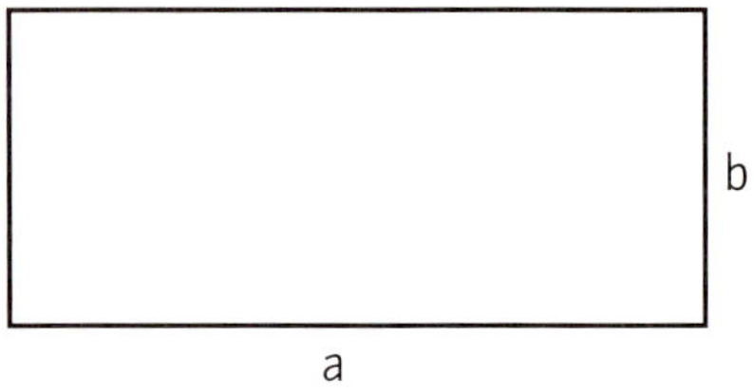

Rechteck

= zweimal 2 gleich lange Seiten

$U = a + a + b + b = \mathbf{2a + 2b}$

$I = a \cdot b$

Musteraufgabe

Der Fußboden eines Lagerraumes mit einer Länge von 6,34 m und einer Breite von 4,12 m soll mit Betonfarbe gestrichen werden.

a) Berechnen Sie die Fläche des Raumes.

b) Wie viel m Sockelleiste sind notwendig, wenn sich an einer Seite des Raumes eine Tür von 2,20 m Breite befindet?

Lösung

a) 4,12 m · 6,34 m = **26,1208 m²**

b) 6,34 m · 2 + 4,12 m · 2 – 2,20 m = 12,68 m + 8,24 m – 2,20 m = 20,92 m – 2,20 m = **18,72 m**

Aufgaben

1 Berechnen Sie den Umfang folgender Rechtecke und deren Inhalt in m² sowie in dm².

a) 2,48 m · 1,28 m	b) 9,8 dm · 12,5 dm	c) 3,12 m · 169 cm
d) 5,53 m · 0,45 m	e) 0,12 m · 0,26 m	f) 12,5 m · 7,36 m
g) 1,12 m · 0,96 m	h) 1,20 m · 0,80 m	

2.1.3 Dreieck

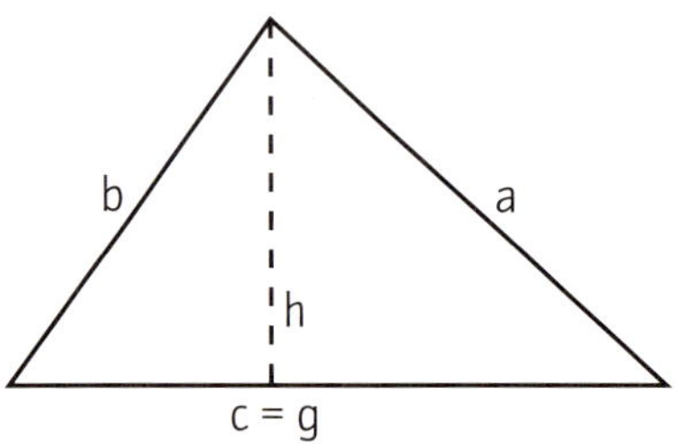

$U = a + b + c$

$I = \frac{g \cdot h}{2}$

g = Grundseite; h = Höhe

Musteraufgabe 1

Ein Industriebetrieb stellt für Pralinen eine gleichseitige dreieckige Verpackung mit einer Seitenlänge von jeweils 20 cm her, die an den Außenkanten mit einer Goldfolie beklebt wird. Wie groß muss die Folie sein, aus der die benötigten Teile herausgestanzt werden, wenn die Folie 2 cm übereinandergeklebt werden soll?

Lösung

20 cm + 20 cm + 20 cm + 2 cm = **62 cm**

Musteraufgabe 2

Ein dreieckförmiges Treppenhausdach mit einer Grundlänge von 5,50 m und einer Höhe von 2,90 m soll frisch eingedeckt werden.
Wie viel m² Ziegel sind dafür notwendig?

Lösung

$$\frac{5{,}50\text{ m} \cdot 2{,}90\text{ m}}{2} = \frac{15{,}95\text{ m}^2}{2} = \mathbf{7{,}975\text{ m}^2}$$

Aufgaben

1 Berechnen Sie den Umfang folgender Dreiecke:

a) gleichseitiges Dreieck mit Seitenlänge 56 cm
b) Seite a 20 cm; Seite b 15 cm; Seite c 15 cm
c) Seite a 29,5 cm; Seite b 20,8 cm; Seite c 36,4 cm

2 Berechnen Sie den Inhalt folgender Dreiecke:

a) Grundseite 1,20 m; Höhe 0,80 m
b) Grundseite 6,35 m; Höhe 4,26 m
c) Grundseite 8,47 m; Höhe 3,12 m

2.1.4 Kreis

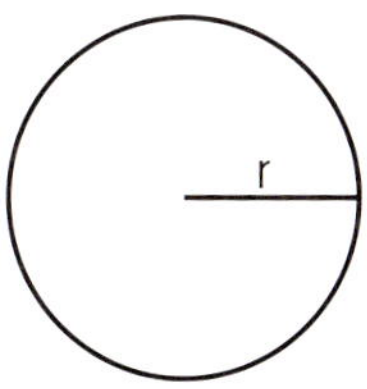

$U = 2\pi r$ r = Radius; π (Pi) = 3,14;

$U = \pi d$ d = Durchmesser = 2 r

$I = \pi r^2$

Musteraufgabe

Ein Industriebetrieb fertigt runde Deckel für Gullys.

a) Wie viel m² Rohmaterial benötigt der Betrieb, um einen Deckel mit einem Radius von 43,5 cm herzustellen?

b) An der Außenseite wird der Gullydeckel entgratet. Wie lange braucht die Entgratung, wenn die eingesetzte Maschine je Minute 2 m entgratet?

Lösung

a) $3{,}14 \cdot 43{,}5\text{ cm} \cdot 43{,}5\text{ cm} = 3{,}14 \cdot 1\,892{,}25\text{ cm}^2$
$= 5\,941{,}665\text{ cm}^2 = \mathbf{0{,}5942\text{ m}^2}$

b) $2 \cdot 3{,}14 \cdot 43{,}5\text{ cm}$ = 273,18 cm
60 Sekunden – 2,0000 Meter
x Sekunden – 2,7318 Meter

$$X = \frac{2{,}7318 \cdot 60}{2{,}000} = \underline{81{,}954\text{ Sekunden}} \approx 1\text{ Minute }22\text{ Sekunden}$$

Aufgaben

1 Ein Industriebetrieb fertigt runde Deckel für Geschenkpackungen. Wie viel dm^2 Weißblech benötigt er jeweils für folgende Deckelgrößen?

a) Radius 12,2 cm b) Durchmesser 2,2 dm c) Radius 0,075 m
d) Durchmesser 16,75 cm e) Radius 1,98 dm f) Durchmesser 0,234 m

2 Ermitteln Sie die maximale Breite von Etiketten für Blechdosen folgender Größen.

a) Radius 10,6 cm b) Durchmesser 0,268 m c) Radius 0,122 m
d) Durchmesser 13,8 cm e) Durchmesser 1,88 dm f) Radius 1,54 dm

2.1.5 Aufgaben zur Flächen- und Umfangsberechnung

Lösungshinweis: Beachten Sie bei den Flächenberechnungen den eventuell entstehenden Leerraum durch alternative

- Längs- oder Querlagerung

oder
- Längs- oder Querbeladung.

Aufgaben

1 Fachlageristin Hertel soll 29 nicht stapelbare Industriepaletten mit den Maßen 1,60 m · 1,40 m einlagern. Wie viel m^2 Lagerfläche sind für die Lagerung notwendig?

2 Die Kühlhalle des Lagerhausunternehmens Clemens Hirrlinger, Fulda, soll neu gefliest werden. Die Lagerhalle ist 26,55 m lang und 12,32 m breit.

a) Wie viele m^2 Fliesen werden benötigt, wenn erfahrungsgemäß mit einem Verschnitt von 4 % gerechnet wird? (Auf eine Stelle nach dem Komma runden.)

b) Die Sockelleiste soll ebenfalls aus Fliesen bestehen und 15 cm hoch sein. Hierbei ist mit einem Verschnitt und Bruch von 18 % zu rechnen. Die Lagerhalle hat zwei Tore mit jeweils 2,80 m Breite sowie 2 Türen mit jeweils 1,20 m Breite und eine Tür mit 1 m Breite. Wie viele m^2 Fliesen werden für die Sockelleiste benötigt? (Auf eine Stelle nach dem Komma runden.)

c) Wie teuer sind die Fliesen insgesamt, wenn der m^2 16,50 € kostet?

3 In der Werkstatt der Lagerei Meyerbrink & Söhne, Datteln, soll eine Überseekiste mit den Maßen 4,50 m · 2,80 m · 2,15 m gezimmert werden.

Seekiste

a) Wie viel m^2 Holzplanken sind für diese Überseekiste notwendig?

b) Wie viel € muss der Auftraggeber für diese Überseekiste bezahlen, wenn 1 m^2 Holz für 19,17 € netto eingekauft wurde und für die Fertigung pauschal 400,00 € berechnet werden?

4 Fachlagerist Kneissel soll nicht stapelbare Einwegpaletten, Maß je Palette 1,20 m · 1,00 m, in einen Lagerraum mit den Maßen 6,20 m · 3,65 m einlagern. Wie viele Paletten kann er in diesem Lagerraum einlagern, wenn er die Paletten optimal einlagert?

5 Eine Wechselbrücke mit den Innenmaßen 2,43 m · 7,22 m soll mit 0,8 m · 0,6 m großen Kisten dreilagig beladen werden. Wie viele Kisten können maximal auf die Wechselpritsche geladen werden?

6

a) Im Lager soll Frau Moltke möglichst viele Kartons mit den Maßen 0,25 m lang · 0,20 m breit · 0,16 m hoch achtlagig ohne Überstände auf 12 Europaletten[1] stapeln. Wie viele Kartons muss sie insgesamt auf die Paletten stapeln?

b) Gleichzeitig muss jeder Karton auftragsgemäß beklebt werden. Das einzelne Label ist 14 cm · 8 cm groß und wird aus einer vorgedruckten Selbstklebefolie mit einer Höhe von 56 cm herausgestanzt. Wie viel laufende Meter der Selbstklebefolie sind für die Erledigung des Auftrags notwendig?

c) Nach der Beladung der Paletten müssen diese auftragsgemäß doppelt mit Folie umwickelt werden. Die Wickelfolie ist 80 cm hoch. Wie viel Meter Folie werden für die 12 Europaletten benötigt?

7

In einen Lagerraum der Spedition Kälbert OHG, Witten, (Maße: 7,40 m Länge, 5,05 m Breite, 3,68 m Höhe) sollen Europaletten, Gesamthöhe je Palette 0,96 m, eingelagert werden. Die Paletten sind stapelbar. Können sämtliche 105 Paletten des Auftraggebers in diesem Raum eingelagert werden?

8

Stapelbare Überseekisten sollen auf dem Binnenschiff „Elbvogel" zweilagig in einen Laderaum von 42,25 m Länge · 6,50 m Breite · 3,20 m Höhe verladen werden. Die Maße der Überseekisten betragen 4,50 m Länge · 2,20 m Breite · 2,20 m Höhe. Wie viele Überseekisten können höchstens verladen werden?

9

In einem Lagerraum, 16,20 m · 4,58 m, sollen Lkw-Reifen mit dem Durchmesser 1,25 m liegend eingelagert werden. Wie viele Reifen können in dem Lagerraum untergebracht werden, wenn maximal 8 Reifen aufeinander gelagert werden dürfen?

10

Mehrere Mitarbeiter der Lagerhausgesellschaft Wischhusen & Co., Bremerhaven, streichen 126 kreisförmige Metallplatten mit dem Durchmesser 0,86 m und 252 Metallplatten mit dem Durchmesser 0,57 m jeweils beidseitig mit einer Rostschutzfarbe. 1 kg des Rostschutzmittels reicht für 12,5 m² und kostet 29,00 € inkl. USt.

a) Berechnen Sie, wie viel kg der Rostschutzfarbe verstrichen werden (auf ganze kg aufrunden).

b) Ermitteln Sie die Farbkosten für den Rostschutzanstrich.

11

Spedition Schumler KG übernimmt für einen Industriebetrieb die Qualitätskontrolle der Schweißnähte von Fässern für Gefahrguttransporte. Die Fässer mit einem Durchmesser von 0,68 m und einer Höhe von 1,15 m haben zwei Längsschweißnähte und je eine Schweißnaht an Deckel und Boden. Wie viel m Schweißnaht sind bei einer Produktion von 632 Fässern zu kontrollieren? (Aufrunden auf ganze m.)

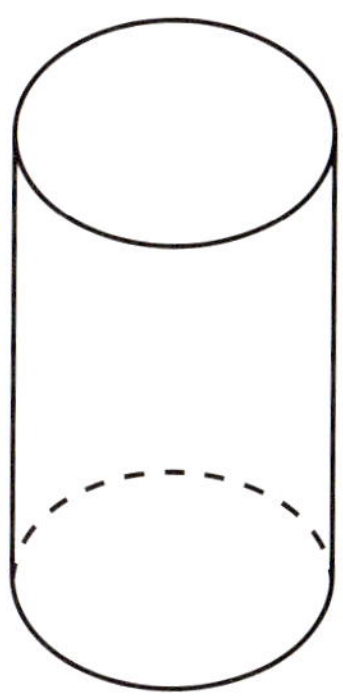

12

Ein Industriebetrieb renoviert den Hausgiebel an der Wetterseite. Die Grundseite ist 13,48 m lang, die Höhe des Giebels beträgt 6,83 m. Der Giebel hat 3 Fenster, die jeweils 115 cm breit und 120 cm hoch sind.

a) Wie viel m² Giebelfläche müssen saniert werden? (Aufrunden auf ganze m².)

b) Berechnen Sie die Kosten für die Sanierung, wenn je m² jeweils Materialkosten von 26,20 € und Lohnkosten von 32,45 € entstehen.

1 Maße einer Europalette: 1,20 m · 0,80 m

13 Ein Sattelzug mit den Innenmaßen 2,44 · 12,65 m soll mit 480 kg schweren Fässern beladen werden, deren Radius 39 cm beträgt. Die Fässer sind nicht stapelbar.

a) Berechnen Sie, wie viele Fässer mit dem Sattelzug transportiert werden können.

b) Die maximale Nutzlast des Sattelzugs beträgt 21,3 t. Ermitteln Sie, ob alle Fässer bei einer Fahrt transportiert werden dürfen.

14 Eine Wechselbrücke hat die Innenmaße 2,44 m Breite und 7,35 m Länge.

a) Wie groß ist der zur Verfügung stehende Laderaum in m^2?

b) Die Wechselbrücke wird am unteren Aufbaurand mit einem 10 cm hohen Aluminiumblech verstärkt. Wie viel m^2 Aluminiumblech sind dafür notwendig,

2.2 Körperberechnungen

Beachte

$1\ cm^3$	= 1 cm · 1 cm · 1 cm	U	= Umfang
$1\ dm^3$	= 1 dm · 1 dm · 1 dm	a, b, c	= Seitenlängen
	= 10 cm · 10 cm · 10 cm	I	= Flächeninhalt
	= $1\,000\ cm^3$	r	= Radius
$1\ m^3$	= 10 dm · 10 dm · 10 dm	d	= Durchmesser
	= $1\,000\ dm^3$	h	= Höhe eines Dreiecks
	= $1\,000\,000\ cm^3$	g	= Grundseite eines Dreiecks
		V	= Volumen, Rauminhalt
		O	= Oberfläche

2.2.1 Würfel

Würfel = 6 gleich große Seitenflächen

$O = 6 \cdot a \cdot a = \mathbf{6a^2}$

$V = a \cdot a \cdot a = \mathbf{a^3}$

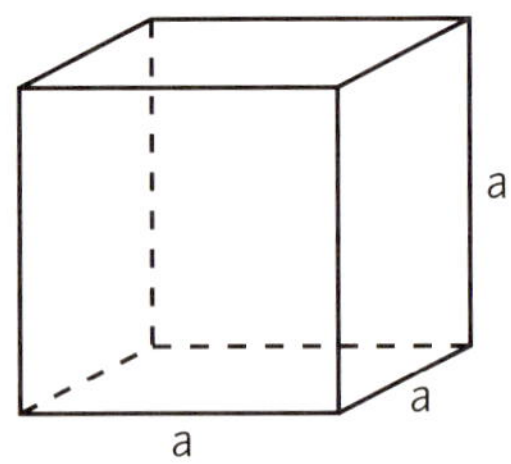

Musteraufgabe

Die Lagerhausgesellschaft Binder, Wismar, nimmt einen neuen würfelförmigen Tank in Betrieb, dessen Innenmaße 7 m · 7 m · 7 m betragen.

a) Wie groß ist der zur Verfügung stehende Lagerraum in m^3?

b) Vor Inbetriebnahme wird der Tank einer Innenreinigung unterzogen. Per Hochdruckreiniger kann je Minute 1/3 m^2 gereinigt werden. Wie viele Stunden und Minuten braucht die Reinigung des Tanks?

Lösung

a) $7\ m \cdot 7\ m \cdot 7\ m = 343\ m^3$

b) $6 \cdot 7\ m \cdot 7\ m = 294\ m^2$

$\frac{1}{3}\ m^3$ – 1 Minute

$294\ m^2$ – x Minuten

$x = \frac{294}{\frac{1}{3}} = 294 \cdot 3 = 882$ Minuten = **14 Stunden 42 Minuten**

Aufgaben

1 Berechnen Sie die Oberfläche folgender Würfel in m^2 und dm^2. Angegeben ist jeweils die Kantenlänge des Würfels.

a) 3,2 m b) 7,8 m c) 1,6 m d) 12,5 dm e) 8,2 dm f) 4,25 dm

2 Berechnen Sie die Oberfläche folgender Würfel in dm^2 und cm^2. Angegeben ist jeweils die Kantenlänge des Würfels.

a) 2,2 dm b) 1,75 dm c) 7,43 dm d) 13,0 cm e) 18,2 cm f) 6,3 cm

3 Berechnen Sie das Volumen der Würfel aus Aufgabe 1 in m^3 und dm^3.

4 Berechnen Sie das Volumen der Würfel aus Aufgabe 2 in dm^3 und cm^3.

2.2.2 Quader

Quader = Rechtecksäule

$O = 2 \cdot a \cdot b + 2 \cdot a \cdot c + 2 \cdot b \cdot c$
$\quad = 2\,(a \cdot b + a \cdot c + b \cdot c)$

$V = a \cdot b \cdot c$

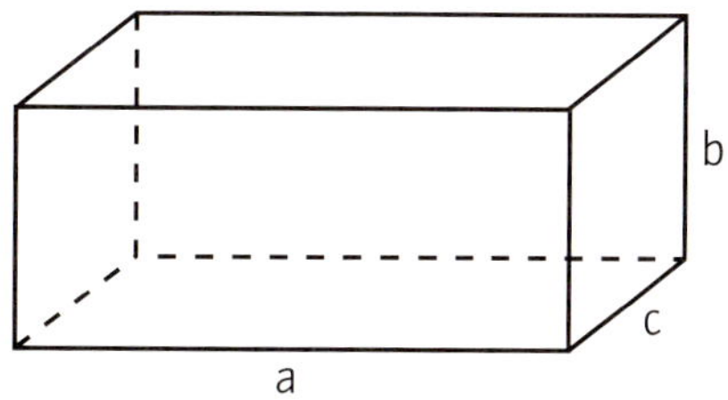

Musteraufgabe 1

Ein 20-Fuß-Container mit den Innenmaßen 5,90 m Länge, 2,44 m Breite und 2,40 m Höhe soll zukünftig für den Transport von Antikmöbeln eingesetzt werden. Deshalb werden alle 6 Innenwände mit einem Teppichboden verkleidet. Wie viel m^2 Teppichboden müssen gekauft werden, wenn mit einem Verschnitt von 5 % gerechnet wird (auf ganze m^2 aufrunden)?

Lösung

$2 \cdot 5{,}90\text{ m} \cdot 2{,}44\text{ m} + 2 \cdot 5{,}90\text{ m} \cdot 2{,}40\text{ m} + 2 \cdot 2{,}44\text{ m} \cdot 2{,}40\text{ m} =$
$28{,}792\text{ m}^2 + 28{,}320\text{ m}^2 + 11{,}712\text{ m}^2 = 68{,}824\text{ m}^2$
$68{,}824\text{ m}^2 \cdot 1{,}05 = 72{,}2652\text{ m}^2 \rightarrow \mathbf{73\text{ m}^2}$

Musteraufgabe 2

Wie viel Laderaum bietet ein 20-Fuß-Container mit obigen Innenmaßen?

Lösung

$5{,}90\text{ m} \cdot 2{,}44\text{ m} \cdot 2{,}40\text{ m} = \mathbf{34{,}5504\text{ m}^3}$

Aufgaben

1 Ein Ladegefäß mit folgenden Außenmaßen soll neu lackiert werden.
Wie viel m^2 müssen jeweils lackiert werden?

a) Länge 6,20 m, Breite 2,18 m, Höhe 2,80 m
b) Länge 11,78 m, Breite 2,50 m, Höhe 2,48 m
c) Länge 2,20 m, Breite 1,25 m, Höhe 0,84 m
d) Länge 1,64 m, Breite 0,80 m, Höhe 0,65 m

2 Wie viel Laderaum in m^3 bieten folgende Ladegefäße?
(angegebene Längen = Innenmaße)

a) Länge 12,00 m, Breite 2,44 m, Höhe 2,40 m
b) Länge 7,35 m, Breite 2,42 m, Höhe 3,12 m
c) Länge 4,80 m, Breite 2,25 m, Höhe 0,65 m
d) Länge 2,08 m, Breite 0,92 m, Höhe 1,12 m

2.2.3 Zylinder (Walze)

Grundfläche	$G = \pi r^2$
Umfang	$U = 2\pi r$
Mantel	$M = U \cdot h = 2\pi r \cdot h$
Oberfläche	$O = 2 \cdot G + M$
	$= 2 \cdot \pi r^2 + 2\pi r \cdot h$
Volumen	$V = G \cdot h$
	$= \pi r^2 \cdot h$

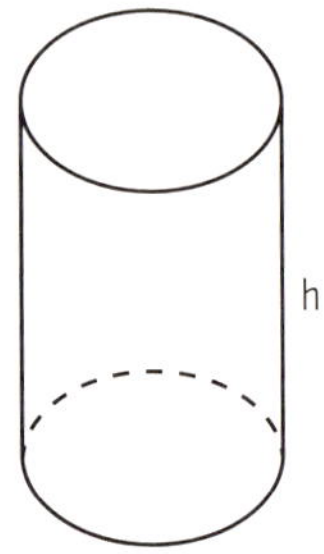

Musteraufgabe

Spedition Trescher, Lübeck, lagert in Stahltanks Flüssigkeiten für die chemische Industrie. Ihr neuer zylindrischer Tank mit einem Innenradius von 2,40 m und einer Innenlänge von 6,20 m soll vor der ersten Füllung noch einen Spezialanstrich erhalten.

a) Ein Malerbetrieb bietet 1 m² des Spezialanstriches für 25,50 € ohne USt an. Wie teuer wird der Innenanstrich des neuen Tanks? (Zu streichende Fläche auf ganze m² aufrunden.)

b) Wie viel m³ Tankinhalt hat der neue Tank?

Lösung

a) Grundfläche: $G = \pi r^2 = 3{,}14 \cdot 2{,}40\text{ m} \cdot 2{,}40\text{ m} = 18{,}0864\text{ m}^2$

Mantel: $M = 2\pi r \cdot h = 2 \cdot 3{,}14 \cdot 2{,}40\text{ m} \cdot 6{,}20\text{ m} = 93{,}4464\text{ m}^2$

Oberfläche: $O = 2 \cdot G + M = 2 \cdot 18{,}0864\text{ m}^2 + 93{,}4464\text{ m}^2$
$= 129{,}6192\text{ m}^2$, aufgerundet **130 m²**

Kosten des Anstrichs: 130 m² · 25,50 €/m² = **3.315,00 € ohne USt**

b) Volumen: $V = g \cdot h = 18{,}0864\text{ m}^2 \cdot 6{,}20\text{ m} =$ **112,1357 m³**

Aufgaben

1 Berechnen Sie die Oberfläche folgender zylindrischer Tanks in m².

a) Radius 2,12 m, Höhe 8,70 m
b) Radius 4,65 m, Höhe 12,87 m
c) Radius 4,8 dm, Höhe 12,5 dm
d) Radius 6,35 m, Höhe 8,36 m

2 Berechnen Sie den Rauminhalt in m³ folgender zylindrischer Siloauflieger.

a) Radius 1,15 m, Länge 6,35 m
b) Durchmesser 1,96 m, Länge 11,84 m
c) Radius 1,20 m, Länge 4,12 m
d) Durchmesser 2,42 m, Länge 7,38 m

2.2.4 Aufgaben zur Körperberechnung

1 Ein 40-Fuß-Container erhält innen und außen einen neuen Grundierungsanstrich. Wie viel m² sind insgesamt zu streichen?

Außenmaße: Länge 12,19 m, Breite 2,50 m, Höhe 2,60 m
Innenmaße: Länge 12,00 m, Breite 2,44 m, Höhe 2,40 m

2 Ein Lagerarbeiter entlädt Kunststoffgranulat aus einem zylindrischen Silo (Innenradius 2,25 m, Innenhöhe 6,85 m) in Kisten (Innenmaße: 0,80 m Länge, 0,60 m Breite, 0,45 m Höhe).

Wie viele Kisten werden für die Entladung benötigt?

3 496 stapelbare Kisten (Außenmaße: 0,86 m Länge, 0,66 m Breite, 0,53 m Höhe) sollen eingelagert werden.

a) Wie groß ist der benötigte Platzbedarf? (Auf 1 Stelle nach dem Komma runden.)
b) Können die 496 Kisten in einem Lagerraum mit 12,20 m Länge, 4,25 m Breite und 3,98 m Höhe eingelagert werden?

4 Ein 20-Fuß-Open-Top-Container soll mit Kunststoffgranulat gefüllt werden. Ein dm² Granulat wiegt 0,65 kg. Wie viel m³ können geladen werden, wenn das maximal zulässige Zuladungsgewicht 20 t beträgt? (Auf 1 Stelle nach dem Komma runden.)
Innenmaße des Containers:
Länge 5,90 m, Breite 2,44 m, Höhe 2,40 m.

5 In ein rechteckiges Silo (Innenmaße: Länge 3,80 m, Breite 1,80 m, Höhe 1,60 m) sollen 6 t feinkörniges Material gefüllt werden. 1 dm³ wiegt 1,2 kg.

a) Berechnen Sie den im Silo zur Verfügung stehenden Lagerraum in m³.
b) Wie viel Raum benötigen die eingelagerten 6 t?
c) Zwei Wochen später sollen weitere 8 t in das Silo eingelagert werden. Ist dies möglich?

6 Ein 40-Fuß-Container (Innenmaße: Länge 12,00 m, Breite 2,44 m, Höhe 2,40 m) soll mit stapelbaren Kisten (Außenmaße: 0,96 m Länge, 0,73 m Breite, 0,58 m Höhe) beladen werden. Wie viele Kisten können maximal in den Container geladen werden?

7 800 Kartons (Außenmaß: 0,90 m Länge, 0,45 m Breite, 0,62 m Höhe) sollen mittels 20-Fuß-Containern (Innenmaße: Länge 5,90 m, Breite 2,44 m, Höhe 2,40 m) verschickt werden. Wie viele Container sind für die Erledigung des Auftrages notwendig, wenn die Kartons maximal zweilagig gestapelt werden können?

8 Aus einem zu $\frac{2}{3}$ gefüllten zylindrischen Tankcontainer (Innenradius 1,12 m, Innenlänge 8,50 m) wird Industriealkohol in Fässer gefüllt (Innenradius 35 cm, Innenhöhe 0,90 m).

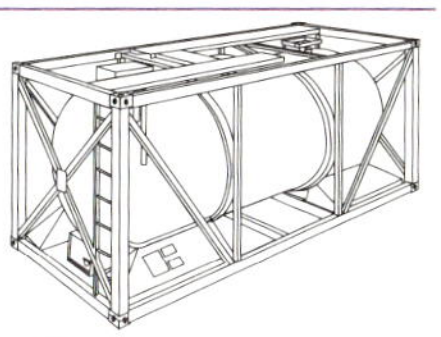

a) Wie viele Fässer werden für die Umfüllaktion benötigt?
b) Die vollen Fässer (Außenmaße: Radius 36 cm, Höhe 95,5 cm), die nicht stapelbar sind, sollen auf 2 Lkw-Wechselpritschen verladen werden. (Innenmaße einer Wechselpritsche: Länge 7,34 m, Breite 2,44 m).
Wie viele Fässer können nicht verladen werden?

9 Die beiden Laderäume des Binnenschiffes „Neckarperle" haben folgende Innenmaße:
Laderaum 1: Länge 44,5 m, Breite 8,20 m, Höhe 3,85 m
Laderaum 2: Länge 41,8 m, Breite 8,20 m, Höhe 3,85 m

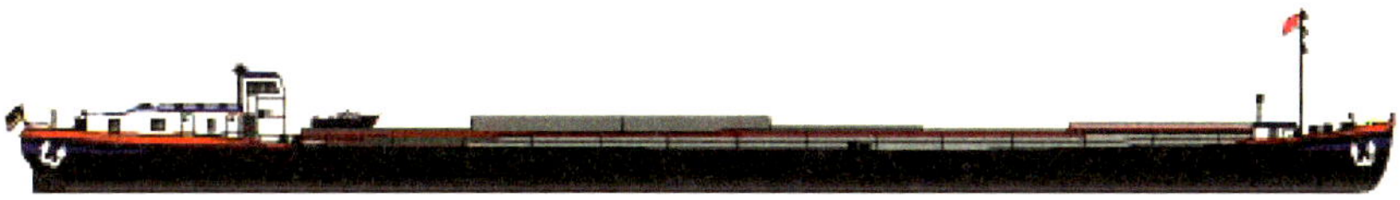

a) Bei einem Werftaufenthalt werden die Wände der beiden Laderäume frisch gestrichen. Je m² wird 0,15 kg Farbe verbraucht. Je kg Farbe stellt die Werft 16,20 € in Rechnung.
Berechnen Sie die Gesamtkosten für den Anstrich, wenn je Stunde 30 m² gestrichen werden können und je angefangene Arbeitsstunde 42,00 € brutto berechnet werden.
b) Nach dem Werftaufenthalt übernimmt die „Neckarperle" in Duisburg beladene Europaletten nach Hamburg, die dreilagig transportiert werden können.
Berechnen Sie die Anzahl der maximal zu verladenden Europaletten.

2.3 Vermischte Übungen

1 Der Außenputz des Lagerhauses eines Industrieunternehmens muss erneuert werden. Das Lagerhaus ist 26,12 m lang, 12,20 m breit und bis zum Dachansatz 6,45 m hoch. Der Giebel, an der Schmalseite des Gebäudes, ist zusätzlich 5,20 m hoch.
Das Lagergebäude hat 2 Rolltore (Maße jeweils 2,60 m · 3,20 m), zwei Türen (Maße jeweils 1,20 m · 2,20 m) und 6 Fenster (Maße jeweils 0,90 m · 1,45 m).

Ermitteln Sie die insgesamt zu verputzende Fläche.

2 In einem Unternehmen werden aus 80 cm hohem und 2 mm starkem Stahlblech Fässer mit dem Radius 36 cm hergestellt.

a) Wie viel laufende m Stahlblech werden für die Produktion von 260 Fässern benötigt, wenn das Stahlblech an der Nahtstelle ohne Überstand verschweißt und mit einem Verschnitt von 2,5 % gerechnet wird?

b) Nach der Produktion werden die Fässer, deren Böden (Durchmesser 72 cm) und deren Deckel (Radius 36,8 cm) außen gestrichen. Wie viel m² Fläche müssen insgesamt gestrichen werden? (Aufrunden auf ganze m².)

c) Die Fässer dienen der Lagerung staubförmiger Rohstoffe. Wie viele m³ können insgesamt eingelagert, wenn die Fässer aus Sicherheitsgründen nur zu 90 % gefüllt werden?

d) Zum Weitertransport der nicht stapelbaren gefüllten Fässer dient ein Lkw (Innenmaße der Ladepritsche: Länge 6,54 m, Breite 2,43 m). Wie viele Fahrten sind notwendig, um alle 260 Fässer abzufahren.

3 Aus einem zu 86 % gefüllten Kesselwagen der Deutschen Bahn AG mit einem zylindrischen Tank mit 1,65 m Innenradius und 8,76 m Länge wird Industriealkohol in einen leeren rechteckigen Stahltank (Länge 9,50 m, Breite 2,85 m, Höhe 2,85 m) umgepumpt.

Berechnen Sie, wie viel Prozent der Lagerkapazität des Stahltanks für weitere Einlagerungen noch zur Verfügung stehen.

2.4 Maße und Gewichte

Im Handel sind Maß- und Gewichtseinheiten Grundlage für jeden Waren- und Leistungsaustausch.

Erstmals wurden 1801 in Frankreich das Meter (= $\frac{1}{40\,000\,000}$ des Erdumfangs) und das Kilogramm (= 1 Liter Wasser bei 4 °C) definiert.

In fast allen Staaten der Erde ist heute das metrische System als gesetzliches Maß- und Gewichtssystem eingeführt.

Selbst in Großbritannien, den Ländern des Commonwealth und den USA hat sich das metrische System gegen das englische Maß- und Gewichtssystem als **gesetzliches** Maß- und Gewichtssystem bzw. Umrechnungssystem durchgesetzt. Trotzdem finden die alten englischen und amerikanischen Maße und Gewichte im Wirtschaftsleben dieser Länder noch allgemeine Anwendung. Jede Logistikfachkraft sollte daher in der Lage sein, mit beiden Maß- und Gewichtssystemen bezüglich der Gewichte, Längen-und Körpermaße umgehen zu können.

2.4.1 Übersicht

Maßeinheiten[1]

I. Längenmaße	
metrisch	**englisch**
1 m = 10 dm – 100 cm = 1 000 mm 1 dm = 10 cm = 100 mm 1 cm = 10 mm	yard – feet (Fuß) – inches (Zoll) 1 yd. = 3 ft. = 36 in. 1 ft. = 12 in.
Umrechnung	
1 km = 1 093,61 yd. 1 m = 1,09361 yd. = 3,2808' (ft.) 1 cm = 0,3937" (in.)	1 yd. = 91,44 cm 1 ft. = 30,48 cm 1 in. = 2,54 cm
1 englische Meile	= 1 760 yd. = 1 609,33 m
1 deutsche (geogr.) Meile	$= \frac{1}{15}$ Äquatorgrad = 7 412 m
1 Seemeile	$= \frac{1}{60}$ Äquatorgrad = 1 853 m
II. Raummaße	
metrisch	**englisch**
1 m³ = 1 000 dm³ = 1 000 000 cm³ 1 dm³ = 1 000 cm³	1 Registertonne (RT) = 100 cu. ft. (Kubikfuß) 1 cu. ft. = 12 cu. in.
Umrechnung	
1 m³ = 1,308 cu. yd. = 35,3166 cu. ft. 1 cm³ = 0,060234 cu. in.	1 cu. yd. = 0,764553 m³ 1 cu. ft. = 0,028317 m³ 1 cu. in. = 16,387 cm³
III. Hohlmaße	
metrisch	**englisch**
1 l = 1 000 cm³ 1 000 l = 1 000 000 cm³ = 1 m³	1 pint (engl.) = 0,568 l 1 gallon (engl.) = 4,546 l 1 bushel (engl.) = 36,377 l 1 US liquid quart = 0,946 l 1 US liquid gallon = 3,785 l 1 barrel (42 US-gal.) = 158,990 l 1 US bushel = 35,240 l

1 Obwohl mit Wirkung vom 1. Okt. 1995 auch Großbritannien auf metrische Maße und Gewichte umgestellt hat, gelten hier für eine gewisse Übergangszeit auch noch die alten, nichtdezimalen Maße und Gewichte.

IV. Gewichte							
metrisch				englisch			
1 t = 10 dt (20 Ztr.) = 1 000 kg				1 ton = 20 cwt. = 2 240 lbs.			
1 dt (2 Ztr.) = 100 kg				1 cwt. = 112 lbs.			
1 Ztr. = 50 kg				ton (longton)			
1 kg = 1 000 g				cwt. (hundredweight)			
				lbs. (pounds)			
Umrechnung							
1 kg	=	2,2046	lb.	1 lb.	=	453,593	g
1 t	=	2 204,62	lbs.	1 cwt.	=	50,8024	kg
	=	0,984	tons	1 ton	=	1 016,0475	kg

2.4.2 Metrische Maße und Gewichte

Die **Entgelte im Güterverkehr** basieren in der Regel auf dem **Gewicht** des Gutes. Als Frachtberechnungseinheiten werden im metrischen Maß- und Gewichtssystem 1 kg, 100 kg und 1 t zugrunde gelegt. Ebenso sind Umschlagsätze, Nebengebühren, Lagergeld usw. meist gewichtsbezogen.

Besonders im Seefracht- und Luftfrachtgeschäft wird auch nach dem **Raummaß** abgerechnet. Als Einheit gilt dann der m^3, der aus den Längenmaßen (in cm/dm) ermittelt wird.

Wird der Rauminhalt (m^3) auf das Gewicht (t) bezogen, spricht man von **„x-mal messend"**. X-mal messend wird berechnet, indem Maß (m^3) durch Gewicht (t) dividiert wird.

So gelten z. B. Luftfracht-Sendungen bis 6-mal messend nicht als sperrig, während im Seefrachtgeschäft Kolli, die mehr als 1-mal messend sind, in der Regel nach Raummaß abgerechnet werden.

Aufgaben

1 Ein Paketdienst rechnet ausschließlich gewichtsbezogen, d. h. ohne Entfernungszonen ab:

bis 6 kg 3,80 €	bis 20 kg 9,30 €
bis 8 kg 5,80 €	bis 25 kg 10,20 €
bis 10 kg 6,30 €	bis 30 kg 10,80 €
bis 15 kg 8,60 €	... je Kollo

Erstellen Sie die Abrechnung für die folgenden Kunden, indem Sie das Gesamtgewicht und die Gebühren in einer Tabelle zusammenstellen.

a) Sendungen der Fa. Eltrex GmbH:

1 Karton mit	15,50 kg	1 Karton mit	26,3 kg
3 Kartons à	3,60 kg	3 Kartons à	16,2 kg
2 Kartons à	12,75 kg	4 Kartons mit	7,85 kg

b) Frachtstücke der Hugo Liebig KG, Sportgroßhandel:

12 Stück à	4,3 kg	16 Stück à	6,5 kg
7 Stück à	9,7 kg	9 Stück à	28,7 kg
22 Stück à	8,9 kg	13 Stück à	22,4 kg
4 Stück à	14,2 kg		

2 Folgende Sendungen werden als Expressgut verschickt. Ermitteln Sie zu jeder Sendung das wirkliche Gewicht. Das frachtpflichtige Gewicht ist auf volle 10 kg zu runden.

a)	1 Kollo	mit	50,30 kg
b)	3 Kolli	à	45,70 kg
c)	2 Kolli	à	33,20 kg
	1 Kollo	mit	90,50 kg
d)	6 Kolli	à	58,50 kg
	2 Kolli	à	42,60 kg

3 Ermitteln Sie das wirkliche und das frachtpflichtige Gewicht[1] folgender Sammelgutsendungen:

a) Relation München

2 Kolli à	235,6	kg	34 Kartons à	87,3	kg
1 Gitterbox	768,0	kg	1 Kleincontainer	928,0	kg
6 Paletten à	832,0	kg	14 Paletten à	449,0	kg

b) Relation Bremen

1 Seekiste	654,6	kg	7 Paletten à	532,0	kg
4 Gitterboxen à	1,0	t	22 Kartons à	48,5	kg
18 Paletten à	318,0	kg	1 Aggregat	2,47	t
2 Seekisten à	1,15	t			

4 Eine Exportsendung mit verschiedenen Maschinenteilen nach Djidda/Saudi-Arabien besteht aus 5 Kolli:

2 Kolli	2,15 m x 1,20 m x 1,20 m je	1 248,0	kg
1 Kollo	1,80 m x 0,80 m x 1,45 m	1 850,0	kg
2 Kolli	1,58 m x 1,34 m x 1,25 m je	2,44	t

a) Ermitteln Sie das Gesamtgewicht in t.
b) Wie hoch ist das Raummaß der gesamten Sendung?

5 Eine Sendung mit Ersatzteilen wird nach Santos/Brasilien verladen.
Maße: 284 x 138 x 187 cm; Gewicht: 2 857 kg.

a) Wie hoch ist der Rauminhalt der Seekiste in m³?
b) Wievielmal ist das Gewicht (in t) im Rauminhalt (in m³) enthalten? Das Ergebnis ist aufzurunden.

6 Medizinisches Gerät soll in einem Frachtstück mit den Maßen 154 x 48 x 62 cm im Gewicht von 82 kg per Luftfracht nach Bombay/Indien transportiert werden.

a) Berechnen Sie den Rauminhalt in cm³, dm³ und m³.
b) Bis zu 6-mal messend ist jede Luftfrachtsendung noch nicht sperrig. Stellen Sie fest, wievielmal das Gewicht in kg im Rauminhalt (in dm³) bzw. g in cm³ enthalten ist. Entscheiden Sie dann über die Sperrigkeit der Sendung.

1 unter 1 000 kg: Rundung auf volle 10 kg
über 1 000 kg: Rundung auf volle 100 kg

7 Berechnen Sie das Volumengewicht und das Effektivgewicht folgender Seekisten und Säcke.[1]

a) A – B = 1,93 m
A – C = 1,78 m
B – D = 3,14 m
2,3-mal messend

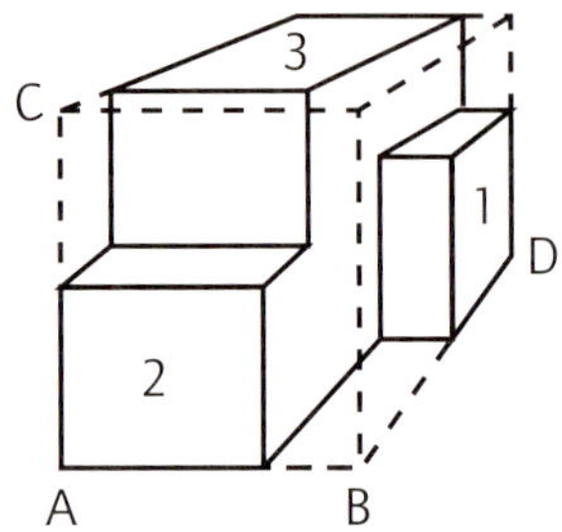

Muster für unregelmäßige Kiste, einteilig vermessen = (A/B · A/C · B/D), wird jedoch 3-teilig vermessen, wenn eine Länge der Ausbauten über 50 cm.

b) a = 1,76 m
b = 1,22 m
c = 1,40 m
0,75-mal messend

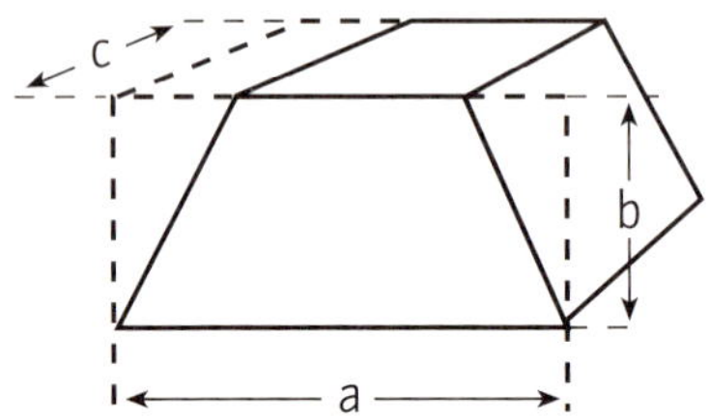

Muster für Trapezkiste (a · b · c).

c) a = 1,40 m
b = 0,65 m
c = 0,97 m
0,94-mal messend

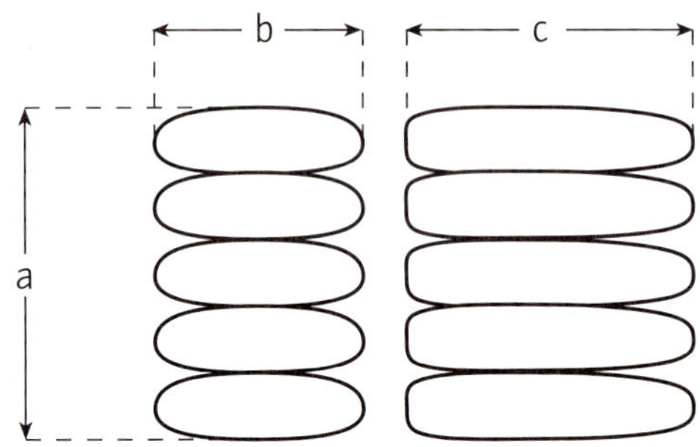

5 Sack in einer Lage (tiers) vermessen = (a · b · c).
Gilt sinngemäß für Vermessen in einer Lage (tiers).

1 aus: „Ladung vermessen", Herausgeber: U. O. Storck & Co., Verlag und Druckerei GmbH, Hamburg

2.4.3 Englische Maße und Gewichte

In allen Kulturen benutzte der Mensch Größen, die ihm sein Körper, die Natur oder seine Tätigkeiten boten.

Vor allem die Bezeichnungen Fuß, Elle, Tagwerk usw. weisen darauf hin und leben heute noch teilweise im englischen Maßsystem fort.

Deshalb haben die meisten englischen Maße und Gewichte auch keine logischen Zusammenhänge untereinander, wie dies beim metrischen System der Fall ist. Auf lange Sicht liegt hierin, neben der komplizierten Berechenbarkeit, sicherlich ein Grund für die Ablösung des englischen Maß- und Gewichtssystems durch die metrische Ordnung.[1]

Aufgaben

1 Aus England wird uns eine Seekiste mit den Maßen

4 yd. x 2 yd. 2 ft. x 1 yd. 1 ft.

bei einem Gewicht von 45 cwts. angekündigt.

Prüfen Sie, ob die Kiste in Deutschland mit einer Wechselbrücke (2,40 x 7,00 m) befördert werden kann.

Seekiste

2 Ein Großhändler will in Rotterdam 65 Sack Linsen im Gewicht von je 2 cwts. 13 lbs. selbst abholen.

Wie viel t Nutzlast müsste der übernehmende Lkw haben?

3 Ein Tankcontainer mit Sojaöl aus den USA enthält 4 500 Gallons und soll in Bremen in Fässer zu 0,5 m³ umgefüllt werden.

Wie viele Fässer sind hierfür zu disponieren, wenn mit 0,4 % Umfüllverlust (Leckage) gerechnet wird?

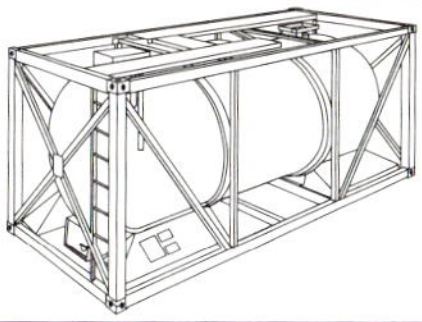

4 Ein Fertigbauteil mit einer Länge von 6,50 m soll im ISO-Container (Seecontainer) nach Boston/USA transportiert werden. Machen Sie Vorschläge, welche Containergröße für diese Sendung geeignet ist, wenn 20-Fuß- und 40-Fuß-Container zur Verfügung stehen.

5 Die MS „TITAN" befördert ISO-Container auf der Strecke Rotterdam – Mannheim. Das Schiff hat eine Ladefläche von 86 m x 10 m. Die Container können in 4 Lagen gestapelt werden.

Wie viele TEUs (Twenty Foot Equivalent Unit = 20-Fuß-Container-Einheit) kann die MS „TITAN" auf einer Reise befördern, wenn die Breite des ISO-Containers 8 ft. beträgt?

6 Das Volumen eines TEU (= 20-Fuß-Containers/s.o.) beträgt 1 280 cu. ft.

a) Wie viel m³ entspricht dieses Volumen?
b) Wie hoch ist der Container in ft. und in m, bei einer Breite von 8 ft.?

7 Das Containerschiff CMS „Frankfurt" fährt auf der Strecke von Bremen über die Sues-Route 11 428 sm nach Yokohama/Japan. Über die KapRoute wären es jedoch 14 947 sm. Das Schiff fährt mit einer Durchschnittsgeschwindigkeit von 22 kn (Knoten = sm/Std.).

a) Wie viele Tage ist die CMS „Frankfurt" über die Sues-Route nach Yokohama unterwegs?
b) Um wie viele km ist die Kap-Route länger?
c) Wie viele Tage wäre das Schiff über die Kap-Route länger unterwegs?

1 Seit 1. Jan. 2001 gilt offiziell das metrische System in Großbritannien.

3 Dreisatz

Die Dreisatzrechnung ist im kaufmännischen Rechnen weit verbreitet, da sich damit viele Aufgabenstellungen mit ihr lösen lassen. Die Dreisatzrechnung ist immer dann anwendbar, wenn mithilfe von drei gegebenen Größen eine vierte Größe errechnet werden soll.

3.1 Einfacher Dreisatz mit geradem Verhältnis

Musteraufgabe

Ein Lkw verbraucht auf 100 km Fahrtstrecke 45 Liter Diesel. Welche Entfernung kann er mit einem Dieselvorrat von 216 Litern zurücklegen?

Lösung durch Dreisatz

1. Satz =	**Bedingungssatz**	**45** Liter Diesel reichen für **100** km
2. Satz =	**Fragesatz**	**216** Liter Diesel reichen für ? km

45 Liter für 100 km

1 Liter für $\frac{100\text{ km}}{45\text{ l}}$

weniger Liter für weniger km

216 Liter für $\frac{100\text{ km} \cdot 216\text{ l}}{45\text{ l}}$

mehr Liter für mehr km

3. Satz = **Bruchsatz** $x = \frac{100 \cdot 216}{45} = 480\text{ km}$

In der Aufgabe gilt:
- **je mehr** Liter Diesel, **desto mehr** km können gefahren werden, oder
- **je weniger** Liter Diesel, **desto weniger** km können gefahren werden.

Lösungsweg

Lösungsermittlung für den 3. Satz

(Verhältnisgleichung): 45 l : 100 km = 216 l : ? km

So kommt der Bruchstrich beim geraden Verhältnis zustande:

45 l	≙	100 km
216 l	≙	? km

Zähler: Multiplikation der Werte, die sich diagonal gegenüberstehen („übers Kreuz malnehmen") $216 \cdot 100$

Nenner: Division mit dem Wert, der der gesuchten Größe (? km) diagonal gegenübersteht 45

$x = \frac{216 \cdot 100}{45} = 480\text{ km}$

Merke:

Ein gerades Verhältnis liegt vor, wenn gilt:
- je mehr ..., desto mehr ...

  oder
- je weniger ..., desto weniger ...

Aufgaben

1	Spedition Knorr transportiert mit 16 Nahverkehrsfahrzeugen täglich durchschnittlich 400 t Güter. Wie viel t können transportiert werden, wenn der Fuhrpark um 5 Fahrzeuge erweitert wird?
2	Ein Auszubildender gibt in 3 Stunden 36 Minuten 72 Kommissionieraufträge in den Computer ein. Wie lange würde er für 97 Aufträge brauchen?
3	Die Frachtkosten für 17,5 t verschiedener Konserven betragen 1.286,00 €. Wie hoch ist der Frachtkostenanteil für 3,6 t Gewürzgurken?
4	Das mit 960 t Kies beladene Motorschiff „Jagsttal" wird durch einen Hafenumschlagsspediteur in 16 Stunden entladen. Um wie viel Stunden wäre die Entladungszeit kürzer, wenn das Schiff wegen Niedrigwasser lediglich mit 672 t Kies beladen wäre?
5	Die Umladung von 12 t Gefahrgut aus einem normalspurigen Güterwagen in einen Schmalspurgüterwagen dauert 3,6 Stunden. Wie lange hätte die Umladung von 17 t gedauert?
6	Ein Schüler jobbt in seiner Freizeit in einem Lagerhaus. Letzten Monat erhielt er für 66 Stunden 412,50 €. Wie viel verdient er diesen Monat, wenn er 53,5 Stunden gearbeitet hat?
7	Die Fliesen für einen Büroraum (6 m · 8 m) kosten 2.505,60 €. Wie viel € kosten die gleichen Fliesen für einen 7 m · 9 m großen Büroraum?

3.2 Einfacher Dreisatz mit ungeradem Verhältnis

Musteraufgabe

Vier Lagerarbeiter benötigen für den Umschlag des Sammelgutes 6 Stunden. Wie lange brauchen 3 Lagerarbeiter für dieselbe Leistung?

Lösung durch Dreisatz

1. Satz = **Bedingungssatz** — **4** Lagerarbeiter benötigen **6** Stunden

2. Satz = **Fragesatz** — **3** Lagerarbeiter benötigen ? Stunden

4 Arbeiter benötigen 6 Stunden

1 Arbeiter benötigt 6 Stunden · 4 (24 Stunden)

weniger Arbeiter – mehr als 6 Std.

3 Arbeiter benötigen $\frac{6 \text{ Stunden} \cdot 4}{3}$

mehr als 1 Arbeiter – weniger als 24 Std.

3. Satz = **Bruchsatz** — $x = \frac{6 \cdot 4}{3} = 8$ Stunden

In der Aufgabe gilt:

- **je mehr** Arbeiter, **desto weniger** Stunden werden benötigt, oder
- **je weniger** Arbeiter, **desto mehr** Stunden werden benötigt.

Lösungsweg

Lösungsermittlung
für den 3. Satz:

So kommt der Bruchstrich beim ungeraden Verhältnis zustande:

4 Arbeiter	≙	6 Stunden
———	Bruchstrich	— —
3 Arbeiter	≙	? Stunden

Beim ungeraden Verhältnis zwischen Bedingungssatz und Fragesatz den Bruchstrich denken. Die Werte aus dem Bedingungssatz werden im Zähler multipliziert (4 Arbeiter · 6 Stunden), der Wert aus dem Fragesatz (3 Arbeiter) kommt in den Nenner.

Merke:

Ein ungerades Verhältnis liegt vor, wenn gilt:

- **je weniger ..., desto mehr ...**

  oder
- **je mehr ..., desto weniger ...**

Aufgaben

1 3 Lagerarbeiter beladen ein Fernverkehrsfahrzeug in 105 Minuten. Wie lange brauchen 5 Lagerarbeiter für die Beladung?

2 Die Buskosten einer Studienfahrt zur „Transportmesse München" betragen für die teilnehmenden 39 Berufsschüler je 21,50 €. Wie hoch wären die Fahrtkosten je Person, wenn zusätzlich vier weitere Schüler mitfahren würden?

3 Bei der Erschließung eines neuen Gewerbegebietes entfallen auf jeden der 18 Betriebe 32.000,00 €. Wie hoch wären die Erschließungskosten je Betrieb gewesen, wenn sich, wie ursprünglich geplant, nur 15 Betriebe dort niedergelassen hätten?

4 Ein Inter-Cargo-Güterzug der Deutschen Bahn AG verbindet bei 160 km/h zwei Wirtschaftszentren in 6 Stunden 45 Minuten. Wie lange benötigte früher ein Güterzug mit 120 km/h für diese Strecke?

5 Ein Binnenschiff legt seine Fahrtstrecke in 54 Stunden zurück. Aufgrund von Hochwasser muss die Geschwindigkeit um 25 % gesenkt werden. Um wie viele Stunden erhöht sich dadurch die Fahrzeit?

6 Für die Ausführung eines Großauftrages benötigen 6 Lkws 9 Tage. Nach 3 Tagen werden 2 weitere Lkws eingesetzt. Wie viele Tage werden für die Erledigung des Gesamtauftrages gebraucht?

Vermischte Aufgaben

1 Ein Lkw benötigt für 620 km 260,4 Liter Diesel. Wie viel km hätten damit gefahren werden können, wenn der Dieselverbrauch durch eine optimale Einstellung des Motors um 2 Liter je 100 km gesenkt worden wäre?

2 Die Verwaltungskosten der Lagerei Ulbrich, Dresden, stiegen im laufenden Jahr um $16\frac{2}{3}$ % auf 147.000,00 €. Wie hoch waren die Verwaltungskosten im letzten Jahr?

3 Für eine Sendung Baumwolle im Wert von 64.700,00 € muss der deutsche Importeur 226,45 € Versicherung bezahlen.

Wie hoch ist die Versicherungsprämie für eine Sendung Baumwolle im Wert von 56.430,00 €?

4 Die Spedition Möller KG erweitert ihre Büro- und Sozialräume um 25 %.

a) Bisher reichte eine Füllung des Heizöltanks für 90 Tage. Nach wie vielen Tagen wäre der Heizölvorrat verbraucht?

b) Um die Heizkosten um $\frac{1}{5}$ zu senken, werden im ganzen Unternehmen neue Fenster eingebaut und das Dach isoliert. Wie viele Tage reicht jetzt der Heizölvorrat?

5 Mehrere Fachkräfte für Lagerwirtschaft kommissionieren in 7 Arbeitsstunden 180 Paletten. Wie lange bräuchten sie für einen Auftrag desselben Auftraggebers, bei dem 220 Paletten kommissioniert werden sollen?

6 5 Bamberger Unternehmer warben gemeinsam in den Abschlussklassen der Hauptschulen und Realschulen um Auszubildende zur Fachkraft für Lagerwirtschaft. Die Werbekampagne kostete jedes Unternehmen 580,00 €. Aufgrund positiver Erfahrungen soll die Werbekampagne im nächsten Jahr wiederholt werden, wobei sich 3 weitere Unternehmen beteiligen möchten. Mit welchen Kosten pro Unternehmen müssen die beteiligten Unternehmen im nächsten Jahr rechnen, wenn der Werbekampagne ein gleich hoher Werbeetat zur Verfügung steht?

7 Drei Lkws der Spedition Weckerle benötigen für den Transport von Stammholz jeweils 15 Fahrten. Wie viele Einzelfahrten müssten 5 Lkws jeweils durchführen?

8 Nahverkehrsunternehmer Zwingli verbrauchte letzten Monat 12 160 Liter Diesel. Wie hoch war der Durchschnittsverbrauch seiner vier Fahrzeuge, wenn diese bei 25 Arbeitstagen durchschnittlich 320 km pro Tag fuhren?

9 Bei einem täglichen Verbrauch von 480 Seiten Druckerpapier reicht der Vorrat der Großhandlung Bauer & Co. 24 Tage. Aufgrund der schwächeren Konjunktur verringert sich der Verbrauch aber auf durchschnittlich 360 Seiten. Wie lange reicht nun der Vorrat?

10 **Rechenrätsel:**

In diesem Rätsel müssen sechs Aufgaben ohne Taschenrechner gelöst werden.

Am Ende ermitteln Sie eine **Kontrollsumme.** Dies ist **die Summe aller Ziffern der sechs Lösungen.** Sieger ist, wer die richtige Kontrollsumme am schnellsten auf einem Zettel abgegeben hat.

- Für 5 Kisten ist eine Seefracht von 260,00 € fällig. Beim nächsten Auftrag werden auf der gleichen Strecke nur 4 Kisten verschickt. Wie hoch ist nun die Fracht?
- Mit 24 Fuhren können 132 m³ Abraum abgefahren werden. Wie viel Fuhren sind für 209 m³ erforderlich?
- Beim Einebnen eines Geländes werden 3 Planierraupen eingesetzt. Sie benötigen 20 Stunden. Die Arbeit soll schon nach 5 Stunden fertig sein. Wie viele Raupen müssen dazu eingesetzt werden?
- Zur Abfuhr eines Schuttberges werde 4 Lkws eingesetzt. Jeder muss 27 Fuhren machen. Wie viel Fuhren muss jeder Lkw machen, wenn nur 3 Lkws zur Verfügung stehen?
- Sechs Monteure wollen eine Arbeit in 15 Stunden ausführen. Kurz vor Beginn der Arbeit wird einer von ihnen krank. Wie viele Stunden benötigen nun die übrigen für diesen Auftrag?
- Fünf Messebesucher laufen eine Halle in 45 Minuten ab. Am nächsten Tag laufen 7 Messebesucher die gleiche Strecke ab. Wie lange brauchen sie?

Kontrollsumme: ??

3.3 Zusammengesetzter Dreisatz (Vielsatz)

Musteraufgabe

16 Lagerarbeiter kommissionieren in 4 Stunden 218,75 t Schrauben. Wie lange brauchen 18 Lagerarbeiter für die Kommissionierung von 787,50 t Schrauben?

Lösung

durch zusammengesetzten Dreisatz:

1. Satz = **Bedingungssatz** **16** Arbeiter – **218,75** t – **4** Stunden
2. Satz = **Fragesatz** **18** Arbeiter – **787,50** t – ? Stunden

1. Dreisatz
16 Arbeiter ≙ 4 Stunden
18 Arbeiter ≙ ? Stunden
je mehr, desto weniger
– ungerades Verhältnis

$$x = \frac{4 \cdot 16}{18}$$

2. Dreisatz
218,75 t ≙ 4 Stunden
787,50 t ≙ ? Stunden
je mehr, desto mehr
= gerades Verhältnis

$$x = \frac{4 \cdot 787{,}50}{218{,}75}$$

zusammengesetzter Dreisatz

3. Satz = **Bruchsatz**

$$x = \frac{4 \cdot 16 \cdot 787{,}50}{18 \cdot 218{,}75} = 12{,}8 \text{ Stunden}$$

Lösungsweg

Zusammenfassung Vielsatz

1. Vielsatz erstellen.
   Beachte: – *Gesuchte Größe nach rechts.*
   – *Gleiche Einheiten untereinander.*
2. Vielsatz in einfache Dreisätze zerlegen.
3. Verhältnisse ermitteln und entsprechend auf den Bruchstrich schreiben.
   Beachte: *Gesuchte Größe wird nur einmal auf den Bruchstrich geschrieben.*

Aufgaben

1 Der Dieselvorrat der Spedition Knoll reicht 21 Tage, wenn 20 Lkws täglich jeweils 800 km fahren. Wie lange würde der Vorrat reichen, wenn nur 14 Lkws täglich durchschnittlich 900 km fahren würden?

2 Firma Geiser fertigt für die Kfz-Elektronik GmbH mit 9 Arbeitskräften in 8 Stunden 10 800 Stecker. Wie viele Stecker können produziert werden, wenn drei Arbeitskräfte erkranken und die anderen täglich jeweils eine Überstunde leisten?

3 6 Lagerarbeiter kommissionieren in 8 Stunden 288 Europaletten. Kann ein Auftrag über 400 Paletten an einem Tag erledigt werden, wenn nur 7,5 Stunden gearbeitet wird, aber zusätzlich zwei weitere Lagerarbeiter mitarbeiten?

4 Die Reinigung der 4 Möbel-Lkws kann von 7 Fahrern in 4 Stunden erledigt werden. In welcher Zeit können die 6 Silo-Lkws von 9 Fahrern gereinigt werden?

5 Lagerei Moser GmbH, Aurich, beschäftigt vier Lagerfacharbeiter, die laut Tarifvertrag täglich 7,5 Arbeitsstunden zur Verfügung stehen. Durchschnittlich kommissionieren sie täglich 300 Europaletten.

Können sechs Lagerkräfte einen Auftrag über 1 780 Europaletten in 3 Tagen kommissionieren, wenn durch den zusätzlichen Einsatz eines elektrischen Staplers die Arbeitsleistung der beteiligten Lagerarbeiter um 10 % steigt und jeder Lagerarbeiter zusätzlich täglich eine Überstunde leistet?

6 Die Rolltore im Lager einer großen Kraftwagenspedition sollen neu lackiert werden. Beim letzten Mal haben dafür drei Maler bei einer täglichen Arbeitszeit von 8 Stunden 2,5 Tage benötigt.

In diesem Jahr stehen 4 Maler zur Verfügung. Allerdings hat sich durch eine Erweiterung des Speditionslagers die Zahl der Rolltore um 10 auf 40 erhöht.

Wie viele Stunden muss pro Tag gearbeitet werden, um nach 2 Tagen mit der Lackierung der Tore fertig zu sein?

7 Für Inventurarbeiten benötigten im Vorjahr 10 kaufmännische Angestellte bei einer täglichen Arbeitszeit von 8 Stunden 3 Tage. In diesem Jahr soll die Bestandsaufnahme bei einer zehnstündigen Arbeitszeit in 2 Tagen durchgeführt werden.

Wie viele Angestellte müssen zusätzlich zur Inventur eingeteilt werden?

8 Im letzten Jahr benötigten der Lagerverwalter und zwei Angestellte bei täglich 8 Stunden Arbeitszeit 3 Tage für die Lagerinventur. Dabei wurden 720 verschiedene Lagerposten aufgenommen. In diesem Jahr ist die tägliche tarifliche Arbeitszeit auf 7,5 Stunden gekürzt.

Kann die Inventur vom Lagerverwalter und 3 Angestellten in zwei Tagen durchgeführt werden, wenn sich die Anzahl der Lagerposten inzwischen um $\frac{1}{6}$ vermindert hat?

9 Ein Paketdienst sortiert mit 16 Mitarbeitern in 15 Stunden 12 600 Pakete. Der Paketdienst erhöht die Anzahl der Mitarbeiter auf 20 und senkt die tägliche Arbeitszeit auf 14 Stunden. Wie viele Pakete können nun täglich sortiert werden?

10 20 Bauarbeiter erstellen in 15 Tagen bei einer täglichen Arbeitszeit von jeweils 8 Stunden den Rohbau für das neue Verteilungslager der Spedition Knoll.

a) Wie viele Bauarbeiter müssen noch hinzugezogen werden, wenn der Auftrag in 10 Tagen fertig sein soll und die tägliche Arbeitszeit auf 10 Stunden erhöht wird?
b) Wie lange müssten 24 Arbeiter täglich arbeiten, wenn der Gesamtauftrag in 12 Tagen ausgeführt werden soll?

11 Eine Bauunternehmung benötigt für den Bau des neuen Freilagers 13,5 Arbeitstage, wenn 10 Arbeiter täglich 8 Stunden arbeiten. Für den Bau eines anderen Freilagers, das 40 % größer ist, stehen lediglich 8 Arbeiter zur Verfügung, die täglich zusätzlich je 1 Überstunde leisten.

Wie viele Arbeitstage benötigt die Bauunternehmung für diesen Auftrag?

12 Ein Frachtführer transportiert für ein Walzwerk an 4 Tagen mit 6 Lkws 3 840 t Stahlerzeugnisse zum Binnenhafen an der Weser. In welcher Zeit könnte ein Auftrag über 8 320 t ausgeführt werden, wenn 8 Lkws, deren Nutzlast um $\frac{1}{4}$ größer ist, statt 10 Stunden täglich 13 Stunden eingesetzt werden?

4 Währungsrechnen

4.1 Einführung

Die Ausweitung des weltweiten Handels bedingt, dass im Handel, in der Industrie und in den Speditionsbetrieben täglich mit ausländischen Währungen gerechnet werden muss. So werden Forderungen von Unternehmen außerhalb der Europäischen Wirtschaftsunion (EWU) in Euro umgerechnet und die eigenen Forderungen in fremde Währungen.

Seit dem 1. Januar 2001 gilt in den folgenden 13 Ländern der Europäischen Union der Euro als gemeinsame Währung:

Belgien, Deutschland, Finnland, Frankreich, Griechenland, Irland, Italien, Luxemburg, Niederlande, Portugal, Österreich, Slowenien und Spanien.

Damit bezahlen heute rund 310 Millionen Menschen mit dem Euro.

Zwölf EU-Staaten sind nicht Mitglieder der Eurozone: **Dänemark, Estland, Lettland, Litauen, Malta, Polen, Schweden, Slowakei, Tschechien, Ungarn, Vereinigtes Königreich und Zypern.**

Beim **Währungsrechnen** werden die ausländischen Zahlungsmittel unterschieden in

- **Sorten** (Geldscheine und Münzen in ausländischer Währung),
- **Devisen** (Zahlungsanweisungen im Auslandsgeschäft, wie z. B. Wechsel, Scheck, Schuldschein).

Die Geschäftsbanken **kaufen und verkaufen den Euro** gegen Zahlungsmittel fremder Staaten zu einem täglich ermittelten Marktpreis, der als **Wechselkurs** (vereinfacht Kurs) bezeichnet wird.

Kurse werden unterschieden in:

- **Sortenkurs: Kurs je Euro in ausländischen[1] Geldsorten,**
- **Devisenkurs: Kurs je Euro für Zahlungsanweisungen in ausländischen Währungseinheiten.**

4.2 Kursnotierungen

4.2.1 Mengennotierung und Preisnotierung

Bis zur Einigung auf den Euro als Zahlungsmittel am 31. Dezember 1998 wurde in vielen Ländern für die Kursangabe ausländischer Währungen die **Preisnotierung** verwendet.

Seit dem 1. Januar 1999 gilt die **Mengennotierung**[2] für die Teilnehmerländer der EWU

- für die **Umrechnung zwischen Euro und den Währungen der Teilnehmerländer**
- sowie für die **Umrechnung zwischen Euro und Währungen anderer Länder.**

1 Die Trennung in Inland und Ausland erfolgt nach der Zugehörigkeit zur EWU (Inland) und Nichtzugehörigkeit zur EWU (Ausland).

2 Artikel 4 der EG-Verordnung Nr. 1103/97 legt für das Umrechnungsverhältnis zwischen Euro und den Währungen der Europäischen Währungsunion die **Mengennotierung** fest (1,00 € = x Einheiten des jeweiligen Landes der EWU).

654038

Notierungsarten

Preisnotierung	Mengennotierung
Der Wechselkurs gibt in der Preisnotierung an, wie viel eine feste Einheit Fremdwährungen (z. B. 100,00 CHF) in inländischer Währung kosten (z. B. EUR). **100 ausländische Währungseinheiten = x EUR**	Der Wechselkurs gibt in der Mengennotierung an, **welche Menge der ausländischen Währungseinheit (z. B. USD) für eine inländische Währungseinheit** (z. B. EUR) gezahlt wird. **1 EUR = x ausländische Währungseinheiten** Merke: Bei der Mengennotierung ■ bezieht sich die Notierung immer auf **1 Euro,** ■ ist die **Inlandswährung Euro die feste Größe,** ■ ist die jeweilige Auslandswährung (z. B. USD oder GBP) die variable Größe, ■ wird der **Wechselkurs für 1 EUR in der jeweiligen Auslandswährung ausgedrückt.**
Die **Preisnotierung** findet bei der Kursangabe vieler ausländischer Währungen Verwendung. Beispiele: Kursnotierung der Tschechischen Krone, der Dänischen Krone, der Norwegischen Krone oder der Schwedischen Krone z. B.: ■ 100,00 CZK = 3,54 EUR (**Kurs für 100 CZK** in der Tschechei) ■ 100,00 DKK = 13,41 EUR (**Kurs für 100 DKK** in Dänemark) ■ 100,00 NOK = 12,79 EUR (**Kurs für 100 NOK** in Norwegen) ■ 100,00 SEK = 10,79 EUR (**Kurs für 100 SEK** in Schweden)	Die **Mengennotierung** findet beispielsweise Verwendung innerhalb der EWU für den Euro, in den USA für den Dollar, in Großbritannien für das Pfund und in der Schweiz für den Schweizer Franken. z. B.: ■ **Kurs für 1 Euro** in der EWU 1,00 EUR = 1,29 USD 1,00 EUR = 0,68 GBP 1,00 EUR = 7,96 NOK ■ **Kurs für 1 GBP** in Großbritannien 1,00 GBP = 1,46 EUR ■ **Kurs für 1 USD** in den USA 1,00 USD = 0,78 EUR ■ **Kurs für 1 CHF** in der Schweiz 1,00 CHF = 0,64 EUR

4.2.2 Geldkurs und Briefkurs

Geld- und Briefkurse des Euro (am Beispiel von Sorten) – die gehandelte Währung ist der Euro –	
Geldkurs	**Briefkurs**
Beispiel: Ein Händler tauscht in Wismar 1.000,00 EUR in USD. = **Ankauf von Euro** durch die Bank **Kurs:** 1,24 USD/EUR = 1,24 Geld ■ **Bank kauft** 1,00 EUR für 1,24 USD. ■ Für 1.000,00 EUR erhält man von der Bank 1.240,00 USD. **Geldkurs ist der niedrigere Ankaufkurs für den Euro.**	Beispiel: Ein Händler tauscht in Wismar USD in 1.000,00 EUR um. = **Verkauf von Euro** durch die Bank **Kurs:** 1,33 USD/EUR = 1,33 Brief ■ **Bank verkauft** 1,00 EUR für 1,33 USD. ■ Für 1.000,00 EUR muss man bei der Bank 1.330,00 USD bezahlen. **Briefkurs ist der höhere Verkaufskurs für den Euro.**

Merke:

- **Der Geldkurs ist niedriger als der Briefkurs.**
- **Die Wahl des Kurses erfolgt aus der Sicht der umtauschenden Bank:**
  - **Die Bank kauft Euro an. → Geldkurs**
  - **Die Bank verkauft Euro. → Briefkurs**
- **Bei steigendem Eurokurs steigt der Wert des Euro und der Wert der Auslandswährung sinkt.**
- **Bei sinkendem Eurokurs sinkt der Wert des Euro und der Wert der Auslandswährung steigt.**

4.3 Kurstabelle

Kurstabelle einer Geschäftsbank für den Tausch zwischen inländischer Währung Euro und ausländischen Währungen (Stand 1. Juni 2006)

Land		**Sortenkurse**[1] für 1 Euro		**Devisenkurse**[2] für 1 Euro	
		Ankauf	**Verkauf**	**Geld**	**Brief**
		Bank kauft € an (Bank verkauft ausländische Währung)	**Bank verkauft €** (Bank kauft ausländische Währung an)	**Bank kauft € an** (Bank verkauft ausländische Währung)	**Bank verkauft €** (Bank kauft ausländische Währung an)
Australien	AUD (Dollar)	1,59	1,79	1,7008	1,7038
Dänemark	DKK (Krone)	7,06	7,91	7,4576	7,4586
Großb.	GBP (Pfund)	0,66	0,71	0,6852	0,6855
Japan	JPY (Yen)	139,90	150,90	144,2200	144,2400
Kanada	CAD (Dollar)	1,34	1,50	1,4081	1,4101
Norwegen	NOK (Krone)	7,48	8,43	7,8056	7,8106
Schweden	SEK (Krone)	8,89	9,94	9,2668	9,2718
Schweiz	CHF (Franken)	1,52	1,60	1,5606	1,5611
Singapur	SGD (Dollar)	1,86	2,20	2,0176	2,0376
Tschech. Rep.	CZK (Krone)	24,75	30,50	28,1900	28,2700
USA	USD (Dollar	1,24	1,33	1,2833	1,2838

Wert eines Euro in der jeweiligen Währung

4.4 Umtausch von Währungen zwischen EU-Mitgliedsländern und Nicht-EU-Mitgliedsländern

4.4.1 Umtausch von Euro in Auslandswährungen

Musteraufgabe 1

Ein Großhändler tauscht in Regensburg **EUR in 5.000,00 USD.**
Wie viel Euro benötigt er?

Lösung

- Bank kauft Euro an (Geldeingang in Euro bei der Bank).
- Bank verkauft USD (Geldausgang in USD bei der Bank).

Bank kauft EUR an gegen USD. Deshalb kommt der **Ankaufkurs (Geldkurs)** zur Anwendung.

Lösung: 1,00 EUR = 1,24 USD
x EUR = 5.000,00 USD

$$x = \frac{5.000,00 \cdot 1,00}{1,24} = \mathbf{4.032,26\ EUR}$$

Musteraufgabe 2

Ein französischer Importeur tauscht zur Begleichung einer Nachnahme bei seiner Bank **1.200,00 EUR in CHF.**
Wie viel CHF erhält er?

Lösung

- Bank kauft EUR an (Geldeingang in Euro bei der Bank).
- Bank verkauft CHF (Geldausgang in CHF bei der Bank).

Bank kauft EUR an gegen CHF. Deshalb kommt der **Ankaufkurs (Geldkurs)** zur Anwendung.

Lösung: 1,00 EUR = 1,52 CHF
1.200,00 EUR = x CHF

$$x = \frac{1.200,00 \cdot 1,52}{1,00} = \mathbf{1.824,00\ CHF}$$

1 Kurs je Euro in ausländischen Geldsorten. Sorten: Geldscheine und Münzen in ausländischer Währung
2 Devisenkurs: Kurs je Euro für Zahlungsanweisungen in ausländischen Währungseinheiten
Devisen: Zahlungsanweisungen im Auslandsgeschäft wie z. B. Wechsel, Scheck, Schuldschein

Aufgaben

1	Tausch von 1.320,50 EUR in SEK
2	Tausch von 4.825,00 EUR in JPY
3	Fahrer Gruber tauscht in Flensburg 500,00 EUR in NKR um. Wie viele NKR erhält er?
4	Der spanische Frachtführer Lopez schuldet einem dänischen Auftraggeber Schadensersatz für einen Totalschaden an 2,85 t Transportgut aus einem internationalen Lkw-Transport (Warenwert je kg: 212,05 DKK). Berechnen Sie die Ersatzleistung in EUR und DKK. (Kurs für 1 SZR: 1,16 EUR)
5	Die Walther GmbH, Neunkirchen, kauft einen schwedischen Lkw für 102.000,00 EUR und bezahlt den Kaufpreis mit einem Wechsel. Zusätzlich fallen Gebühren von 2,3 % an, die in die auf SEK ausgestellte Wechselsumme eingerechnet werden sollen. Berechnen Sie die Wechselsumme in SEK.
6	Während eines Berufspraktikums in London tauscht eine Fachkraft für Lagerlogistik dort 1.000,00 EUR in 680,55 GBP. a) Zu welchem Kurs rechnet die englische Bank ab? Beachte: Mengennotierung in Großbritannien b) Wie viel GBP Gewinn oder Verlust hätte die Fachkraft für Lagerlogistik bei einem Umtausch in Deutschland gehabt?
7	Der Lagermeister Kremer der EuroSped, Hannover, plant eine 4-tägige Geschäftsreise nach Dänemark. Er rechnet mit einer täglichen Ausgabe von 1.200,00 DKK. Wie viel EUR muss Kremer umtauschen?

4.4.2 Umtausch von Auslandswährungen in Euro

Musteraufgabe 1

Ein Kapitän tauscht in Helsinki **5.000,00 USD in EUR** um.

Lösung

- Bank verkauft Euro (Geldausgang in EUR bei der Bank).
- Bank kauft USD an (Geldeingang in USD bei der Bank).

Bank verkauft EUR gegen USD. Deshalb kommt der **Verkaufskurs (Briefkurs)** zur Anwendung.

Lösung: 1,00 EUR = 1,33 USD
x EUR = 5.000,00 USD

$$x = \frac{5.000,00 \cdot 1,00}{1,33} = \mathbf{3.759,40\ EUR}$$

654042

Musteraufgabe 2

Ein Binnenschiffer tauscht in Antwerpen **CHF in 2.800,00 EUR** um.

Lösung

- Bank verkauft Euro (Geldausgang in Euro bei der Bank).
- Bank kauft CHF an (Geldeingang in USD bei der Bank).

Bank verkauft EUR gegen CHF. Deshalb kommt der **Verkaufskurs (Briefkurs)** zur Anwendung.

Lösung: 1,00 EUR = 1,60 CHF
2.800,00 EUR = x CHF

$$x = \frac{2.800,00 \cdot 1,60}{1,00} = \mathbf{4.480,00\ CHF}$$

Aufgaben

1	Tausch von 472,90 SEK in EUR.
2	Tausch von 1.621,00 USD in EUR.
3	Tausch von 134.000,00 JPY in EUR.
4	Tausch von 12.385,00 DKK in EUR.
5	Herr Stützli, Spediteur aus Zürich, tauscht in Berlin 800,00 CHF in EUR um. Welchen Betrag erhält er von der Bank ausgezahlt?
6	Spedition Knoll erhält vom Buchverlag Maier, Frankfurt/Oder, den Auftrag, eine mit einer Frachtnachnahme von 16.024,48 SEK belastete Sendung schwedisches Papier vom Hamburger Hafen nach Ludwigshafen zu transportieren. Wie viel EUR muss die Spedition eintauschen, um die Sendung einlösen zu können?
7	Lagerhalter Roll kommt von einer Geschäftsreise zurück und tauscht bei seiner Hausbank in Köln 182,50 GBP und 39.650 JPY in EUR um. Wie viel EUR erhält er insgesamt?
8	Ein belgischer Binnenschiffer tauscht in Kehl 950 CHF in EUR. Wie viel EUR erhält er ausbezahlt?
9	Der Auszubildende Gerd hebt bei einem Englandbesuch an einem Geldautomaten 250,00 GBP ab. Dafür bucht ihm seine Bank später 361,30 EUR ab. Mit welchem Eurokurs rechnet die Bank die beiden Schecks ab, wenn 4,00 EUR Gebühren in Rechnung gestellt werden?
10	Die Firma Nippon Stahl überweist der Reederei Beiersdorff, Bremen, für einen bereits ausgeführten Stahltransport 2.621.108,00 JPY. Welchen Betrag erhält die Firma Beiersdorff auf ihrem Konto gutgeschrieben?

Kapitelübergreifende Aufgaben zum Währungsrechnen

1 Am Frankfurter Flughafen tauscht ein Geschäftsreisender 420,00 USD in JPY.

2 Herr Stützli, Großhändler aus Zürich, besucht seinen Handelspartner Preuss in Berlin.

a) Stützli tauscht zu Hause 800,00 CHF in EUR um. Welchen Betrag erhält er von seiner Bank in Zürich ausgezahlt?
Mengennotierung in der Schweiz für 1,00 CHF:
Ankauf 0,64 EUR, Verkauf 0,66 EUR.

b) Wie hoch wäre sein Gewinn/Verlust gewesen, wenn er innerhalb der EWU getauscht hätte?

3 Ein Pilot der Lufthansa besorgt sich bei einer Bank in Frankfurt 760,00 GBP, 430,00 USD, 800,00 DKK und 120.000,00 JPY.

a) Über wie viel EUR lautet die Abrechnung der Bank?

b) Der Pilot zahlt mit 5.500,00 SEK und einem Scheck. Über welchen EUR-Betrag muss er diesen ausstellen?

4 Der Geschäftsführer der LOGITECH GmbH tauscht für eine Geschäftsreise nach London und New York in Deutschland jeweils 800,00 EUR in GBP und USD um.

a) Wie viele GBP und USD erhält er von seiner Bank?

b) Als der Geschäftsführer von seiner Geschäftsreise zurückkehrt, hat er noch 32,00 GBP und 76,00 USD, die er wieder in EUR umtauscht. Wie viel EUR hat er insgesamt verbraucht?

c) Wie viel EUR hat er durch den Rücktausch verloren?

5 Fuhrunternehmer Stahl tauscht bei seiner Bank insgesamt 2.500,00 EUR um in 2.200,00 CHF und den Rest in NOK.

a) Wie viel NOK erhält er?

b) Umständehalber kann Stahl nur nach Norwegen fahren. Deshalb tauscht er in Deutschland seine CHF wieder in EUR um.
Wie groß ist sein Verlust insgesamt?

6 Für eine Geschäftsreise nach London tauscht Spediteur Hansen bei der Sparkasse Kiel 1.300,00 EUR in GBP um.

a) Wie viele GBP erhält er?

b) In Großbritannien notiert das GBP mit 1,69 EUR. In welchem Land tauscht Hansen günstiger und wie viel GBP erhält er mehr?

7 Ein dänischer Lkw-Fahrer tauscht in Konstanz 2.370,00 DKK in 250,00 CHF und den Restbetrag in EUR um. Wie viel EUR erhält er?

8 Bei einer Studienfahrt nach Zürich tauscht ein Teilnehmer dort 400,00 EUR in 606,75 CHF.

a) Zu welchem Kurs rechnete die Schweizer Bank ab?
(Beachte: Mengennotierung)

b) Wie viel CHF Gewinn oder Verlust hätte ein Umtausch in der Bundesrepublik verursacht?

654044

4.5 Exkurs: Sonderziehungsrecht (SZR)

Neben ausländischen Währungen, mit denen der Spediteur im Rahmen der weltweiten Vernetzung täglich arbeitet, wird die Kunstwährung **„Sonderziehungsrecht“ (SZR)** immer wichtiger für die Abwicklung nationaler und internationalen Speditions- und Handelsgeschäfte, da die Haftung der verschiedenen Verkehrsträger sowie die Haftung der Spediteure und Frachtführer auf dieser „Kunstwährung“ basieren.

Anwendungsbereiche der SZR	maximale Haftung je kg (bei Beschädigung oder Verlust)
Frachtführer	
■ nationaler Güterkraftverkehr nach HGB (alle Verkehrsträger)	■ 8,33 SZR je kg durch Frachtführer
■ nationaler Güterkraftverkehr nach VBGL	■ 8,33 SZR je kg durch Frachtführer
■ internationaler Güterkraftverkehr nach CMR	■ 8,33 SZR je kg durch Frachtführer
■ internationale Eisenbahnbeförderung nach ER/CIM	■ 17 SZR je kg durch Frachtführer
■ Binnenschifffahrt nach dem Budapester Übereinkommen	■ 666,67 SZR je Ladungseinheit oder 2 SZR je kg durch Frachtführer ■ bei Containerverladung 1.500 SZR für den Container und 25.000 SZR für das Ladegut durch Frachtführer
■ Seeschifffahrt nach Visby-Rules	■ 666,67 SZR je Stück/Einheit oder 2 SZR je kg durch Verfrachter
■ Luftfracht nach Montrealer Übereinkommen	■ 17 SZR je kg durch Carrier
Spediteur	
■ Haftung nach ADSp › für Frachtführertätigkeit nach Ziffer 23.1.2 › für Verkehrsverträge unter Einschluss eines Seetransportes nach Ziffer 23.1.3	 ■ wie der jeweilige Frachtführer ■ 2 SZR je kg durch Spediteur
■ FIATA-FBL[1]	■ 2 SZR je kg durch Spediteur

Seit 1981 wurde der Wert eines SZR mithilfe der Wechselkurse eines „gewichteten Korbes“ der fünf Währungen der größten Exportländer (Welthandelsanteile) ermittelt. Bedingt durch die Europäische Währungsunion EWU wurde die DEM (Deutsche Mark) und der FRF (Französische Franc) ersetzt durch den EUR. Der Währungskorb besteht seither aus den vier wichtigsten Weltwährungen **US-Dollar** (USD), **Euro** (EUR), **Japanische Yen** (JPY) und **Englische Pfund** (GBP).

1 FIATA-FBL (FIATA Combined Transport Bill of Lading) ist ein akkreditivfähiges Transportdokument, in dem bei einem internationalen Transport mit verschiedenen Verkehrsträgern der beauftragte Spediteur bis zur Ablieferung an den Empfänger für jeden Transportabschnitt mit maximal 2 SZR haftet.

SZR-Korb	
Währung	**fester Betragsanteil in jeweiliger Währung**
US-Dollar	0,5770 USD
Euro	0,4260 EUR
Japanischer Yen	21,0000 JPY
Englisches Pfund	0,0984 GBP

Der Wert eines SZR wird folgendermaßen ermittelt:

1 SZR = 0,5770 USD + 0,4260 EUR + 21,0000 JPY + 0,0984 GBP

Die genannten Währungsbeträge werden an jedem Geschäftstag über die Marktkurse in USD-Beträge umgerechnet. Als Marktkurs werden die Mittelkurse zwischen den mittags im Londoner Devisen-Kassa-Markt festgestellten Ankauf- und Verkaufkursen verwendet. Die Summe der Werte, ausgedrückt in US-Dollar, ergibt den **Wert eines SZR.** Der SZR-Wert in EUR wird ermittelt, indem der ermittelte SZR-Wert in US-Dollar mit dem amtlichen Mittelkurs für den USD in EUR umgerechnet wird.

Beispiel für die Wertermittlung eines SZR[1]:

Währung	Betragsanteil in jeweiliger Währung	Mittelkurs am Devisen-Kassa-Markt[2]	Gegenwert in USD	Rechenweg
USD	0,6320	1,00000 USD/USD	0,6320000	0,6320 · 1,00000
EUR	0,4100	1,27610 USD/EUR	0,5232010	0,4100 · 1,27610
JPY	18,4000	113,08000 JPY/USD	0,1627167	18,4000 : 113,08000
GBP	0,0903	1,86390 USD/GBP	0,1683102	0,0903 · 1,86390

1 SZR = 1,4862279 USD
1 SZR = 1,1646641 EUR
(1,4862279 : 1,276100)

Aufgaben

1 Berechnen Sie den Wechselkurs des SZR zum USD (in USD pro SZR).

Kurse der einzelnen Währungen in US-Dollar:

1,00 EUR = 1,00 USD; 1,00 USD = 115,00 JPY; 1,00 USD = 0,70 GBP

2 Am Londoner Devisen-Kassa-Markt werden folgende Dollar-Mittelkurse ermittelt:

1,0000 USD; 1,0843 EUR; 186,48 JPY; 0,7231 GBP

a) Berechnen Sie den Wert eines SZR in USD und in EUR.

b) Der „Währungskorb" des SZR besteht aus vier Währungen.
Ermitteln Sie das prozentuale Gewicht der vier Währungen im „Korb" des SZR.

c) Erklären Sie, was mit dem Gewicht des Euro passiert, wenn er gegenüber dem Dollar an Wert verliert.

1 Veröffentlichung des IWF mit den Kursen vom 01.06.2006

2 Der Wechselkurs für EUR und GBP lautet auf US-Dollar pro Währungseinheit, der Wechselkurs für JPY auf Währungseinheit pro US-Dollar.

5 Kettensatz

Industrieunternehmen, Außenhandelsbetriebe und Spediteure sind weltweit tätig. Häufig sind ausländische Maße, Gewichte und Währungen in nationale Größen umzurechnen oder umgekehrt. Der **Kettensatz** dient anstelle des geraden Dreisatzes für die **einfache und schnelle Umrechnung,** wenn **keine Zwischenergebnisse benötigt werden.**

Musteraufgabe

Die Hildebrandt GmbH, Braunschweig, bezieht aus Großbritannien 4 in Überseekisten verpackte Gabelstapler, die bei der Überfahrt auf dem englischen Seeschiff „Norfolk Express" ein Ladevolumen von jeweils 7,15 m³ benötigen. Wie hoch ist die Frachtabrechnung der Reederei in EUR, wenn diese je Registertonne[1] (NRZ) 125,00 £ berechnet?

Angaben zur Umrechnung: Kurs für 1 EUR = 0,69 £
1 Registertonne (NRZ) = 100 cbf (Kubikfuß)
1 cbf = 0,028317 m³

Lösung durch Dreisatz

1. Umrechnung einer Registertonne in m³

0,028317 m³ ≙ 1 cbf
x m³ ≙ 100 cbf (1 Registertonne)

$$x = \frac{100 \cdot 0{,}028317}{1}$$

= 2,8317 m³

2. Ermittlung der benötigten Registertonnen

2,8317 m³ ≙ 1 Registertonne
7,15 m³ ≙ x Registertonnen

$$x = \frac{7{,}15 \cdot 1}{2{,}8317}$$

= 2,525 Registertonnen

2,525 Registertonnen ≙ 1 Gabelstapler
x Registertonnen ≙ 4 Gabelstapler

$$x = \frac{4 \cdot 2{,}525}{1}$$

= 10,1 Registertonnen

3. Berechnung des Entgeltes in £

1,0 Registertonne ≙ 125,00 £
10,1 Registertonnen ≙ x £

$$x = \frac{125 \cdot 10{,}1}{1}$$

= 1 262,50 £

4. Umrechnung der Frachtkosten in Euro

0,69 £ ≙ 1 EUR
1 262,50 £ ≙ x EUR

$$x = \frac{1 \cdot 1262{,}50}{0{,}69}$$

= 1.829,71€

Die Rechnung der Reederei für den Transport der 4 Gabelstapler beträgt 1.829,71 €.

1 Die *Registertonne* dient zur Kennzeichnung von *Schiffsgrößen (= Bruttoregistertonne)* oder der *Transportfähigkeit (= Nettoregistertonne)*. Am 18.07.1982 trat eine neue internationale Schiffsvermessungs-Konvention in Kraft, die die Schiffsgröße nun mit der *Bruttoraumzahl (BRZ)* kennzeichnet und die Transportfähigkeit mit der *Nettoraumzahl (NRZ)*.

Die Berechnung der Frachtkosten mit dem einfachen Dreisatz mit geradem Verhältnis ist umständlich und zeitaufwändig. Durch die Anwendung des **Kettensatzes** lassen sich die einfachen Dreisätze verbinden und in **einem Rechengang** lösen.

Lösung durch Kettensatz

? EUR	kostet die Fracht der	**4 Gabelstapler,**
wenn **1 Gabelstapler**	←	**7,15 m³** Frachtraum benötigt,
und **0,028317 m³**	←	**1 cbf** ist,
und **100 cbf**	←	**1 Registertonne** sind,
und **1 Registertonne**	←	**125,00 £** Fracht kostet
und **0,69 £**	←	**1 EUR** entspricht
↓		↓
Produkt der linken Seite ?·1·0,028317·100·1·0,69	=	Produkt der rechten Seite 4·7,15·1·1·125,00·1
↓		↓
Produkt der linken Seite ergibt den **Nenner**		**Produkt** der rechten Seite ergibt den **Zähler**

$$? = \frac{4 \cdot 7{,}15 \cdot 1 \cdot 1 \cdot 125{,}00 \cdot 1}{1 \cdot 0{,}028317 \cdot 100 \cdot 1 \cdot 0{,}69} = 1.829{,}70\ €$$

Lösungsweg

1. Mit der gefragten Größe beginnen. **(? EUR)**
2. Das 2. Kettenglied mit der Größe, mit der das 1. Kettenglied endet, beginnen usw. **(Gabelstapler/m³/cbf/Registertonne/£)**
3. Die Kette ist geschlossen, wenn die letzte Größe mit der gefragten Größe übereinstimmt. **(EUR – EUR)**
4. Die Kette zu einem Bruch auflösen, indem die **rechte Seite** zum **Zähler** und die **linke Seite** zum **Nenner** wird.

Vereinfachte Darstellungsweise der Lösung:

? EUR	≙	4 Gabelstapler
1 Gabelstapler	≙	7,15 m³
0,028317 m³	≙	1 cbf
100 cbf	≙	1 Registertonne
1 Registertonne	≙	125 £
0,69 £	≙	1 EUR

$$x = \frac{4 \cdot 7{,}15 \cdot 1 \cdot 1 \cdot 125{,}00 \cdot 1}{1 \cdot 0{,}028317 \cdot 100 \cdot 1 \cdot 0{,}69} = 1.829{,}70\ €$$

Durch Kippen des Kettensatzes um 90 % nach links wird aus der senkrechten Trennungslinie (gestrichelt dargestellt) der Bruchstrich. Das Produkt der rechten Seite befindet sich als Zähler auf dem Bruchstrich, das Produkt der linken Seite als Nenner unter dem Bruchstrich.

Da die Einsen im Zähler und Nenner keine Auswirkung auf das Ergebnis des Kettensatzes haben, können sie bei der Ermittlung des Ergebnisses unberücksichtigt bleiben. Daraus folgt folgende verkürzte Dartstellung.

$$x = \frac{4 \cdot 7{,}15 \cdot 125{,}00}{0{,}028317 \cdot 100 \cdot 0{,}69} = 1.829{,}70\ €$$

Aufgaben zum Kettensatz

1 Fuhrunternehmer Bender, Celle, möchte sich zu Werbezwecken einen amerikanischen Truck kaufen. Der Verbrauch des Trucks wird vom Hersteller mit 17 Gallonen je 100 Meilen angegeben. Mit welchem Verbrauch auf 100 km muss Herr Bender rechnen?

Angaben zur Umrechnung: 1 Gallone = 4,54596 Liter
1 Meile = 1 609,33 m

2 Großhändler Fränkle, Bayreuth, besucht Geschäftspartner in Dänemark und Norwegen. In Kopenhagen tauscht er EUR in 12.000,00 NOK um. Wie viele NOK erhält Fränkle, wenn zum Zeitpunkt des Umtausches folgende Kurse gelten?

Kursauszug einer dänischen Bank:

	Ankauf	Verkauf
für 1 EUR	7,06	7,91
für 100,00 NOK	107,80	108,65

3 Spediteurlagerhalter Wolter, Emden, übernimmt 5 20-Fuß-Container, Volumen je TEU 1 280 cbf, mit in Säcken abgepacktem Sojaschrot. Wieviel EUR Nettolagergeld stellt Wolter in Rechnung, wenn vereinbarungsgemäß je m^3 Lagerraum 1,60 € Lagergeld berechnet werden?

1 cbf = 0,028317 m^3

4 Wie hoch ist das Nettofrachtentgelt in £, das die Reederei Nordstern einem englischen Exporteur berechnet, wenn dieser 70 cwts Maschinenteile von London nach Bremen verschickt und die Frachtrate je 100 kg 9,20 € beträgt?

Kurs für £: 0,69
1 ctw = 50,8024 kg

5 Der englische Exporteur Max Plank, Sheffield, lagert bei der Spedition Grubba, Osnabrück, 27 tons englischen Stahl ein. Wie hoch sind die Lagerkosten je Monat in £, wenn das vereinbarte Lagergeld pro 100 kg 1,20 € beträgt?

1 ton = 20 cwts
1 cwt = 50,8024 kg
Kurs für £: 0,69

6 Prozent- und Promillerechnung

6.1 Einführung

Die Spedition Fuchs & Co., Oldenburg, hat 25 Mitarbeiter. Der Anteil der Fahrer beträgt 44 %. Wie viel Fahrer beschäftigt die Spedition?

100 % = 25 Mitarbeiter
44 % = x Mitarbeiter

$$x = \frac{25 \cdot 44}{100} = 11$$

Die Spedition beschäftigt 11 Fahrer.

Die Prozentrechnung ist eine Vergleichsrechnung, bei der die gesuchte Teilmenge ins Verhältnis zur Zahl **100**[1] gesetzt wird.

Lösungshinweis

Grundwert	=	Gesamte Belegschaft	(25)
Prozentwert	=	Anzahl der Fahrer	(11)
Prozentsatz	=	Vergleichszahl	(44 %)

Beachte:

1. *Die Prozentrechnung ist eine Vergleichsrechnung.*
   Der Ausgangswert (Grundwert) wird der Zahl 100 gleichgesetzt.
2. *Die Prozentrechnung besteht aus drei Größen.*

Grundwert = ***100 %***

Prozentwert = ***Teilgröße,*** *die mithilfe des Prozentsatzes aus dem Grundwert errechnet wird.*

Prozentsatz = ***Verhältniszahl,*** *die das Verhältnis des Prozentwertes zum Grundwert ausdrückt.*

3. *Die Vergleichsrechnung mit der Zahl* ***1 000*** *nennt man* ***Promillerechnung***[2] *–* ***1 Prozent = 10 Promille.***

6.2 Berechnung des Prozentwertes

Musteraufgabe

Auf einen Verkaufspreis von 1.710,00 € werden 15 % Nachlass gewährt.
Wie viel € beträgt der Nachlass?

Lösung

100 % = 1.710,00 €
15 % = x €

$$x = \frac{1.710,00 \cdot 15}{100} = 256,50 \text{ €}$$

Merke:

$$\text{Prozentwert} = \frac{\text{Grundwert} \cdot \text{Prozentsatz}}{100}$$

Hinweis: Bei bestimmten Prozentsätzen ist die Berechnung des Prozentwertes einfacher, wenn man anstelle des Prozentsatzes mit einem einfachen Bruch rechnet.

Beispiel: $33\frac{1}{3}$ % von 360,00 € = $\frac{360 \cdot 33\frac{1}{3}}{100}$ = 120,00 € oder
$\frac{1}{3}$ von 360,00 € = 360 : 3 = 120,00 €

1 Prozent = vom Hundert, ital. = per cento, lat. = pro centum = für hundert
2 Promille = vom Tausend, ital. = per mille, lat. = pro mille = für tausend

Bequeme Teiler:

$1\,\% = \frac{1}{100}$	$4\,\% = \frac{1}{25}$	$16\frac{2}{3}\,\% = \frac{1}{6}$
$1\frac{1}{4}\,\% = \frac{1}{80}$	$5\,\% = \frac{1}{20}$	$20\,\% = \frac{1}{5}$
$1\frac{1}{3}\,\% = \frac{1}{75}$	$6\frac{1}{4}\,\% = \frac{1}{16}$	$25\,\% = \frac{1}{4}$
$1\frac{2}{3}\,\% = \frac{1}{60}$	$6\frac{2}{3}\,\% = \frac{1}{15}$	$33\frac{1}{3}\,\% = \frac{1}{3}$
$2\,\% = \frac{1}{50}$	$8\frac{1}{3}\,\% = \frac{1}{12}$	$50\,\% = \frac{1}{2}$
$2\frac{1}{2}\,\% = \frac{1}{40}$	$10\,\% = \frac{1}{10}$	$66\frac{2}{3}\,\% = \frac{2}{3}$
$3\frac{1}{3}\,\% = \frac{1}{30}$	$12\frac{1}{2}\,\% = \frac{1}{8}$	$100\,\% = 1$

Aufgaben

1 Das Bruttogehalt eines Mitarbeiters beträgt 4.700,00 €. Folgende Abzüge sind zu berücksichtigen:

Lohnsteuer 980,00 €, Kirchensteuer 78,40 €, Krankenversicherung 6,5 %, Arbeitslosenversicherung 3,15 %, Rentenversicherung 8,85 %

Welches Nettogehalt erhält der Mitarbeiter?

2 Die Bank löst einen Barscheck über 690,00 € ein. Sie berechnet für Scheckeinlösungen eine Gebühr von 0,2 %. Mit welchem Betrag wird der Scheckaussteller insgesamt belastet?

3 Ein Großhändler bietet einen Staubsauger für 150,00 € an. Er gewährt einen Rabatt von 10 % bei einer Mindestabnahmemenge von 15 Stück. Bei Barzahlung werden 2,5 % Skonto gewährt. Wie hoch ist der Bareinkaufspreis, wenn 15 Staubsauger gekauft werden?

4 Ein Unternehmer schreibt folgende Anlagen ab:

Fuhrpark	AW: 1.150.000,00 €,	BW: 826.500,00 €,	25 % linear
Gebäude	AW: 870.000,00 €,	BW: 765.600,00 €,	4 % linear
Betriebsausstattung	AW: 240.000,00 €,	BW: 174.960,00 €,	10 % degressiv

(AW = Anschaffungswert, BW = Buchwert)

a) Wie hoch sind die Abschreibungsbeträge der drei Anlagewerte?
b) Aus welchem Jahr der Abschreibung stammen die oben genannten Beträge?

5 Ein Zelthersteller bietet sein Modell „Capri" zu 550,00 € an. Er gewährt einen Händlerrabatt von 30 % und 3 % Skonto bei Zahlung innerhalb von 10 Tagen. Wie viel muss der Händler Nacher bezahlen, wenn er den Skonto in Anspruch nimmt?

6 Eine Handelskette hat drei Niederlassungen. Die Umsatzanteile betragen:

Stammhaus = 36 %, Niederlassung A = 24 %, Niederlassung B = 19 % und Niederlassung C = 432.000,00 €.

a) Welchen Umsatz erzielten jeweils das Stammhaus und die Filialen A und B?
b) Wie hoch war der Gesamtumsatz?

7 Die Aufwendungen eines Betriebes betragen insgesamt 1.677.000,00 €.

Welchen Umsatz muss der Betrieb erzielen, wenn der Inhaber mit einem Gewinnzuschlag von 4 % rechnet?

8 Eine Spedition rechnet mit einem Vertreter folgende Provisionen ab:

Kunde A 9,5 % = 396,90 €
Kunde B 4,5 % = 455,94 €
Kunde C 3,5 % = 345,90 €

a) Welche Frachtentgelte liegen der Abrechnung zugrunde?
b) Stellen Sie die Provisionsabrechnung auf.

9 Ein Fahrradhändler gewährt für zwei Auslaufmodelle einen Sonderrabatt von 12 %. Bei Barzahlung gewährt er 3 % Skonto. Wie viel € sind zu bezahlen, wenn die Räder mit 295,00 € ausgezeichnet sind?

6.3 Berechnung des Prozentsatzes

Musteraufgabe

In einer Preisliste wird für eine Warensendung 1.783,00 € angegeben.
Der vereinbarte Nettopreis beträgt 1.693,85 €.
Wie viel Prozent Nachlass wurden vereinbart?

Lösung

	1.783,00 €	Bruttopreis
–	1.693,85 €	Nettopreis
=	89,15 €	Nachlass

1.783,00 € ≙ 100 %
89,15 € ≙ x %

$$x = \frac{100 \cdot 89{,}15}{1.783{,}00} = \underline{\underline{5\ \%}}$$

Merke:

$$\text{Prozentsatz} = \frac{100 \cdot \text{Prozentwert}}{\text{Grundwert}}$$

Aufgaben

1 Eine Sendung mit drei Paketen wird beschädigt. Der Wert des 1. Pakets beträgt 1.200,00 €, der des 2. Pakets 1.800,00 € und der des 3. Pakets 1.500,00 €. Die Güter sind nur mit erheblichen Nachlässen zu verkaufen. Ein Abnehmer ist bereit, die Sendung zu übernehmen. Er bietet für das 1. Paket 1.040,00 €, für das 2. Paket 1.440,00 € und für das 3. Paket 1.150,00 €.

Wie hoch ist der Verlust je Paket in € und %?

2 Eine Holzhandlung hat neben ihrem Hauptsitz noch zwei Niederlassungen. Verwaltungskosten fallen insgesamt 37.120,00 € an. Die Kosten werden nach den Umsätzen verteilt.

Hauptsitz	720.000,00 €
Niederlassung I	480.000,00 €
Niederlassung II	540.000,00 €

Wie viel Verwaltungskosten in € und % entfallen auf den Hauptsitz und die beiden Niederlassungen?

3 Ein Handelsvertreter stellt folgende Abrechnungen auf:

	Verkaufspreis	2.148,00 €
–	15 % Nachlass	322,20 €
=	Zwischenergebnis	1.825,80 €
–	Provision	164,32 €
=	Nettoentgelt	1.661,48 €

Wie viel Prozent Provision wurden zugrunde gelegt?

4 Außendienstmitarbeiter Schoch der Eisenwarenhandlung Fink & Söhne hatte im vergangenen Jahr ein Bruttoeinkommen von 36.000,00 €. Der Gesamtumsatz von Schoch betrug 675.000,00 €.

Seine Bezüge setzten sich folgendermaßen zusammen:

- Monatsfixum: 1.000,00 €
- 3 % Provision bis 300.000,00 € Umsatz
- x % Provision für den Umsatz über 300.000,00 €

Wie viel Prozent Provision erhält er für den Umsatz über 300.000,00 €?

5 In einem Versicherungsschein sind folgende Größen angegeben:

Versicherungssumme	80.000,00 €
Prämie	69,00 €

Welchem Promillesatz entspricht diese Prämie?

6.4 Berechnung des Grundwertes

Musteraufgabe

Die Prämie für eine Seetransportversicherung beträgt 66,00 €.
Das entspricht einem Prämiensatz von 1,2 %.
Wie hoch ist die vereinbarte Versicherungssumme?

Lösung

1,2 % = 66,00 €
100,2 % = x €

$$x = \frac{66{,}00 \cdot 100}{1{,}2} = \underline{\underline{5.500{,}00\ €}}$$

Merke:

$$\text{Grundwert} = \frac{\text{Prozentwert} \cdot 100}{\text{Prozentsatz}}$$

Aufgaben

1 Eine Rechnung weist 18.400,00 € Umsatzsteuer aus. Wie hoch ist der Nettowert dieser Rechnung bei einem Umsatzsteuersatz von 16 %?

2 Der Weinhändler Holder verkauft eine Sendung Wein. Während des Transports werden 60 Flaschen beschädigt, das entspricht 12 % der gesamten Sendung. Wie viele Flaschen hat Holder befördert?

3 Eine Auszubildende hat zu Beginn des Jahres einen Sparbetrag angelegt. Am Jahresende erhält sie dafür eine Gutschrift für Zinsen über 382,50 €. Der vereinbarte Zinssatz beträgt 6 %.

Wie hoch war der angelegte Betrag am Jahresanfang?

4 Die Stahlhandlung Utz, Kassel, verkaufte im letzten Geschäftsjahr 126 000 t ins Ausland. 37 % des Auslandsgeschäfts gingen an Nicht-EU-Länder. Wie viel t wurden an die EU-Länder verkauft?

5 Ein Lkw wird mit 20 % linear abgeschrieben. Sein Buchwert beträgt am Ende des 3. Jahres 42.000,00 €. Wie hoch war sein Anschaffungswert?

6 Ein Gesellschafter der Fink Warengesellschaft mbH ist an einem Schmiermittelhandel beteiligt. Sein Anteil von 5 % beträgt 290.000,00 €. Außer ihm sind noch drei andere Gesellschafter beteiligt. Der Gesellschafter Aden hat Anteile von 2.320.000,00 €. Wie viel € und % haben die beiden anderen Gesellschafter insgesamt eingebracht?

6.5 Prozentrechnung vom vermehrten und verminderten Grundwert

6.5.1 Prozentrechnung vom vermehrten Grundwert

Musteraufgabe 1

Ein Versender hat eine Frachtrechnung über 2.618,00 € einschließlich 19 % Umsatzsteuer erhalten.
Wie viel € beträgt die Nettofracht?

Lösung

	Nettofracht	x €	= 100 %	= Grundwert
+	19 % USt	19 % von x €	= 19 %	= Erhöhung
=	Zu zahlende Fracht	2.618,00 €	❷ = 119 %	= vermehrter Grundwert

$x = \frac{2.618,00 \cdot 100}{119} = \underline{2.200,00}$ ❶, 19 % von 2.200,00 = $\underline{418,00}$

Lösungsweg

❶ Berechnung des Grundwertes (2.200,00 €) aus dem vermehrten Grundwert (2.618,00 €).
❷ Der vermehrte Grundwert entspricht 119 %.

Merke:

Grundwert
\+ Erhöhung
= vermehrter Grundwert

6.5.2 Prozentrechnung vom verminderten Grundwert

Musteraufgabe 1

Eine Frachtrechnung wird um 10 % gekürzt. Die ausgestellte Rechnung beträgt 1.890,00 €.
Wie hoch war die ursprüngliche Frachtrechnung?

Lösung

	Tariffracht	x €	= 100 %	= Grundwert
−	Marge 10 %	10 % von x €	= 10 %	= Senkung
=	Nettofracht	1.890,00 €	❷ = 90 %	= verminderter Grundwert

$x = \frac{1.890,00 \cdot 100}{90} = \underline{2.100,00}$ ❶, 10 % von 2.100,00 = $\underline{210,00}$

Lösungsweg

❶ Berechnung des Grundwertes (2.100,00 €) aus dem verminderten Grundwert (1.890,00 €).
❷ Der verminderte Grundwert entspricht 90 %.

Merke:

Grundwert
− Senkung
= verminderter Grundwert

654054

Aufgaben

1 Die Bürotec Kühn bietet ein Telefax-Gerät an. Der Angebotspreis ist dem Käufer jedoch zu hoch. Nachdem er nicht bereit ist, das Gerät zum angebotenen Preis zu kaufen, gewährt der Vertreter Kühns einen Nachlass von 20 %. Die Konkurrenz bietet das gleiche Gerät immer noch um 10 % günstiger an. Kühn ist deshalb bereit, das Fax-Gerät wie der Konkurrent zu 432,00 € netto zu verkaufen. Wie hoch war der ursprüngliche Angebotspreis?

2 Der Buchhalter der Express-GmbH kauft sich ein Auto. Er überweist nach Abzug von 2 % Skonto 21.691,37 € an den Händler. Der Umsatzsteuersatz beträgt 19 %. Wie hoch ist der Nettolistenpreis?

3 Die Wisco-GmbH verkauft einen gebrauchten Lkw, der am Ende des 3. Jahres einen Buchwert von 37.000,00 € hat. Der Abschreibungssatz beträgt 25 %. Wie hoch war der Anschaffungswert (netto) des Lkw?

4 Der Preis für Kraftstoffe wurde zweimal erhöht. Zunächst um 25 % und dann nochmals um 20 %. Er beträgt jetzt 1,32 € je Liter. Wie hoch war der ursprüngliche Preis des Kraftstoffes?

5 Frau Effer, eine Auszubildende, erhält kurz vor ihrer Prüfung ein Angebot des Geschäftsführers:

Nach bestandener Prüfung soll sie eigenverantwortlich einen Lagerbereich übernehmen. Als er ihr das vorgesehene Gehalt nennt, eröffnet sie ihm, dass sie ein Angebot eines Industriebetriebes habe, das um 8 % höher sei. Der Ausbildungsbetrieb möchte die tüchtige Auszubildende gerne als Mitarbeiterin weiterbeschäftigen.

Der Geschäftsführer bietet ihr jetzt 1.320,00 €. Das sind 4 % mehr als das Angebot des Industriebetriebs. Wie hoch war das ursprüngliche Gehaltsangebot des Geschäftsführers?

6 Der Außendienstmitarbeiter Neitzel erhält ein Festgehalt von 1.000,00 € und 1 % Umsatzprovision. Das Einkommen Neitzels lag in diesem Monat um 3,7 % unter dem des Vormonats.

Wie hoch war der Umsatz im Vormonat, wenn Neitzels Bruttobezüge in diesem Monat 5.672,07 € betrugen?

Vermischte Aufgaben

1 Der Preis für einen Sondermülltransport beträgt einschließlich 25 % Sonderzuschlag 3.528,00 €.

Wie hoch wäre der Preis ohne Zuschlag?

2 Die Reifenhof AG, Düsseldorf, bietet der Immo GmbH Reifen zu einem Sonderpreis an.

Sorte A = 221,00 €
Sorte B = 204,00 €
Sorte C = 191,25 €

Der Einkaufspreis für alle Sorten betrug 255,00 €.

a) Wie groß ist der Verlust pro Reifen für die Reifenhof AG in € und Prozent?
b) Wie hoch ist der Gesamtverlust in Prozent?

3 Einem dänischen Kunden der Skandag liegen folgende Zahlen zur Umsatzsteuererklärung vor:

a) Saldo Vorsteuer . . . . 214.000,00 dkr
b) Saldo Umsatzsteuer . . . . 412.000,00 dkr
c) Umsätze . . . . 1.648.000,00 dkr

Welchem Steuersatz unterliegen Umsätze in Dänemark?

4 Die InterSprint-GmbH verteilt ihre Werbekosten von 55.480,00 € auf den Hauptsitz und die Niederlassungen.

Grundlage der Kostenverteilung ist der jeweilige Umsatz.
Umsatz des Hauptsitzes . . . . 960.000,00 €
der Niederlassung A . . . . 720.000,00 €
der Niederlassung B . . . . 600.000,00 €

a) Wie viel Werbekosten entfallen auf den Hauptsitz und die beiden Niederlassungen?
b) Wie viel Prozent der Werbekosten entfallen auf den Hauptsitz und die zwei Niederlassungen?

5 Die Gesamtkosten sind gegenüber dem Vorjahr um 7,8 % gestiegen und betragen jetzt 2.102.000,00 €.

Wie hoch waren die Kosten im Vorjahr?

6 Drei Mitarbeiterinnen mit verschieden langer Betriebszugehörigkeit beziehen folgende Gehälter. Frau Antel verdient 2.538,00 € monatlich. Sie verdient 8 % mehr als Frau Bartsch, aber 102,00 € weniger als Frau Dolch.

Wie viel Prozent verdient Frau Dolch mehr als Frau Bartsch?

7 Im Einkaufspreis für Treibstoff sind 0,50 € Mineralölsteuer je Liter enthalten. Der Tankstellenbetreiber rechnet mit einem Zuschlag von 2 % auf den Einkaufspreis. Der Umsatzsteuersatz beträgt 19 %. Wie hoch ist der Einkaufspreis, wenn der Liter zu 1,25 € verkauft wird?

8 Die Anzahl der Mitarbeiter einer Agentur erhöhte sich vor 3 Jahren um 10 % und ein Jahr später nochmals um $3\frac{1}{3}$ %.

Durch einen konjunkturell bedingten Rückgang der Umsätze schieden im darauf folgenden Jahr 64 Arbeitnehmer aus. Heute sind noch 1 300 Mitarbeiter beschäftigt.

Wie viele Mitarbeiter waren in den drei vorhergehenden Jahren jeweils beschäftigt?

9 Die Preise im Güternahverkehr werden zunächst um $8\frac{1}{3}$ % angehoben, später wieder um 5 % gesenkt. Wie hoch war der ursprüngliche Frachtpreis, wenn zurzeit 766,36 € einschließlich 19 % Umsatzsteuer berechnet werden?

10 Die Prämie für die Feuerversicherung der Lagerhalle beträgt pro Quartal 128,52 € einschließlich 19 % Versicherungsteuer. Die Nettoprämie entspricht 1,25 ‰ der Versicherungssumme. Wie hoch ist die Versicherungssumme?

654056

7 Zinsrechnung

7.1 Einführung

Wie die Prozentrechnung ist auch die **Zinsrechnung** eine Vergleichsrechnung, bei welcher der Preis (Zins) für ein Kapital ermittelt wird. Die Zinsen für ein bestimmtes Kapital können für verschiedene **Zeitabschnitte** berechnet werden. Die Zinsrechnung ist also eine um den Faktor **Zeit** erweiterte Prozentrechnung.

Beispiel: *Ein Geldbetrag von 100,00 € wird zu 12 % verzinst. Wie hoch sind die Zinsen nach 30 Tagen?*

Lösung mit dem Dreisatz:

100,00 € bringen in	*360 Tagen*	=	*12,00 € Zins*
100,00 € bringen in	*30 Tagen*	=	*x € Zins*

$$x = \frac{12{,}00 \cdot 100 \cdot 30}{100{,}00 \cdot 360} = 1{,}00 \text{ € Zins}$$

Aus diesem Dreisatz ergeben sich die Rechengrößen der Zinsrechnung:

	12 %	von	100,00 €	=	12,00 €
	↓		↓		↓
Prozentrechnung:	Prozentsatz		Grundwert		Prozentwert
	↓		↓		↓
Zinsrechnung:	Zinssatz (p)		Kapital (k)		Zinsen (z)

Zeit
Jahre (j)
Monate (m)
Tage (t)

7.2 Berechnung der Zinstage

In der kaufmännischen Zinsrechnung wird mit folgenden Vereinfachungen gerechnet.

1 Jahr	=	360 Tage
1 Monat	=	30 Tage

Beispiele: *Vom 15. Jan. – 28. Febr. = 43 Tage (im Januar 15 Tage, im Februar 28 Tage)*
Vom 17. Jan. – 14. Sept. = 237 Tage (im Januar 13 Tage, Februar – September = 7 Monate · 30 Tage = 210 Tage, im September 14 Tage)

Musteraufgabe

Wie viel Tage liegen zwischen folgenden Daten?

a) 12. Okt. – 31. Dez., b) 31. Mai – 30. Sept., c) 8. Febr. – 7. Okt.,
d) 23. Dez. – 24. März n. J., e) 18. Jan. – 28. Febr.

Lösungen

a) 12. Okt. – 31. Okt.		=	18 Tage
31. Okt. – 31. Dez.	= 2 Monate	=	+ 60 Tage
12. Okt. – 31. Dez.		=	**78 Tage**

Merke: **Auch bei Monaten mit 31 Tagen werden nur 30 Tage berechnet.**

b)	31. Mai – 30. Sept.	= 4 Monate	=		120 Tage
c)	8. Febr. – „30. Febr."		=		22 Tage
	„30. Febr." – 30. Sept.	= 7 Monate	=	+	210 Tage
	30. Sept. – 7. Okt.		=	+	7 Tage
	8. Febr. – 7. Okt.		**=**		**239 Tage**

Merke: **Der Februar wird ebenfalls mit 30 Tagen gerechnet, wenn der Zinszeitraum über den Februar hinausgeht.**

d)	23. Dez. – 31. Dez.		=		7 Tage
	31. Dez. – „30. Febr."	= 2 Monate	=	+	60 Tage
	28. Febr. – 24. März		=	+	24 Tage
	23. Dez. – 24. März n. J.		**=**		**91 Tage**
e)	18. Jan. – 31. Jan.		=		12 Tage
	31. Jan. – 28. Febr.		=	+	28 Tage
	18. Jan. – 28. Febr.		**=**		**40 Tage**

Merke: **Der Februar wird mit 28 Tagen gerechnet, wenn der Zinszeitraum am 28.02. endet.**

Berechnen Sie die Zinstage der unten stehenden Aufgaben nach den kaufmännischen Vereinfachungsregeln.

Aufgaben

1	a) 27. Febr. – 1. April	b) 10. Mai – 31. Okt.	c) 6. Febr. – 30. Dez.
	d) 28. Febr. – 1. März	e) 18. Okt. – 31. Jan. n. J.	f) 30. Nov. – 31. Jan.
2	a) 30. Sept. – 31. Okt.	b) 31. Okt. – 29. Febr. Sch[1]	c) 1. Juli – 15. Aug.
	d) 1. Mai – 31. Mai	e) 6. Febr. – 31. Dez.	f) 17. Juli – 30. Nov.

7.3 Berechnung der Zinsen

Musteraufgabe

Josef Harr legt ein Kapital von 10.000,00 € zu 4 % an.
Wie viel Zinsen stehen ihm nach
a) 4 Jahren, b) 9 Monaten, c) 83 Tagen zu?

Lösung mit Dreisatz

a) 100,00 € Kapital ergeben in 1 Jahren 4,00 € Zinsen
10.000,00 € Kapital ergeben in 4 Jahren x € Zinsen

$$x = \frac{10.000 \cdot 4 \cdot 4}{100 \cdot 1} = \underline{\underline{1.600,00\ €}}$$

Daraus ergibt sich folgende allgemein gültige Formel:

$$\textbf{Jahreszinsen} = \frac{\text{Kapital} \cdot \text{Jahre} \cdot \text{Zinssatz}}{100 \cdot 1} \quad \text{oder} \quad z = \frac{k \cdot j \cdot p}{100 \cdot 1}$$

1 = Schaltjahr

b) 100,00 € Kapital	ergeben in 12 Monaten	4,00 € Zinsen
10.000,00 € Kapital	ergeben in 9 Monaten	x € Zinsen

$$x = \frac{10.000 \cdot 9 \cdot 4}{100 \cdot 12} = 300{,}00\ €$$

Daraus ergibt sich folgende allgemein gültige Formel:

$$\textbf{Monatszinsen} = \frac{\text{Kapital} \cdot \text{Monate} \cdot \text{Zinssatz}}{100 \cdot 12} \quad \text{oder} \quad z = \frac{k \cdot m \cdot p}{100 \cdot 12}$$

c) 100,00 € Kapital	ergeben in 360 Tagen	4,00 € Zinsen
10.000,00 € Kapital	ergeben in 83 Tagen	x € Zinsen

$$x = \frac{10.000 \cdot 83 \cdot 4}{100 \cdot 360} = 92{,}22\ €$$

Daraus ergibt sich folgende allgemein gültige Formel:

$$\textbf{Tageszinsen} = \frac{\text{Kapital} \cdot \text{Tage} \cdot \text{Zinssatz}}{100 \cdot 360} \quad \text{oder} \quad z = \frac{k \cdot t \cdot p}{100 \cdot 360}$$

Aufgaben

1 Ein Kleintransporter kostet 20.800,00 €. 7.800,00 € werden bar, der Rest mit einem Kredit finanziert. Die Laufzeit beträgt 3 Monate, der Zinssatz 12 %.

Wie hoch sind die Zinsen?

2 Die Getreidehandlung Maal erhält am 20. April eine Mahnung:

	Rechnung vom 15. Januar	10.480,00 €
+	Verzugszinsen 6 %	141,00 €
	Ausstehender Betrag	10.621,00 €

Die Zahlungsbedingung lautet: 30 Tage netto Kasse.

Prüfen Sie die Mahnung nach.

3 Großhändler Würtz möchte ein Wohnhaus in seiner unmittelbaren Nachbarschaft erwerben, um dort seine Verwaltung unterzubringen. Ein Sachverständiger schätzt den Wert auf 450.000,00 € einschließlich des Bodenwertes von 100.000,00 €. Das Objekt soll folgendermaßen finanziert werden: $33\frac{1}{3}$ % mit Eigenkapital, der Rest mit einer Grundschuld zu 7,5 %. An sonstigen Kosten fallen an: Unterhaltskosten 3.800,00 € pro Jahr, Abschreibung 2 %.

Wie hoch sind die monatlichen Aufwendungen für das Haus?

4 Ein Darlehen über 70.000,00 €, das am 5. Juni gewährt wurde, wird mit $6\frac{2}{3}$ % verzinst. Die Zinsabrechnung wird aufs Jahresende vereinbart.

Wie hoch sind die Zinsen am 31. Dez.?

5 Der Unternehmer Hartwik kauft eine Büromaschine für 6.000,00 €, die jedoch nicht sofort bezahlt werden kann. Der Lieferant bietet ihm zwei Finanzierungsmöglichkeiten:

- Bezahlung in 6 Monaten mit 6.360,00 € oder
- Finanzierung für 6 Monate mit 6.000,00 € zu 8 %, einmalige Bearbeitungsgebühr 1,5 % aus der Kreditsumme.

Welche Finanzierung ist günstiger? Wie groß ist der Unterschied in €?

6 Die Rechnung eines Lieferanten für Schutz- und Sicherheitskleidung beträgt 4.850,00 € netto. Der Zahlungsvermerk lautet: „Zahlbar in 10 Tagen mit 2,5 % Skonto oder 30 Tage ohne Abzug". Da die flüssigen Mittel fest gebunden sind, müsste das Konto kurzfristig überzogen werden, um den Skonto ausnutzen zu können. Der Zinssatz für die Überziehungszinsen beträgt 9 %.

Welche der beiden Zahlungsarten ist günstiger und wie groß ist der Unterschied in €?

7.4 Berechnung von Kapital, Zeit und Zinssatz

In vielen Fällen sind die Zinsen schon berechnet. Dafür fehlen andere Angaben, wie das ursprünglich angelegte Kapital, die Zeit, in der die Zinsen entstanden, oder der zugrunde gelegte Zinssatz. Um diese Zinsgrößen ermitteln zu können, muss die allgemeine Zinsformel umgewandelt werden.

7.4.1 Berechnung des Kapitals

Musteraufgabe

Ein Unternehmer möchte wissen, wie viel Kapital er anlegen muss, um monatlich eine Zusatzrente von 1.300,00 € zu erhalten. Die Bank verzinst das angelegte Kapital zu 4 %.

Lösung

Um das Kapital zu ermitteln, wird die Zinsformel umgewandelt.

❶ $z = \frac{k \cdot p \cdot t}{100 \cdot 360} \qquad \cdot (100 \cdot 360)$

❷ $k \cdot p \cdot t = z \cdot 100 \cdot 360 \qquad : (p \cdot t)$

❸ $k = \frac{z \cdot 100 \cdot 360}{p \cdot t}$

$$k = \frac{1.300,00 \cdot 100 \cdot 360}{4 \cdot 30} = 390.000,00 \text{ €}$$

Das anzulegende Kapital beträgt 390.000,00 €.

Probe

$$z = \frac{390.000,00 \cdot 4 \cdot 30}{100 \cdot 360} = \underline{\underline{1.300,00 \text{ €}}}$$

Aufgaben

1 Die Bank schreibt am Jahresende 3.225,00 € Zinsen gut. Wie hoch war das Kapital, das am 30. April zu 3,75 % angelegt wurde?

2 Versehentlich wurde eine Rechnung der Schael AG nicht bezahlt.
Es werden deshalb 862,00 € belastet. Dieser Betrag setzt sich zusammen aus:

a) Verzugszinsen für 42 Tage, Zinssatz 6 %,
b) Auslagen 4,50 €.

Wie hoch war die Rechnung?

654060

3 Franz Altzelt kauft einen neuen Lieferwagen für 31.200,00 €. Einen Teil des Kaufpreises kann er selbst aufbringen. Den anderen Teil muss er mit einem Kredit zu 12 % finanzieren. Die Bankbelastung für Zinsen beträgt pro Quartal 585,00 €.

Wie hoch ist der Kredit?

4 Die Süd-Trans GmbH legte für drei Monate Festgeld zum Zinssatz von 4,75 % an. Am 31. März erhielt sie die Zinsgutschrift über 997,50 €.

Wie hoch war die Anlagesumme?

5 Beim Kauf einer Maschine wird für ein Drittel des Kaufpreises ein Zahlungsaufschub von 4 Monaten gewährt. Der Lieferant berechnet Zinsen zum Zinssatz von 9 % und stellt uns 128,40 € in Rechnung.

Wie hoch ist der Kaufpreis der Maschine?

6 Die Unitrans Maier KG will eine Halle als Kapitalanlage kaufen. Miete würde sie monatlich 12.000,00 € erhalten. Die geschätzten Unterhaltskosten betragen 11.500,00 € im Vierteljahr und die Abschreibungen jährlich 26.000,00 €.

Welchen Preis könnte die Unitrans höchstens zahlen, wenn sich das eingesetzte Kapital zu 8 % verzinsen soll?

7.4.2 Berechnung der Zeit

Musteraufgabe

Ein Kunde zahlt am 15. Mai eine Rechnung über 2.206,20 €. Im Rechnungsbetrag sind 7 % Verzugszinsen enthalten, da der Kunde die vereinbarte Zahlungsfrist verstreichen ließ. Der ursprüngliche Rechnungsbetrag betrug 2.160,00 €. Wann war die Rechnung fällig?

Lösung

Um die Zeit zu ermitteln, wird die Zinsformel umgewandelt.

❶ $z = \frac{k \cdot t \cdot p}{100 \cdot 360} \qquad \cdot (100 \cdot 360)$

❷ $k \cdot p \cdot t = z \cdot 100 \cdot 360 \qquad : (k \cdot p)$

❸ $t = z \cdot \frac{100 \cdot 360}{k \cdot p}$

$$t = \frac{46{,}20 \cdot 100 \cdot 360}{2.160{,}00 \cdot 7} = 110$$

15. Mai – 110 Tage = 25. Jan.
Die Rechnung war am 25. Jan. fällig.

Probe

$$z = \frac{2.160{,}00 \cdot 110 \cdot 7}{100 \cdot 360} = \underline{\underline{46{,}20\ €}}$$

Aufgaben

1	Ein Kapital von 54.000,00 € wurde mit $5\frac{2}{3}$ % verzinst. Am 31. Dez. werden 55.700,00 € einschließlich Zinsen zurückgezahlt. Wann wurde das Kapital angelegt?
2	Herr Knapp hat am 30. April einen Kredit über 45.000,00 € zu 9,5 % aufgenommen. Wann hat er ihn zurückbezahlt, wenn er mit 2.137,50 € Zinsen belastet wurde?
3	Ein Auszubildender will sich ein Musikinstrument zu 1.800,00 € kaufen. Zurzeit hat er nur 1.600,00 € zur Verfügung. Wie lange müsste er seine Ersparnisse zu einem Zinssatz von 5 % anlegen, um das Instrument kaufen zu können?
4	Um eine kurzfristige Zahlungsschwierigkeit zu überbrücken, wird am 15. März ein Darlehen über 25.000,00 € zu 12 % aufgenommen. Wann wurde es zurückgezahlt, wenn die Lastschrift 25.741,67 € betrug?
5	Der Kontostand des Rendite-Sparkontos von Eva Bach beträgt am 31. Dez. einschließlich 46,00 € Zinsen 4.646,00 €. Der Sparbetrag wurde zu einem Zinssatz von 4 % verzinst. Wann und mit welchem Betrag hatte Frau Bach das Konto eröffnet?
6	Die Hausbank der Kramm KG gewährte ein Darlehen über 45.000,00 €. Der Zinssatz betrug 8,5 %. Wie lange war die Laufzeit des Darlehens, wenn einschließlich Zinsen 46.912,50 € belastet wurden?

7.4.3 Berechnung des Zinssatzes

Musteraufgabe

Die Buchhalterin der Schmitt-Handelsgesellschaft mbH benötigte für drei Monate einen Kredit über 5.000,00 €. Wie hoch war der Zinssatz, wenn die Bank am Fälligkeitstag 5.100,00 € zurückfordert?

Lösung

Um den Zinssatz zu ermitteln, wird die Zinsformel umgewandelt.

❶ $z = \frac{k \cdot t \cdot p}{100 \cdot 360} \qquad \cdot (100 \cdot 360)$

❷ $k \cdot p \cdot t = z \cdot 100 \cdot 360 \qquad : (k \cdot t)$

❸ $p = \frac{z \cdot 100 \cdot 360}{k \cdot t}$

$$p = \frac{100{,}20 \cdot 100 \cdot 360}{5.000{,}00 \cdot 90} = 8$$

Der Zinssatz beträgt 8 %.

Probe

$$z = \frac{5.000{,}00 \cdot 90 \cdot 8}{100 \cdot 360} = \underline{\underline{100{,}00\ €}}$$

Aufgaben

1 Für ein Kapital von 12.000,00 € werden vom 16. April bis 28. Juni 120,00 € Zinsen gutgeschrieben.

Zu welchem Zinssatz wurde das Kapital verzinst?

2 Eine Mitarbeiterin eines Umschlagbetriebes legt 8.500,00 € an. Für die Zeit von 31. Jan. bis 16. April werden ihr Zinsen von 113,05 € gutgeschrieben.

Berechnen Sie den Zinssatz.

3 Ein Auszubildender kauft sich einen Pkw zu 9.000,00 €. Er hatte vor 30 Monaten 8.000,00 € angelegt.

Zu welchem Zinssatz hatte er das Kapital angelegt, um den Kaufpreis bezahlen zu können?

4 Die Spedition Thuringia, Erfurt, kauft ein überdachtes Lagergelände für 590.000,00 €. 470.000,00 € werden mit Eigenkapital finanziert, der Rest mit einer Hypothek, für die vierteljährlich 2.175,00 € Zinsen anfallen.

Wie hoch ist der Zinssatz, zu dem das Fremdkapital verzinst wurde?

5 Der Preis für eine Fakturieranlage beträgt 11.400,00 €. Die Zahlungsbedingungen des Anbieters lauten:

„1 % Skonto bei Aufstellung oder 1 Monat Ziel."

Um den Skonto in Anspruch nehmen zu können, wird ein Kredit benötigt, der nach zwei Monaten zurückgezahlt wird.

Die Bank berechnet für den Kontokorrentkredit 225,72 € Zinsen. Berechnen Sie den Zinssatz, den die Bank in Rechnung gestellt hat.

6 Spedition Hintermaier hat Verbindlichkeiten bei Reifenhändler Grimm von 24.000,00 €.

Grimm bietet folgende Zahlungsmöglichkeiten:

„Zahlung sofort ohne Abzüge" oder „Zahlung von 25.440,00 € in 6 Monaten".

Welchen Zinssatz hat Händler Grimm zugrunde gelegt?

7 Am 1. Febr. wurde ein Darlehen über 4.000,00 € zu 9 % aufgenommen. Am 19. Mai änderte sich der Zinssatz.

Wie hoch ist der neue Zinssatz, wenn am 1. Okt. das Darlehen einschließlich Zinsen mit 4.254,67 € zurückbezahlt wird?

7.5 Effektive Verzinsung bei Zahlung mit Skontoabzug

Ein Lieferant gewährt seinem Kunden Skonto, um ihn innerhalb einer von ihm vorgegebenen Frist zur vorzeitigen Zahlung zu veranlassen.

Der Kunde prüft, ob die Zahlung mit Skontoabzug oder die Inanspruchnahme des Zahlungszieles günstiger für ihn ist.

Musteraufgabe

Kurz & Co. erhält von Großhändler Zander eine Eingangsrechnung über 19.200,00 € zuzüglich 19 % Umsatzsteuer. Die vereinbarten Zahlungsbedingungen lauten: 60 Tage netto Kasse oder innerhalb 8 Tagen 3 % Skonto.

a) Wie viel € beträgt der zu zahlende Betrag, wenn Skonto abgezogen wird?
b) Welchem Zinssatz entspricht der Skontoabzug?

Lösung

a) Berechnung des zu zahlenden Betrages

	Nettobetrag	19.200,00 €
+	19 % USt	3.648,00 €
	Rechnungsbetrag	22.848,00 €
–	Skonto 3 %	685,44 €
	zu zahlender Betrag	22.162,56 €

b) Berechnung des Zinssatzes

k = zu zahlender Betrag	=	22.162,56 €
z = der Skontobetrag entspricht den Zinsen	=	685,44 €
t = Zahlungsziel – Skontofrist (60–8)	=	52 Tage

$$p = \frac{685{,}44 \cdot 100 \cdot 360}{22.162{,}56} = 21{,}411577 = 21{,}4\ \%$$

Merke:

- **k entspricht dem Rechnungsbetrag abzüglich des Skontobetrages;**
- **t entspricht der Differenz zwischen dem Zahlungsziel und der Skontofrist.**

Aufgaben

1 Die Silotransporte Terer & Sohn OHG, Mainz, schuldet ihrem Lieferant für Schmier- und Mineralstoffe, Axmann und Partner, laut Rechnung vom 10. Mai 39.000,00 €. Die vereinbarten Zahlungsbedingungen lauten:

„Zahlbar innerhalb von 14 Tagen mit 3 % Skonto oder 3 Monate Zahlungsziel."

Welchem Zinssatz entspricht der Skontoabzug?

2 Eine Computeranlage kostet 18.700,00 € brutto. Die Zahlungsbedingungen des Büromaschinenhändlers lauten:

„Zahlung bei Lieferung mit 1 % Skonto oder 1 Monat Ziel."

Berechnen Sie den Zinssatz, der dem Skontoabzug entspricht.

3 Eine Eingangsrechnung der Papier- und Verpackungsgesellschaft mbH über 1.690,00 €, die der Spedition Fink & Grauer Druckpapier lieferte, ist zu bezahlen.

Die Zahlungsbedingungen lauten: „Zahlbar innerhalb einer Woche mit 3 % Skonto oder mit Dreimonatsakzept."

Um den Skonto in Anspruch nehmen zu können, müsste Fink & Grauer einen Kredit zu einem Zinssatz von 11 % aufnehmen.

a) Welche Zahlungsweise wäre für Fink & Grauer günstiger?
b) Welchem Zinssatz entspricht der Skontoabzug?

4 Die Reifenhof AG, Nürnberg, hat folgende Zahlungsbedingungen in ihren Kaufverträgen: „Zahlung innerhalb von 14 Tagen mit 2,5 % Skonto oder innerhalb von 50 Tagen netto Kasse."

Berechnen Sie

a) den benötigten Kreditbetrag, wenn der Skontoabzug nur mit einem kurzfristigen Kredit bezahlt werden kann;
b) die Kreditzinsen bei einem Zinssatz von 9,5 %;
c) den Jahreszinssatz, der dem Skontoabzug entspricht.

654064

8 Verteilungsrechnen

Die Verteilungsrechnung findet Anwendung bei der Aufteilung von Fracht- und Lagerkosten, Erbschaften, Kapitalien sowie zur Errechnung von Gewinn- und Verlustanteilen in Gesellschaftsunternehmen. Die Verteilung kann nach unterschiedlichen Verteilungsschlüsseln erfolgen, wie Kapitalanteile, Bruchteile, Prozent- oder Promillesätze, Tonnen, m² usw.

8.1 Einfache Verteilungsrechnung nach ganzen Anteilen (Verteilung nach ganzen Zahlen)

Musteraufgabe

Die drei Speditionskaufleute Moll, Kreuzer, Natterer möchten einen Speditionsbetrieb kaufen. Das notwendige Kapital von 1.570.000,00 € soll im Verhältnis 4 : 12 : 24 aufgebracht werden. Wie viel € muss jeder Gesellschafter einbringen?

Lösung

Teilhaber	Anteile ❶		Kapitalanteil
Moll	4 Teile → 1 Teile · 157.000,00 € =		157.000,00 €
Kreuzer	12 Teile → 3 Teile · 157.000,00 € =		471.000,00 € ❹
Natterer	24 Teile → 6 Teile · 157.000,00 € =		942.000,00 €
	❷ 10 Teile	≙	1.570.000,00 € ❺
	1 Teil	❸ ≙	157.000,00 €

Lösungsweg

❶ Tabelle erstellen und gegebene Werte eintragen.
❷ Anteile addieren.
<u>Beachte:</u> *Anteile so weit wie möglich kürzen. Dadurch wird die weitere Rechnung vereinfacht.*
❸ Wert eines Anteils errechnen.
❹ Berechnung des Kapitalanteils der einzelnen Gesellschafter.
❺ Probe durch Addition der Ergebnisse.

Aufgaben

1 Fünf Auszubildende spielen gemeinsam Lotto, wobei Esther 4,50 €, Michael 1,50 €, Erna 3,00 €, Susanne 1,20 € und Raphael 1,80 € einsetzen.

Verteilen Sie den Gewinn von 210,00 € gerecht auf die Mitspieler.

2 Manfred, Norbert und Volker wohnen gemeinsam in einer Dreizimmerwohnung. Zusammen bezahlen sie je Monat 1.230,00 € Miete. Manfred bewohnt 24 m², Norbert 26 m² und Volker 32 m². Die Miete wird nach der Wohnfläche aufgeteilt, die Nebenkosten nach Köpfen.

Wie hoch sind die jährlichen Kosten der Wohnung für jeden Einzelnen der Bewohner, wenn die Nebenkosten 1.245,00 € im Jahr betragen?

3 Die Heizkosten der Großhandlung Krawinkel betragen für das letzte Geschäftsjahr 3.807,00 €. Sie werden nach dem umbauten Raum auf die einzelnen Abteilungen verteilt, wobei folgende Maße zu berücksichtigen sind: Import 75 m³, Export 120 m³, Lager 105 m³, Buchhaltung 45 m³ und Verkaufsraum 60 m³.

4 Die 89.015,00 € Verwaltungskosten der Reederei Götz, Ludwigsburg, werden nach der Tragfähigkeit der 4 Motorschiffe verteilt.

MS Kochertal	1 250 Tonnen
MS Jagstfeld	1 620 Tonnen
MS Bad Wimpfen	1 440 Tonnen
MS Yvonne	1 380 Tonnen

Mit welchem Verwaltungskostenanteil werden die einzelnen Schiffe belastet?

5 Vier Freunde gründen ein Nahverkehrsunternehmen. Marvin zahlt 30.000,00 € bar ein, Benny bringt einen Lieferwagen im Wert von 25.000,00 € ein, Cordula einen Siebentonner im Wert von 32.000,00 € und einen Tandemhänger im Wert von 8.000,00 €, Frank eine Büroausstattung im Wert von 35.000,00 €. Der im ersten Jahr erwirtschaftete Gewinn von 18.512,00 € soll anhand der Anteile verteilt werden.

8.2 Einfache Verteilungsrechnung nach Bruchteilen

Musteraufgabe 1

Den Kauf eines Lagergebäudes, das vom Paketdienst der drei Speditionen Braun, Schwarz und Kühner genutzt werden soll, finanziert Spedition Braun zu $\frac{1}{3}$, Spedition Schwarz zu $\frac{1}{4}$ und Spedition Kühner den Rest.

Wie viel € zahlt jede Spedition, wenn der Gesamtkaufpreis 1.350.000,00 € beträgt?

Lösung

Teilhaber	Anteile	Kaufpreis
Braun ❶	$\frac{1}{3} \rightarrow \frac{4}{12} \rightarrow$ 4 Teile · 112.500,00 € =	450.000,00 €
Schwarz	$\frac{1}{4} \rightarrow \frac{3}{12} \rightarrow$ 3 Teile · 112.500,00 € =	337.500,00 € ❹
Kühner	❷ $x \rightarrow \frac{5}{12} \rightarrow$ 5 Teile · 112.500,00 € =	562.500,00 €
	$\frac{1}{1} \rightarrow \frac{12}{12} \rightarrow$ 12 Teile ≙	1.350.000,00 € ❺
	❸ 1 Teil ≙	112.500,00 €

Lösungsweg

❶ Tabelle erstellen und gegebene Werte eintragen.
❷ Hauptnenner suchen und die einzelnen Anteile erweitern auf den Hauptnenner.
❸ Teile berechnen. Der Zähler nennt die Anzahl der Teile.
❹ Kapitalanteile der einzelnen Teilhaber berechnen.
❺ Probe durch Addition der Ergebnisse.

Musteraufgabe 2

Vier Geschwister erben den Nachlass ihrer Tante. Judith erbt $\frac{1}{6}$, Michael $\frac{2}{5}$, Monika $\frac{1}{4}$ und Martin 28.050,00 €.

Wie viel erbt jeder und wie hoch war das Gesamterbe?

Lösung

Teilhaber	Anteile ❷		(Gesamt)Erbe
Judith ❶	$\frac{1}{6} \rightarrow \frac{10}{60} \rightarrow$	10 Teile · 2.550,00 € =	25.500,00 €
Michael	$\frac{2}{5} \rightarrow \frac{24}{60} \rightarrow$	24 Teile · 2.550,00 € =	61.200,00 € ❹
Monika	$\frac{1}{4} \rightarrow \frac{15}{60} \rightarrow$	15 Teile · 2.550,00 € =	38.250,00 €
Martin	$? \rightarrow \frac{11}{60} \rightarrow$	11 Teile · 2.550,00 € =	28.050,00 €
	$\frac{60}{60} \rightarrow$	60 Teile · 2.550,00 € =	153.000,00 € ❺
		11 Teile $\triangleq$	28.050,00 €
		1 Teil ❸ $\triangleq$	2.550,00 €

Lösungsweg

❶ Tabelle erstellen und gegebene Werte eintragen.
❷ Hauptnenner suchen und die einzelnen Anteile erweitern auf den Hauptnenner.
❸ Teile des Erben Martin errechnen.
❹ Erbschaftsbetrag der einzelnen Erben und Gesamterbe ermitteln.
❺ Probe durch Addition der Ergebnisse.

Aufgaben

1 Drei Fachkräfte für Lagerlogistik spielen gemeinsam Lotto. Albert zahlt $\frac{1}{3}$, Dominik $\frac{1}{4}$ und Oliver den Rest. Sie gewinnen 12.360,00 €.

Verteilen Sie den Gewinn unter den Mitspielern.

2 An einem Hildesheimer Lagerhaus sind drei Kaufleute beteiligt. Der Anteil von Gesellschafter A beträgt 416.000,00 €, von Gesellschafter B $\frac{2}{5}$ und von Gesellschafter C $\frac{1}{6}$.

Wie hoch sind die Einlagen der Gesellschafter B und C?

3 Die Geschwister Nils, Jan und Ina sind die Gesellschafter des Getränkegroßhandels Kroll. Nils ist mit $\frac{1}{4}$, Jan mit $\frac{2}{7}$ und Ina mit 125.606,00 € beteiligt.

Wie hoch sind die Anteile von Nils und Jan in €?

8.3 Gewinnverteilung

Musteraufgabe

An der Winter OHG[1] sind die Gesellschafter Scheible, Winter und Gutmann beteiligt. Das eingebrachte Kapital wird mit 8 % verzinst. Der verbleibende Restgewinn wird nach Köpfen verteilt.

Wie groß ist der Gewinnanteil der einzelnen Gesellschafter, wenn der Gesamtgewinn des Geschäftsjahres 184.865,00 € beträgt?

Die Kapitalanteile zum Geschäftsjahresbeginn betrugen für Scheible 450.000,00 €, für Winter 360.000,00 € und für Gutmann 280.000,00 €.

1 OHG = offene Handelsgesellschaft: Sie besteht aus mindestens zwei persönlich haftenden Gesellschaftern.

Lösung

Gesellschafter ❶	Anfangs-kapital	8 % Kapital-verzinsung ❷	Restgewinn	Gesamt-gewinn
Scheible	450.000,00	36.000,00	32.555,00 ❹	68.555,00 ❺
Winter	360.000,00	28.800,00	32.555,00	61.355,00
Gutmann	280.000,00	22.400,00	32.555,00	54.955,00
	1.090.000,00	87.200,00	97.665,00 ❸	184.865,00

Lösungsweg

❶ Tabelle aufstellen und gegebene Werte eintragen.
❷ Kapitalverzinsung der einzelnen Gesellschafter berechnen.
❸ Restgewinn berechnen.
(Gesamtgewinn – Kapitalverzinsung = Restgewinn)
❹ Restgewinn der einzelnen Gesellschafter berechnen.
(Restgewinn : Anzahl der Gesellschafter)
❺ Gesamtgewinn der einzelnen Gesellschafter berechnen.
(Gesamtgewinn = Kapitalverzinsung + Restgewinn)

Aufgaben

1 Die Kältetechnik Kälte-Arnold OHG erwirtschaftet einen Gewinn von 163.120,00 €. Beteiligt sind die Gesellschafter Arnold mit 300.000,00 €, Büchele mit 280.000,00 €, Carl mit 200.000,00 € und Drescher mit 260.000,00 €.

Wie hoch sind die Gewinnanteile der einzelnen Gesellschafter, wenn die Kapitaleinlagen zunächst mit 4 % verzinst werden und der Restgewinn laut Gesellschaftsvertrag im Verhältnis 4 : 4 : 3 : 3 zu verteilen ist?

2 Die Kraftfahrer Thimig und Windisch erwirtschaften in ihrem Fuhrunternehmen einen Jahresgewinn von 56.700,00 €. Die Kapitalanteile der Gesellschafter sind mit $6\frac{2}{3}$ % zu verzinsen, der verbleibende Restgewinn ist nach dem Anfangskapital zu verteilen.

Wie hoch sind die Endkapitalien der beiden Gesellschafter, wenn Thimig zu Jahresbeginn mit 150.000,00 € und Windisch mit 120.000,00 € am Unternehmen beteiligt war?

3 Spediteur Fiebig erstellt sein Testament. Sein Vermögen beträgt 678.000,00 €, seine Schulden 378.000,00 €. Vom Erbe sollen seine Frau $\frac{2}{5}$, die Kinder Viola, Dominik, Johannes und Daniel den Rest zu gleichen Teilen erhalten.

Wie viel € erhält jeder der Erben?

4 Am Mitteldeutschen Paketdienst sind die mittelständischen Speditionen Fünkner, Koschar und Seekircher beteiligt. Laut Gesellschaftsvertrag werden die Kapitalanteile der Gesellschafter mit 5 % verzinst, der Restgewinn nach den Kapitalanteilen verteilt.

Das eingebrachte Kapital beträgt bei Fünkner 270.000,00 €, bei Koschar 240.000,00 € und bei Seekircher 390.000,00 €.

Wie hoch ist das Endkapital der einzelnen Gesellschafter, wenn der Gesamtgewinn des Paketdienstes 168.840,00 € beträgt?

5 Die Gesellschafter Klepsch, Nagel und Munz betreiben zusammen ein Lagerhaus. Vom Jahresgewinn erhält Klepsch $\frac{1}{3}$, Nagel $\frac{1}{4}$ und Munz $\frac{1}{3}$ + 8.000,00 €.

Ermitteln Sie den Jahresgewinn.

Vermischte Aufgaben

1 Ein Leipziger Industriebetrieb bezieht in einer Sendung Stahl, Bleche und Aluminiumbarren im Gesamtgewicht von 12,86 t. Die Transportkosten betragen 1.612,50 €.

Wie viel € Transportkosten entfallen auf die einzelnen Sendungsteile, wenn der Stahl $\frac{1}{3}$ und das Aluminium $\frac{2}{5}$ des Gesamtgewichtes ausmachen?

2 Mit dem Motorschiff „Maintal" werden 1 280 t Rheinkies nach Aschaffenburg transportiert. Die Transportkosten betragen 6.848,00 €, wovon der Empfänger Schmalz 3.975,00 €, die Main-Betonwerke 1.883,20 € und die Krüger OHG den Rest zahlen.

Wie viele Tonnen haben die einzelnen Empfänger jeweils bezogen?

3 Die Auszubildenden Karin, Mareike und Fritz basteln in ihrer Freizeit für einen Weihnachtsmarkt. Von den 2.490,00 € Verkaufserlös soll $\frac{1}{3}$ einer kirchlichen Organisation gespendet werden. Der verbleibende Rest soll entsprechend der eingesetzten Zeit verteilt werden. Karin bastelte 120 Stunden, Mareike 96 Stunden und Fritz 104 Stunden.

4 Die Geschwister Rebecca und Gwendolyn erben eine Kfz-Handlung. Das Vermögen beträgt 680.700,00 €. Mit Fremdkapital sind 256.800,00 € finanziert.

Das Erbe soll laut Testament zwischen Rebecca und Gwendolyn im Verhältnis $\frac{5}{9}$ zu $\frac{4}{9}$ verteilt werden.

5 Eine Berliner Messegesellschaft erzielt einen Jahresgewinn von 66.000,00 €. An ihr sind vier Gesellschafter beteiligt: A mit 250.000,00 €, B mit 300.000,00 €, C mit 200.000,00 € und D mit 100.000,00 €.

Wie hoch ist der Gewinn der einzelnen Gesellschafter, wenn zunächst das Kapital mit 4,5 % verzinst und der Restgewinn nach Köpfen verteilt wird?

9 Durchschnittsrechnen

Mittelwerte beschreiben die zentrale Tendenz einer Verteilung, einer Zahlenreihe oder einer Menge. Dabei verwendet man das **einfache arithmetische Mittel** oder das **gewogene arithmetische Mittel.**

9.1 Einfaches arithmetisches Mittel (einfacher Durchschnitt)

Musteraufgabe

Wie hoch ist bei der Groha AG der durchschnittliche Umsatz der Abteilung „Haushaltsgeräte", wenn
01 = 1.332.000,00 €, 02 = 1.403.000,00 €,
03 = 1.347.000,00 €, 04 = 1.535.000,00 €,
05 = 1.285.000,00 €
Umsatz erzielt werden konnte?

Lösung

Jahr	Umsatz
1 (01)	1.332.000,00 €
2 (02)	1.403.000,00 €
3 (03)	1.347.000,00 €
4 (04)	1.535.000,00 €
5 (05)	1.285.000,00 € ❶

einfaches arithmetisches Mittel =

$$\frac{1.332.000 + 1.403.000 + 1.347.000 + 1.535.000 + 1.285.000}{5}$$ ❷

= 1.380.400,00 €

Lösungsweg

❶ Merkmalsausprägung (Umsatz = $M_1 + M_2 + \dots$) aufstellen.
❷ Summe der Merkmalsausprägung (Umsätze) durch die Anzahl der Merkmalsausprägungen (5 = n) dividieren.

Merke: einfaches arithmetisches Mittel = $\frac{M_1 + M_2 + M_3 \dots}{n}$

Aufgaben

1 Ein Lkw benötigt im Werkverkehr nach folgendem Stabdiagramm in den einzelnen Monaten nachstehende durchschnittliche Treibstoffmengen in Liter pro 100 km:

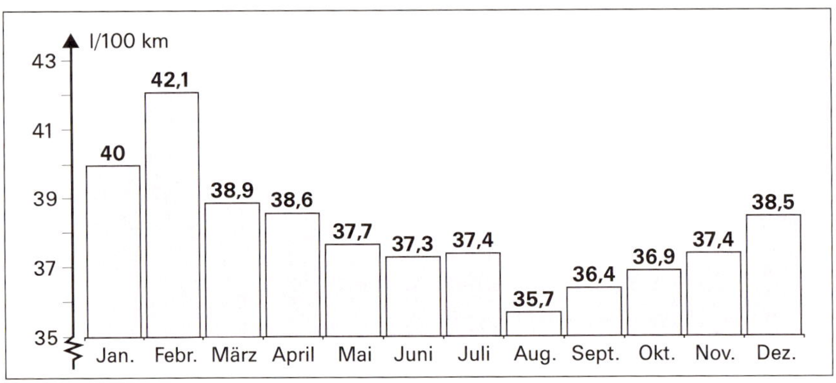

Ermitteln Sie den durchschnittlichen Jahresverbrauch des Lkw in Liter je 100 km.

2 Den sechs Kommissionierern werden folgende Stundenlöhne gezahlt:

8,60 €, 9,10 €, 9,70 €, 9,30 €, 8,80 €, 9,90 €.

Mit welchem Durchschnittsstundenlohn kann in der Lagerkalkulation gerechnet werden?

3 In der Exportabteilung (EU-Länder) wickelten vier Sachbearbeiter folgende Aufträge ab:

Monat	Jan.	Febr.	März	April	Mai	Juni
Aufträge	1 310	1 304	1 328	1 332	1 316	1 342

a) Wie viele Aufträge wickelte ein Mitarbeiter durchschnittlich im Monat ab?

b) Wie hoch ist die durchschnittliche Arbeitsleistung pro Tag und Mitarbeiter bei durchschnittlich 22 Arbeitstagen?

4 Die Firma Motex GmbH setzt zur Belieferung ihrer Kunden 3 Transportfahrzeuge ein.

Folgende Fahrstrecken wurden in der letzten Woche zurückgelegt:

	a) Kastenwagen	b) Kleintransporter	c) 7,5-t-Lkw
Montag	172 km	137 km	158 km
Dienstag	98 km	106 km	194 km
Mittwoch	124 km	173 km	215 km
Donnerstag	204 km	89 km	231 km
Freitag	162 km	115 km	132 km

Wie hoch war die tägliche km-Leistung im Durchschnitt ...

a) beim Kastenwagen?

b) beim Kleintransporter?

c) beim 7,5-t-Lkw?

d) bei allen drei eingesetzten Fahrzeugen?

e) An welchem Wochentag ist die durchschnittliche Fahrstrecke am größten?

5 Die Verkaufsabteilung einer Elektrogroßhandlung ermittelt den durchschnittlichen Abverkauf folgender Elektrogeräte pro Monat:

	Kühlschränke	Gefriertruhen	Küchenmasch.	Geschirrspüler
Januar	218 Stück	128 Stück	74 Stück	24 Stück
Februar	202 Stück	128 Stück	63 Stück	38 Stück
März	246 Stück	116 Stück	88 Stück	32 Stück
April	287 Stück	134 Stück	94 Stück	18 Stück
Mai	280 Stück	214 Stück	67 Stück	57 Stück
Juni	314 Stück	149 Stück	71 Stück	41 Stück
Juli	329 Stück	178 Stück	55 Stück	74 Stück
August	278 Stück	122 Stück	79 Stück	125 Stück
September	283 Stück	127 Stück	104 Stück	178 Stück
Oktober	219 Stück	104 Stück	122 Stück	183 Stück
November	198 Stück	151 Stück	98 Stück	183 Stück
Dezember	110 Stück	238 Stück	97 Stück	153 Stück

Wie viele Geräte wurden durchschnittlich pro Monat bei folgenden Artikeln verkauft:

a) bei den Kühlschränken?

b) bei den Gefriertruhen?

c) bei den Küchenmaschinen?

d) bei den Geschirrspülmaschinen?

6 Im Lager einer Sanitärgroßhandlung werden folgende Lagerbestände festgestellt:

1. Jan.	158.400,00 €	31. Jan.	189.000,00 €
28. Febr.	135.300,00 €	31. März	152.100,00 €
30. April	91.200,00 €	31. Mai	144.600,00 €
30. Juni	187.200,00 €	31. Juli	180.300,00 €
31. Aug.	158.400,00 €	30. Sept.	139.000,00 €
31. Okt.	165.600,00 €	30. Nov.	107.700,00 €
31. Dez.	86.700,00 €		

Berechnen Sie den durchschnittlichen Lagerbestand.

9.2 Gewogenes arithmetisches Mittel (gewogener Durchschnitt)

Kommt dieselbe Merkmalsausprägung (z. B. Treibstoffpreis) mehrfach vor, ist es sinnvoller, jede Merkmalsausprägung mit der Häufigkeit ihres Auftretens zu multiplizieren, um den Mittelwert zu berechnen.

Musteraufgabe Wie hoch ist der Durchschnittspreis für einen Liter Treibstoff, wenn die Spedition F. Rehm im vergangenen Jahr wie folgt einkaufen konnte:

	Februar	Juni	September	Dezember
Liter; (Häufigkeit)	210 000 zu	240 000 zu	190 000 zu	160 000 zu
Preis/l	1,08 €	1,06 €	1,14 €	1,19 €

Lösung

Merkmalsausprägung: Preis/l (M)	·	Häufigkeit: Literzahl (H)	=	M · H
1,08 €/l	·	210 000 l	=	226.800,00 € ❶
1,06 €/l	·	240 000 l	=	254.400,00 €
1,14 €/l	·	190 000 l	=	216.600,00 €
1,19 €/l	·	164 500 l	=	195.755,00 €
Summe		804 500 l	=	893.555,00 € ❷

gewogenes arithmetisches Mittel $= \frac{893\,555}{804\,500} =$ ❸ 1,11 €/l

Lösungsweg

❶ Merkmalsausprägung (M) mit deren Häufigkeit (H) multiplizieren.
❷ Produkte (M · H) addieren.
❸ Summe der Produkte durch die Summe der Häufigkeiten dividieren.

Merke:

gewogenes arithmetisches Mittel $= \frac{(M_1 \cdot H_1) + (M_2 \cdot H_2) + \ldots}{H_1 + H_2 + \ldots}$

654072

Aufgaben

1 Ein Sportartikelgroßhändler kauft unterschiedliche Mengen Golfbälle von verschiedenen Herstellern zu folgenden Stückpreisen ein:

Datum	1. Juli	14. Juli	11. Aug.	22. Sept.	7. Nov.
Einzelpreis	1,40 €	1,50 €	1,45 €	1,20 €	1,55 €
Menge	800 Stück	200 Stück	500 Stück	1 000 Stück	300 Stück

Was kostet ein Golfball im Durchschnitt?

2 Die Lohnstatistik des Frachtführers Mährer weist die folgenden Werte aus:

Zahl der Fahrer	Stundenlohn (€)
4	9,15
5	9,95
3	10,30
6	11,20

a) Ermitteln Sie den einfachen durchschnittlichen Stundenlohn.
b) Ermitteln Sie den gewogenen Durchschnittslohn.

3 Der Frachtführer Mährer zahlte im vergangenen Jahr folgende Leistungsprämien an seine Fahrer aus:

Zahl der Fahrer	Leistungsprämie (€)
2	920,00
7	740,00
4	475,00
3	360,00
2	225,00

Ermitteln Sie den gewogenen Durchschnitt der ausgezahlten Leistungsprämie.

4 Ermitteln Sie den gewogenen durchschnittlichen Heizölpreis der Haas GmbH für die Kalkulation der Heizkosten des letzten Jahres.

Heizölkauf:	3. Febr.	6 380 l zu 0,57 €/l, netto
	28. April	5 620 l zu 0,615 €/l, netto
	16. Juli	14 240 l zu 0,51 €/l, netto
	9. Dez.	9 410 l zu 0,66 €/l, netto

5 Ein Lkw, der im Werkfernverkehr eingesetzt wird, erbrachte in der letzten Woche folgende Leistungen:

	Montag	Dienstag	Mittwoch	Donnerstag	Freitag
beförderte t	16,8	22,5	19,8	22,9	17,4
gefahrene km	264	369	462	488	189

a) Wie viele tkm wurden täglich durchschnittlich geleistet?
b) Wie hoch war der Auslastungsgrad des Fahrzeugs in dieser Woche, wenn die max. Nutzlast 25 t beträgt?

B Buchführung

1 Aufgaben und Gliederung des betrieblichen Rechnungswesens

1.1 Aufgaben des betrieblichen Rechnungswesens

Das Rechnungswesen des Handelsbetriebes hat die **betriebliche Leistungserstellung** (Warenverkäufe) zu erfassen, zu **überwachen** und **auszuwerten.**

- **Dokumentation** aller Geschäftsvorfälle anhand von Belegen
- **Ermittlung des Jahresabschlusses** aufgrund gesetzlicher Bestimmungen
- **Kontrolle** betrieblicher Kennziffern wie Rentabilität, Wirtschaftlichkeit, Liquidität
- **Planung** zukünftiger unternehmerischer Entscheidungen auf der Basis der ermittelten Zahlen

1.2 Gliederung des betrieblichen Rechnungswesens

Bedingt durch die verschiedenen Ansprüche an das betriebliche Rechnungswesen ist eine Aufteilung in vier Bereiche notwendig:

1.2.1 Buchführung

- Die **Buchführung erfasst**
  - alle Veränderungen des Vermögens und des Kapitals,
  - alle Aufwendungen und Erträge

innerhalb eines bestimmten Zeitabschnittes (z. B. Geschäftsjahr).

- Die **Buchführung dokumentiert** alle Geschäftsvorfälle anhand von Belegen.
- Die **Buchführung legt Rechenschaft ab** über das Geschäftsjahr, indem im Jahresabschluss Gewinn oder Verlust, Veränderungen über die Höhe und Zusammensetzung des Vermögens und des Kapitals dokumentiert werden. Große Kapitalgesellschaften müssen ihren Jahresabschluss veröffentlichen.

1.2.2 Kosten- und Leistungsrechnung[1]

- Die **Kosten-und Leistungsrechnung erfasst** sämtliche Kosten und Betriebsleistungen einer Abrechnungsperiode.
- Die **Kosten- und Leistungsrechnung ermittelt** Preisuntergrenzen (z. B. Selbstkosten einer Ware).
- Die **Kosten- und Leistungsrechnung überwacht** die Wirtschaftlichkeit.

1.2.3 Statistik[1]

- Die **Statistik wertet** die Buchführung und die Kosten- und Leistungsrechnung aus.
- Die **Statistik vergleicht** die aufbereiteten Zahlen mit früheren Rechnungsperioden (Zeitvergleich) oder mit anderen Unternehmen (Betriebsvergleich).

---

1 ausführliche Behandlung der Kosten- und Leistungsrechnung in Kapitel C

1.2.4 Planungsrechnung

- Die **Planungsrechnung berechnet** auf der Basis der Ergebnisse der Buchführung, Kosten- und Leistungsrechnung und Statistik die zukünftige Entwicklung des Unternehmens.
- Die **Planungsrechnung erstellt** Pläne (z. B. Investitionspläne, Finanzpläne). Die darin enthaltenen Sollzahlen werden mit den Istzahlen verglichen. Dadurch erhält das Unternehmen ein aussagefähiges Führungs- und Kontrollinstrument.

Aufgaben zum Sachverhalt

1

1. Welche Aufgaben hat das Rechnungswesen zu erfüllen
   a) für den Kaufmann? b) für die Öffentlichkeit?
2. Weshalb bezeichnet man die Buchführung als Zeitrechnung?

Rechnungswesen des Handelsbetriebs

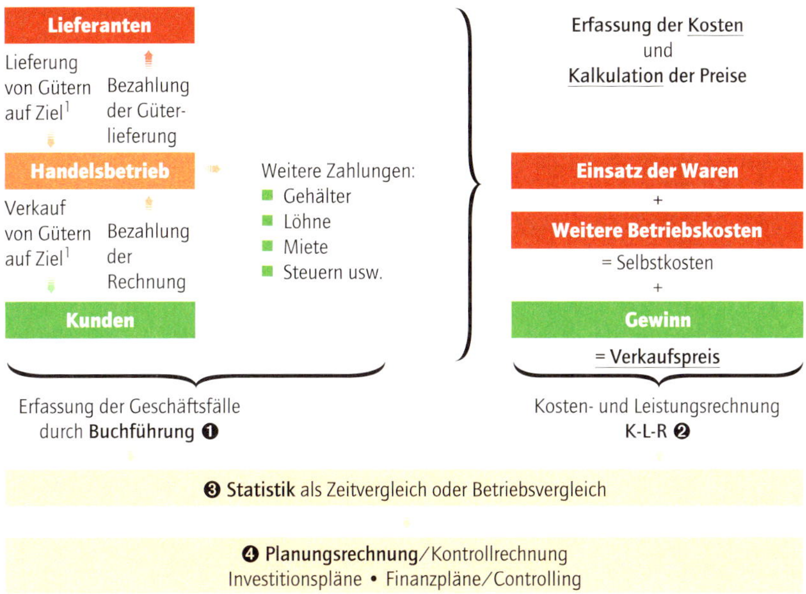

2 Aufgaben und gesetzliche Grundlagen der Buchführung

2.1 Aufgaben der Buchführung

Durch die fortlaufende und lückenlose Aufzeichnung aller Geschäftsvorfälle einer Rechnungsperiode erfüllt die Buchführung folgende Aufgaben:

- **Dokumentation aller Änderungen des Vermögens** während des Geschäftsjahres
- **Dokumentation aller Änderungen der Schulden** während des Geschäftsjahres
- **Ermittlung des Vermögens** am Jahresende
- **Ermittlung der Schulden** am Jahresende
- **Ermittlung des Jahresabschlusses**

1 Begleichung einer Rechnung erfolgt später, nach dem Ablauf des Zahlungsziels (z. B. 30 Tage)

- **Lieferung von aufbereiteten Zahlen** für
  - Kalkulation (Kosten- und Leistungsrechnung)
  - unternehmerische Entscheidungen (Planungsrechnung)
  - Gläubiger (bei Kreditaufnahme)
  - Steuererklärung

2.2 Gesetzliche Grundlagen der Buchführung

2.2.1 Die Buchführungspflicht

Die **Buchführungspflicht** ist im HGB geregelt, um die Gläubiger und Gesellschafter eines Kaufmanns zu schützen.

§ 238 (1) HGB

> Jeder Kaufmann ist verpflichtet, Bücher zu führen und in diesen seine Handelsgeschäfte und die Lage seines Vermögens nach den Grundsätzen ordnungsgemäßer Buchführung ersichtlich zu machen.

Zusätzlich zu den im Handelsrecht erfassten Kaufleuten werden durch die Abgabenordnung (AO) aus steuerlichen Gründen (Ermittlung der Bemessungsgrundlage nach gesetzlichen Grundsätzen für eine einheitliche Besteuerung) weitere Unternehmer zur Buchführung verpflichtet.

§ 141 (1) AO

> Unternehmer unterliegen der **Buchführungspflicht,** wenn
> - der Jahresumsatz mehr als 500.000,00 € beträgt oder
> - der Jahresgewinn mehr als 30.000,00 € beträgt.[1]

Die Buchführungsvorschriften der §§ 238 bis 263 HGB sind für alle Kaufleute verbindlich. So muss der Buchführungspflichtige die **Grundsätze ordnungsmäßiger Buchführung** (§ 239 HGB) beachten, zu Beginn der Geschäftstätigkeit und am Ende jedes Geschäftsjahres eine **Inventur** (§ 241 HGB) durchführen, ein Inventar (§ 240 HGB) und eine persönlich unterschriebene **Bilanz** (§ 242 ff. HGB) erstellen. Weiterhin hat er sämtliche **Buchführungsunterlagen** nach den im § 257 HGB festgelegten Mindestfristen aufzubewahren.

2.2.2 Grundsätze ordnungsmäßiger Buchführung

Die **Grundsätze ordnungsmäßiger Buchführung** sind erfüllt, wenn ein sachverständiger Dritter (z.B. Prüfer des Finanzamtes, Steuerberater) sich in angemessener Zeit einen Überblick verschaffen kann über die gebuchten Geschäftsvorfälle und die Lage des Unternehmens (§ 145 (1) AO, § 238 (1) HGB).

Als wichtigste Grundsätze ordnungsmäßiger Buchführung **(GoB)** gelten:

- **klare und übersichtliche Buchführung** (§ 145 (1) AO)
- **vollständige, richtige, zeitgerechte und geordnete Buchführung** (§ 146 AO, § 239 HGB, § 246 HGB)
- **Vollständigkeit** (§ 246 (1) (2) HGB)
  - Erfassung aller Geschäftsfälle
  - keine Verrechnung einzelner Geschäftsfälle miteinander

1 ab 01.01.2007

- **Richtigkeit**
  - Buchung entsprechend dem Beleg (z. B. Kontierung, Betrag)
  - keine Buchung ohne Beleg
- **Zeitgerechte Buchung**
  - möglichst geringer Zeitraum zwischen Geschäftsvorgang und Buchung (bis zu 4 Wochen)
  - Erstellung der Abschlussbilanz binnen circa 6 Monaten nach Bilanzstichtag
- **Geordnete Buchungen**
  - Buchung nach einem festgelegten und nachvollziehbaren System
  - Aufzeichnung in einer lebenden Sprache (§ 146 (3) AO, § 239 (1) HGB)
  - keine Korrekturen der Buchungen in der Art, dass ursprünglicher Inhalt nicht mehr lesbar ist (§ 146 (4) AO, § 239 (3) HGB)
- **Einhaltung der Aufbewahrungspflichten für Buchführungsunterlagen** (§ 147 AO, § 257 HGB)
- **10 Jahre** für Handelsbücher, Inventare und Bilanzen
- **6 Jahre** für Geschäftsbriefe, Rechnungen und sonstige Buchungsbelege

Aufgaben zum Sachverhalt

1	Wozu braucht der Unternehmer eine Buchführung?
2	Welche Bedeutung hat die Buchführung für die anderen Bereiche des Rechnungswesens?
3	Welchen Sinn haben die Grundsätze ordnungsgemäßer Buchführung?
4	Warum ist die Finanzverwaltung an einer ordnungsgemäßen Buchführung interessiert?
5	Welche Interessen an einer ordnungsgemäßen Buchführung haben a) die Lieferanten eines Unternehmens? b) die Kreditgeber (z. B. Banken)?
6	Ein Gewerbetreibender ist nach Handelsrecht nicht buchführungspflichtig. Nennen Sie die steuerrechtlichen Bedingungen, nach denen er buchführungspflichtig wird.

3 Inventur – Inventar – Bilanz

3.1 Inventur

Jeder Kaufmann hat gemäß § 240 HGB das Vermögen und die Schulden seines Unternehmens festzustellen

- bei der Gründung des Unternehmens,
- am Ende jedes einzelnen Geschäftsjahres,
- bei der Beendigung des Unternehmens (Auflösung, Verkauf).

Dazu ist eine **Inventur (körperliche und buchmäßige Bestandsaufnahme)** durchzuführen.

- **Körperliche Bestandsaufnahme:** Im Unternehmen vorhandene Vermögenswerte wie Grundstücke, Gebäude, Betriebsausstattung, Geschäftsausstattung, LKW, Lieferwagen, Vorräte und Bargeld werden gezählt, gemessen, gewogen und in EUR **bewertet.**

- **Buchmäßige Bestandsaufnahme:** Das übrige (nichtkörperliche) Vermögen (z. B. Forderungen, Bankguthaben) sowie die Schulden des Unternehmens sind anhand der Buchungsunterlagen zu ermitteln.

Merke: **Inventur ist die mengen- und wertmäßige Erfassung sämtlicher Vermögens- und Schuldenwerte eines Unternehmens durch Messen, Zählen und Wiegen zu einem bestimmten Stichtag.**

Arten der Inventur:

- **Stichtagsinventur = zeitnahe körperliche Aufnahme:**
  Inventur am Ende des Geschäftsjahres zum Bilanzstichtag (häufig 31. Dez.)[1]
- **Permanente Inventur = laufende Inventur:**
  Der am Bilanzstichtag vorliegende buchmäßige Bestand darf als tatsächlicher Bestand angesetzt werden, wenn in den entsprechenden Unterlagen (z. B. Lagerkartei) alle Zu- und Abgänge mengenmäßig erfasst wurden.

3.2 Inventar

§ 240 (1) HGB Jeder Kaufmann hat zu Beginn seines Handelsgewerbes seine Grundstücke, seine Forderungen und Schulden, den Betrag seines baren Geldes sowie seine sonstigen Vermögensgegenstände genau zu verzeichnen und dabei den Wert einzelner Vermögensgegenstände und Schulden anzugeben.

§ 240 (2) HGB Er hat [...] für den Schluss eines jeden Geschäftsjahres ein solches Inventar aufzustellen. [...]

Im **Inventar** werden alle durch die Inventur gewonnenen Vermögens- und Schuldenwerte gegenübergestellt, um das Eigenkapital des Unternehmers zu ermitteln.

Merke:

	Vermögen
–	**Schulden**
=	**Eigenkapital (Reinvermögen)**

Das Inventar besteht demnach aus drei Teilen. Die Gliederung in **Staffelform** erfolgt in Anlehnung an die im § 266 HGB festgelegte Gliederung der Bilanz in Kontoform:

A. Vermögen:

Die Vermögensgegenstände werden zunächst getrennt in Anlagevermögen und Umlaufvermögen und danach innerhalb dieser beiden Gruppierungen nach ihrer **Liquidität**[2] (Flüssigkeit) angeordnet. Die Vermögensgegenstände mit der geringsten Liquidität (Grundstücke) werden zuerst, die Vermögensgegenstände mit der größten Liquidität (Bargeld) zuletzt aufgeführt

1 In vielen Unternehmen wird üblicherweise die Stichtagsinventur angewandt.
2 lat. liquidus = flüssig
Liquidität: Eigenschaft des Betriebsvermögens, sich in Zahlungsmittel („flüssige Mittel") umwandeln zu lassen. Die Liquidität wird bestimmt von Zeitspanne und Schwierigkeit dieser Umwandlung.

- **Anlagevermögen:**
  Nach § 247 (2) HGB sind dies alle Vermögensteile, die dem Unternehmen *langfristig* dienen (mehrere Rechnungsperioden),
  z. B.: Grundstücke, Gebäude, Lieferwagen, Gabelstapler, Hubwagen, Betriebsausstattung, Büroausstattung

- **Umlaufvermögen:**
  Alle Vermögensteile, die nur *kurzfristig* im Unternehmen bleiben und ständig umgeschlagen werden,
  z. B.: Vorräte (Handelswaren, Heizöl, Büromaterial), Forderungen, Bankguthaben, Postbankguthaben, Kassenbestand

B. Schulden (Fremdkapital)

Schulden werden nach ihrer **Fälligkeit** gegliedert in

- **langfristige Schulden** (Laufzeit mindestens 4 Jahre)
  z. B.: Hypothekenschulden, Darlehensschulden
- **kurzfristige Schulden**
  z. B.: Bankschulden, Verbindlichkeiten an Lieferanten

C. Ermittlung des Reinvermögens (Eigenkapital)

Eigenkapital (Reinvermögen) ist die Differenz zwischen Vermögen und Schulden.

  Summe des Vermögens (Anlage- und Umlaufvermögen)
– Summe der Schulden (lang- und kurzfristige Schulden)
= Eigenkapital (Reinvermögen)

Das Inventar und alle zu seinem Verständnis erforderlichen Unterlagen (alle als Anlagen beigefügten Verzeichnisse, Inventurlisten usw.) sind nach § 257 (1) HGB und § 147 (1) und (3) AO 10 Jahre aufzubewahren.

Zusammenfassung: Inventur und Inventar

Inventur:	**Tätigkeit** der Bestandsaufnahme
Inventar:	ausführliches **Verzeichnis** aller Vermögens- und Schuldenwerte zu einem Stichtag
Zweck:	Ermittlung des Eigenkapitals
Termin der Erstellung:	– bei der Gründung des Unternehmens – am Ende des Geschäftsjahres – bei Auflösung oder Verkauf des Unternehmens
Gliederung:	**A. Summe des Vermögens** (angeordnet nach der Liquidität) – **B. Summe der Schulden** (angeordnet nach der Fristigkeit) = **C. Reinvermögen (Eigenkapital)** A – B = C

INVENTAR
der Sanitärgroßhandlung Albert Knoll KG, Kanalstraße 17, 74072 Heilbronn,
zum 31. Dezember ..

		€	€
A. Vermögen			
I. Anlagevermögen			
1. Lagergrundstück			112.000,00
2. Gebäude	Bürogebäude	487.400,00	
	Lagerhalle	1.208.600,00	1.696.000,00
3. Fuhrpark	LKW lt. Verzeichnis (Anlage 1)	335.600,00	
	PKW lt. Verzeichnis (Anlage 2)	234.000,00	569.600,00
4. Stapler lt. Verzeichnis (Anlage 3)			89.700,00
5. Betriebsausstattung lt. Verzeichnis (Anlage 4)			270.900,00
6. Büroausstattung lt. Verzeichnis (Anlage 5)			214.500,00
II. Umlaufvermögen			
1. Vorräte			
Warenvorräte (Anlage 6)		1.199.374,00	
Büromaterial lt. Inventurliste (Anlage 7)		4.326,00	1.203.700,00
2. Forderungen lt. Saldenliste 1 (Anlage 8)			312.800,00
3. Kassenbestand lt. Kassenbuch (Anlage 9)			3.436,00
4. Bankguthaben			
Kreissparkasse Heilbronn lt. Kontoauszug (Anlage 10)		23.451,00	
Volksbank Heilbronn lt. Kontoauszug (Anlage 11)		45.332,00	
Dresdner Bank lt. Kontoauszug (Anlage 12)		7.892,00	
Postbank lt. Kontoauszug (Anlage 13)		11.689,00	88.364,00
Summe des Vermögens			**4.561.000,00**
B. Schulden			
I. Langfristige Verbindlichkeiten			
1. Hypotheken			
Kreissparkasse Heilbronn lt. Kontoauszug (Anlage 14)		1.240.000,00	
Dresdner Bank lt. Kontoauszug (Anlage 15)		285.000,00	1.525.000,00
2. Darlehen			
Volksbank Heilbronn lt. Kontoauszug (Anlage 16)		420.000,00	
Deutsche Bank, Heidelberg lt. Darlehensvertrag (Anlage 17)		58.000,00	478.000,00
II. Kurzfristige Verbindlichkeiten			
1. Verbindlichkeiten aus Lieferungen und Leistungen lt. Saldenliste 2 (Anlage 18)			467.223,00
2. Bankschulden			
Landesgirokasse lt. Kontoauszug (Anlage 19)		32.664,00	
Baden-Württembergische Bank lt. Kontoauszug (Anlage 20)		17.113,00	49.777,00
Summe der Schulden			**2.520.000,00**
C. Ermittlung des Eigenkapitals			
Summe des Vermögens			4.561.000,00
– Summe der Schulden			2.520.000,00
Eigenkapital (Reinvermögen)			**2.041.000,00**

Aufgaben zum Sachverhalt

1 a) Ordnen Sie folgende Vermögensposten dem Anlagevermögen oder dem Umlaufvermögen zu.

b) Ordnen Sie das Anlage- und Umlaufvermögen nach steigender Liquidität.

(1) 3 LKW
(2) Kassenbestand
(3) 4800 Liter Heizölvorrat
(4) Handelswaren
(5) Bankguthaben
(6) Grundstücke
(7) Lagergebäude
(8) Computer
(9) Forderungen
(10) Bürogebäude
(11) Lagerregale
(12) Büromaterial
(13) 9 Hubwagen
(14) 7 PKW

2 Ordnen Sie folgende Schulden den langfristigen oder den kurzfristigen Schulden zu.

(1) Hypothekenschulden
(2) Bankschulden
(3) Schulden gegenüber den Zollbehörden
(4) Verbindlichkeiten gegenüber einem Lieferanten
(5) Darlehensschulden
(6) Verbindlichkeiten gegenüber den Sozialversicherungsträgern

3 Die Baustoffgroßhandlung Jens Kanninga, Wismar, ermittelt zum 31. Dez. und zum 31. Dez. des Folgejahres durch Inventur folgende Vermögens- und Schuldenwerte.

		Jahr 1 €	Jahr 2 €
Grundstücke		680.000,00	680.000,00
Fuhrpark	5 LKW	360.000,00	234.000,00
	2 Anhänger	37.200,00	48.400,00
	4 Lieferwagen	48.500,00	76.300,00
	3 PKW	16.700,00	44.100,00
Tankstelle		33.100,00	78.200,00
Lagergebäude		1.245.000,00	2.120.500,00
Forderungen aus Lieferungen und Leistungen lt. Anlage		212.400,00	189.300,00
Verbindlichkeiten aus Lieferungen und Leistungen lt. Anlage		316.800,00	412.400,00
Hypothekenschulden	Sparkasse Wismar	480.000,00	790.000,00
	Deutsche Bank	360.000,00	580.000,00
Vorräte lt. Inventurliste	Baustoffe	311.300,00	217.900,00
	Büromaterial	2.100,00	1.900,00
Bankschulden	Volksbank Wismar	16.300,00	73.900,00
	Deutsche Bank	400,00	51.300,00
Büroausstattung lt. Inventurliste		69.200,00	53.700,00
Bankguthaben	Sparkasse	7.700,00	8.200,00
	Postbank	3.900,00	1.100,00
Verbindlichkeiten an das Finanzamt		12.300,00	33.700,00
Darlehen	Volksbank Wismar	127.000,00	212.800,00
	Postbank	34.000,00	120.000,00
	Aufbau-Bank, Schwerin	46.000,00	87.500,00
Kassenbestand lt. Inventurliste		4.800,00	2.100,00
Verwaltungsgebäude		680.300,00	672.400,00
Betriebsausstattung lt. Inventurliste			
	1 Stapler	23.800,00	11.900,00
	9 Hubwagen	5.600,00	8.700,00

a) Erstellen Sie für das Jahr 1 das Inventar der Baustoffgroßhandlung Kanninga zum 31. Dez.

b) Erstellen Sie das Inventar der Baustoffgroßhandlung Kanninga zum 31. Dez. des Folgejahres.

c) Vergleichen Sie die beiden Inventare der Baustoffgroßhandlung Kanninga. Erklären Sie die Veränderungen im Anlagevermögen, im Umlaufvermögen, im Fremdkapital und im Eigenkapital.

Zusammenfassende Aufgaben

1 Nennen Sie die vier Bereiche des betrieblichen Rechnungswesens.

2 Nennen Sie die Aufgaben der Buchführung.

3 Nennen Sie die Grundsätze ordnungsmäßiger Buchführung.

4 Nennen Sie Gründe, die zur Schaffung der Grundsätze ordnungsmäßiger Buchführung führten.

5 Erklären Sie den Unterschied zwischen Anlage- und Umlaufvermögen.

6 Erklären Sie den Unterschied zwischen Inventur und Inventar.

7 Erklären Sie den Unterschied zwischen körperlicher Inventur und Buchinventur.

8 Welche Vermögensteile müssen durch eine körperliche Inventur ermittelt werden?

9 Welche Vermögensteile müssen durch eine Buchinventur ermittelt werden?

10 Autoteile Hallwachs GmbH, Minden, ermittelt zum 31. Dez. folgende Vermögens- und Schuldenwerte.
Erstellen Sie das Inventar zum 31. Dez. unter Beachtung der Grundsätze ordnungsmäßiger Buchführung.

		€
Forderungen lt. Anlage		86.700,00
Hypothekenschulden	Commerzbank Osnabrück	280.000,00
	Sparkasse Bielefeld	270.000,00
	Volksbank Minden	420.000,00
Bürogebäude		256.400,00
Büroausstattung lt. Inventurliste		89.600,00
Fuhrpark	2 LKW	158.700,00
	5 PKW	112.700,00
Bankschulden		
Commerzbank Osnabrück		17.300,00
Postbank		4.800,00
Vorräte lt. Inventurliste		
Handelswaren		1.087.200,00
Reifen		131.200,00
Büromaterial		2.100,00
Heizmaterial		6.790,00
Bankguthaben		
Sparkasse Bielefeld		11.700,00
Volksbank Minden		9.400,00
Lagerhalle		249.200,00
Kommissionierungslagergebäude		212.000,00
Verbindlichkeiten lt. Anlage		306.400,00
Bankdarlehen		
Sparkasse Bielefeld		106.000,00
Volksbank Hameln		154.000,00
Kassenbestand		2.800,00
Zollschulden lt. Zollbescheid		16.300,00
Verbindlichkeiten beim Finanzamt lt. Steuerbescheid		9.700,00
Garagen für Fahrzeuge		35.000,00
Lagergrundstück		87.200,00

3.3 Bilanz

Die **Bilanz**[1] ermittelt der Kaufmann aus dem Inventar, das eine umfangreiche Aufstellung der gesamten Vermögensteile und Schulden ist, durch Zusammenfassung zu einzelnen Positionen.

§ 242 (1) HGB	Der Kaufmann hat zu Beginn seines Handelsgewerbes und für den Schluss eines jeden Geschäftsjahres einen das Verhältnis seines Vermögens und seiner Schulden darstellenden Abschluss (Eröffnungsbilanz, Bilanz) aufzustellen.
§ 245 HGB	Der Jahresabschluss ist vom Kaufmann unter Angabe des Datums zu unterzeichnen.
§ 247 (1) HGB	In der Bilanz sind das Anlage- und das Umlaufvermögen, das Eigenkapital, die Schulden sowie die Rechnungsabgrenzungsposten gesondert auszuweisen und hinreichend aufzugliedern.
§ 266 (1) HGB	Die Bilanz ist in Kontoform aufzustellen. [...]

Die **Bilanz** ist eine Kurzfassung des Inventars in **Kontoform**[2]. Die Bilanz enthält auf der linken Seite das Vermögen, unterteilt in Anlagevermögen und Umlaufvermögen, auf der rechten Seite das Kapital, unterteilt in Eigenkapital und Fremdkapital. Die beiden Seiten der Bilanz haben immer die gleiche Summe.

Die Vermögensteile (Anlagevermögen und Umlaufvermögen) heißen **Aktiva**[3]. Sie werden aktiv eingesetzt, um Leistungen des Speditionsbetriebes zu erstellen.

Die Kapitalteile (Fremdkapital und Eigenkapital) heißen **Passiva**[4]. Sie dienen lediglich der Finanzierung des betriebsnotwendigen Vermögens.

Aus dem Inventar der Sanitärgroßhandlung Albert Knoll (vgl. Seite 80) ergibt sich folgende Bilanz.

Aktiva — **Bilanz** zum 31. Dez. .. — **Passiva**

Aktiva		Passiva	
I. Anlagevermögen		**I. Eigenkapital**	2.041.000,00
1. Grundstücke	112.000,00		
2. Gebäude	1.696.000,00	**II. Fremdkapital**	
3. Fuhrpark	569.600,00	1. Hypotheken	1.525.000,00
4. Stapler	89.700,00	2. Darlehen	478.000,00
5. Betriebsausstattung	270.900,00	3. Verbindlichkeiten	467.223,00
6. Büroausstattung	214.500,00	4. Bankschulden	49.777,00
II. Umlaufvermögen			
1. Vorräte	1.203.700,00		
2. Forderungen	312.800,00		
3. Kasse	3.436,00		
4. Bankguthaben	88.364,00		
	4.561.000,00		4.561.000,00
Heilbronn, 17. Januar ..		*Albert Knoll*	

1 bilancia = Waage. Begriff in der Buchführung für den Jahresabschluss in Form einer Gegenüberstellung von Vermögen und Kapital zu einem Stichtag

2 ital. conto = Rechnung; gleichzeitig Rechnungsführungs-Begriff in der Buchführung für eine zur Aufnahme und wertmäßigen Erfassung von Geschäftsvorfällen bestimmte Rechnung.

3 lat. für die Summe der Vermögensteile eines Unternehmens, die auf der linken Seite der Bilanz aufgeführt werden

4 lat. Sammelbegriff für alle auf der Passivseite der Bilanz ausgewiesenen Positionen

Merke:

Bilanz:
- Kurzfassung des umfangreichen Inventars

Gliederung der Bilanz:
- Gegenüberstellung von Vermögen (Aktiva) und Kapital (Passiva)
- Gliederung des Vermögens nach Liquiditätsnähe
- Gliederung des Kapitals nach Fälligkeit

Form der Bilanz:
- Kontenform (A = C + B)
- persönliche Unterschrift des Unternehmers unter Angabe des Datums (§ 245 HGB)
- Der nicht beschriebene Raum im T-Konto wird durch die „Buchhalternase"gesperrt.

Aktiva — **Bilanz** zum 31. Dez. .. — Passiva

Aktiva		Passiva	
I. Anlagevermögen	2.952.700,00	I. Eigenkapital	2.041.000,00
II. Umlaufvermögen	1.608.300,00	II. Fremdkapital	2.520.000,00
= (Gesamt)Vermögen	4.561.000,00	= (Gesamt)Kapital	4.561.000,00

↓	↓
Kapitalverwendung (Investierung)	Kapitalherkunft (Finanzierung)
Die Aktivseite der Bilanz gibt Antwort auf die Frage:	Die Passivseite der Bilanz gibt Antwort auf die Frage:
„Wie ist das Kapital verwendet (investiert) worden?"	**„Wer hat das Kapital zur Verfügung gestellt?"**

Die Bilanz zeigt auf der **Passivseite,** woher das Kapital eines Unternehmens stammt **(= Kapitalherkunft),** und auf der **Aktivseite,** wie das Kapital angelegt (investiert) wurde **(= Kapitalverwendung).** Daher sind die beiden Seiten der Bilanz immer gleich groß.

Die rechnerische Gleichheit der beiden Bilanzseiten lässt sich in der **Bilanzgleichung** darstellen:

Bilanzgleichung		
Aktiva	=	Passiva
Vermögen	=	Kapital
Vermögen	=	Eigenkapital + Fremdkapital
A	=	C + B
Vermögen – Fremdkapital	=	Eigenkapital
A – B	=	C
Vermögen – Eigenkapital	=	Fremdkapital
A – C	=	B

654084

Zusammenfassung: Inventur – Inventar – Bilanz

Inventur

- **Tätigkeit der Bestandsaufnahme**

↓

Inventar

- **ausführliche Darstellung** aller Vermögens- und Schuldenwerte **in Staffelform**

A – B = C

- **Bewertung** unter Angabe von Menge, Einzelwert und Gesamtwert

↓

Bilanz

- **kurz gefasste Darstellung** des Vermögens und des Kapitals **in Kontenform**

A = C + B

Aufgaben zur Bilanz

1 Erstellen Sie die Bilanz der Möhler KG zum 31. Dez. unter Beachtung der gesetzlichen Vorschriften.

	a)	b)
Fuhrpark	212.500,00	307.800,00
Büroausstattung	64.800,00	37.000,00
Darlehensschulden	180.000,00	215.000,00
Gebäude	765.000,00	390.500,00
Vorräte	534.100,00	556.400,00
Hypothekenschulden	379.000,00	280.800,00
Betriebsausstattung	56.700,00	41.200,00
Grundstücke	196.300,00	220.000,00
Kassenbestand	4.100,00	2.300,00
Bankguthaben	9.500,00	7.900,00
Forderungen	93.200,00	54.700,00
Verbindlichkeiten	123.800,00	63.700,00

2 Erstellen Sie die Bilanz der Elektrogroßhandlung Knobel zum 31. Dez. unter Beachtung der gesetzlichen Vorschriften.

	a)	b)
Verbindlichkeiten	212.512,00	307.839,00
Gebäude	641.900,00	436.700,00
Kassenbestand	8.753,00	3.126,00
Bankschulden	12.403,00	9.035,00
Vorräte	334.213,00	245.897,00
Büroausstattung	45.234,00	87.934,00
Forderungen	136.500,00	234.756,00
Fuhrpark	152.100,00	189.700,00
Darlehensschulden	534.000,00	280.000,00
Betriebsausstattung	87.550,00	47.608,00
Grundstücke	180.000,00	128.000,00
Hypothekenschulden	480.000,00	270.000,00
Bankguthaben	12.875,00	19.003,00

3 Erstellen Sie die Bilanz der Baustoffgroßhandlung Kanninga, Wismar, zum 31. Dez. auf der Basis des von Ihnen erstellten Inventars (Kap. Inventar, Aufg. 3).

4 Wertveränderungen in der Bilanz

Die Bilanz stellt die Vermögensteile und Schulden eines Unternehmens zu einem Stichtag dar. Die in der Bilanz aufgelisteten Werte sind während des Geschäftsjahres einer ständigen Änderung unterworfen. Jeder Geschäftsvorfall innerhalb eines Unternehmens ändert die Bilanz in zwei Positionen.

Musterbilanz der Großhandlung Graf:

Aktiva — **Bilanz** zum 31. Dez. .. — **Passiva**

Aktiva		Passiva	
I. Anlagevermögen		**I. Eigenkapital**	1.880.000,00
1. Gebäude	2.000.000,00		
2. Fuhrpark	100.000,00	**II. Fremdkapital**	
3. Betriebsausstattung	50.000,00	1. Hypotheken	500.000,00
4. Büroausstattung	60.000,00	2. Darlehen	250.000,00
II. Umlaufvermögen		3. Verbindlichkeiten	120.000,00
1. Vorräte	420.000,00	4. Bankschulden	80.000,00
2. Forderungen	110.000,00		
3. Kasse	10.000,00		
4. Bankguthaben	80.000,00		
	2.830.000,00		2.830.000,00

Welche Veränderungen verursachen folgende Geschäftsvorfälle in der Musterbilanz der Großhandlung Graf?

Geschäftsvorfall 1: Die Großhandlung Graf kauft ein neues Lieferfahrzeug für 50.000,00 € und bezahlt die Rechnung per Banküberweisung.

Durch diesen Geschäftsvorfall ändern sich folgende Bilanzposition:

Fuhrpark	**nimmt zu**	**um**	**50.000,00 €**	auf	450.000,00 €
Bankguthaben	**nimmt ab**	**um**	**50.000,00 €**	auf	30.000,00 €

Aktiva — **Bilanz** zum 31. Dez. .. — **Passiva**

Aktiva		Passiva	
I. Anlagevermögen		**I. Eigenkapital**	1.880.000,00
1. Gebäude	2.000.000,00		
2. Fuhrpark	**150.000,00**	**II. Fremdkapital**	
3. Betriebsausstattung	50.000,00	1. Hypotheken	500.000,00
4. Büroausstattung	60.000,00	2. Darlehen	250.000,00
II. Umlaufvermögen		3. Verbindlichkeiten	120.000,00
1. Vorräte	420.000,00	4. Bankschulden	80.000,00
2. Forderungen	110.000,00		
3. Kasse	10.000,00		
4. Bankguthaben	**30.000,00**		
	2.830.000,00		2.830.000,00

Geschäftsvorfall 1 ist ein **Aktivtausch**

- und betrifft nur die Aktivseite der Bilanz;
- ein Vermögensposten nimmt um 50.000,00 € zu,
  ein anderer Vermögensposten nimmt um 50.000,00 € ab;
- **Bilanzsumme ändert sich nicht.**

Geschäftsvorfall 2: Die Großhandlung Graf schuldet ihrem Geschäftspartner Binder aus erbrachten Lieferungen 50.000,00 €. Die Verbindlichkeiten (kurzfristige Verbindlichkeiten) werden in ein Darlehen (langfristige Verbindlichkeiten) umgewandelt.

Durch diesen Geschäftsvorfall ändern sich folgende Bilanzpositionen:

Verbindlichkeiten	**nehmen ab**	**um**	**50.000,00 €**	auf	70.000,00 €
Darlehen	**nimmt zu**	um	50.000,00 €	auf	300.000,00 €

Aktiva	**Bilanz** zum 31. Dez. ..		**Passiva**
I. Anlagevermögen		**I. Eigenkapital**	1.880.000,00
1. Gebäude	2.000.000,00		
2. Fuhrpark	100.000,00	**II. Fremdkapital**	
3. Betriebsausstattung	50.000,00	1. Hypotheken	500.000,00
4. Büroausstattung	60.000,00	2. **Darlehen**	**300.000,00**
II. Umlaufvermögen		3. **Verbindlichkeiten**	**70.000,00**
1. Vorräte	420.000,00	4. Bankschulden	80.000,00
2. Forderungen	110.000,00		
3. Kasse	10.000,00		
4. Bankguthaben	80.000,00		
	2.830.000,00		2.830.000,00

Geschäftsvorfall 2 ist ein **Passivtausch**

- und betrifft nur die Passivseite der Bilanz;
- ein Kapitalposten nimmt um 50.000,00 € zu,
  ein anderer Kapitalposten nimmt um 50.000,00 € ab;
- Bilanzsumme ändert sich nicht.

Geschäftsvorfall 3: Die Großhandlung Graf kauft Waren im Wert von 30.000,00 € auf Ziel.[1]
Durch diesen Geschäftsvorfall ändern sich folgende Bilanzpositionen:

Vorräte	**nehmen zu**	**um**	**30.000,00 €**	auf	450.000,00 €
Verbindlichkeiten	**nehmen zu**	um	30.000,00 €	auf	150.000,00 €

Aktiva	**Bilanz** zum 31. Dez. ..		**Passiva**
I. Anlagevermögen		**I. Eigenkapital**	1.880.000,00
1. Gebäude	2.000.000,00		
2. Fuhrpark	100.000,00	**II. Fremdkapital**	
3. Betriebsausstattung	50.000,00	1. Hypotheken	500.000,00
4. Büroausstattung	60.000,00	2. Darlehen	250.000,00
II. Umlaufvermögen		3. **Verbindlichkeiten**	**150.000,00**
1. **Vorräte**	**450.000,00**	4. Bankschulden	80.000,00
2. Forderungen	110.000,00		
3. Kasse	10.000,00		
4. Bankguthaben	80.000,00		
	2.860.000,00		**2.860.000,00**

1 Begleichung einer Rechnung erfolgt später, nach dem Ablauf des Zahlungsziels (z. B. 30 Tage).

Geschäftsvorfall 3 ist eine **Aktiv-Passiv-Mehrung**
- und betrifft die Aktiv- und die Passivseite der Bilanz;
- ein Vermögensposten nimmt um 30.000,00 € zu,
  ein Kapitalposten nimmt um 30.000,00 € zu;
- **Bilanzsumme steigt** um 30.000,00 €.

Geschäftsvorfall 4: Die Großhandlung Graf zahlt ein Darlehen von 50.000,00 € durch eine Banküberweisung zurück.

Durch diesen Geschäftsvorfall ändern sich folgende Bilanzpositionen:

Darlehen	**nimmt ab**	**um**	**50.000,00 €**	auf	200.000,00 €
Bankguthaben	**nimmt ab**	um	50.000,00 €	auf	30.000,00 €

Aktiva — **Bilanz** zum 31. Dez. .. — **Passiva**

Aktiva		Passiva	
I. Anlagevermögen		**I. Eigenkapital**	1.880.000,00
1. Gebäude	2.000.000,00		
2. Fuhrpark	100.000,00	**II. Fremdkapital**	
3. Betriebsausstattung	50.000,00	1. Hypotheken	500.000,00
4. Büroausstattung	60.000,00	2. **Darlehen**	**200.000,00**
II. Umlaufvermögen		3. Verbindlichkeiten	120.000,00
1. Vorräte	420.000,00	4. Bankschulden	80.000,00
2. Forderungen	110.000,00		
3. Kasse	10.000,00		
4. **Bankguthaben**	**30.000,00**		
	2.780.000,00		2.780.000,00

Geschäftsvorfall 4 ist eine **Aktiv-Passiv-Minderung**
- und betrifft die Aktiv- und die Passivseite der Bilanz;
- ein Vermögensposten nimmt um 50.000,00 € ab,
  ein Kapitalposten nimmt um 50.000,00 € ab;
- **Bilanzsumme sinkt** um 50.000,00 €.

Zusammenfassung: Bilanzänderung

Bilanzänderungen

hervorgerufen durch jeden Geschäftsvorfall

Arten der Wertveränderungen

- **Aktivtausch**
  - Tausch auf der Aktivseite
  - Bilanzsumme bleibt gleich
- **Aktiv-Passiv-Mehrung**
  - Vermehrung auf beiden Bilanzseiten
  - Bilanzsumme steigt
- **Passivtausch**
  - Tausch auf der Passivseite
  - Bilanzsumme bleibt gleich
- **Aktiv-Passiv-Minderung**
  - Verminderung auf beiden Bilanzseiten
  - Bilanzsumme sinkt

Aufgaben zu Wertveränderungen in der Bilanz

1 Beantworten Sie für jeden Geschäftsfall folgende Fragen.

a) **Welche Bilanzposten** werden berührt?

b) Handelt es sich bei den betroffenen Bilanzposten um Posten der **Aktiv-** oder **Passivseite** der Bilanz?

c) **Wie wirkt sich der Geschäftsfall** auf die betroffenen Bilanzposten **aus?**

d) Welche der vier **Arten der Bilanzveränderungen** liegt vor?

1.	Kauf einer EDV-Anlage gegen Bankscheck	3.265,00 €
2.	Kauf von Waren auf Ziel	12.819,00 €
3.	Rückzahlung einer Hypothekenschuld durch Banküberweisung	25.000,00 €
4.	Bezahlung der eingekauften Waren durch Banküberweisung	12.819,00 €
5.	Verkauf eines LKW gegen Bankscheck	35.200,00 €
6.	Einzahlung von Bargeld auf das Bankkonto	10.000,00 €
7.	Aufnahme eines Darlehens und Gutschrift auf das Bankkonto	50.000,00 €
8.	Barkauf von Büromaterialvorräten	912,00 €
9.	Umwandlung einer Verbindlichkeit in ein Darlehen	12.000,00 €
10.	Kunde bezahlt seine Schulden an uns durch Banküberweisung	3.578,00 €
11.	Verkauf eines gebrauchten PKW auf Ziel	8.250,00 €
12.	Rückzahlung von Verbindlichkeiten durch Aufnahme eines Darlehens	8.900,00 €
13.	Kunde zahlt unsere Forderungen bar	1.250,00 €
14.	Wir bezahlen unsere Schulden an Lieferanten durch Banküberweisung	1.800,00 €
15.	Eingangsrechnung für Waren	4.380,00 €
16.	Bezahlung der Waren durch Barzahlung	800,00 €
	und Überweisung des Restbetrages	3.580,00 €

5 Buchen auf Bestandskonten

5.1 Auflösung der Bilanz in Bestandskonten

Da in einem Handelsunternehmen täglich viele, oftmals mehrere hundert Geschäftsfälle anfallen, die jeweils mindestens zwei Posten der Bilanz verändern, ist es ersichtlich, dass diese Veränderungen der Aktiv- und Passivseite nicht fortlaufend in der Bilanz vorgenommen werden können. Deshalb löst man die Bilanz in **Konten** auf. Aus jeder Position der Aktivseite wird ein **Aktivkonto,** aus jeder Position der Passivseite ein **Passivkonto.**

Aktiva — **Bilanz** zum 31. Dez. .. — Passiva

Aktiva		Passiva	
I. Anlagevermögen		**I. Eigenkapital**	460.000,00
1. Fuhrpark	100.000,00		
2. Büroausstattung	110.000,00	**II. Fremdkapital**	
		1. Hypotheken	80.000,00
II. Umlaufvermögen		2. Darlehen	70.000,00
1. Vorräte	420.000,00	3. Verbindlichkeiten	120.000,00
2. Forderungen	110.000,00	4. Bankschulden	20.000,00
3. Kasse	10.000,00		
	750.000,00		**750.000,00**

Aktivseite
jede Bilanzposition wird ein
Aktivkonto

Passivseite
jede Bilanzposition wird ein
Passivkonto

Soll	Fuhrpark	Haben
AB	100.000,00	

Soll	Eigenkapital	Haben
	AB	460.000,00

Soll	Büroausstattung	Haben
AB	110.000,00	

Soll	Hypotheken	Haben
	AB	80.000,00

Soll	Vorräte	Haben
AB	420.000,00	

Soll	Darlehen	Haben
	AB	70.000,00

Soll	Forderungen	Haben
AB	110.000,00	

Soll	Verbindlichkeiten	Haben
	AB	120.000,00

Soll	Kasse	Haben
AB	10.000,00	

Soll	Bankschulden	Haben
	AB	20.000,00

⬇

Soll Aktivkonto	Haben
Anfangsbestand + Zugänge	– Abgänge = Saldo

Bei den **Aktivkonten** steht der Anfangsbestand immer auf der **Sollseite** (linke Seite des Kontos), weil sie sich auf der linken Seite der Bilanz befinden!

⬇

Soll Passivkonto	Haben
– Abgänge = Saldo	Anfangsbestand + Zugänge

Bei den **Passivkonten** steht der Anfangsbestand immer auf der **Habenseite** (rechte Seite des Kontos), weil sie sich auf der rechten Seite der Bilanz befinden!

Merke:

- Jede Bilanzposition zeigt einen Vermögens- oder Kapitalbestand auf.
- Jede Bilanzposition der Aktivseite wird zu einem **aktiven Bestandskonto (Aktivkonto).**
- Jede Bilanzposition der Passivseite wird zu einem **passiven Bestandskonto (Passivkonto).**
- **Aktivkonten** erfassen die Veränderungen des Vermögens während einer Rechnungsperiode.
- **Passivkonten** erfassen die Veränderungen des Kapitals während einer Rechnungsperiode.
- Die linke Seite eines Kontos wird mit **Soll (S),** die rechte Seite mit **Haben (H)** bezeichnet.
- **Zunahmen** (Mehrungen) werden immer **auf der Seite der Anfangsbestände** (AB) erfasst, weil der Bestand erhöht wird.
- **Abnahmen** (Minderungen) werden immer auf der anderen Kontoseite erfasst, weil der Bestand vermindert wird.
- Am Ende jeder Rechnungsperiode werden die Bestandskonten abgeschlossen. Für jedes Bestandskonto wird der Schlussbestand (SB) ermittelt.

  Anfangsbestand + Zugänge – Abgänge = Schlussbestand

Aufgaben zum Sachverhalt

1 Beantworten Sie folgende Fragen für die einzelnen Bestandskonten:

a) Um welche Art von Bestandskonto handelt es sich?
b) Auf welcher Seite wird der Anfangsbestand erfasst?
c) Auf welcher Seite werden die Zugänge erfasst?
d) Auf welcher Seite werden die Abgänge erfasst?
e) Auf welcher Seite steht der Schlussbestand?

(1) Kasse
(2) Darlehen
(3) Fuhrpark
(4) Bankschulden
(5) Forderungen
(6) Gebäude
(7) Bankguthaben
(8) Verbindlichkeiten
(9) Hypotheken
(10) Waren

2 Buchen Sie folgende Geschäftsfälle für den 26. bis 30. Juni auf einem Kassenkonto. Schließen Sie das Konto am Monatsende ab und ermitteln Sie den Schlussbestand.

26. Juni	Anfangsbestand	764,00 €
27. Juni	Kunde zahlt Nachnahmesendung bar	112,00 €
27. Juni	Kauf von Büromaterial	37,00 €
27. Juni	Tankbeleg eines Außendienstmitarbeiters	235,00 €
28. Juni	Kunde zahlt eine Rechnung bar	294,00 €
28. Juni	Kauf von Briefmarken	115,00 €
28. Juni	Privatentnahme des Inhabers	400,00 €
29. Juni	Kauf von Waren, bar	120,00 €
29. Juni	Abhebung von der Bank	2.000,00 €
30. Juni	Vorschuss an Lagerarbeiter	260,00 €
30. Juni	Barzahlung für örtliches Nachrichtenblatt	56,00 €
30. Juni	Einkauf von Waren, bar	348,00 €
30. Juni	Bezahlung eines Zeitungsinserates	395,00 €
30. Juni	Spende an den Sportverein	100,00 €

3 Buchen Sie folgende Geschäftsfälle für den 26. bis 30. Juni auf einem Verbindlichkeitskonto. Schließen Sie das Konto am Monatsende ab und ermitteln Sie den Schlussbestand.

27. Juni	Anfangsbestand	45.376,00 €
27. Juni	Eingangsrechnung von dem Lieferanten Müller	2.312,00 €
28. Juni	Überweisung an den Lieferanten Knörzer & Co.	890,00 €
28. Juni	Kauf von Büromaterial auf Ziel	2.188,00 €
28. Juni	Eingangsrechnung unseres Lieferanten Auberle	6.743,00 €
29. Juni	Einkauf von Treibstoff gegen Rechnung	455,00 €
29. Juni	Wir geben einem Gläubiger einen Verrechnungsscheck	769,00 €
30. Juni	Eingangsrechnung des Lieferanten „Ruck & Zuck"	1.357,00 €
30. Juni	Überweisung an Frachtführer Müller für Transporte	312,00 €

5.2 Buchung von Geschäftsvorfällen auf Bestandskonten

Bestandskonten

Soll	Aktivkonten Haben	Soll	Passivkonten Haben
Anfangsbestand (AB)	Minderungen (−)	Minderungen (−)	Anfangsbestand (AB)
Zugänge (+)	Schlussbestand (Saldo)	Schlussbestand (Saldo)	Zugänge (+)

Eröffnung der Bestandskonten: Die Schlussbilanz zum 31. Dezember ist gleichzeitig auch die Eröffnungsbilanz des neuen Geschäftsjahres. Am Jahresbeginn werden alle aktiven und passiven Bestandskonten eröffnet und die Anfangsbestände aus der Eröffnungsbilanz übernommen.

Buchung der Geschäftsvorfälle: Alle Geschäftsvorfälle des neuen Geschäftsjahres werden aufgrund von Belegen (Eingangsrechnungen, Ausgangsrechnungen, Bankbelege, Quittungen usw.) in den aktiven und passiven Bestandskonten gebucht. Jeder zu buchende Geschäftsvorfall verursacht zwei Kontenberührungen, je eine im Soll und eine im Haben.

Bei der Buchung der einzelnen Geschäftsvorfälle sind folgende Schritte zu überlegen.

1. Schritt: *Welche Konten werden berührt?*
2. Schritt: *Handelt es sich um ein Aktiv- oder Passivkonto?*
3. Schritt: *Handelt es sich um einen Zugang oder Abgang?*
4. Schritt: *Handelt es sich um eine Soll- oder Habenbuchung?*
5. Schritt: *Buchung auf den betreffenden Bestandskonten*
   - *zuerst immer im Soll*
   - *danach im Haben*

Abschluss der Bestandskonten: Am Ende der Rechnungsperiode wird die **Schlussbilanz** erstellt. Dazu werden die einzelnen Bestandskonten abgeschlossen, indem auf der jeweils „kleineren" Seite der Saldo als Ausgleich eingesetzt wird. Dieser Schlussbestand (Saldo) geht als Endbestand in die Schlussbilanz ein. Der Saldo der Aktivkonten steht auf der Habenseite und wird auf die Aktivseite der Schlussbilanz übertragen, der Saldo der Passivkonten steht auf der Sollseite und wird auf die Passivseite der Schlussbilanz übertragen.

Die **Schlussbilanz des laufenden Geschäftsjahres ist** zugleich die **Eröffnungsbilanz des nächsten Geschäftsjahres.**

Musteraufgabe: Von der Eröffnungsbilanz zur Schlussbilanz

Geschäftsvorfall ❶: Kauf eines Lieferwagens auf Ziel für 40.000,00 €.

	Konto 1	Konto 2
1: Welche Konten werden berührt?	Fuhrpark	Verbindlichkeiten
2: Aktiv- oder Passivkonto?	Aktivkonto	Passivkonto
3: Zugang oder Abgang?	Zugang	Zugang
4: Soll- oder Habenbuchung?	Sollbuchung	Habenbuchung
5: Buchung auf den Bestandskonten		
■ *zuerst immer im Soll*	Fuhrpark	
■ *danach im Haben*		Verbindlichkeiten

Geschäftsvorfall ❷: Wir zahlen Verbindlichkeiten bar, 5.000,00 €.

	Konto 1	Konto 2
1: Welche Konten werden berührt?	Kasse	Verbindlichkeiten
2: Aktiv- oder Passivkonto?	Aktivkonto	Passivkonto
3: Zugang oder Abgang?	Abgang	Abgang
4: Soll- oder Habenbuchung?	Habenbuchung	Sollbuchung
5: Buchung auf den Bestandskonten		
■ *zuerst immer im Soll*		Verbindlichkeiten
■ *danach im Haben*	Kasse	

Geschäftsvorfall ❸: Kunde zahlt seine Schulden bar, 14.000,00 €.

	Konto 1	Konto 2
1: Welche Konten werden berührt?	Kasse	Forderungen
2: Aktiv- oder Passivkonto?	Aktivkonto	Aktivkonto
3: Zugang oder Abgang?	Zugang	Abgang
4: Soll- oder Habenbuchung?	Sollbuchung	Habenbuchung
5: Buchung auf den Bestandskonten		
■ *zuerst immer im Soll*	Kasse	
■ *danach im Haben*		Forderungen

Geschäftsvorfall ❹: Verkauf von gebrauchten Büromöbeln auf Ziel für 2.000,00 €.

	Konto 1	Konto 2
1: Welche Konten werden berührt?	Büroausstattung	Forderungen
2: Aktiv- oder Passivkonto?	Aktivkonto	Aktivkonto
3: Zugang oder Abgang?	Abgang	Zugang
4: Soll- oder Habenbuchung?	Habenbuchung	Sollbuchung
5: Buchung auf den Bestandskonten		
■ *zuerst immer im Soll*		Forderungen
■ *danach im Haben*	Büroausstattung	

Aktiva **Eröffnungsbilanz** zum 1. Jan. .. **Passiva**

Aktiva		Passiva	
I. Anlagevermögen		**I. Eigenkapital**	110.000,00
1. Fuhrpark	100.000,00	**II. Fremdkapital**	
2. Büroausstattung	110.000,00	1. Hypotheken	80.000,00
II. Umlaufvermögen		2. Verbindlichkeiten	120.000,00
1. Forderungen	110.000,00	3. Bankschulden	20.000,00
2. Kasse	10.000,00		
	330.000,00		**330.000,00**

⬇ Aktive Bestandskonten

Jede Bilanzposition wird ein **Aktivkonto.**

⬇ **Passive Bestandskonten**

Jede Bilanzposition wird ein **Passivkonto.**

Soll	**Fuhrpark**		Haben
AB	100.000,00	SB	140.000,00
❶ Verb.	4.000,00		
	140.000,00		**140.000,00**

Soll	**Eigenkapital**		Haben
SB	110.000,00	AB	110.000,00

Soll		Büroausstattung	Haben
AB	110.000,00	❹ Ford.	20.000,00
		SB	108.000,00
	110.000,00		110.000,00

Soll		Hypotheken	Haben
SB	80.000,00	AB	80.000,00

Soll		Forderungen	Haben
AB	110.000,00	❸ Kasse	14.000,00
❹ Büro	2.000,00	SB	98.000,00
	112.000,00		112.000,00

Soll		Verbindlichkeiten	Haben
❷ Kasse	5.000,00	AB	120.000,00
SB	155.000,00	❶ FP	40.000,00
	160.000,00		160.000,00

Soll		Kasse	Haben
AB	110.000,00	❷ Verb.	5.000,00
❸ Ford.	14.000,00	SB	19.000,00
	24.000,00		24.000,00

Soll		Bankschulden	Haben
SB	20.000,00	AB	20.000,00

Aktiva	Schlussbilanz zum 1. Jan. ...		Passiva
I. Anlagevermögen		**I. Eigenkapital**	110.000,00
1. Fuhrpark	140.000,00	**II. Fremdkapital**	
2. Büroausstattung	108.000,00	1. Hypotheken	80.000,00
II. Umlaufvermögen		2. Verbindlichkeiten	155.000,00
1. Forderungen	98.000,00	3. Bankschulden	20.000,00
2. Kasse	19.000,00		
	365.000,00		365.000,00

Merke:

- Jeder Geschäftsvorfall wird auf zwei verschiedene Konten gebucht,
  - zuerst im Soll,
  - danach im Haben.
- Die Buchungen auf der Sollseite müssen wertmäßig den Buchungen auf der Habenseite entsprechen.
- Bei der Buchung in den Bestandskonten wird jeweils das Gegenkonto eingetragen.
- Die Schlussbilanz eines Geschäftsjahres ist gleichzeitig die Eröffnungsbilanz für das neue Geschäftsjahr.

Zusammenfassung: Von der Eröffnungsbilanz zur Schlussbilanz

1. Eröffnungsbilanz aufstellen
2. Eröffnung der Aktiv- und Passivkonten
3. Übertrag der Anfangsbestände
4. Buchung der Geschäftsfälle
5. Abschluss der Aktiv- und Passivkonten
6. Übertrag der Salden (Schlussbestand) auf die Schlussbilanz

Aufgaben zum Sachverhalt

1 Von der Eröffnungs- zur Schlussbilanz

Anfangsbestände in €:

Fuhrpark	20.000,00	Lagergebäude	420.800,00
Vorräte	216.580,00	Forderungen	32.760,00
Verbindlichkeiten	87.430,00	Kasse	1.840,00
Bankguthaben	32.190,00	Darlehensschulden	220.800,00
Hypotheken	330.000,00	Betriebsausstattung	56.430,00
Bürogebäude	120.350,00	Eigenkapital	?

Geschäftsvorfälle:

1. Kunde überweist an uns eine offene Rechnung 3.450,00
2. Wir heben bei der Bank ab und zahlen in Kasse ein 2.000,00
3. Kauf eines PKW auf Ziel 32.000,00
4. Rückzahlung eines Darlehens durch Banküberweisung 25.000,00
5. Wir bezahlen eine Lieferantenrechnung bar 800,00
6. Verkauf eines gebrauchten Hubwagens bar 1.100,00
7. Kunde Steinbrück überweist eine offene Rechnung 5.230,00
8. Wir überweisen an Deutsche Bahn AG für Bahntransporte 2.780,00

a) Erstellen Sie die Eröffnungsbilanz.
b) Eröffnen Sie die Bestandskonten.
c) Buchen Sie die Geschäftsfälle in den Bestandskonten.
d) Schließen Sie die Konten ab.
e) Erstellen Sie die Schlussbilanz. Die Schlussbestände entsprechen den Inventurwerten.

2 Von der Eröffnungs- zur Schlussbilanz

Anfangsbestände in €:

Bürogebäude	211.680,00	Reifenvorräte	12.305,00
Fuhrpark	12.600,00	Lagergebäude	289.500,00
Waren	306.560,00	Forderungen	56.780,00
Bankguthaben	44.080,00	Darlehensschulden	190.000,00
Verbindlichkeiten	76.380,00	Kasse	4.630,00
Hypotheken	382.000,00	Büroausstattung	36.290,00
Büromaterialvorrat	6.450,00	Eigenkapital	?

Geschäftsvorfälle:

1. Wir begleichen eine offene Rechnung per Banküberweisung 12.660,00
2. Unsere Bareinzahlung auf Bankkonto 3.500,00
3. Kauf eines Lieferwagens auf Ziel 58.600,00
4. Teilrückzahlung eines Darlehens durch Banküberweisung 30.000,00
5. Kunde begleicht Rechnung bar 800,00
6. Verkauf eines gebrauchten PKW auf Ziel 11.200,00
7. Kunde Mongert überweist offene Rechnung 6.830,00
8. Aufnahme einer Hypothek; Gutschrift auf Bankkonto 40.000,00
9. Umwandlung einer Verbindlichkeit in ein Darlehen 32.000,00
10. Kauf von Büromaterial gegen Barzahlung 820,00
11. Eingangsrechnung für gekaufte Ware 6.500,00
12. Verkauf von einigen Reifen gegen Rechnung 2.500,00

a) Erstellen Sie die Eröffnungsbilanz.
b) Eröffnen Sie die Bestandskonten.
c) Buchen Sie die Geschäftsfälle in den Bestandskonten.
d) Schließen Sie die Konten ab.
e) Erstellen Sie die Schlussbilanz. Die Schlussbestände entsprechen den Inventurwerten.

5.3 Der Buchungssatz

Der Buchungssatz nennt kurz und eindeutig die Konten, auf denen ein Geschäftsvorfall gebucht wird.

5.3.1 Der einfache Buchungssatz

Bei der Buchung jedes einzelnen Geschäftsvorfalles sind folgende Schritte zu überlegen.

1. Schritt: *Welche Konten werden berührt?*
2. Schritt: *Handelt es sich um ein Aktiv- oder Passivkonto?*
3. Schritt: *Handelt es sich um einen Zugang oder Abgang?*
4. Schritt: *Handelt es sich um eine Soll- oder Habenbuchung?*
5. Schritt: *Buchungssatz*
   - ***zuerst Buchung im Soll***
   - ***danach Buchung im Haben***

   Zwischen der Sollbuchung (Konto, auf dem auf der Sollseite gebucht wird) ***und der Habenbuchung*** (Konto, auf dem im Haben gebucht wird) ***steht das Wörtchen „an".***

Musteraufgabe 1

Die Großhandlung Baumann kauft Heizöl auf Ziel für 4.390,00 €.

	Konto 1	Konto 2
1: Welche Konten werden berührt?	Heizölvorrat	Verbindlichkeiten
2: Aktiv- oder Passivkonto?	Aktivkonto	Passivkonto
3: Zugang oder Abgang?	Zugang	Zugang
4: Soll- oder Habenbuchung?	Sollbuchung	Habenbuchung
5: Buchung auf den Bestandskonten		
■ *zuerst immer im Soll*	Heizölvorrat	
■ *danach im Haben*		Verbindlichkeiten

Durch diesen Geschäftsvorfall werden lediglich **zwei Konten** berührt **(einfacher Buchungssatz).**

Heizölvorrat	**4.390,00 €**	**an**	**Verbindlichkeiten**	**4.390,00 €**

Musteraufgabe 2

Kunde überweist auf unser Bankkonto 1.460,00 €.

	Konto 1	Konto 2
1: Welche Konten werden berührt?	Bank	Forderungen
2: Aktiv- oder Passivkonto?	Aktivkonto	Aktivkonto
3: Zugang oder Abgang?	Zugang	Abgang
4: Soll- oder Habenbuchung?	Sollbuchung	Habenbuchung
5: Buchung auf den Bestandskonten		
■ *zuerst immer im Soll*	Bank	
■ *danach im Haben*		Forderungen

Durch diesen Geschäftsvorfall werden lediglich **zwei Konten** berührt **(einfacher Buchungssatz).**

Bank	**1.460,00 €**	**an**	**Forderungen**	**1.460,00 €**

654096

Merke:

- Der einfache Buchungssatz besteht aus zwei Buchungen:
  - eine Buchung im Soll
  - eine Buchung im Haben
- erste Buchung immer im Soll
- zweite Buchung immer im Haben
- Verbindung der beiden betroffenen Konten durch „an"

Aufgaben zum Sachverhalt

1 Nennen Sie den Buchungssatz zu folgenden Geschäftsvorfällen.

a) Kauf von Waren auf Ziel	8.750,00 €
b) Verkauf eines gebrauchten Schreibtisches bar	500,00 €
c) Umwandlung einer Verbindlichkeit in ein Darlehen	12.350,00 €
d) Unser Kunde Hock überweist eine offene Rechnung	2.390,00 €
e) Kauf von Büromaterial bar	428,00 €
f) Umwandlung eines kurzfristigen Darlehens in eine Hypothek	32.000,00 €
g) Verkauf eines gebrauchten PC auf Ziel	220,00 €
h) Verkauf eines Grundstückes auf Ziel	240.800,00 €
i) Kauf eines PKW auf Ziel	24.000,00 €
j) Wir überweisen Rechnung eines Frachtführers für erbrachte Transporte	650,00 €
k) Barabhebung vom Bankkonto	600,00 €
l) Barverkauf eines gebrauchten Faxgerätes	120,00 €
m) Kunde überweist offene Rechnung auf unser Bankkonto	890,00 €
n) Eingangsrechnung für Waren	1.240,00 €
o) Barkauf von Büromaterial	180,00 €
p) Kunde begleicht Rechnung durch Banküberweisung	3.060,00 €
q) Kauf einer EDV-Anlage gegen Bankscheck	6.000,00 €
r) Aufnahme eines Darlehens bei der Bank; Bankgutschrift	40.000,00 €
s) Barverkauf eines gebrauchten PKW	2.800,00 €
t) Tilgung eines Darlehens durch Banküberweisung	8.000,00 €
u) Kunde überweist offene Rechnung	2.490,00 €

2 Nennen Sie den Geschäftsvorfall zu folgenden Buchungssätzen.

a) Bank	an	Kasse
b) Verbindlichkeiten	an	Bank
c) Fuhrpark	an	Verbindlichkeiten
d) Kasse	an	Büroausstattung
e) Waren	an	Verbindlichkeiten
f) Bank	an	Forderungen
g) Forderungen	an	Fuhrpark
h) Bank	an	Darlehen
i) Hypotheken	an	Bank
j) Verbindlichkeiten	an	Darlehen
k) Forderungen	an	Waren
l) Bank	an	Forderungen
m) Verbindlichkeiten	an	Kasse
n) Gebäude	an	Verbindlichkeiten

5.3.2 Der zusammengesetzte Buchungssatz

Werden durch einen Geschäftsvorfall mehr als zwei Konten betroffen, handelt es sich um einen zusammengesetzten Buchungssatz. Die Buchungen auf der Sollseite und die Buchungen auf der Habenseite müssen insgesamt wertmäßig übereinstimmen.

Musteraufgabe 1

Kauf eines neuen LKW gegen 10.000,00 € Barzahlung und 100.000,00 € Banküberweisung.

	Konto 1	Konto 2	Konto 3
1: Welche Konten werden berührt?	Fuhrpark	Kasse	Bank
2: Aktiv- oder Passivkonto?	Aktivkonto	Aktivkonto	Aktivkonto
3: Zugang oder Abgang?	Zugang	Abgang	Abgang
4: Soll- oder Habenbuchung?	Sollbuchung	Habenbuch.	Habenbuch.
5: Buchung auf den Bestandskonten			
■ *zuerst immer im Soll*	Fuhrpark		
■ *danach im Haben*		Kasse	Bank

Durch diesen Geschäftsvorfall werden **mehr als zwei Konten** berührt **(zusammengesetzter Buchungssatz).**

Fuhrpark	110.000,00 €	an Kasse	10.000,00 €
		an Bank	100.000,00 €

Musteraufgabe 2

Verkauf eines Grundstückes für 300.000,00 €. Der Käufer zahlt 5.000,00 € bar, überweist 20.000,00 € von seinem Bankkonto und möchte den Restbetrag in 2 Monaten bezahlen.

	Konto 1	Konto 2	Konto 3	Konto 4
1: Welche Konten werden berührt?	Grundstücke	Kasse	Bank	Forderungen
2: Aktiv- oder Passivkonto?	Aktivkonto	Aktivkonto	Aktivkonto	Aktivkonto
3: Zugang oder Abgang?	Abgang	Zugang	Zugang	Zugang
4: Soll- oder Habenbuchung?	Habenbuch.	Sollbuch.	Sollbuch.	Sollbuch.
5: Buchung auf den Bestandskonten				
■ *zuerst immer im Soll*		Kasse	Bank	Forderung
■ *danach im Haben*	Grundstück			

Durch diesen Geschäftsvorfall werden **mehr als zwei Konten** berührt **(zusammengesetzter Buchungssatz).**

Kasse	5.000,00 €		
Bank	20.000,00 €		
Forderungen	275.000,00 €	an Grundstücke.......	300.000,00 €

654098

Musteraufgabe 3

Wir begleichen 18.000,00 € Schulden bei unserem Lieferanten durch Barzahlung 800,00 € und Banküberweisung 2.200,00 €. Der Rest wird in ein Darlehen umgewandelt.

	Konto 1	Konto 2	Konto 3	Konto 4
1: Welche Konten werden berührt?	Verbindlichk.	Kasse	Bank	Darlehen
2: Aktiv- oder Passivkonto?	Passivkonto	Aktivkonto	Aktivkonto	Passivkonto
3: Zugang oder Abgang?	Abgang	Abgang	Abgang	Zugang
4: Soll- oder Habenbuchung?	Sollbuch.	Habenbuch.	Habenbuch.	Habenbuch.
5: Buchung auf den Bestandskonten				
■ *zuerst immer im Soll*	Verbindlichk.			
■ *danach im Haben*		Kasse	Bank	Darlehen

Durch diesen Geschäftsvorfall werden **mehr als zwei Konten** berührt **(zusammengesetzter Buchungssatz).**

Verbindlichkeiten	18.000,00 €	an Kasse	800,00 €
		an Bank	2.200,00 €
		Darlehen	15.000,00 €

Merke:

einfacher Buchungssatz

⬇

Zwei Konten werden berührt.

zusammengesetzter Buchungssatz

⬇

Mehr als zwei Konten werden berührt.

Beim zusammengesetzten Buchungssatz gilt immer:
Summe der Sollbuchungen = Summe der Habenbuchungen

Aufgaben zum zusammengesetzten Buchungssatz

1 Nennen Sie den Buchungssatz zu folgenden Geschäftsvorfällen.

a) Kauf von Ware
  auf Ziel .... 6.320,00 €
  gegen Bankscheck .... 2.800,00 €

b) Tilgung einer Verbindlichkeit durch Banküberweisung .... 4.200,00 €
  Umwandlung in ein Darlehen .... 15.000,00 €

c) Unser Auftraggeber begleicht unsere Ausgangsrechnung
  bar .... 380,00 €
  per Verrechnungsscheck .... 1.900,00 €

d) Umwandlung einer Verbindlichkeit
  in ein Darlehen .... 10.000,00 €
  in eine Hypothek .... 56.000,00 €

e) Verkauf eines Grundstückes

gegen bar	5.000,00 €
gegen Banküberweisung	15.000,00 €
auf Ziel	210.000,00 €

f) Kauf eines PKW gegen Bankscheck ... 3.000,00 €
auf Ziel ... 21.000,00 €

g) Kunde zahlt offene Rechnung bar ... 900,00 €
per Banküberweisung ... 1.830,00 €

h) Eingangsrechnung für

Büromaterial	1.240,00 €
Heizöl	9.430,00 €
Waren	6.210,00 €

i) Kauf einer EDV-Anlage

gegen Bankscheck	2.000,00 €
gegen bar	1.000,00 €
auf Ziel	8.600,00 €

j) Aufnahme eines Darlehens bei der Volksbank

Barauszahlung	5.000,00 €
Gutschrift auf Bankkonto	40.000,00 €

k) Verkauf eines gebrauchten PKW gegen bar ... 500,00 €
gegen Verrechnungsscheck ... 1.900,00 €

l) Tilgung eines Darlehens

durch Banküberweisung	8.000,00 €
bar	1.200,00 €

2 Nennen Sie den Geschäftsvorfall zu folgenden Buchungssätzen.

a)	Verbindlichkeiten	12.000,00 €	an	Bank	8.000,00 €
				Kasse	4.000,00 €
b)	Fuhrpark	180.000,00 €	an	Verbindlichkeiten	140.000,00 €
				Bank	35.000,00 €
				Kasse	5.000,00 €
c)	Kasse	3.200,00 €	an	Büroausstattung	1.800,00 €
				Waren	1.250,00 €
				Büromaterial	150,00 €
d)	Waren	15.870,00 €	an	Kasse	370,00 €
				Bank	12.000,00 €
				Verbindlichkeiten	3.500,00 €
e)	Bank	1.300,00 €			
	Kasse	720,00 €	an	Forderungen	2.020,00 €
f)	Forderungen	18.500,00 €			
	Bank	5.000,00 €			
	Kasse	300,00 €	an	Fuhrpark	23.800,00 €
g)	Bank	18.000,00 €			
	Verbindlichkeiten	12.000,00 €	an	Darlehen	30.000,00 €
h)	Hypotheken	60.000,00 €	an	Bank	57.800,00 €
				Kasse	2.200,00 €
i)	Forderungen	17.500,00 €	an	Fuhrpark	17.500,00 €
j)	Gebäude	360.000,00 €	an	Kasse	8.000,00 €
				Bank	19.000,00 €
				Darlehen	250.000,00 €
				Verbindlichkeiten	83.000,00 €

6540100

Zusammengefasste Aufgaben

1 Von der Eröffnungsbilanz zur Schlussbilanz

Anfangsbestände in A:

Hypotheken	290.000,00	Büroausstattung	56.980,00
Verbindlichkeiten	45.670,00	Kasse	7.030,00
Fuhrpark	83.800,00	Lagergebäude	403.600,00
Waren	214.500,00	Forderungen	66.990,00
Bankguthaben	25.180,00	Darlehensschulden	232.000,00
Bürogebäude	312.900,00	Heizölvorrat	2.305,00
Büromaterialvorräte	2.150,00	Eigenkapital	?

Geschäftsvorfälle:

1.	Kauf von Heizöl	auf Ziel	4.390,00 €
2.	Kunde überweist **ausstehende** Rechnung		18.900,00 €
3.	Verkauf eines gebrauchten LKW gegen Verrechnungsscheck		3.000,00 €
		gegen bar	1.200,00 €
		auf Ziel	14.800,00 €
4.	Barkauf von Büromaterial		312,00 €
5.	Kauf eines PKW	gegen bar	2.200,00 €
		gegen Bankscheck	16.000,00 €
		auf Ziel	17.800,00 €
6.	Umwandlung einer Verbindlichkeit in ein Darlehen		6.000,00 €
7.	Kauf eines neuen Lagergebäudes und Bezahlung durch		
		Banküberweisung	30.000,00 €
		Aufnahme eines Darlehens	60.000,00 €
		Aufnahme einer Hypothek	120.000,00 €
8.	Kauf von Waren gegen Rechnung		7.690,00 €
9.	Barverkauf einer gebrauchten Schreibmaschine		135,00 €

a) Erstellen Sie die Eröffnungsbilanz.
b) Eröffnen Sie die Bestandskonten.
c) Buchen Sie die Geschäftsfälle in den Bestandskonten.
d) Schließen Sie die Konten ab.
e) Erstellen Sie die Schlussbilanz.
Die Schlussbestände auf den Konten entsprechen den Inventurwerten.

2 Nennen Sie die Buchungssätze zu folgenden Geschäftsvorfällen.

a)	Einkauf von	Büromaterial	2.820,00 €
		Waren	15.300,00 €
		Büromaterial	350,00 €
		Heizöl	6.340,00 €

Das Büromaterial wird sofort per Bankscheck bezahlt, die restlichen Lieferungen laut Zahlungsbedingungen erst später überwiesen.

b)	Verkauf eines Grundstückes	gegen Banküberweisung	30.000,00 €
		auf Ziel	120.000,00 €
c)	Barverkauf von	Waren	180,00 €
		gebrauchten Personal Computern	780,00 €
d)	Kauf eines neuen LKW für		200.000,00 €
	Wir geben einen gebrauchten LKW in Zahlung		30.000,00 €
	Den Restbetrag zahlen wir vertragsgemäß ab nächstem Monat in 12 Raten.		
e)	Kauf eines Gabelstaplers auf Ziel		32.000,00 €
f)	Barkauf von Büromaterial		1.556,00 €
g)	Wir begleichen Rechnungen unseres Lieferanten		
		durch Banküberweisung	21.780,00 €
		bar	670,00 €
h)	Tilgung einer Hypothek durch Banküberweisung		165.000,00 €
i)	Aufnahme eines Darlehens		35.000,00 €

3 Nennen Sie die Geschäftsvorfälle zu folgenden Buchungssätzen.

a)	Bank	12.000,00 €			
	Kasse	3.000,00 €			
	Fuhrpark	32.000,00 €	an	Darlehen	47.000,00 €
b)	Forderungen	380,00 €	an	Büroausstattung	380,00 €
c)	Verbindlichkeiten	21.080,00 €	an	Bank	18.000,00 €
				Kasse	3.080,00 €
d)	Bank	3.200,00 €	an	Kasse	3.200,00 €
e)	Fuhrpark	92.000,00 €	an	Verbindlichkeiten	75.800,00 €
				Bank	15.000,00 €
				Kasse	1.200,00 €
f)	Kasse	1.080,00 €	an	Forderungen	1.080,00 €
g)	Bürogebäude	420.000,00 €	an	Hypothek	200.000,00 €
				Darlehen	180.000,00 €
				Bank	36.000,00 €
				Kasse	4.000,00 €
h)	Waren	4.560,00 €	an	Verbindlichkeiten	4.560,00 €
i)	Kasse	2.300,00 €	an	Büroausstattung	1.810,00 €
				Waren	1.200,00 €
j)	Kasse	4.500,00 €	an	Bank	4.500,00 €
k)	Verbindlichkeiten	32.800,00 €	an	Bank	8.000,00 €
				Darlehen	24.000,00 €
l)	Forderungen	27.500,00 €		Kasse	800,00 €
	Bank	3.800,00 €			
	Kasse	1.700,00 €	an	Fuhrpark	33.000,00 €
m)	Darlehen	25.400,00 €	an	Bank	25.400,00 €
n)	Forderungen	6.300,00 €	an	Fuhrpark	3.800,00 €
				Waren	2.500,00 €

5.3.3 Buchung nach Belegen

Belege bilden die Grundlage jeder ordnungsgemäßen Buchführung. Die Grundsätze ordnungsgemäßer Buchführung (GoB) fordern daher als wichtigsten Grundsatz:

Keine Buchung ohne Beleg.

Belege sind
- **Buchungsvorlage** für den Geschäftsvorfall
- **Beweismittel** für den Geschäftsvorgang

Nach der **Belegherkunft** wird zwischen Eigenbelegen (interne Belege), die im Betrieb selbst entstehen, und Fremdbelegen (externe Belege), die im Geschäftsverkehr anfallen, unterschieden:

Fremdbelege (externe Belege)	**Eigenbelege** (interne Belege)
z. B. als	z. B. als
■ Eingangsrechnungen (ER)	■ Ausgangsrechnung (Kopie der AR)
■ Quittungen	■ Quittungsdurchschriften
■ Bankbelege (Kontoauszüge usw.)	■ Kopien von Gutschriften/Lastschriften an Kunden
■ Postbelege (Quittungen, Kontoauszüge usw.)	■ Lohn- und Gehaltslisten
■ Gutschriftsanzeigen	■ Belege über Privatentnahmen
■ Frachtbriefe als Frachtabrechnung	■ Kopien von Geschäftsbriefen

Liegt kein Originalbeleg vor, muss ein **Ersatzbeleg** ausgestellt werden, um den GoB zu genügen.

6540102

Musteraufgabe

Eingangsrechnung der Sanitärgroßhandlung Knoll KG.
Erfassen Sie den Beleg und buchen Sie den Geschäftsvorfall.

Andreas Breuling GmbH

Breuling GmbH, Wörthstr. 128, 76133 Karlsruhe

Sanitärgroßhandlung
Knoll KG
Kanalstraße 17
74080 Heilbronn

Wörthstraße 128 • 76133 Karlsruhe
Tel.: 0721 191287-47
Fax: 0721 191287-49
E-Mail: info@oelbreuling-wvd.de
www.oelbreuling-wvd.de

Rechnung Nr.: 1712-08-07
Rechnungsdatum: . . -08-13

Menge	Artikel-Nr.	Artikelbezeichnung	Preis je Einheit	Gesamtbetrag
26	91 212	Ölbrenner	800,00 €/Stück[1]	20.800,00 €

Rechnung zahlbar innerhalb von 21 Tagen.
Bei Zahlung innerhalb von 8 Tagen 3 % Skonto.

Bankverbindungen:
Volksbank Karlsruhe, Konto 1 848 979, BLZ 661 900 00
Sparkasse Karlsruhe, Konto 4 497 831, BLZ 660 501 01
Commerzbank Karlsruhe, Konto 1 211 399, BLZ 660 400 26

Sitz der Gesellschaft: Karlsruhe
Registergericht:
Amtsgericht Karlsruhe HRB 4237
USt-IdNr.: DE 145 795 109

Allen unseren Angeboten, Verträgen und sonstigen Rechtsgeschäften liegen die umseitigen Allgemeinen Geschäftsbedingungen zugrunde.

Bearbeitung des Buchungsbeleges

1. **Prüfung des Beleges** auf rechnerische und sachliche Richtigkeit
   - Hat unsere Sanitärgroßhandlung 26 Ölbrenner eingekauft?
   - Entspricht der verrechnete Preis von 800,00 €/Stück dem Preis in der Bestellung/Angebot?
   - Stimmt der Grundpreis?
2. **Sortierung der Belege** nach Art (Eingangsrechnung, Ausgangsrechnung, Entnahmescheine für Waren, ...) und **Nummerierung der Belege**
   - Erfassung des Eingangsdatums durch Stempelaufdruck

     z. B. Eingegangen am 19.09.20..
   - Erfassung des Beleges als Eingangsrechnung mit fortlaufender Nummer

     z. B. ER 03481/..
3. **Vorkontierung** auf dem Beleg. Als Hilfe dient der Aufdruck mit dem Kontierungsstempel, der die notwendigen Spalten für die Buchung enthält.
   - Aufdruck des Kontierungsstempels

1 USt wird nicht berücksichtigt, da noch nicht behandelt.

- Vorkontierung auf dem Beleg

z. B.

Konten	Soll	Haben
Warenvorrat an Verbindl.	20.800,00	20.800,00
Gebucht:	09/24 JIX/16 Gr	

09/24 Buchungsdatum
J IX/16 Eintragung im Grundbuch (Journal) für September auf Seite 16
Gr Kurzzeichen des Buchhalters

Buchung des Beleges

- chronologische (in der zeitlichen Reihenfolge) Buchung im Grundbuch
- Jede Buchung im Grundbuch muss Belegart und Belegnummer enthalten.
- spätere Übertragung vom Grundbuch auf die Sachkonten im Hauptbuch
  Buchungssatz: **Warenvorrat 20.800,00 € an Verbindlichkeiten 20.800,00 €**

Aufbewahrung der Belege

- chronologisch, alphabetisch oder nach Sachgebieten geordnet
- Beachtung der Aufbewahrungsfrist 10 Jahre ab Ende des jeweiligen Kalenderjahres

Aufgaben zur Buchung von Belegen

1 Nennen Sie den Geschäftsvorfall, der den Belegen 1 bis 6 zugrunde liegt.

2 Bilden Sie den jeweiligen Buchungssatz.

Beleg 1

Überweisung/Zahlschein

Kreissparkasse Heilbronn 620 500 00

Überweisungen können Sie auch rund um die Uhr bequem und kostengünstig von Ihrem PC aus erledigen. Fragen Sie uns.

Begünstigter: Name, Vorname/Firma (max. 27 Stellen)
Bürohaus Straub

Konto-Nr. des Begünstigten
144 655 33

Bankleitzahl
620 400 60

Kreditinstitut des Begünstigten
Commerzbank Heilbronn

EUR

Betrag: Euro, Cent
1.819,66

Kunden-Referenznummer - Verwendungszweck, ggf. Name und Anschrift des Überweisenden - (nur für Begünstigten)
Rechnung ../729-07

noch Verwendungszweck (insgesamt max. 2 Zeilen à 27 Stellen)
Kopierer

Kontoinhaber/Einzahler: Name, Vorname/Firma, Ort (max. 27 Stellen, keine Straßen- oder Postfachangaben)
Alban Knoll KG

Konto-Nr. des Kontoinhabers
199 455 631

18

..-08-19 Maria Korte

Datum, Unterschrift

6540104

Beleg 2

Autohaus
Krause OHG

Liebigstraße 18–20
74076 Heilbronn
Tel.: 07131 651777-0
Fax: 07131 651777-12

E-Mail: info@autokrause-wvd.de
www.autokrause-wvd.de

Krause OHG, Liebigstr. 18–20, 74076 Heilbronn

Sanitärgroßhandlung
Knoll KG
Kanalstraße 17
74080 Heilbronn

Auftragsannahme:	
km-Stand:	
Typ/Modell/BJ:	
Fahrzeug Id-Nr.:	

Rechnungsnummer:	0308/412
Rechnungsdatum:	..-08-16

Anzahl	Artikel-Nr.	Bezeichnung	€ je Einheit	€ Gesamt
6	24-212	M-und-S-Reifen	76,00	456,00
		Rechnungen sind sofort fällig.		
		Vielen Dank für Ihren Auftrag, wir wünschen Ihnen allzeit gute Fahrt!		
		Ihr Autohaus Krause		

Geschäftsführer: Alfred Krause
St.-Nr. 58 223 9547 5
HRA 1021 Amtsgericht Heilbronn
Erfüllungsort und Gerichtsstand: Heilbronn

Kreissparkasse Heilbronn
Konto 022 769 841 • BLZ 620 500 00
Volksbank Heilbronn
Konto 241 513 322 • BLZ 620 901 00

Beleg 3

Kassenbeleg
für Bareinzahlungen

Sanitär Knoll KG

Datum	Zweck	Betrag
..-08-13	Verkauf von 2 M-und-S-Reifen zum Stückpreis von 76,00 € an Mitarbeiter	152,00 €
Gesamtbetrag		152,00 €

Datum: ..-08-13 Unterschrift: i. V. Marian Kowalski

Betrag bezahlt

Datum: ..-08-13 Unterschrift: Albin Mayerink

Beleg 4

Deutsche Post AG
74078 Heilbronn
85041961 ..-08-21

8232
Postwertzeichen ohne Zuschlag
*71,00 EUR A

Bruttoumsatz *71,00 EUR
mehrwertsteuerbefreit A
Nettoumsatz A *71,00 EUR

Vielen Dank für Ihren Besuch.
Ihre Deutsche Post AG

Beleg 5

Sanitär Knoll KG

Kanalstraße 17
74080 Heilbronn

Knoll KG • Kanalstr. 17 • 74080 Heilbronn

Fuhrunternehmen
Maibach GmbH
Siemensstraße 139
71032 Böblingen

Telefon: 07131 22251-0
Telefax: 07131 22251-55
E-Mail: saniknoll@wvd.de
www.saniknoll-wvd.de

Rechnung Nr.: 667-08-032 ***Datum:*** ..-08-12

Datum	Leistung/Bezeichnung	Euro
..-07-28	1 gebrauchter Lieferwagen Renault Traffic	3.412,50

Volksbank Heilbronn 323 232 223 • BLZ 620 901 00
Kreissparkasse Heilbronn 199 455 631 • BLZ 620 500 00
Deutsche Bank Heilbronn 000 334 129 • BLZ 620 700 24
Commerzbank Heilbronn 011 997 541 • BLZ 620 400 60

Geschäftsführer: Alban Knoll, Viola Bauer
HRB 1429, Amtsgericht Heilbronn
Erfüllungsort und Gerichtsstand: Heilbronn
USt-IdNr.: DE 998 517 317

Beleg 6

Kreissparkasse Heilbronn BLZ 620 500 00

Kontonummer	Kontoart	letzter Auszug	Erstellungsdatum	Auszug-Nr.	Blatt
199 455 631	KKT	..-07-31	..-08-01	29	

Beleg Buchungstag Wert Text Betrag

ANLAGE Nr. 8 zum Auszug 29 — LASTSCHRIFTBELEG

Zahlungsempfänger	Kreissparkasse Heilbronn
Konto	9 943 219
Bankleitzahl	620 500 00
Verwendungszweck	Teiltilgung Darlehen 001897600 ..-08-26
Zahlungspflichtiger	Sanitär Knoll KG
Betrag	1.045,00 EUR
Datum	..-08-01

Einzugsermächtigung liegt dem Zahlungsempfänger vor.

Sanitär Knoll KG
Kanalstraße 17
74080 Heilbronn

Kontoauszug

5.3.4 Das Lagerbuch

Das Lagerbuch ist ein **Nebenbuch,** das auch jeder Handelsbetrieb führt.

Hier wird für jeden Artikel ein eigenes Konto geführt, auf dem die **Bestandsmehrungen** (Lagerzugänge) und die Bestandsminderungen (Lagerabgänge) zumeist mengenmäßig erfasst sind. Somit sind die **aktuellen Lagerbestände** jederzeit feststellbar (permanente Inventur).

Nach GoB müssen einmal im Jahr die Salden dieser Konten (Soll-Bestände) durch die Inventurergebnisse (Ist-Bestände) kontrolliert werden.

Gründe für Soll-Ist-Abweichungen:

- Fehlbuchungen
- Fehlentnahmen
- Verderb
- Schwund
- Diebstahl

Beispiel eines Lagekontos

Art. Nr.	2456	Spiegelschrank	„Roma“	
Lagerort:	C / 14-3	Lieferer:	6-194	
Mindestbestand:	2	Bestellbestand:	8	
Datum	**Beleg**	**Zugänge**	**Abgänge**	**Bestand (Stück)**
...	...	...	...	...
...	...	...	...	2
3. Nov.	ER 11 / 28	12		14
5. Nov.	AR 11 / 48		2	12
8. Nov.	AR 11 / 58		2	10
12. Nov.	AR 11 / 92		7	3
18. Nov.	ER 11 / 106	12		15
...	...	...	...	...
...	...	...	...	...

Zusammenfassung: Belegorganisation – Belegbearbeitung

- Belege sind die Basis der Buchführung.
- Grundsatz: Keine Buchung ohne Beleg!
- Belegbearbeitung erfolgt in 3 Stufen:
  1. Belegvorbereitung
  2. Belegbuchung
  3. Belegablage
- Buchung erfolgt:
  - in zeitlicher Reihenfolge im Grundbuch
  - in sachlicher Ordnung im Hauptbuch
  - ergänzend und näher erläuternd in Nebenbüchern

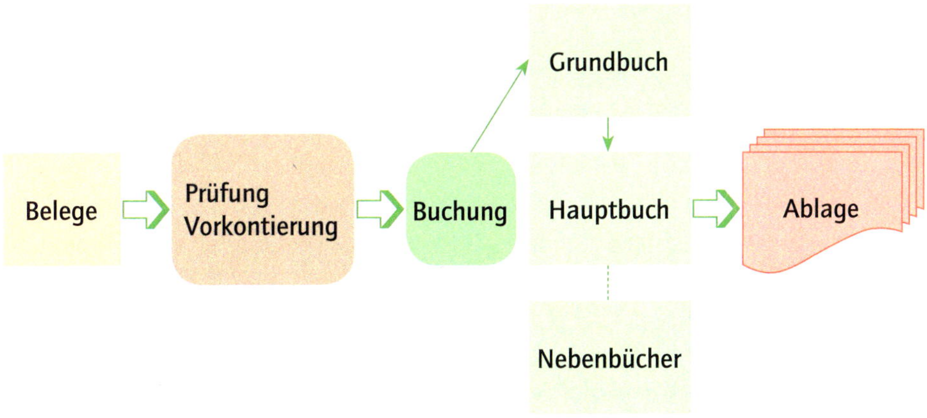

Zusammenfassende Aufgaben

1	Ordnen Sie die jeweilige Belegart zu: a) Eingangsrechnung b) Quittungsdurchschrift c) Kopie der Ausgangsrechnung d) handgeschriebener Beleg als Ersatz für eine Eingangsrechnung e) Kontoauszug unserer Hausbank
2	Was versteht man unter der „Vorkontierung" einer Eingangsrechnung?
3	Geschäftsfall: Barabhebung von der Bank 1.500,00 € a) Nehmen Sie die Buchung im Grundbuch vor. b) Buchen Sie den Geschäftsfall im Hauptbuch.
4	Wie lange müssen Belege nach HGB/GoB aufbewahrt werden?
5	Warum bevorzugen viele Betriebe die Belegaufbewahrung auf einem Mikrofilm?
6	a) Skizzieren Sie eine Lagerkarteikarte für den Spiegelschrank „PARIS" – Art. Nr. 2458, Lieferant 6-194, Lagerort C/16-2, Mindestbestand: 4, Bestellbestand: 12 b) Führen Sie die Lagerkarte zum obigen Artikel nach den folgenden Daten: Saldovortrag: 10 04.09. AR 09/14 4 Stück,. 07.09. AR 09/29 2 Stück 09.09. ER 09/43 20 Stück, 12.09. AR 09/104 6 Stück , 14.09. AR 09/124 4 Stück, 17.09. AR 09/147 2 Stück ...

6 Buchen auf Erfolgskonten

6.1 Erfolgskonten

Alle bisherigen Geschäftsvorfälle veränderten lediglich die Bestände auf den aktiven und passiven Bestandskonten und waren ohne Einfluss auf den Betriebserfolg (Gewinn/Verlust) des Großhandelsunternehmens.

Im Handelsbetrieb liegt die betriebliche Leistung in der Sortimentsdarbietung und dem Absatz der Waren dieses Sortiments. Dem Einkaufspreis der verkauften Ware müssen die betrieblichen Kosten (Löhne, Gehälter, Miete usw.) zugeschlagen werden. Der so ermittelte Selbstkostenpreis wird um den Gewinnzuschlag erhöht. Damit steht dann der Verkaufspreis der Ware fest.

Einsatz der Waren + weitere Betriebskosten = Selbstkosten + Gewinn = Verkaufspreis

Der Absatz der Betriebsleistung (Umsatzerlöse, Serviceleistungen usw.) machen den Erfolg des Handelsbetriebs aus und bewirken deshalb eine Änderung des Eigenkapitals.

Für die Herstellung von Leistungen werden Anlagegüter genutzt und diese verlieren dabei an Wert. Löhne und Gehälter fallen an, weiterhin entstehen Kosten für die eigenen Fahrzeuge und für den Einkauf der Waren. Diese und alle anderen **Aufwendungen** mindern das Eigenkapital des Handelsunternehmens.

Zu den Aufwendungen zählen vor allem:

- Aufwendungen für den Einsatz von Arbeitskräften
  - **Löhne** für die Arbeiter des Handelsbetriebes
  - **Gehälter** für die Angestellten des Handelsbetriebes
  - gesetzliche und freiwillige **Sozialabgaben**
- Kosten der eingekauften Waren des Sortiments
- Fuhrparkkosten
  z. B. **Treibstoffverbrauch, Reifenverbrauch, Kfz-Versicherung, Kfz-Steuer** usw.
- Aufwendungen für **Miete, Verwaltung, betriebliche Steuern, betriebliche Versicherungen, Zinsen** usw.
- Wertminderungen des Anlagevermögens durch Abnutzung **(Abschreibungen)**

Die **Erträge** des Handelsunternehmens (z. B. Umsatzerlöse aus Warenverkäufen, Zinserträge, Mieterträge für vermietete Lagerhallen) **mehren das Eigenkapital.**

Würden alle Aufwendungen und Erträge über das Eigenkapitalkonto gebucht, wäre die Übersichtlichkeit und Klarheit der Buchführung nicht gewährleistet. Deshalb werden die einzelnen Aufwands- und Ertragsarten auf speziellen **Erfolgskonten** gebucht. Die Erfolgskonten sind Unterkonten des Eigenkapitalkontos und werden in **Aufwands- und Ertragskonten** unterschieden.

Soll	Eigenkapital	Haben
■ Minderung des Eigenkapitals ■ deshalb Buchung auf der Sollseite ⬇ **Aufwandskonten** (= Unterkonten des Eigenkapitalkontos)		■ Mehrung des Eigenkapitals ■ deshalb Buchung auf der Habenseite ⬇ **Ertragskonten** (= Unterkonten des Eigenkapitalkontos)

⬇ ⬇

Soll	**eingekaufte Waren**	Haben
Aufwand		

Soll	**Gehälter**	Haben
Aufwand		

Soll	**Zinsaufwendungen**	Haben
Aufwand		

Soll	**Mietaufwendungen**	Haben
Aufwand		

Soll	**Umsatzerlöse**	Haben
		Ertrag

Soll	**Provisionserträge**	Haben
		Ertrag

Soll	**Zinserträge**	Haben
		Ertrag

Soll	**Mieterträge**	Haben
		Ertrag

Erfolgskonten
zur Ermittlung des Gewinnes oder Verlustes

Merke:

1. **Die Erfolgskonten sind Unterkonten des Eigenkapitalkontos.**
2. **Die Erfolgskonten werden unterteilt in:**

Aufwandskonten	Ertragskonten
■ Aufwendungen mindern das Eigenkapital ■ Buchung im Soll	■ Erträge erhöhen das Eigenkapital ■ Buchung im Haben

6.2 Buchung von Aufwendungen und Erträgen auf den Erfolgskonten

In einer Großhandlung fallen folgende Geschäftsvorfälle an.

1. **Banküberweisung** von Löhnen 6.500,00 € und Gehältern 12.300,00 €.

Buchungssatz ❶

Löhne	6.500,00 €		
Gehälter	12.300,00 €	an Bank	18.800,00 €

Soll	Löhne	Haben
Aufwand	6.500,00	

Soll	Gehälter	Haben
Aufwand	12.300,00	

Soll	Bank	Haben
		18.800,00

2. **Bankbelege** für die Überweisung der Gewerbesteuer 6.560,00 € und der Kfz-Steuer für einen betrieblich genutzten PKW 315,00 €.

Buchungssatz ❷

Gewerbesteuer	6.560,00 €		
Kfz-Steuer	315,00 €	an Bank..............	6.875,00 €

Soll	Gewerbesteuer	Haben
Aufwand	6.560,00	

Soll	Kfz-Steuer	Haben
Aufwand	315,00	

Soll	Bank	Haben
		6.875,00

3. **Ausgangsrechnungen** über
   - Umsatzerlöse .... 18.340,00 €,
   - Mieterträge .... 5.200,00 €,
   - Provisionen .... 6.870,00 €.

Buchungssatz ❸

Forderungen 30.410,00 € an	Umsatzerlöse	18.340,00 €
	Mieterträge.........................	5.200,00 €
	Provisionserträge....................	6.870,00 €

Soll	Forderungen	Haben
30.410,00		

Soll	Umsatzerlöse	Haben
	Ertrag	18.340,00

Soll	Mietertrag	Haben
	Ertrag	5.200,00

Soll	Provisionserträge	Haben
	Ertrag	6.870,00

6540110

4. **Eingangsrechnung** der Deutschen Versicherungs AG für Kfz-Versicherung 1.260,00 €.

Buchungssatz ❹
Kfz-Versicherung .... 1.260,00 € an Verbindlichkeiten ... 1.260,00 €

Soll	Kfz-Versicherung		Haben
Aufwand	1.260,00		

Soll	Verbindlichkeiten		Haben
			1.260,00

6.3 Abschluss der Aufwands- und Ertragskonten

Am Ende des Geschäftsjahres werden die Erfolgskonten zunächst auf das **Gewinn-und Verlustkonto** abgeschlossen, um den Gewinn oder Verlust des Großhandelsunternehmens zu ermitteln. Der auf dem Gewinn- und Verlustkonto (GuV-Konto) ermittelte Gewinn oder Verlust wird ins Eigenkapitalkonto übertragen. Ein **Gewinn erhöht das EK,** ein **Verlust mindert das EK.**

Zusammenfassung der Buchungssätze aus Kapitel 6.2:

Soll	Löhne		Haben
❶ Aufw.	6.500,00	GuV	6.500,00

Soll	Gehälter		Haben
❶ Aufw.	12.300,00	GuV	12.300,00

Soll	Gewerbesteuer		Haben
❷ Aufw.	6.560,00	GuV	6.560,00

Soll	Kfz-Steuer		Haben
❷ Aufw.	315,00	GuV	315,00

Soll	Kfz-Versicherung		Haben
❷ Aufw.	1.260,00	GuV	1.260,00

Soll	Umsatzerlöse		Haben
GuV	18.340,00	❸ Ertrag	18.340,00

Soll	Mietertrag		Haben
GuV	5.200,00	❸ Ertrag	5.200,00

Soll	Provisionserträge		Haben
GuV	6.870,00	❸ Ertrag	6.870,00

Abschluss der Erfolgskonten auf das GuV-Konto:

Soll	Gewinn- und Verlustkonto		Haben
Löhne	6.500,00	Umsatzerlöse	18.340,00
Gehälter	12.300,00	Mieterträge....................	5.200,00
Gewerbesteuer..................	6.560,00	Provisionserträge	6.870,00
Kfz-Steuer.....................	315,00		
Kfz-Versicherung	1.260,00		
Gewinn.........................	3.457,00		
	30.410,00		**30.410,00**

Abschluss des GuV-Kontos auf das Eigenkapitalkonto:

Soll		Eigenkapitalkonto	Haben
Schlussbilanz	1.253.475,00	Eröffnungsbilanz	1.250.000,00
		Gewinn (GuV-Konto)	3.475,00
	1.253.475,00		**1.253.475,00**

Merke:

- **Aufwendungen werden immer im Soll gebucht.**
- **Erträge werden immer im Haben gebucht.**
- **Die Erfolgskonten werden auf das GuV-Konto abgeschlossen:**
  - **die Aufwendungen stehen auf der Sollseite,**
  - **die Erträge stehen auf der Habenseite.**
- **Im GuV-Konto wird der Gewinn oder Verlust ermittelt:**
  - **Gewinn: Erträge > Aufwendungen**
  - **Verlust: Erträge < Aufwendungen**
- **Das GuV-Konto wird auf das Eigenkapitalkonto abgeschlossen:**
  - **ein Gewinn erhöht das Eigenkapital,**
  - **ein Verlust mindert das Eigenkapital.**

6.4 Erfolgsermittlung auf dem GuV-Konto

Musteraufgabe 1

Die Erträge sind **größer** als die Aufwendungen.

Soll		Aufwandskonten	Haben
Aufw.	780.000,00	GuV	780.000,00

Soll		Ertragskonten	Haben
GuV	800.000,00	Ertrag	800.000,00

Soll (Aufwand)		Gewinn- und Verlustkonto	(Ertrag) Haben
Aufwand	780.000,00	Eröffnungsbilanz	800.000,00
EK (Gewinn)	**20.000,00**		
	800.000,00		**800.000,00**

Soll (Aufwand)		Eigenkapitalkonto	(Ertrag) Haben
Schlussbilanz	1.270.000,00	Eröffnungsbilanz	1.250.000,00
		GuV (Gewinn)	20.000,00
	1.270.000,00		**1.270.000,00**

Musteraufgabe 2

Die Erträge sind **geringer** als die Aufwendungen.

Soll		Aufwandskonten	Haben
Aufw.	800.000,00	GuV	800.000,00

Soll		Ertragskonten	Haben
GuV	780.000,00	Ertrag	780.000,00

6540112

Soll (Aufwand)	Gewinn- und Verlustkonto		(Ertrag) Haben
Aufwand	800.000,00	Ertrag	780.000,00
		EK Verlust	**20.000,00**
	800.000,00		**800.000,00**

Soll (Aufwand)	Eigenkapitalkonto		(Ertrag) Haben
GuV (Verlust)	20.000,00	Eröffnungsbilanz	1.250.000,00
Schlussbilanz	1.230.000,00		
	1.250.000,00		**1.250.000,00**

- Abschluss der einzelnen Aufwandskonten:
  GuV .... an .... Aufwandskonto
  alle Aufwendungen stehen im Soll des GuV-Kontos
- Abschluss der einzelnen Ertragskonten:
  Ertragskonto .... an .... GuV
  alle Erträge stehen im Haben des GuV-Kontos
- Abschluss des GuV-Kontos bei Erwirtschaftung eines Gewinnes:
  GuV .... an .... EK
  Buchung im Haben des Eigenkapitalkontos, denn das Eigenkapital des Unternehmens nimmt zu
- Abschluss des GuV-Kontos bei Erwirtschaftung eines Verlustes:
  EK .... an .... GuV
  Buchung im Soll des Eigenkapitalkontos, denn das Eigenkapital des Unternehmens nimmt ab

Musteraufgabe

Geschäftsgang mit Bestands- und Erfolgskonten:

Aktiva	**Schlussbilanz** zum 31. Dez. des Vorjahres		Passiva
I. Anlagevermögen		**I. Eigenkapital**	370.000,00
1. Fuhrpark	155.000,00	**II. Fremdkapital**	
2. Büroausstattung	110.000,00	1. Darlehen	150.000,00
II. Umlaufvermögen		2. Verbindlichkeiten	120.000,00
1. Waren	325.000,00		
2. Bank	50.000,00		
	640.000,00		**640.000,00**

Geschäftsvorfälle für das Geschäftsjahr:

1. Kauf von 2 Personal Computern gegen Bankscheck .... 2.800,00 €
2. Wir erhalten Bankgutschrift für Provisionserträge .... 12.900,00 €
3. Banküberweisung von Löhnen .... 7.800,00 €
4. Kauf eines Lieferwagens durch Aufnahme eines Darlehens .... 47.500,00 €
5. Wir begleichen eine Schuld durch Banküberweisung .... 17.300,00 €
6. Wir überweisen die Miete für einen Lagerplatz .... 4.250,00 €
7. Die Bank schreibt Zinsen gut .... 830,00 €

Lösung

Soll	Fuhrpark		Haben
AB	155.000,00	SB	202.500,00
❹ Darl.	47.500,00		
	202.500,00		**202.500,00**

Soll	Eigenkapital		Haben
SB	371.680,00	AB	370.000,00
		GuV	1.680,00
	371.680,00		**371.680,00**

Soll	Büroausstattung		Haben
AB	110.000,00	SB	112.800,00
❶ Bank	2.800,00		
	112.800,00		**122.800,00**

Soll	Darlehen		Haben
SB	197.500,00	AB	150.000,00
		❹ Fuhrp.	47.500,00
	197.500,00		**197.500,00**

Soll	Waren		Haben
AB	325.000,00	SB	325.000,00
	325.000,00		**325.000,00**

Soll	Verbindlichkeiten		Haben
❺ Bank	17.300,00	AB	120.000,00
SB	102.700,00		
	120.000,00		**120.000,00**

Soll	Bank		Haben
AB	50.000,00	❶ B.-Aus.	2.800,00
❷ KW-Sp.	12.900,00	❸ Löhne	7.800,00
❼ Zinsertr.	830,00	❺ Verb.	17.300,00
		❻ Miet.	4.25,00
		SB	31.580,00
	63.730,00		**63.730,00**

Soll	Löhne		Haben
❸ Bank	7.800,00	GuV	7.800,00

Soll	Provisionserträge		Haben
GuV	12.900,00	❷ Bank	12.900,00

Soll	Mietaufwand		Haben
❻ Bank	4.250,00	GuV	4.250,00

Soll	Zinserträge		Haben
GuV	830,00	❼ Bank	830,00

Soll (Aufwand)	**Gewinn- und Verlustkonto**		(Ertrag) **Haben**
Löhne	7.800,00	Provisionserträge	12.900,00
Mietaufwand	4.250,00	Zinserträge	830,00
Eigenkapital (Gewinn)	1.680,00		
	13.730,00		**13.730,00**

Aktiva	**Schlussbilanz** zum 31. Dez. des laufenden Jahres		**Passiva**
I. Anlagevermögen		**I. Eigenkapital**	371.680,00
1. Fuhrpark	202.500,00	**II. Fremdkapital**	
2. Büroausstattung	112.800,00	1. Darlehen	197.500,00
II. Umlaufvermögen		2. Verbindlichkeiten	102.700,00
1. Waren	325.000,00		
2. Bank	31.580,00		
	671.880,00		**671.880,00**

6540114

Merke: Vorgehensweise bei der Buchung eines Geschäftsganges mit Bestands- und Erfolgskonten

1. Bestandskonten einrichten.
2. Anfangsbestände aus der Schlussbilanz des letzten Jahres (= Eröffnungsbilanz des laufenden Jahres) übernehmen.
3. Alle Geschäftsvorfälle buchen und Erfolgskonten eröffnen, sobald für die einzelne Buchung eine neues Erfolgskonto notwendig wird.
4. Erfolgskonten abschließen und Salden auf GuV-Konto übertragen.
5. Im GuV-Konto Gewinn/Verlust des laufenden Geschäftsjahres ermitteln und auf EK-Konto übertragen.
6. Bestandskonten abschließen und Salden auf Schlussbilanzkonto übertragen.
7. Ermittlung des neuen Eigenkapitals:
   (1) aus den Änderungen auf den Bestandskonten:
   Eigenkapital = Anlagevermögen + Umlaufvermögen − Fremdkapital
   (2) aus den Aufwendungen und Erträgen einer Rechnungsperiode:
   Eigenkapital zu Beginn der Rechnungsperiode
   \+ Gewinn (− Verlust)
   = Eigenkapital zum Ende der Rechnungsperiode

Aufgaben

1 Nennen Sie den Buchungssatz zu folgenden Geschäftsvorfällen und deren jeweilige Auswirkung auf das Eigenkapital.

a)	Wir zahlen per Banküberweisung Miete für unseren Lagerplatz		4.800,00 €
b)	Ein Fahrer tankte unterwegs und lässt sich den Betrag bar auszahlen		265,00 €
c)	Für die Kfz-Versicherung überweisen wir		5.670,00 €
d)	Für ein Darlehen belastet uns die Bank mit Zinsen		900,00 €
e)	Für ein vermietetes Büro erhalten wir die Miete bar		1.500,00 €
f)	Zinsgutschrift		128,00 €
g)	Banküberweisung für Gehälter	6.800,00 €	
	Löhne	8.650,00 €	15.450,00 €
h)	Barkauf von Briefmarken		70,00 €

2 Nennen Sie den Geschäftsvorfall zu folgenden Buchungssätzen.

a)	Bank	an	Zinserträge
b)	Mietkosten	an	Kasse
c)	Löhne	an	Kasse
d)	Kfz-Steuern	an	Bank
e)	Bank	an	Mieterträge
f)	Reparaturen	an	Kasse
g)	Pacht	an	Bank
h)	Betriebshaftpflichtversicherung	an	Bank
i)	GuV	an	Zinsaufwand
j)	Provisionserträge	an	GuV
k)	GuV	an	EK
l)	EK	an	GuV
m)	EK	an	SB

6.5 Buchung nach Belegen

Aufgabe zur Buchung von Belegen

Beleg 1

1	Nennen Sie den Geschäftsvorfall, der dem Beleg zugrunde liegt.
2	Buchen Sie den Geschäftsvorfall.
3	Buchen Sie die Zahlung. a) Überweisungstermin: 02.10. .. b) Überweisungstermin: 20.09. ..

Andreas Breuling GmbH

Breuling GmbH, Wörthstr. 128, 76133 Karlsruhe

Wörthstraße 128 • 76133 Karlsruhe
Tel.: 0721 191287-47
Fax: 0721 191287-49
E-Mail: info@oelbreuling-wvd.de
www.oelbreuling-wvd.de

Sanitärgroßhandlung
Knoll KG
Kanalstraße 17
74080 Heilbronn

Rechnung Nr.: 1712-08-06
Rechnungsdatum: . . -09-12

Menge	Artikel-Nr.	Artikelbezeichnung	Preis je Einheit	Gesamtbetrag
32	91 212	Ölbrenner	780,00 €/Stück[1]	24.960,00 €

Rechnung zahlbar innerhalb von 21 Tagen.
Bei Zahlung innerhalb von 8 Tagen 3 % Skonto.

Bankverbindungen:
Volksbank Karlsruhe, Konto 1 848 979, BLZ 661 900 00
Sparkasse Karlsruhe, Konto 4 497 831, BLZ 660 501 01
Commerzbank Karlsruhe, Konto 1 211 399, BLZ 660 400 26

Sitz der Gesellschaft: Karlsruhe
Registergericht:
Amtsgericht Karlsruhe HRB 4237
USt-IdNr.: DE 145 795 109

Allen unseren Angeboten, Verträgen und sonstigen Rechtsgeschäften liegen die umseitigen Allgemeinen Geschäftsbedingungen zugrunde.

1 USt wird nicht berücksichtigt, da noch nicht behandelt.

Beleg 2

1	Nennen Sie den Geschäftsvorfall, der dem Beleg zugrunde liegt.
2	Buchen Sie den Geschäftsvorfall.
3	Buchen Sie die Zahlung am 30.09. ..

Autohaus
Krause OHG

Liebigstraße 18–20
74076 Heilbronn
Tel.: 07131 651777-0
Fax: 07131 651777-12

E-Mail: info@autokrause-wvd.de
www.autokrause-wvd.de

Krause OHG, Liebigstr. 18–20, 74076 Karlsruhe

Sanitärgroßhandlung
Knoll KG
Kanalstraße 17
74080 Heilbronn

Auftragsannahme:
km-Stand:
Typ/Modell/BJ:
Fahrzeug Id-Nr.:

Rechnungsnummer: 0308/412
Rechnungsdatum: ..-09-16

Anzahl	Artikel-Nr.	Bezeichnung	€ je Einheit	€ Gesamt
16	03-439	Wischerblätter	11,95	191,20
02	11-202	TÜV-Abnahme	45,99	91,98
02	11-207	Abgasuntersuchung	40,90	81,80
				364,98
		Rechnungen sind sofort fällig.		

Vielen Dank für Ihren Auftrag, wir wünschen Ihnen allzeit gute Fahrt!

Geschäftsführer: Alfred Krause
St.-Nr. 58 223 9547 5
HRA 1021 Amtsgericht Heilbronn
Erfüllungsort und Gerichtsstand: Heilbronn

Kreissparkasse Heilbronn
Konto 022 769 841 • BLZ 620 500 00
Volksbank Heilbronn
Konto 241 513 322 • BLZ 620 901 00

Beleg 3

1	Nennen Sie den Geschäftsvorfall, der dem Beleg zugrunde liegt.
2	Buchen Sie den Geschäftsvorfall.

Kassenbeleg für Bareinzahlungen — Sanitär Knoll KG

Datum	Zweck	Betrag
..-09-17	Verkauf von einem gebrauchten PC	199,00 €
Gesamtbetrag		199,00 €

Datum: ..-09-17 Unterschrift: i. V. Marian Kowalski

Betrag bezahlt
Datum: ..-09-17 Unterschrift: Edwin Erlewein

Beleg 4

1	Nennen Sie den Geschäftsvorfall, der dem Beleg zugrunde liegt.
2	Buchen Sie den Geschäftsvorfall.

Überweisung/Zahlschein

Kreissparkasse Heilbronn 620 500 00

Überweisungen können Sie auch rund um die Uhr bequem und kostengünstig von Ihrem PC aus erledigen. Fragen Sie uns.

Begünstigter: Name, Vorname/Firma (max. 27 Stellen): Edelstahl-Schnell GmbH

Konto-Nr. des Begünstigten: 776 615 400

Bankleitzahl: 620 400 60

Kreditinstitut des Begünstigten: Commerzbank Heilbronn

EUR

Betrag: Euro, Cent: 2.913,78

Kunden-Referenznummer - Verwendungszweck, ggf. Name und Anschrift des Überweisenden - (nur für Begünstigten): ER 32/08/..-31

noch Verwendungszweck (insgesamt max. 2 Zeilen à 27 Stellen): 35. KW

Kontoinhaber/Einzahler: Name, Vorname/Firma, Ort (max. 27 Stellen, keine Straßen- oder Postfachangaben): Sanitär Knoll KG, Heilbronn

Konto-Nr. des Kontoinhabers: 199 455 631

18

..-09-19 i. V. Maria Korte

Datum, Unterschrift

Beleg 5

1	Nennen Sie den Geschäftsvorfall, der dem Beleg zugrunde liegt.
2	Buchen Sie den Geschäftsvorfall.

Sanitär Knoll KG

Tankbeleg

Treibstoffart:

☒ Diesel ☐ Eurosuper
☐ Normal ☐ Super Plus

Menge in Liter: 620

Fahrer: Vitali Bellen

Fahrzeug: HN-KN 212

km-Stand: 60 233

Datum: 22. Sept. ..

Unterschrift Vitali Bellen

6540118

Beleg 6

1	Nennen Sie den Geschäftsvorfall, der dem Beleg zugrunde liegt.
2	Buchen Sie den Geschäftsvorfall.
3	Buchen Sie die Zahlung am 18.10. ..

Sanitär Knoll KG

Kanalstraße 17
74080 Heilbronn

Knoll KG • Kanalstr. 17 • 74080 Heilbronn

Flaschnerei-Sanitär
Mühlbeyer GmbH
Siemensstraße 39
74177 Bad Friedrichshall

Telefon: 07131 22251-0
Telefax: 07131 22251-55
E-Mail: saniknoll@wvd.de
www.saniknoll-wvd.de

Rechnung Nr.: 667-09-032 ***Datum:*** ..-09-20

Datum	Leistung/Bezeichnung	Euro
..-09-20	Edelstahl-Rohre	412,50
	Befestigungsmaterial	113,90
	Nettobetrag	526,40

Volksbank Heilbronn 323 232 223 • BLZ 620 901 00
Kreissparkasse Heilbronn 199 455 631 • BLZ 620 500 00
Deutsche Bank Heilbronn 000 334 129 • BLZ 620 700 24
Commerzbank Heilbronn 011 997 541 • BLZ 620 400 60

Geschäftsführer: Alban Knoll, Viola Bauer
HRB 1429, Amtsgericht Heilbronn
Erfüllungsort und Gerichtsstand: Heilbronn
USt-IdNr.: DE 998 517 317

Beleg 7

1	Nennen Sie den Geschäftsvorfall, der dem Beleg zugrunde liegt.
2	Buchen Sie den Geschäftsvorfall.

Kassenbeleg für Bareinzahlungen — **Sanitär Knoll KG**

Datum	Zweck	Betrag
..-09-22	Auslagenersatz für Fotos vom „Tag der offenen Tür"	37,00 €
Gesamtbetrag		37,00 €

Datum: ..-09-22 Unterschrift: i. V. Marian Kowalski

Betrag bezahlt
Datum: ..-09-22 Unterschrift: Esther Breuninger

Beleg 8

1	Nennen Sie den Geschäftsvorfall, der dem Beleg zugrunde liegt.
2	Buchen Sie den Geschäftsvorfall.
3	Buchen Sie die Zahlung am 17.10. ..

Sanitär Knoll KG

Kanalstraße 17
74080 Heilbronn

Knoll KG • Kanalstr. 17 • 74080 Heilbronn

Heizungsbau
Maximilian Denninger e. K.
Am Bähnle 3
74613 Öhringen

Telefon: 07131 22251-0
Telefax: 07131 22251-55
E-Mail: saniknoll@wvd.de
www.saniknoll-wvd.de

Rechnung Nr.: 667-09-032 **Datum:** ..-09-20

Datum	Leistung/Bezeichnung	Euro
..-08-21	Heizkessel 150 l	389,00
..-08-28	Heizkessel 200 l	413,90
..-08-29	Druckausgleichsbehälter SK 19	196,40
..-08-31	Ölbrenner AS 1480	490,00
	Nettobetrag	1.489,30

Volksbank Heilbronn 323 232 223 • BLZ 620 901 00
Kreissparkasse Heilbronn 199 455 631 • BLZ 620 500 00
Deutsche Bank Heilbronn 000 334 129 • BLZ 620 700 24
Commerzbank Heilbronn 011 997 541 • BLZ 620 400 60

Geschäftsführer: Alban Knoll, Viola Bauer
HRB 1429, Amtsgericht Heilbronn
Erfüllungsort und Gerichtsstand: Heilbronn
USt-IdNr.: DE 998 517 317

6540120

Vermischte Aufgaben

1 Buchen Sie folgende Geschäftsvorfälle auf T-Konten und schließen Sie diese ordnungsgemäß ab.

Bestandskonten mit den jeweiligen Anfangsbeständen:

Waren	200.000,00 €	BGA	46.000,00 €
Fuhrpark	30.000,00 €	Kasse	17.800,00 €
Forderungen	83.000,00 €	Darlehen	100.000,00 €
Bank	33.200,00 €	Verbindlichkeiten	10.000,00 €
Eigenkapital	?		

Erfolgskonten:

- **Aufwandskonten:** Büromaterialverbrauch, Kfz-Steuern, Kommunikationskosten, Gehälter, Zinsaufwendungen
- **Ertragskonten:** Mieterträge, Zinserträge, Provisionserlöse

1. Eröffnen Sie die Bestandskonten und tragen Sie die Anfangsbestände ein.
2. Eröffnen Sie die Erfolgskonten.
3. Buchen Sie unten stehende Geschäftsfälle auf den Konten.
4. Schließen Sie die Erfolgskonten ab und ermitteln Sie den Gewinn/Verlust.
5. Schließen Sie die Bestandskonten ab.

Geschäftsvorfälle:

a)	Wir zahlen per Banküberweisung Kfz-Steuern	5.850,00 €
b)	Barkauf von Briefmarken	60,00 €
c)	Bankgutschrift für vermietete Büroräume	2.315,00 €
d)	Eingangsrechnung der Telefongesellschaft	5.320,00 €
e)	Banküberweisung für Gehälter	7.310,00 €
f)	Ausgangsrechnung für Provisionen	8.270,00 €
g)	Für ein Darlehen belastet uns die Bank mit Zinsen	900,00 €
h)	Zinsgutschrift	185,00 €

2 Buchen Sie folgende Geschäftsvorfälle auf T-Konten und schließen Sie diese ordnungsgemäß ab.

Aktiva — **Schlussbilanz** zum 31. Dez. des Vorjahres — **Passiva**

Aktiva		Passiva	
I. Anlagevermögen		**I. Eigenkapital**	359.000,00
1. Fuhrpark	17.000,00	**II. Fremdkapital**	
2. Büroausstattung	96.000,00	1. Darlehen	105.000,00
II. Umlaufvermögen		2. Verbindlichkeiten	76.000,00
1. Waren	313.000,00		
2. Forderungen	53.000,00		
3. Kasse	19.000,00		
4. Bank	42.000,00		
	540.000,00		**540.000,00**

1. Eröffnen Sie die Bestandskonten und tragen Sie die Anfangsbestände ein.
2. Eröffnen Sie folgende Erfolgskonten.
   Aufwandskonten: Gehälter, Kfz-Steuern, Kfz-Versicherungen, Löhne, Mietaufwand, Zinsaufwand.
   Ertragskonten: Provisionserträge, Zinserträge, Mieterträge.
3. Buchen Sie unten stehende Geschäftsfälle auf den Konten.
4. Schließen Sie die Erfolgskonten ab und ermitteln Sie den Gewinn/Verlust.
5. Schließen Sie die Bestandskonten ab.

Geschäftsfälle:

a) Wir erhalten Mietzahlung für vermietete Lagerhalle per Banküberweisung			12.000,00 €
b) Wir zahlen Miete für ein Außenbüro durch Banküberweisung			4.200,00 €
c) Überweisung der	Löhne	4.750,00 €	
	Gehälter	9.430,00 €	14.180,00 €
d) Überweisung der	Kfz-Steuer	3.250,00 €	
	Kfz-Versicherung	1.980,00 €	5.230,00 €
e) Zinsgutschrift			800,00 €
f) Ausgangsrechnung Provisionserträge			17.880,00 €
g) Kauf eines gebrauchten Lkw			
per Bankscheck		4.000,00 €	
auf Ziel		37.000,00 €	41.000,00 €
h) Verkauf gebrauchter Computer auf Ziel			1.650,00 €
i) Bankbelastung für Darlehenszinsen			360,00 €

7 Organisation der Buchführung

7.1 Übungskontenrahmen „Groß- und Außenhandel"

Anforderungen an ein Kontenordnungssystem. Die Zahlen der Buchführung sind zugleich Grundlage für die Planungen und Entscheidungen der Unternehmensleitung. Wichtige Bilanz-, Aufwands- und Ertragsposten sind durch Vergleich mit den Zahlen früherer Geschäftsjahre (Zeitvergleich) sowie mit branchengleichen Betrieben (Betriebsvergleich) betriebswirtschaftlich auszuwerten. Die Buchführung mit ihren zahlreichen Konten bedarf daher einer bestimmten Ordnung, die die Konten des Speditionsbetriebes und der branchengleichen Betriebe nicht nur systematisch und detailliert sowie EDV-gerecht gliedert, sondern vor allem auch einheitlich benennt.

Jeder Wirtschaftszweig hat einen branchenbezogenen Kontenrahmen.[1] Der diesem Lehrbuch zugrunde gelegte **„Übungs-Kontenrahmen für den Groß- und Außenhandel"** entspricht dem jahresabschlussorientierten „Indurstriekontenrahmen" (IKR). Dieser Übungs-Kontenrahmen befindet sich im Anhang des Lehrbuches.

Aufbau des Kontenrahmens. Der Übungs-Kontenrahmen ist wie alle Kontenrahmen nach dem dekadischen System (Zehnersystem) aufgebaut. Die Konten werden zunächst eingeteilt in

10 Kontenklassen von 0 bis 9,

wobei im IKR- und Übungs-Kontenrahmen die **Kontenklassen 0 bis 8 der Finanzbuchhaltung** zugeordnet werden. Die **Kontenklasse 9** wird für die buchhalterische Abwicklung **der Kosten- und Leistungsrechnung** genutzt.

Beide Bereiche des betrieblichen Rechnungswesens haben so in diesem Kontenrahmen ihren eigenen Kontenkreis – daher der Name **Zweikreissystem** für diese Kontenrahmen.

1 Für Industriebetriebe, den Groß- und Außenhandel, den Einzelhandel und das Handwerk sowie für Banken und Versicherungen gibt es jeweils eigene Kontenrahmen.

	Kontenklasse		Inhalt der Kontenklasse
		0	Immaterielle Vermögensgegenstände und Sachanlagen
Finanzbuchhaltung	Bestandskonten	1	Finanzanlagen
		2	Umlaufvermögen und aktive Rechnungsabgrenzung
		3	Eigenkapital, Wertberichtigungen, Rückstellungen
		4	Verbindlichkeiten und passive Rechnungsabgrenzung
	Ergebniskonten	5	Erträge
		6	Betriebliche Aufwendungen
		7	Weitere Aufwendungen
	Abschlusskonten	8	Ergebnisrechnung
Kosten und Leistungsrechnung		9	Buchhalterische Abwicklung der Kosten- und Leistungsrechnung (K-L-R)

7.2 Kontenrahmen und Kontenplan

Im Kontenrahmen lässt sich jede der **10 Kontenklassen** (einstellige Ziffer) in **10 Kontengruppen** (zweistellige Ziffer), jede Kontengruppe in **10 Kontenarten** (dreistellige Ziffer) und jede Kontenart in **10 Kontenunterarten** (vierstellige Ziffer) untergliedern.

Beispiel 1 *Aus der Kontennummer 0843 erkennt man die:*

■ Konten**klasse**	0	Anlagekonten	Kontenrahmen
■ Konten**gruppe**	08	Anlagen, Betriebsausstattung	
■ Konten**art**	084	Fuhrpark	Kontenplan
■ Konten**unterart**	0840	LKW DD-X-426	
■ Konten**unterart**	0841	LKW DD-Y-911	
■ Konten**unterart**	0842	LKW DD-Z-455	
■ Konten**unterart**	0843	LKW DD-Z-599	

Beispiel 2 *Aus der Kontennummer 2803 erkennt man die:*

■ Konten**klasse**	2	Umlaufvermögen	Kontenrahmen
■ Konten**gruppe**	08	flüssige Mittel	
■ Konten**art**	280	Bank	Kontenplan
■ Konten**unterart**	2800	Deutsche Bank Konto 45 748 666	
■ Konten**unterart**	2801	Kreissparkasse Konto 84 522 717	
■ Konten**unterart**	2802	Volksbank Konto 27 414 900	
■ Konten**unterart**	2803	Deutsche Verkehrsbank	

Kontenplan. Der Kontenplan bildet die einheitliche Grundordnung für die Aufstellung betriebsindividueller Kontenpläne der Unternehmen einer Wirtschaftsbranche. Aus dem Kontenrahmen entwickelt jedes Unternehmen seinen eigenen Kontenplan, der auf seine besonderen Belange (Sortimentsschwerpunkte, Struktur, Größe, Rechtsform) ausgerichtet ist. So lässt sich im Kontenplan eine weitere Untergliederung der Kontenarten in Kontenunterarten entsprechend den Bedürfnissen des Handelsbetriebs vornehmen. Der Kontenplan enthält somit nur die im Unternehmen geführten Konten.

Vereinfachung der Buchungsarbeit. Der Kontenplan vereinfacht die Buchungen in den Konten, da die Kontenbezeichnungen durch Kontennummern ersetzt werden.

Beispiel:	*statt:*	**Bank**	500,00 €	**an**	**Kasse**	500,00 €
	kurz:	280/282	500,00 €			

Soll	**280 Bank**		Haben
282	500,00		

Soll	**282 Kasse**		Haben
Anfangsb.	9.000,00	280	500,00

EDV-Kontenrahmen. Weil der Kontenrahmen zugleich auch in der EDV-Buchführung verwendet wird, ist jedes Sachkonto in der Regel mit einer vierstelligen Kontenziffer zu versehen.

Zusammenfassung: Kontenrahmen – Kontenplan

Kontenrahmen + Kontenplan

⬇

- dienen der Vereinheitlichung und Vereinfachung der Buchungen
- ermöglichen Zeit- und Betriebsvergleiche

Kontenrahmen

⬇

- ist branchenbezogen, z. B. Großhandel, Industrie
- wird für alle Unternehmungen eines Wirtschaftszweiges gebildet

Kontenplan

⬇

- ist unternehmensbezogen
- wird auf die speziellen betrieblichen Belange abgestimmt
- Elemente aus dem Kontenrahmen werden den betrieblichen Erfordernissen angepasst.

6540124

7.3 Überblick über das Kontenklassen-System (IKR)

Aktiva	Bilanz	Passiva
Kto.kl. – 0 – Kto.kl. – 1 –		Kto.kl. – 3 –
Kto.kl. – 2 –		Kto.kl. – 4 –

Soll	GuV	Haben
Kto.kl. – 6 –		Kto.kl. – 5 –
Kto.kl. – 7 –		

Kontoklasse	Kontoart	Kennzeichen	Wichtige Konten
– 0 –	**Aktiva**	Immaterielle Anlagen, Sachanlagen	02 Konzession 05 Grundstücke 07 techn. Anlagen
– 1 –	**Aktiva**	Langfristige Finanzanlagen, Wertpapiere	13 Beteiligungen 15 Wertpapiere des AV
– 2 –	**Aktiva**	Umlaufvermögen	20 Waren 24 Forderungen 28 Flüssige Mittel
– 3 –	**Passiva**	Eigenkapital Wertberichtigungen, Rückstellungen	30 Eigenkapital 36 Wertberichtigungen 38 Steuerrückstellungen
– 4 –	**Passiva**	Verbindlichkeiten – langfristig – kurzfristig	42 Verb. gegen Banken 44 Verb. aus Lieferungen 48 Sonst. Verbindlichkeiten
– 5 –	**Erträge**	Umsatzerlöse aus Warenverkäufen Sonstige betriebl. Erträge	50 Umsatzerlöse 54 Sons. betriebl. Erträge 571 Zinserträge
– 6 –	**Aufwand**	Betriebliche Aufwendungen	60 Aufw. für Waren 62/63 Löhne/Gehälter 65 Abschreibungen
– 7 –	**Aufwand**	Weitere Aufwendungen	70 Betr. Steuern 75 Zinsaufw. 76 Außerordentl. Aufwand
– 8 –	**Ergebniskonten**	Kontenführung/Eröffnung/ Abschluss	800 Eröffnungsbilanz 801 Schlussbilanz 802 GuV
– 9 –	**K-L-R**	*Rechnungskreis II* *Kalkulation/* *Preisfeststellung*	*Abgrenzungsrechnung* *Betriebsergebnis*

7.4 Belegorganisation

Belege bilden die Grundlage jeder ordnungsgemäßen Buchführung. Die Grundsätze ordnungsgemäßer Buchführung (GoB) fordern daher als wichtigsten Grundsatz:

Belege sind
- **Buchungsvorlage** für den Geschäftsfall
- **Beweismittel** für den Geschäftsvorgang

Nach der **Belegherkunft** wird zwischen Eigenbelegen (interne Belege), die im Betrieb selbst entstehen, und Fremdbelegen (externe Belege), die im Geschäftsverkehr anfallen, unterschieden:

Fremdbelege (externe Belege)	**Eigenbelege** (interne Belege)
z. B. als	z. B. als
■ Eingangsrechnungen (ER)	■ Ausgangsrechnung (Kopie der AR)
■ Quittungen	■ Quittungsdurchschriften
■ Bankbelege (Kontoauszüge usw.)	■ Kopien von Gutschriften/Lastschriften an Kunden
■ Postbelege (Quittungen, Kontoauszüge usw.)	■ Lohn- und Gehaltslisten
■ Gutschriftsanzeigen	■ Belege über Privatentnahmen
■ Frachtbriefe als Frachtabrechnung	■ Kopien von Geschäftsbriefen

Liegt kein Originalbeleg vor, muss ein **Ersatzbeleg** ausgestellt werden, um den GoB zu genügen.

Merke: **Keine Buchung ohne Beleg.**

7.5 Belegbearbeitung über Grundbuch und Hauptbuch

Belege werden im Unternehmen in drei Arbeitsstufen bearbeitet:

1. Stufe: **Belegbearbeitung** durch Belegprüfung, -sortierung, -nummerierung und Vorkontierung

2. Stufe: **Belegbuchung** im Grundbuch und Hauptbuch

3. Stufe: **Belegablage** zur Aufbewahrung nach GoB (10 Jahre als Original oder auf Mikrofilm)

Nach GoB müssen Buchungen jederzeit nachprüfbar sein. Deshalb werden im **Grundbuch** (Journal) die Geschäftsfälle **in zeitlicher Reihenfolge** über Buchungssätze erfasst.

6540126

Die sachliche Ordnung der Buchungen erfolgt über das **Hauptbuch.** Im Hauptbuch werden die Geschäftsfälle **im jeweiligen Sachkonto** (z. B. Forderungen, Bank) erfasst. Die Sachkonten sind im Kontenplan des Unternehmens verzeichnet und werden zum Geschäftsjahresende in die Schlussbilanz bzw. auf das GuV-Konto abgeschlossen.

Bestimmte Sachkonten (Forderungen, Verbindlichkeiten, Löhne, Gehälter, usw.) werden durch Nebenaufzeichnungen **(= Nebenbücher)** genauer erläutert. So werden beispielsweise im **Kontokorrentbuch** die Forderungen gegenüber den einzelnen Kunden erfasst, damit die jeweiligen Zahlungsziele durch die Buchhaltung verfolgt werden können.

Sanitär Knoll KG

Knoll KG • Kanalstr. 17 • 74080 Heilbronn

Kanalstraße 17
74080 Heilbronn

Bäderwelt Unger
Schlossplatz 14
30159 Hannover

Telefon: 07131 22251-0
Telefax: 07131 22251-55
E-Mail: saniknoll@wvd.de
www.saniknoll-wvd.de

Rechnung Nr.: 11/58 **Datum:** ..-11-08

Datum	Leistung/Bezeichnung	Euro
..-09-08	3 Spiegelschränke Nr. 2456 à 250,00 €	750,00 €
	+ 19 % USt	142,50 €
	Rechnungsbetrag	892,50 €

Zahlungsbedingungen: 10 Tage mit 3 % Skonto oder nach 30 Tagen netto Kasse. Die Ware bleibt bis zur vollständigen Bezahlung unser Eigentum.

Kto.	Soll	Haben
240		892,50
500		750,00
480	142,50	

gebucht: ..-11-08 Glebs

Beleg
z. B. AR 11/58

⬇

Grundbuch

Datum	Beleg	Buchungstext	Konto	Soll	Haben
-11-08	AR 11/58	AR-Bäderwelt	240	870,00	
			500		750,00
			480		120,00

⬇

Hauptbuch

Soll	**240 Fo**		Haben
500			
480	870,00		

Soll	**500 UE**		Haben
		240	750,00

Soll	**480 USt**		Haben
		240	120,00

8 Warenkonten

8.1 Trennung der Warenkonten

Der Handelsbetrieb erzielt seine Gewinne dadurch, dass er seine Waren zu einem höheren Verkaufspreis an die Kunden abgibt, als er im Einkauf dafür bezahlt.

Folgendes Kalkulationsschema zeigt den Wertansatz für Wareneinkäufe und Warenverkäufe vereinfacht auf:

Rechnungspreis + Bezugskosten	
= Einstandspreis	➡ Wertansatz – Wareneinkauf
+ Handlungskosten	
= Selbstkosten + Gewinn	
= Verkaufspreis	➡ Wertansatz – Warenverkauf

Zur besseren Übersicht werden in der Buchhaltung drei Warenkonten geführt.

Warenkonten des Handelsbetriebs

Wareneingangs-Konto	Warenbestands-Konto	Warenverkaufs-Konto
➡ „60 Aufwendungen für bezogene Waren"	➡ „20 Waren"	➡ „50 Umsatzerlöse"
⬇ **Aufwandskonto** Hier werden die Wareneinkäufe erfasst	⬇ **Aktiv-Konto** Hier werden nur der AB und der SB erfasst. Der Saldo ist dann die Bestandsveränderung.	⬇ **Ertragskonto** Hier werden die Verkaufserlöse erfasst.

8.2 Buchen auf den Warenkonten

8.2.1 Verbuchung der Warenverkäufe

Warenverkäufe werden auf dem Ertragskonto „50 Umsatzerlöse" (UE) gebucht.

Musteraufgabe Wir verkaufen 3 Spiegelschränke à 250,00 € „Roma" auf Ziel 750,00 €.

Lösung **Buchungssatz** (Grundbuch):

240 Forderungen a. LL ..... 750,00 an 50 Umsatzerlöse 750,00

Buchung (im Hauptbuch):

Soll	240 Ford.	Haben
50 UE	750,00	

Soll	50 UE	Haben
	240 Fo	750,00

6540128

8.2.2 Verbuchung der Wareneinkäufe

Wareneinkäufe werden direkt als Aufwand erfasst und auf dem **Aufwandskonto** „60 Aufwendungen für Waren" (AfW) gebucht.

Musteraufgabe Wir kaufen mit ER 11/28 12 Spiegelschränke „Roma" à 150,00 € zum Preis von 1.800,00 €.

Lösung **Buchungssatz** (Grundbuch):

60 Aufw. für Waren .... 1.800,00 an 44 Verb a. LL 1.800,00

Buchung (im Hauptbuch):

Soll	60 AfW	Haben
44 verb.	1.800,00	

Soll	44 Verb.	Haben
	60 AfW	1.800,00

8.2.3 Warenbestände und Bestandsveränderungen erfassen

Über das Konto „20 Waren" wird der **Wareneinsatz** des Handelsbetriebs berechnet. Der Wareneinsatz bezeichnet die in einer Abrechnungsperiode verkauften Waren des Unternehmens bewertet zu Einstandspreisen.

Auf dem Aktiv-Konto „20 Waren" werden nur die Anfangsbestände und die Schlussbestände laut Inventur erfasst. Dabei ergeben sich 3 Möglichkeiten, um den Wareneinsatz zu berechnen:

AB = SB	AB > SB	AB < SB
⬇	⬇	⬇
Nur **Wareneinkauf** (50 AfW) = **Wareneinsatz**	= **Bestandsminderung**	= **Bestandsmehrung**

8.2.3.1 Erfassung von Bestandsminderungen

Bestandsminderungen ergeben sich dann, wenn der Schlussbestand laut Inventur kleiner ist als der Warenanfangsbestand. In diesem Fall hat sich das Warenlager verkleinert, weil mehr verkauft als eingekauft wurde.

	Wareneinkäufe (60 AfW)
+	Bestandsminderung (AB > SB)
=	**Wareneinsatz**

Musteraufgabe 1 Ermitteln Sie den Wareneinsatz der Sanitärgroßhandlung Knoll aufgrund folgender Daten:

AB 300.000,00 SB lt. Inventur 270.000,00 Wareneinkäufe 900.000,00

Lösung

Buchung (im Hauptbuch):

Soll	20 Waren		Haben
AB	300.000,00	SB	270.000,00
		AfW	30.000,00
	300.000,00		300.000,00

Soll	60 AfW		Haben
Eink	900.000,00	Wareneins.	930.000,00
Waren	30.000,00	(GuV-Kto.)	
	930.000,00		930.000,00

8.2.3.2 Erfassung von Bestandsmehrungen

Bestandsmehrungen ergeben sich dann, wenn der Schlussbestand laut Inventur größer ist als der Warenanfangsbestand. In diesem Fall hat sich das Warenlager vergrößert, weil mehr eingekauft als verkauft wurde.

	Wareneinkäufe (60 AfW)
+	Bestandsmehrung (AB < SB)
=	**Wareneinsatz**

Musteraufgabe 2

Ermitteln Sie den Wareneinsatz der Sanitärgroßhandlung Knoll aufgrund folgender Daten:

AB 300.000,00 SB lt. Inventur 320.000,00 Wareneinkäufe 900.000,00

Lösung

Buchung (im Hauptbuch):

Soll	20 Waren		Haben
AB	300.000,00	SB	320.000,00
AfW	20.000,00		
	320.000,00		320.000,00

Soll	60 AfW		Haben
Eink	900.000,00	Waren	20.000,00
		Wareneins. (GuV-Kto.)	880.000,00
	900.000,00		900.000,00

8.2.4 Abschluss der Warenkonten

Um den Rohertrag aus dem Warenhandel zu ermitteln, muss der Wareneinsatz und der Umsatzerlös über das GuV-Konto abgeschlossen werden.

	Umsatzerlöse
−	Wareneinsatz
=	**Rohgewinn (Warenrohertrag)**
+	sonstige Erträge
−	sonstige Aufwendungen
=	Reingewinn

Musteraufgabe

a) Ermitteln Sie den Wareneinsatz der Sanitärgroßhandlung Knoll und schließen Sie auf das GuV-Konto ab.

b) Ermitteln den Rohgewinn rechnerisch:
AB 300.000,00 SB lt. Inventur 270.000,00 Wareneinkäufe 900.000,00
Umsatzerlöse 1.400.000,00

6540130

Lösung

a) **Buchung** (im Hauptbuch):

Soll	20 Waren		Haben
AB	300.000,00	❶ AfW	30.000,00
		❹ SB	270.000,00
	300.000,00		300.000,00

(Bestandsminderung)

Soll	60 AfW		Haben
❶ Eink.	900.000,00	❷ Wareneins.	
Waren	30.000,00	(GuV-Kto)	930.000,00
	930.000,00		930.000,00

Soll	50 UE		Haben
❸ GuV	1.400.000,00	Warenverk.	1.400.000,00

Soll	801 SBK		Haben
...	...	...	...
...	...	...	...
❹ 20 Waren	270.000,00		
...	...	...	...

Soll	802 GuV		Haben
❷ 60 AfW	930.000,00	❸ 50 UE	1.400.000,00
...	...	...	...
...	...	...	...

Buchungssätze:

❶ Erfassung der Bestandsminderung

60 AfW	30.000,00	an	20 Waren	30.000,00

❷ Einbuchung des Wareneinsatzes in das GuV-Konto

802 GuV	930.000,00	an	60 AfW	930.000,00

❸ Einbuchung der Umsatzerlöse in das GuV-Konto

50 UE	1.400.000,00	an	802 GuV	1.400.000,00

❹ Auflösung des Warenbestandskontos in das Schlussbilanzkonto (SBK)

801 SBK	270.000,00	an	20 Waren	270.000,00

b)

Umsatzerlöse	1.400.000,00 €
– Wareneinsatz	930.000,00 €
Rohgewinn	470.000,00 €

Zusammenfassung

- Im Handelsbetrieb werden **3 Warenkonten** geführt:
  - Warenbestandskonto: „20 Waren" (Aktiv-Konto)
  - Wareneingangskonto: „60 AfW " (Aufwands-Konto)
  - Warenverkaufskonto : „50 UE " (Ertrags-Konto)
- **Wareneinsatz** ist die Summe der insgesamt verkauften Waren bewertet zum Einstandspreis (EK)
- Wareneinsatz ist der Aufwand, der notwendig ist, um die Umsatzerlöse zu erzielen
- **Warenrohertrag** = Umsatzerlöse – Wareneinsatz

Aufgaben

1

a) Warum werden die Warenkonten in der Buchhaltung getrennt?

b) Um welche Kontenart handelt es sich beim Konto „Umsatzerlöse"?

c) Um welche Kontenart handelt es sich beim Wareneingangskonto (AfW)?

2

a) Was versteht man unter dem „Wareneinsatz"?

b) Berechnen Sie den Wareneinsatz mithilfe folgender Daten:
AB 87.000,00 SB 67.000,00 Wareneinkäufe im Geschäftsjahr 480.000,00

c) Berechnen Sie den Wareneinsatz mithilfe folgender Daten:
AB 204.000,00 SB 224.000,00 Wareneinkäufe im Geschäftsjahr 1.420.000,00

3

Buchen Sie die folgenden Geschäftsfälle
a) im Grundbuch (Buchungssätze) b) im Hauptbuch (auf T-Konten)

1. Warenverkauf, bar	232.00 €
2. Wareneinkauf auf Ziel	5.600,00 €
3. Wareneinkauf auf Ziel	870,00 €
4. Wareneinkauf	11.600,00 €
– Anzahlung, bar	1.600,00 €
– Rest auf Ziel	
5. Warenverkauf gegen Bankscheck	1.740,00 €

4

Welche Geschäftsfälle liegen den folgenden Buchungen zugrunde?

1. 60 AfW an 44 Verb.
2. 282 Ka an 50 UE
3. 60 AfW an 280 Ba
4. 240 Ford an 50 UE

5

Geschäftsgang mit Abschluss der Warenkonten

a) Bilden Sie zu den Geschäftsfällen (1–10) die Buchungssätze.

b) Erstellen Sie die Eröffnungsbilanz, lösen die EB in Konten auf und buchen Sie die Geschäftsfälle (1–10) auf T-Konten (Hauptbuch) und schließen Sie diese über GuV und die Schlussbilanz ab.

c) Wie hoch ist der Warenrohertrag?

d) Warum ist der Warenrohertrag immer höher als der Reingewinn?

e) Vergleichen Sie das Eigenkapital in der Eröffnungsbilanz mit dem Eigenkapital in der Schlussbilanz.

Anfangsbestände:

084	Fuhrpark	60.000,00 €	300	Eigenkapital	– ? – €
085	Betriebsausstattung	120.000,00 €	42	Darlehen	140.000,00 €
20	Waren	282.000,00 €	44	Verbindlichkeiten	80.000,00 €
240	Forderungen	90.000,00 €			
280	Bank	35.000,00 €			
282	Kasse	3.000,00 €			

weitere Konten: 50 Umsatzerlöse 571 Zinserträge
60 Aufwendungen für Waren 62 Löhne 67 Miete
687 Werbung 801 SBK 802 GuV

Geschäftsfälle:

1. ER 11/72 Kauf von Handelswaren	56.000,00 €
2. Kauf eines Lieferwagens gegen Darlehensaufnahme	28.000,00 €
3. AR 11/97 Verkauf von Handelswaren	78.000,00 €

6540132

4. Lieferung von Handelswaren gegen Barzahlung 5.600,00 €
5. Zinsgutschrift der Bank 200,00 €
6. Zahlung der Miete durch Banküberweisung 2.500,00 €
7. ER 11/ 104 für eine Zeitungsanzeige 1.800,00 €
8. Barverkauf eines gebrauchten PC 500,00 €
9. Lohnzahlungen durch Banküberweisung 8.000,00 €
10. Barverkauf von Handelsware 8.700,00 €

Abschlussangaben:

Warenendbestand laut Inventur 277.000,00 €

6 Geschäftsgang mit Abschluss der Warenkonten

a) Bilden Sie zu den Geschäftsfällen (1–10) die Buchungssätze.

b) Erstellen Sie die Eröffnungsbilanz, lösen die EB in Konten auf und buchen Sie die Geschäftsfälle (1–10) auf T-Konten (Hauptbuch) und schließen Sie diese über GuV und die Schlussbilanz ab.

c) Wie hoch ist der Warenrohertrag?

d) Warum ist der Warenrohertrag immer höher als der Reingewinn?

e) Vergleichen Sie das Eigenkapital in der Eröffnungsbilanz mit dem Eigenkapital in der Schlussbilanz.

Anfangsbestände:

083	Lagereinrichtungen	95.000,00 €	300	Eigenkapital	–?– €
085	Betriebsausstattung	105.000,00 €	42	Darlehen	250.000,00 €
20	Waren	242.000,00 €	44	Verbindlichkeiten	78.000,00 €
240	Forderungen	70.000,00 €			
280	Bank	46.000,00 €			
282	Kasse	2.000,00 €			

weitere Konten: 50 Umsatzerlöse 541 Provisionserträge
60 Aufwendungen für Waren 63 Gehälter 67 Miete
751 Zinsaufwendungen 801 SBK 802 GuV

Geschäftsfälle:

1. AR 11/72 Verkauf von Handelswaren 66.000,00 €
2. Kauf eines Transportbands für das Lager gegen Darlehensaufnahme 23.000,00 €
3. ER 11/97 Kauf von Handelswaren 48.000,00 €
4. Verkauf von Handelswaren gegen Barzahlung 8.600,00 €
5. Zinsbelastung der Bank 200,00 €
6. Zahlung der Miete durch Banküberweisung 2.100,00 €
7. Bankgutschrift für Provision 1.800,00 €
8. Barverkauf eines gebrauchten Schreibtisches 100,00 €
9. Gehaltszahlungen durch Banküberweisung 9.600,00 €
10. Barverkauf von Handelsware 6.700,00 €

Abschlussangaben:

Warenendbestand laut Inventur 245.000,00 €

9 Die Umsatzsteuer

9.1 Das System der Umsatzsteuer

Die Umsatzsteuer ist steuerrechtlich eine Verkehrssteuer, der genau bestimmte wirtschaftliche Vorgänge unterliegen. Alle umsatzsteuerpflichtigen Vorgänge sind im Umsatzsteuergesetz (UStG) geregelt:

§ 1 UStG

Nach § 1 UStG unterliegen folgende Umsätze der Umsatzsteuer:
- **Lieferungen und sonstige Leistungen,** die ein Unternehmen im Inland gegen Entgelt im Rahmen seines Unternehmens ausführt
- **Einfuhr** von Gegenständen aus dem Drittlandsgebiet in das Zollgebiet (Einfuhrumsatzsteuer)
- **innergemeinschaftlicher Erwerb**

§ 3 UStG

Nach § 3 UStG unterliegt eine **unentgeltliche Wertabgabe** der Umsatzsteuer:
- **Sachentnahme:** Entnahme eines Gegenstandes für private Zwecke (§ 3 [1 b] UStG)
  Beispiele: Privatentnahme von Treibstoff, Reifen, Büro- und Geschäftsausstattung
- **Leistungsentnahme:** Verwendung eines Gegenstandes für private Zwecke (§ 3 [9 a] UStG)
  Beispiel: Nutzung eines betrieblichen Fahrzeuges

Mehrwert: Die meisten Waren durchlaufen mehrere Produktionsstufen und Dienstleistungsunternehmen, bis sie von der Urerzeugung über Veredelung und Handel zum Letztverbraucher kommen. Auf jeder Stufe dieses Warenweges wird die Ware bearbeitet, manipuliert, transportiert, gelagert und dadurch **mehr wert** (wertvoller). Neben den Unternehmen, die direkt mit der Produktion (Industrie) und Verteilung (Handel) befasst sind, tragen auch die an der Produktion und Distribution beteiligten Verkehrsunternehmen (Frachtführer und Spediteure) zur Wertschöpfung bei. Jede Dienstleistung erzeugt einen **Mehrwert.** Der Mehrwert des einzelnen Unternehmens berechnet sich als die Differenz zwischen dem Verkaufspreis ihrer Dienstleistung und dem Einkaufspreis dieser Dienstleistung. Beispielsweise kauft ein Großhändler Waren beim Produzenten ein. Diese Warenlieferung stellt ihm der Produzent in Rechnung. Der Großhändler stellt seinem Kunden genau diese Ware teurer in Rechnung, da er seine eigene erbrachte Leistung zusätzlich berechnet.

Mehrwertbesteuerung: Da nach § 1 UStG alle Lieferungen und sonstigen Leistungen eines Unternehmens umsatzsteuerpflichtig sind, unterliegen neben den Warenverkäufen sowohl Transportleistungen als auch Speditionsleistungen der Umsatzsteuer. Der **allgemeine Steuersatz beträgt 19 %,** der **ermäßigte Steuersatz 7 %**[1] für die im § 12 des UStG bestimmten Warengruppen.

Beispiel 1: *Die Sanitärgroßhandlung Knoll KG erhält von der Mabau AG den Auftrag, einen Whirlpool zu besorgen. Die Sanitärgroßhandlung Knoll beschafft den Whirlpool für 4.200,00 € + 19 % USt von dem Produzenten Knobel GmbH. Mit ihrem Auftraggeber rechnet die Knoll KG 4.800,00 € + 19 % USt ab.*

Bestimmen Sie den Mehrwert.

1 u. a. Lebensmittel, Bücher, Zeitungen, Originalkunstwerke

	Nettobetrag	+	19 % Umsatzsteuer	=	Bruttobetrag
AR	4.800,00 €	+	912,00 € USt	=	5.712,00 €
ER	4.200,00 €	+	798,00 € USt	=	4.998,00 €
Mehrwert	**600,00 €**	+	114,00 € USt	=	714,00 €

Der Differenzbetrag zwischen Bruttoeinkaufs- und Bruttoverkaufspreis (714,00 €) setzt sich zusammen aus dem Mehrwert 600,00 € und der darauf entfallenden Umsatzsteuer (19 % von 600,00 € = 114,00 €).

Merke:

- **Mehrwert = Nettoverkaufspreis – Nettoeinkaufspreis**
- **Jeder Unternehmer hat den auf seiner Umsatzstufe erwirtschafteten Mehrwert zu versteuern.**

Zahllast: Jeder Unternehmer muss die Umsatzsteuer für seinen erwirtschafteten Mehrwert an den Staat abführen. Dieser Betrag (im Beispiel 114,00 €) ist seine Zahllast. Der Nettoverkaufspreis eines Produktes entspricht der Summe der Mehrwerte aller beteiligten Industrie-, Handels- und Dienstleistungsbetriebe. Die Summe aller auf den einzelnen Umsatzstufen anfallenden Zahllasten ergibt die Umsatzsteuer, die auf den Nettoverkaufspreis entfällt.

Beispiel 2: *Ein Holzgroßhändler kauft bei einem Sägewerk für 100,00€ netto Holz ein und verkauft es für 150,00 € netto an einen Palettenhersteller, der daraus 30 Paletten herstellt. Ein Palettenhändler kauft die Paletten für netto 250,00 € ein und verkauft sie für 10,00 € netto je Palette an einen Großhändler weiter.*

Unternehmen	Holzgroßhändler		Palettenhersteller		Palettenhändler	
	ER	AR	ER	AR	ER	AR
Nettobetrag + 19 % USt	100,00 € 19,00 €	150,00 € 28,50 €	150,00 € 28,50 €	250,00 € 47,50 €	250,00 € 47,50 €	300,00 € 57,00 €
= Bruttobetrag	119,00 €	178,50 €	178,50 €	297,50 €	297,50 €	357,00 €
Mehrwert	150,00 € – 100,00 € = **50,00 €**		250,00 € – 150,00 € = **100,00 €**		300,00 € – 250,00 € = **50,00 €**	
Summe der Mehrwerte	200,00 €					
Zahllast (19 % USt aus den Mehrwerten bzw. USt – VSt	28,50 € – 19,00 € = **9,50 €**		47,50 € – 28,50 € = **19,00 €**		57,00 € – 47,50 € = **9,50 €**	
USt insges.	19 % von 200,00 € = **38,00 €**					

Merke:

- Auf jeder Produktions- und Dienstleistungsstufe entsteht eine Wertschöpfung (Mehrwert).
- Mehrwert = Nettoverkaufspreis – Nettoeinkaufspreis
- Jeder Unternehmer muss die Umsatzsteuer (Zahllast) seiner Umsatzstufe ans Finanzamt abführen.

Vorsteuerabzug: Jeder Unternehmer belastet seinen Kunden mit der von ihm ans Finanzamt abzuführenden Umsatzsteuer. Dies bedeutet, dass beim Einkauf von Waren oder Dienstleistungen der Auftraggeber (z. B. Großhändler) vom Verkäufer der Ware oder einer Dienstleistung (z. B. Lieferant) mit der vom Lieferer ans Finanzamt abzuführenden Umsatzsteuer belastet wird. Da auf jeder Produktions- oder Dienstleistungsstufe nur der Mehrwert besteuert wird, muss der jeweilige Unternehmer die in der Ausgangsrechnung ausgewiesene Umsatzsteuer nicht in voller Höhe ans Finanzamt abführen. Er darf die ihm in der Eingangsrechnung von seinem Lieferanten in Rechnung gestellte Umsatzsteuer als **Vorsteuer** von seiner Steuerschuld **abziehen.**

Beispiel 3: *Die Sanitärgroßhandlung Knoll KG erhält von der Heizungsservice GmbH den Auftrag, eine Solarheizanlage zu besorgen. Die Knoll KG kauft diese für 1.200,00 € + 228,00 € USt bei der Solar AG ein und stellt der Heizungsservice GmbH 1.500,00 € + 285,00 € USt in Rechnung.*

Berechnen Sie den Mehrwert der Sanitärgroßhandlung Knoll KG sowie deren Zahllast.

Unternehmen	Produzent (Solar AG)	Großhändler (A. Knoll KG)		Kunde (Heizungsservice GmbH)
	AR	ER	AR	ER
Nettobetrag + 19 % USt	1.200,00 € 228,00 €	1.200,00 € 228,00 €	1.500,00 € 285,00 €	1.500,00 € 285,00 €
= Bruttobeträge	1.428,00 €	1.428,00 €	1.785,00 €	1.785,00 €
Mehrwert der Großhandlung		1.500,00 € – 1.200,00 € = **300,00 €**		
Zahllast der Großhandlung		19 % von 300,00 € = **57,00 €**		

Zahllast: Die Steuerschuld des Steuerpflichtigen, die Zahllast, berechnet sich wie folgt:

Umsatzsteuer aus dem Verkauf einer Ware (AR)	285,00 €
– **Vorsteuer** aus dem Einkauf einer Ware (ER).	228,00 €
= **Zahllast** der Großhandlung (USt-Schuld an das Finanzamt)	57,00 €

6540136

Merke:

- Berechnung der Zahllast
  Umsatzsteuer (Verbindlichkeit an das Finanzamt)
  – Vorsteuer (Forderung an das Finanzamt)
  = **Zahllast** (tatsächliche Steuerschuld)
- Die Zahllast entspricht der Besteuerung des Mehrwertes.

Durchlaufende Posten: Die Umsatzsteuer, die beim Verkauf einer Ware anfällt, wird dem Auftraggeber in Rechnung gestellt und stellt eine Schuld (unseres Kunden) an das Finanzamt dar. Diese Schuld belastet den Großhändler nicht. Die vom Großhändler an seinen Lieferanten bezahlte Umsatzsteuer (Vorsteuer aus der Eingangsrechnung) hingegen stellt eine Forderung an das Finanzamt dar und wird vom Finanzamt dem Großhändler „gutgeschrieben". Dadurch wird die Umsatzsteuer für den einzelnen Unternehmer zu einem **durchlaufenden Posten,** denn sie verursacht ihm keine Kosten. Sie wird vollständig an den Auftraggeber (Kunden) abgewälzt und schließlich trägt der Endverbraucher voll die Umsatzsteuer.

Merke:

- Der Endverbraucher trägt die gesamte Umsatzsteuer.
- Die Umsatzsteuer ist für die Unternehmen kostenneutral.
- Die Umsatzsteuer ist für die Unternehmen ein durchlaufender Posten.
  - Sie wird gänzlich von den Auftraggebern (Kunden) bezahlt (USt der AR).
  - Gezahlte Vorsteuer wird vom Finanzamt gänzlich erstattet (USt der ER).

Bemessungsgrundlage für die Berechnung der Umsatzsteuer ist das gezahlte Nettoentgelt. Bei Lieferungen und sonstigen Leistungen umfasst das Entgelt alles, was der Leistungsempfänger (Warenempfänger) aufwendet, um die Leistung zu erhalten, abzüglich der Umsatzsteuer, beim Eigenverbrauch der Nettoeinkaufspreis und alle angefallenen Nebenkosten.

Verrechnung der Umsatzsteuer und Vorsteuer: Die Zahllast ist spätestens 10 Tage nach Ablauf des Kalendermonats an das Finanzamt abzuführen. Besteht ein **Vorsteuerüberhang** (die Vorsteuer eines Monats ist höher als die Umsatzsteuer dieses Monats), erstattet das Finanzamt die überschüssige Vorsteuer.

Ausweis der Umsatzsteuer: Unternehmer müssen
- die Umsatzsteuer bei Rechnungen grundsätzlich ausweisen,
- bei Kleinbetragsrechnungen bis 150,00 € (nur) die Höhe des Steueransatzes angeben,
- bei Rechnungen über 150,00 € die Umsatzsteuer gesondert in der Rechnung ausweisen.

9.2 Buchung der Vorsteuer und der Umsatzsteuer

9.2.1 Buchung von Eingangs- und Ausgangsrechnungen

Musteraufgabe

Die Sanitärgroßhandlung Knoll KG erhält von der Heizungsbau Scheuer OHG den Auftrag, einen Wärmetauscher „WT180" zu liefern. Die Sanitärgroßhandlung Knoll KG bezieht den „WT180" von der Ökotechnik GmbH, Dresden, für 1.700,00 € + 323,00 € USt. Die Knoll KG stellt der Scheuer OHG 1.900,00 € + 361,00 € USt in Rechnung.

Buchen Sie diese Eingangs- und Ausgangsrechnung bei der Sanitärgroßhandlung Knoll KG.

Lösung Buchungen bei der Sanitärgroßhandlung Knoll KG

Eingangsrechnung	Ausgangsrechnung
❶ 60 Afw ..... 1.700,00 260 VSt...... 323,00 an 44 Verb........... 2.023,00	❶ 240 Ford..... 2.261,00 an 50 UE .... 1.900,00 480 USt............ 361,00
Die in der Eingangsrechnung ausgewiesene Umsatzsteuer, die **Vorsteuer,** ist eine Forderung an das Finanzamt und wird deshalb im Soll des Aktivkontos Vorsteuer gebucht.	Die in der Ausgangsrechnung ausgewiesene **Umsatzsteuer** ist eine Verbindlichkeit an das Finanzamt und wird deshalb im Haben des Passivkontos Umsatzsteuer gebucht.

Buchung auf T-Konten

Buchung der Eingangsrechnung:

Soll	**60 Aufw. für Waren**	Haben
❶ Verb.	1.700,00	

Soll	**260 VSt**	Haben
❶ Verb.	323,00	

Soll	**44 Verbindlichkeiten**	Haben
		❶ KW-Sp/VSt 2.023,00

Buchung der Ausgangsrechnung:

Soll	**1401 Forderungen**	Haben
❷ KW-Sp/USt	2.261,00	

Soll	**84 Kraftwagenspedition**	Haben
	❷ Forder.	1.900,00

Soll	**1669 USt**	Haben
	❷ Forder.	361,00

9.2.2 Buchung der Zahllast

Bedingt durch den Auftrag der Scheuer OHG bucht die Knoll KG aufgrund der Eingangsrechnung (ER) eine Vorsteuer von 323,00 € und aufgrund der Ausgangsrechnung (AR) eine Umsatzsteuer von 361,00 €.

	Umsatzsteuer aus der AR (= Verbindlichkeit an das Finanzamt)	361,00 €
–	Vorsteuer aus der ER (= Forderung an das Finanzamt)	323,00 €
=	Zahllast (= Steuerschuld an das Finanzamt)..............	38,00 €

Bis zum 10. des Folgemonats hat der Unternehmer seine Zahllast zu ermitteln (durch Verrechnung der Vorsteuer mit der Umsatzsteuer) und seine Steuerschuld an das Finanzamt zu überweisen.

Buchhalterische Ermittlung der Zahllast und Überweisung an das Finanzamt:

Soll	**260 Vorsteuer**		Haben
❶ Verb.	323,00	❸ USt (Sald.)	323,00
	323,00		323,00

Soll	**480 Umsatzsteuer**		Haben
❸ VSt (Sald.)	323,00	❷ Ford.	361,00
❹ Ba (Zahll.)	38,00		
	361,00		361,00

Buchhalterische Ermittlung der Zahllast:

❸ 480 USt	323,00 €	an	260 VSt	323,00 €

Banküberweisung der ermittelten Zahllast:

❹ 480 USt	38,00 €	an	102 Bank	38,00 €

Hinweis: *Beim Monatsabschluss des VSt- und USt-Kontos wird immer der Saldo des umsatzschwächeren Kontos auf das umsatzstärkere Konto gebucht. Bei einer höheren monatlichen Vorsteuer als Umsatzsteuer, z. B. bei Saisonbetrieben, entsteht eine Forderung an das Finanzamt.*

9.2.3 Buchung der Umsatzsteuer am Jahresende

Am Ende des Geschäftsjahres ist die Zahllast in der Bilanz auszuweisen.

Ist die im Dezember gebuchte Umsatzsteuer höher als die gebuchte Vorsteuer, stellt der Saldo eine Verbindlichkeit an das Finanzamt dar und wird in der Bilanz passiviert. Ist die gebuchte Umsatzsteuer niedriger als die gebuchte Vorsteuer, stellt der Saldo eine Forderung an das Finanzamt dar und wird in der Bilanz aktiviert

Aufgaben

1 Eingangsrechnung der Stahl AG für Rohrleitungen:
Nettoentgelt 4.000,00 € + 19 % USt

2 Eingangsrechnung über einen gekauften Schreibtisch:

Nettobetrag	1.490,00 €
+ 19 % USt	283,10 €
Bruttobetrag	1.773,10 €

3 Ausgangsrechnung gelieferte Rohrleitungen:

Nettobetrag	4.300,00 €
+ 19 % USt	817,00 €
Bruttobetrag	5.117,00 €

4 Begleichung der Eingangsrechnung der Stahl AG (Fall 1) per Bankscheck

5 Bareinkauf von Büromaterial, brutto 116,62 €

6 Für eine LKW-Reparatur erhalten wir eine Rechnung:

Nettobetrag	3.800,00 €
+ 19 % USt	722,00 €
Bruttobetrag	4.522,00 €

7 Ausgangsrechnung an die Heizungsservice GmbH:

– Gasheizanlage:	7.200,00 €	+ 1.368,00 € USt
– Ölheizanlage:	5.350,00 €	+ 1.016,50 € USt
– Ölbrenner:	2.020,00 €	+ 383,80 € USt

8 Das Konto Vorsteuer weist am Monatsende einen Saldo von 12.345,00 € auf, das Konto Umsatzsteuer einen Saldo von 39.775,00 €.

a) Ermitteln Sie die Zahllast rechnerisch.

b) Ermitteln Sie die Zahllast buchhalterisch.

9	Werbedrucksachen werden bar bezahlt. Bruttobetrag einschließlich 19 % USt 160,65 €.
10	Die Konten Vor- und Umsatzsteuer weisen am Monatsende folgende Beträge aus. *Vorsteuer* im Soll .... 13.568,00 € *Umsatzsteuer* im Soll......... 4.676,00 € im Haben ..... 2.788,00 € im Haben...... 28.913,00 € a) Ermitteln Sie die Zahllast rechnerisch. b) Ermitteln Sie die Zahllast buchhalterisch.
11	Eingangsrechnung des Paketdienstes EURO-PARCEL über 2.145,00 € + 19 % USt
12	Ausgangsrechnung über erbrachte Warenlieferungen: Nettoentgelt 7.860,00 € + 19 % USt
13	Irrtümlich wurden einem Kunden Warenlieferungen von 200,00 € + 19 % USt in Rechnung gestellt.
14	a) Eingangsrechnung über den Kauf von vier gleichen Schreibtischen zu je 1.800,00 € + 19 % USt b) Einer der gelieferten Schreibtische weist mehrere Mängel auf, sodass er wieder zurückgeschickt wird. Korrigieren Sie die unter a) gebuchte Eingangsrechnung. c) Der Restbetrag wird unter Abzug von 2 % Skonto überwiesen.

10 Buchungen im Sachanlagenbereich

§ 247 HGB

(1) In der Bilanz sind Anlage- und Umlaufvermögen gesondert auszuweisen und hinreichend aufzugliedern.
(2) Beim Anlagevermögen sind nur die Gegenstände auszuweisen, die dazu bestimmt sind, dauernd dem Geschäftsbetrieb zu dienen.

Das **Anlagevermögen** eines Speditionsbetriebes umfasst alle Vermögensgegenstände, die dazu bestimmt sind, dauernd (langfristig) dem Geschäftsbetrieb zu dienen. Dazu zählen nach § 266 HGB vor allem die Sachanlagen:

- Grundstücke und Gebäude
- Motorfahrzeuge (Fuhrpark)
- Geschäftsausstattung
- Transportanlagen und -geräte
- Anhänger/Container/Wechselbehälter

10.1 Anschaffung von Anlagegütern

§ 253 (1) HGB

Gegenstände des Anlagevermögens sind zum Zeitpunkt der Beschaffung mit ihren Anschaffungskosten auf dem entsprechenden Anlagekonto zu aktivieren.

§ 255 (1) HGB

Anschaffungskosten sind alle Aufwendungen, die geleistet werden, um einen Vermögensgegenstand zu erwerben und ihn in einen betriebsbereiten Zustand zu versetzen. **Anschaffungspreisminderungen** sind abzusetzen.

Die **Anschaffungskosten** sind folgendermaßen zu berechnen:

  Anschaffungspreis (ohne Umsatzsteuer)
\+ Anschaffungsnebenkosten
− Anschaffungspreisminderungen
= **Anschaffungskosten** *(Bemessungsgrundlage für die Abschreibungen)*

6540140

Anschaffungspreis

Der Anschaffungspreis ist der Nettopreis des Anlagegutes. Die in Rechnung gestellte Vorsteuer stellt einen durchlaufenden Posten dar (vgl. Kapitel 10) und zählt deshalb nicht zu den Anschaffungskosten. Ebenso wird die Vorsteuer bei den Anschaffungsnebenkosten nicht berücksichtigt.

Anschaffungsnebenkosten

Anschaffungsnebenkosten sind alle Aufwendungen, die bei Anschaffung des Anlagegutes neben dem Anschaffungspreis gleichzeitig oder nachträglich anfallen. Sie sind als wichtiger Bestandteil der Anschaffungskosten zu aktivieren.[1] Typische Anschaffungsnebenkosten sind:

- Überführungskosten, Zulassungskosten und Zölle beim Kauf eines Kraftfahrzeugs
- Transportkosten für gekaufte Anlagegüter
- Fundamentierungs- und Montagekosten, Zölle beim Kauf von Maschinen
- Notargebühren, Maklerprovision und Grunderwerbsteuer beim Erwerb von Grundstücken und Gebäuden
- Maklerentgelte und Bankprovisionen beim Erwerb von Wertpapieren

Das Steuerrecht schreibt die Aktivierung der Anschaffungsnebenkosten vor, um sie über die späteren Abschreibungen als Aufwand auf die gesamte Nutzungsdauer des Anlagegutes zu verteilen. Somit werden die Erfolgsrechnungen der einzelnen Nutzungsjahre gleichmäßig belastet.

Anschaffungspreisminderungen

Anschaffungspreisminderungen stellen alle Preisnachlässe dar, die beim Erwerb des Anlagegutes sofort oder nachträglich gewährt werden, wie Rabatte, Boni und Skonti und andere Minderungen (Preisgutschriften).

Bei sofortiger Rabattgewährung, also beispielsweise bereits auf der Eingangsrechnung ausgewiesenen Rabatten, wird der Rabatt nicht gebucht. (vgl. Musteraufgabe 2)

Zusammenfassung

Anschaffungskosten	Beispiele	
Anschaffungspreis	■ Netto-Kaufpreis (ohne Umsatzsteuer)	
+ Anschaffungsnebenkosten	■ Bezugskosten, Zölle ■ Zulassungskosten ■ Grunderwerbsteuer ■ Notargebühren	■ Maklerprovision ■ Montage ■ Sonderlackierung
+ nachträgliche Anschaffungskosten	■ Umbau ■ Zubehöranteile für Anlagen	■ Ausbau
− Anschaffungspreisminderungen	■ Skonto ■ Rabatt	■ Bonus ■ Gutschrift
= Anschaffungskosten		

1 aktivieren = der Aktiva zuführen, beim Vermögen erfassen

Musteraufgabe 1

Eingangsrechnung für einen Gabelstapler:

Listenpreis, netto	35.000,00 €
– 8 % Rabatt	2.800,00 €
	32.200,00 €
+ Überführungskosten	800,00 €
	33.000,00 €
+ 19 % Umsatzsteuer	6.270,00 €
Rechnungspreis	39.270,00 €

Lösung

083 Transportger.	33.000,00 €	an	44	Verbindlichk.	39.270,00 €
260 Vorsteuer	6.270,00 €				

Der bereits auf der Eingangsrechnung ausgewiesene Rabatt wird nicht gebucht. Somit betragen die Anschaffungskosten 32.200,00 € + 800,00 € = 33.000,00 €.

Soll	083 Transportger.		Haben
44 Verb.	33.000,00		

Soll	260 VSt		Haben
44 Verb.	6.270,00		

Soll	44 Verb.		Haben
		083/260	39.270,00

Musteraufgabe 2

❶ Eingangsrechnung für einen LKW:

Listenpreis, netto	80.000,00 €
Sonderlackierung in Unternehmensfarbe und -logo	8.000,00 €
Überführungskosten	1.800,00 €
Zulassungskosten	200,00 €
	90.000,00 €
+ 19 % Umsatzsteuer	17.100,00 €
Rechnungspreis	107.100,00 €

❷ Rechnungsausgleich unter 2 % Skontoabzug auf den Listenpreis (80.000,00 €) durch Banküberweisung

Lösung

Buchungssatz: ❶

240 Fuhrpark	90.000,00 €	an	44 Verbindlichk.	107.100,00 €
260 Vorsteuer	17.100,00 €			

Buchungssatz: ❷

44 Verbindlichk.	107.100,00 €	an	280 Bank	105.196,00 €
			084 Fuhrpark	1.600,00 €
			260 Vorsteuer	304,00 €

Soll	084 Fp		Haben
❶ 44 Verb.	90.000,00	❷ 44 Verb.	1.600,00

Soll	44 Verb.		Haben
❷ 280/084/260	107.100,00	❶ 084/260	107.100,00

Soll	260 VSt		Haben
❶ 44 Verb.	17.100,00	❷ 44 Verb.	304,00

Soll	280 Ba		Haben
		❷ 44 Verb.	105.196,00

6540142

❶ Überführungs- und Zulassungskosten stellen Anschaffungsnebenkosten dar und sind deshalb zu aktivieren.

❷
- Die Verbindlichkeiten nehmen in voller Höhe ab (107.100,00 €).
- Das Bankkonto wird mit 107.100,00 € abzüglich 2 % Skonto vom Listenpreis zuzüglich Umsatzsteuer (1.600,00 € + 304,00 € = 1.904,00 €) belastet; also mit 102.544,00 €.
- Der Skontoabzug beträgt 2 % von 80.000,00 € = 1.600,00 €. Er stellt eine Anschaffungspreisminderung von 1.600,00 € dar (2 % von 80.000,00 €).
- Weiterhin wird die ursprüngliche Vorsteuer um 304,00 € vermindert. Diese Steuerberichtigung ist auf der Habenseite des Vorsteuerkontos vorzunehmen.

Aufgaben zum Sachverhalt

1 Kauf einer Verpackungsmaschine (ER 211) zum Nettopreis von 80.000,00 € + USt, Transportkosten 2.000,00 € + USt, Montagekosten 2.600,00 € + USt.

a) Ermitteln Sie die Anschaffungskosten des Anlagegutes.
b) Buchen Sie die Anschaffung der Verpackungsmaschine.

2 Kauf eines Gabelstaplers (ER 212) zum Nettopreis von 42.000,00 €.

3 Banküberweisung für ER 212 (Fall 2). Wegen Lackierungsmängeln gewährt uns der Verkäufer 5 % Preisnachlass.

4

Kauf einer Lagerhalle am 7. Febr. 02 (ER 213); Kaufpreis	500.000,00 €
+ Notargebühren	4.000,00 €
+ 19 % USt auf Notargebühren	760,00 €
+ 3,5 % Grunderwerbsteuer	17.500,00 €
	522.260,00 €

Im Kaufpreis ist der Grundstücksanteil von 100.000,00 € enthalten.

a) Ermitteln Sie die Anschaffungskosten der Lagerhalle.
b) Buchen Sie die Anschaffung der Lagerhalle.
c) Ermitteln Sie den Wertansatz der Lagerhalle am 31. Dezember, wenn der Abschreibungssatz 2,5 % beträgt.

5 Die LKW-Handelsgesellschaft mbH stellt uns für den Kauf eines Lastkraftwagens in Rechnung (ER 214):

Nettopreis des Lastkraftwagens lt. Preisliste	210.000,00 €
Spezialaufbau	15.000,00 €
Sonderlackierung mit Werbeaufschrift	4.800,00 €
Anhängerkupplung	2.600,00 €
Überführungskosten	1.400,00 €
Tankfüllung	500,00 €
Zulassungskosten	200,00 €
	234.500,00 €
+ 19 % USt	44.555,00 €
Rechnungspreis	279.055,00 €

Die Kraftfahrzeugsteuer über 4.350,00 € und die Haftpflichtversicherung mit 5.260,00 € werden von uns durch Banküberweisung bezahlt.

a) Begründen Sie, welche Posten Anschaffungsnebenkosten bzw. keine Anschaffungsnebenkosten sind.
b) Ermitteln Sie die Anschaffungsnebenkosten des Lastkraftwagens.
c) Buchen Sie die Anschaffung auf den entsprechenden Konten.

6 Die ER 214 (Fall 5) wird unter Abzug von 2 % Skonto auf den Nettopreis des Lastkraftwagens lt. Preisliste durch Banküberweisung beglichen.

Buchen Sie den Rechnungsausgleich.

10.2 Verkauf von Anlagegütern

Der **Verkauf von Anlagegütern** stellt einen steuerpflichtigen Umsatz dar. Grundlage für die Berechnung der Umsatzsteuer ist der Nettoverkaufspreis. Verkäufe von Grundstücken und Gebäuden sind umsatzsteuerfrei, da der Erwerber hierfür bereits eine andere Verkehrsteuer, nämlich die Grunderwerbsteuer (3,5 %), zu zahlen hat.

Der Buchwert des verkauften Anlagegutes stimmt nur selten mit dem erzielten Nettoverkaufspreis überein. In der Regel sind die Nettoverkaufspreise höher oder niedriger als der Buchwert.

Ist der **Nettoverkaufspreis höher als der Buchwert,** wirkt sich der Verkauf **gewinnerhöhend** aus. Der Buchwert ist über Abschreibungen auszubuchen, da ja das verkaufte Anlagegut nicht mehr zum Handelsbetrieb gehört. Diesem Abgang aus Anlagevermögen ist der (höhere) Nettoverkaufspreis als außerordentlicher Ertrag gegenüberzustellen. Bei höherem Ertrag als Aufwand steigt der Gewinn in der GuV.

Ist der **Nettoverkaufspreis geringer als der Buchwert,** wirkt sich der Verkauf **gewinnmindernd** aus. Der Buchwert ist wieder über Abschreibungen auszubuchen. Diesem Abgang aus Anlagevermögen ist der (geringere) Nettoverkaufspreis als Ertrag gegenüberzustellen. Bei geringerem Ertrag als Aufwand wird der Gewinn in der GuV gemindert.

Hinweis: *Wegen der Umsatzsteuerverprobung in der GuV sollte der gesamte Verkaufserlös als Ertrag gebucht werden, der auch umsatzsteuerpflichtig ist. So kann später die Ertragseite der GuV mit der Umsatzsteuererklärung verprobt werden, das heißt, der Summenwert der Erträge in der GuV mit dem Umsatzsteuersatz multipliziert, ergibt die Umsatzsteuerschuld. Wird lediglich die Differenz Nettoverkaufspreis – Buchwert als Ertrag gebucht, stimmen Ertrag in der GuV und Umsatzsteuerschuld (19 % aus Ertrag der GuV) nicht überein.*

Es ist empfehlenswert, die **finanzielle Transaktion** einerseits und den **Vermögensabgang** andererseits getrennt zu buchen.

Musteraufgabe

Ein Gabelstapler wird am 15. Aug. für 3.000,00 € + 570,00 € USt bar verkauft. Der Buchwert beträgt 1.000,00 €.

❶ Buchen Sie die finanzielle Transaktion.

❷ Buchen Sie den Vermögensabgang.

❸ Wie wirkt sich der Verkauf in der GuV aus?

6540144

Lösung

❶ **Finanzielle Transaktion:**

282	Kasse		3.570,00 €	
	an 546	Erträge aus Anlageverkäufen		3.000,00 €
	480	Umsatzsteuer		570,00 €

❷ **Vermögensabgang:**

696	Abgänge aus Anlagevermögen		1.000,00 €	
	an 083	Transportgeräte		1.000,00 €

- Der Verkauf ist umsatzsteuerpflichtig. In der Kontenklasse 5 werden 3.000,00 € Ertrag gebucht.
- Der Gabelstapler steht noch mit 1.000,00 € in der Buchführung. Das Fahrzeug ist vollständig auszubuchen. Folglich ist es mit 1.000,00 € abzuschreiben.
- In der GuV werden a) 3.000,00 € Ertrag und b) 1.000,00 € Aufwand gebucht. Insgesamt wirkt sich dieser Vorgang um 2.000,00 € gewinnerhöhend aus.

Aufgaben zum Sachverhalt

1 Ein Gabelstapler, der zum Zeitpunkt des Ausscheidens einen Buchwert von 2.500,00 € hat, wird gegen Bankscheck verkauft für:

a) 4.000,00 € + USt
b) 2.500,00 € + USt
c) 2.300,00 € + USt
d) 1.500,00 € + USt

1. Ermitteln Sie die Erfolgsauswirkung in den Fällen a) bis d).
2. Bilden Sie die jeweiligen Buchungssätze.

2 Ein nicht mehr benötigter LKW wird auf Ziel (AR 755) verkauft. Nettopreis 32.000,00 € + USt. Der Buchwert des LKW beträgt 20.000,00 €.

a) Buchen Sie den Verkauf.
b) Wie wirkt sich der Verkauf in der GuV aus?

Kapitelzusammenfassende Aufgaben

1 ER 254 für neuen LKW, zulässiges Gesamtgewicht 40 t:

	Listenpreis, netto	160.000,00 €
	Sonderaufbau	7.500,00 €
	Überführungskosten	2.500,00 €
		170.000,00 €
+	19 % USt	32.300,00 €
	Rechnungspreis	202.300,00 €

2 ER 255 für neue Büroeinrichtung, 25.000,00 € + USt

3 ER 255 wird unter Abzug von 10 % Preisnachlass wegen verspäteter Lieferung per Banküberweisung beglichen.

4	Kauf einer Lagerhalle (ER 253); Kaufpreis	800.000,00 €
	+ Notargebühren Kaufvertrag	10.000,00 €
	+ Notargebühren Grundbucheintragung	1.000,00 €
	+ 19 % USt auf Notargebühren	2.090,00 €
		813.090,00 €
5	Steuerbescheid für die neue Lagerhalle. Die Steuerschuld wird durch sofortige Banküberweisung beglichen.	
	Grunderwerbsteuer	28.000,00 €
6	Ein nicht mehr benötigter LKW wird gegen Bankscheck verkauft. Nettopreis 25.000,00 € + USt. Der Buchwert des LKW beträgt 10.000,00 €	
7	ER 256, PKW für einen Außendienstmitarbeiter:	
	Nettopreis lt. Preisliste	26.000,00 €
	– Preisnachlass	3.000,00 €
	+ Sonderlackierung mit Werbeaufschrift	1.250,00 €
	+ Überführungskosten	450,00 €
	+ Zulassungskosten	50,00 €
		24.750,00 €
	+ 19 % USt	4.702,50 €
	Rechnungspreis	29.452,50 €
	Die Kraftfahrzeugsteuer über 110,00 € und die Haftpflichtversicherung mit 510,00 € werden durch Banküberweisung bezahlt. Die erste Tankfüllung wird bar bezahlt; 55,00 € + USt.	
8	ER 257, Spezialverpackungsmaschine aus Kanada:	
	vereinbarter Kaufpreis	10.000,00 €
	+ Transportkosten	1.000,00 €
	+ Einfuhrzoll	600,00 €
	Rechnungspreis	11.600,00 €
	Bei Importen aus Drittländern fällt Einfuhr-Umsatzsteuer (EUSt) an. Der EUSt-Prozentsatz entspricht immer dem USt-Prozentsatz (hier 19 %).	

11 Personalaufwendungen erfassen, zuordnen und verbuchen

11.1 Grundlagen der Lohn- und Gehaltsabrechnung

Als der Auszubildende Christian Eder seine erste Abrechnung der Ausbildungsvergütung zu Hause vorzeigt, meint sein Vater, hier müsse etwas falsch sein. Die Sozialversicherungsabzüge seien in Ordnung, aber man habe offenbar den Steuerabzug vergessen.

Ist die Verdienstabrechnung von Christian Eder tatsächlich falsch? Diskutieren Sie Ihre Ansicht im Klassenverband.[1]

1 Lösungshinweis: Bis ca. 900,00 € monatliche Einnahmen wird keine Lohnsteuer berechnet.

Logistik-GmbH

Christian Eder

Verdienstabrechnung
bitte sorgfältig aufbewahren,
da Verdienstbescheinigung

Abrechnungs-monat	Steuer-klasse	Kirche	Kinder-freibetrag	Versicherungs-nummer	Bankverbindung	Gehalts-gruppe
Sept. ..	1	20	0,0	2325075X023	23 456 788	LA 01

Bezeichnung	Prozent	Betrag
Ausbildungsvergütung		690,00
VWL-AG-Anteil		26,59
Gesamtbrutto		716,59
steuerpfl. Brutto		716,59
soz.-vers.pfl. Brutto		716,59
Krankenversicherung allgemein	6,45	46,22
Krankenversicherung Zahnersatz und Krankengeld	0,90	6,45
Rentenversicherung	9,75	69,87
Arbeitslosenversicherung	3,25	23,29
Pflegeversicherung	0,85	6,09
Netto		564.67
VWL-Abzug		26,59
Überweisung		**538,08**

Personalaufwand

Für die Arbeitsleistung im Unternehmen erhalten Arbeiter Löhne und Angestellte Gehälter. Löhne und Gehälter sind für die Arbeitnehmer Einkommen. Für das Unternehmen stellen Löhne und Gehälter buchhalterisch **Personalaufwand** und im Sinne der Kosten- und Leistungsrechnung Kosten zur Leistungserstellung **(Personalkosten)** dar.

Bruttoverdienst

Das gesamte Arbeitsentgelt des Arbeitnehmers aufgrund seiner **Arbeitsleistung** und sonstiger **Vereinbarungen** (z. B. Prämien, Überstundenzuschläge, Urlaubsgeld, Weihnachtsgeld, vermögenswirksame Leistungen des Arbeitgebers) ergibt seinen Bruttoverdienst.

Abzüge vom Bruttoverdienst

Der Bruttoverdienst wird durch Abzüge nach steuer- und abgaberechtlichen Vorschriften vermindert. Lohnsteuer, Solidaritätszuschlag und Kirchensteuer werden an das Finanzamt und die anteiligen Sozialversicherungen an die Sozialversicherungsträger überwiesen.

Bruttolohn/Bruttogehalt einschließlich Prämien, Urlaubsgeld usw.
- **Lohnsteuer**
- **Solidaritätszuschlag**
- **Kirchensteuer**
- **Arbeitnehmeranteil zur Sozialversicherung (Versichertenanteil)** (Renten-, Pflege-, Kranken- und Arbeitslosenversicherung)
- **Überweisung der vermögenswirksamen Leistungen**

= **Nettolohn/Nettogehalt**

Das daraus resultierende Nettoeinkommen wird in der Regel auf das Girokonto des Arbeitnehmers überwiesen.

Lohnsteuer

Die individuelle Lohnsteuer des Arbeitnehmers wird aus der **Lohnsteuerabzugstabelle** abgelesen. Diese richtet sich nach der Höhe des steuerpflichtigen Lohnes bzw. Gehaltes und der Steuerklasse, in die der Arbeitnehmer nach seiner persönlichen Lebenssituation eingestuft wird. Auf der **Lohnsteuerkarte** des Arbeitnehmers werden alle für den Lohnsteuerabzug wichtigen Daten ausgewiesen. Die Lohnsteuerkarte berücksichtigt in **6 Steuerklassen** die persönliche Lebenssituation.

Steuerklasse I: ledige, verwitwete, geschiedene sowie verheiratete Arbeitnehmer, die dauernd getrennt leben

Steuerklasse II: Arbeitnehmer der Steuerklasse I mit mindestens einem Kind

Steuerklasse III: verheiratete Arbeitnehmer, die nicht dauernd getrennt leben und deren Ehepartner keinen Arbeitslohn beziehen oder auf gemeinsamen Antrag in der Steuerklasse V eingestuft werden

Steuerklasse IV: Verheiratete, die beide Arbeitslohn beziehen und nicht dauernd getrennt leben

Steuerklasse V: Arbeitnehmer der Steuerklasse IV, wenn einer der Ehegatten auf gemeinsamen Antrag in die Steuerklasse III eingestuft wird

Steuerklasse VI: für eine zweite und alle weiteren Lohnsteuerkarten eines Arbeitnehmers, der Arbeitslohn von mehreren Arbeitgebern bezieht

Abzüge an Lohnsteuer, Solidaritätszuschlag (SolZ) und Kirchensteuer (8 %, 9 %) in den Steuerklassen

Lohn/ Gehalt		I – VI				I, II, III, IV																			
bis €*			ohne Kinderfreibeträge					mit Zahl der Kinderfreibeträge . . . 0,5			1			1,5			2			2,5			3**		
		LSt	SolZ	8 %	9 %		LSt	SolZ	8 %	9 %	SolZ	8 %	9 %	SolZ	8 %	9 %	SolZ	8 %	9 %	SolZ	8 %	9 %	SolZ	8 %	9 %
1 796,99	I, IV	206,16	11,33	16,49	18,55	I	206,16	7,87	11,46	12,89	0,51	6,68	7,52	—	2,52	2,83	—	—	—	—	—	—	—	—	—
	II	177,41	9,75	14,19	15,96	II	177,41	6,37	9,27	10,43	—	4,68	5,27	—	0,96	1,08	—	—	—	—	—	—	—	—	—
	III	11,83	—	0,94	1,06	III	11,83	—	—	—	—	—	—	—	—	—	—	—	—	—	—	—	—	—	—
	V	474,66	26,10	37,97	42,71	IV	206,16	9,58	13,94	15,68	7,87	11,46	12,89	6,21	9,04	10,17	0,51	6,68	7,52	—	4,48	5,04	—	2,52	2,83
	VI	503,33	27,68	40,26	45,29																				
1 931,99	I, IV	242,58	13,34	19,40	21,83	I	242,58	9,78	14,23	16,01	6,40	9,31	10,47	—	4,72	5,31	—	0,99	1,11	—	—	—	—	—	—
	II	213,08	11,71	17,04	19,17	II	213,08	8,24	11,98	13,48	1,76	7,18	8,08	—	2,92	3,28	—	—	—	—	—	—	—	—	—
	III	29,50	—	2,36	2,65	III	29,50	—	—	—	—	—	—	—	—	—	—	—	—	—	—	—	—	—	—
	V	525,50	28,90	42,04	47,29	IV	242,58	11,54	16,78	18,88	9,78	14,23	16,01	8,07	11,74	13,20	6,40	9,31	10,47	1,18	6,95	7,82	—	4,72	5,31
	VI	555,33	30,54	44,42	49,97																				
2 261,99	I, IV	335,33	18,44	26,82	30,17	I	335,33	14,64	21,30	23,96	11,02	16,03	18,03	7,58	11,02	12,40	—	6,27	7,05	—	2,20	2,47	—	—	—
	II	303,83	16,71	24,30	27,34	II	303,83	12,99	18,90	21,26	9,45	13,74	15,46	5,93	8,85	9,95	—	4,31	4,85	—	0,68	0,77	—	—	—
	III	86,16	—	6,89	7,75	III	86,16	—	3,22	3,62	—	0,06	0,07	—	—	—	—	—	—	—	—	—	—	—	—
	V	658,50	36,21	52,68	59,26	IV	335,33	16,52	24,03	27,03	14,64	21,30	23,96	12,81	18,63	20,96	11,02	16,03	18,03	9,28	13,50	15,18	7,58	11,02	12,40
	VI	690,75	37,99	55,26	62,16																				
2 300,99	I, IV	346,50	19,05	27,72	31,18	I	346,50	15,23	22,15	24,92	11,58	16,84	18,95	8,11	11,80	13,27	1,31	7,00	7,88	—	2,78	3,12	—	—	—
	II	314,75	17,31	25,18	28,32	II	314,75	13,56	19,73	22,19	10,—	14,54	16,36	6,60	9,61	10,81	—	4,98	5,60	—	1,19	1,34	—	—	—
	III	93,83	—	7,50	8,44	III	93,83	—	3,77	4,24	—	0,53	0,59	—	—	—	—	—	—	—	—	—	—	—	—
	V	674,91	37,12	53,99	60,74	IV	346,50	17,12	24,90	28,01	15,23	22,15	24,92	13,38	19,47	21,90	11,58	16,84	18,95	9,82	14,29	16,07	8,11	11,80	13,27
	VI	707,08	38,88	56,56	63,63																				
2 303,99	I, IV	347,33	19,10	27,78	31,25	I	347,33	15,27	22,22	24,99	11,62	16,91	19,02	8,15	11,86	13,34	1,46	7,06	7,94	—	2,82	3,17	—	—	—
	II	315,58	17,35	25,24	28,40	II	315,58	13,61	19,80	22,27	10,04	14,60	16,43	6,64	9,66	10,87	—	5,03	5,66	—	1,23	1,38	—	—	—
	III	94,50	—	7,56	8,50	III	94,50	—	3,81	4,28	—	0,57	0,64	—	—	—	—	—	—	—	—	—	—	—	—
	V	676,16	37,18	54,09	60,85	IV	347,33	17,16	24,97	28,09	15,27	22,22	24,99	13,42	19,53	21,97	11,62	16,91	19,02	9,86	14,35	16,14	8,15	11,86	13,34
	VI	708,33	38,95	56,66	63,74																				

Solidaritätszuschlag

Der Solidaritätszuschlag ist ein zeitlich begrenzter Zuschlag zur Finanzierung des Aufbaus der neuen Bundesländer. Der Solidaritätszuschlag beträgt 5,5 % der gezahlten Lohn- bzw. Einkommensteuer.

Kirchensteuer

Die Kirchensteuer wird ebenfalls in Prozenten der Lohn- bzw. Einkommensteuer bemessen. Der Kirchensteuersatz beträgt in Baden-Württemberg und Bayern 8 %, in allen anderen Bundesländern 9 %.

6540148

Sozialversicherungsbeiträge[1]

Die Sozialversicherungsbeiträge werden auf **Basis der Bruttoverdienste** berechnet:

Krankenversicherung: **Kassenindividuell** 13 – 16 % von max. 3.562,50 €[2], wobei der Arbeitnehmer die Krankenkasse frei wählen kann. Zusätzlich muss der Arbeitnehmer 0,9 % Arbeitnehmerbeitrag für Zahnersatz und Krankengeld bezahlen. Daran beteiligt sich der Arbeitgeber nicht.
Pflegeversicherung: 1,7 %[3] von max. 3.562,50 €[2] für die Pflegestufe II
Rentenversicherung: 19,9 % von max. 5.250,00 €[2] (Ost: 4.400,00 €) an den Rentenversicherungsträger[4]
Arbeitslosenversicherung: 4,2 % von max. 5.250,00 €[2] (Ost: 4.400,00 €) für die Bundesagentur für Arbeit

Die Sozialversicherungsbeiträge werden zu einem Gesamtversicherungsbeitrag zusammengefasst und mit Ausnahme der Kranken- und Pflegeversicherung **je zur Hälfte** vom **Arbeitgeber und Arbeitnehmer** getragen.

Seit dem 1. Januar 2006 müssen die Sozialversicherungsbeträge spätestens am drittletzten Bankarbeitstag des Monats an den Träger der jeweiligen gesetzlichen Krankenkasse abgeführt werden. Somit kann die Beitragsschuld für den jeweiligen Monat nur vorläufig berechnet werden. Zur Verbuchung der Sozialversicherungsbeiträge muss daher ein neues Verrechnungskonto, **2460 SV–Vorauszahlungen,** eingerichtet werden:

Sozialversicherungsbeiträge

Entgelt	Versichertenanteil						Arbeitgeberanteil				
	KV	RV	ALV	PV m. K.	PV o. K.	Summe	KV	RV	ALV	PV	Summe
	7,5 % + 0,9 %	9,95 %	2,10 %	0,85 %	1,10 %		7,50 %	9,95 %	2,10 %	0,85 %	
1.796,00 €	150,86 €	178,70 €	37,72 €	15,27 €		382,55 €	134,70 €	178,70 €	37,72 €	15,27	366,38 €
...	150,86 €	178,70 €	37,72 €		19,76 €	387,04 €					
1.931,04 €	162,21 €	192,14 €	40,55 €	16,41 €		411,31 €	144,83 €	192,14 €	40,55 €	16,41	393,93 €
...	162,21 €	192,14 €	40,55 €		21,24 €	416,14 €					
2.260,00 €	189,84 €	224,87 €	47,46 €	19,21 €		481,38 €	169,50 €	224,87 €	47,46 €	19,21	461,04 €
...	189,84 €	224,87 €	47,46 €		24,86 €	487,03 €					
2.300,00 €	193,20 €	228,85 €	48,30 €	19,55 €		489,90 €	172,50 €	228,85 €	48,30 €	19,55	469,20 €
...	193,20 €	228,85 €	48,30 €		25,30 €	495,65 €					
2.302,20 €	193,38 €	229,07 €	48,35 €	19,57 €		490,37 €	172,67 €	229,07 €	48,35 €	19,57	469,65 €
...	193,38 €	229,07 €	48,35 €		25,32 €	496,12 €					

1 Die gesetzliche Unfallversicherung ist zu 100 % vom Arbeitgeber zu übernehmen und wird an die Berufsgenossenschaften gezahlt.
2 Stand 2007.
3 Kinderlose Arbeitnehmer zahlen ab dem 23. Lebensjahr einen Zuschlag von 0,25 Prozentpunkten.
4 Die Beiträge für Arbeiter und Angestellte erhält die „Deutsche Rentenversicherung Bund". (DVR-Bunde)

Merke:

- Die Abzüge des Arbeitnehmers werden in der Lohn- und Gehaltsbuchung auf Basis von Lohnabzugstabellen ermittelt.
- Die Sozialversicherungsbeiträge werden vom Arbeitgeber und Arbeitnehmer getragen.
- Die Sozialversicherungsanteile des Arbeitgebers stellen Lohn- und Gehaltsnebenkosten dar.

11.2 Verbuchung von Lohn- und Gehaltszahlungen

Bruttolöhne und Bruttogehälter werden im „Soll" der betrieblichen Aufwandskonten **62 Löhne** und **63 Gehälter** erfasst.

Die **Abzüge des Arbeitnehmers** (Lohnsteuer, Solidaritätszuschlag, Kirchensteuer) muss der Arbeitgeber vom Bruttolohn bzw. -gehalt einbehalten und bis zum 10. des Folgemonats an das Finanzamt überweisen. Bis dahin werden die von den Arbeitnehmern einbehaltenen Abzüge als durchlaufende Posten im „Haben" des folgenden Kontos erfasst:

483 Verbindlichkeiten gegenüber Finanzbehörden

Der Versichertenanteil zur **Sozialversicherung** wird seit dem 1. Januar 2006 zusammen mit dem Arbeitgeberanteil zur Sozialversicherung an die Krankenkassen vorzeitig gemeldet und bis zum **drittletzten Bankarbeitstag** an die Krankenkasse überwiesen. Diese Vorauszahlungen werden auf dem Konto

2460 SV-Vorauszahlungen

und bei der Gehaltsbuchung verrechnet.

Der Arbeitgeberanteil zur Sozialversicherung wird als **zusätzlicher Aufwand** auf dem Konto

640 Gesetzliche soziale Abgaben (Arbeiter, Angestellte)

erfasst und auf dem Konto

2460 SV-Vorauszahlungen

gegengebucht.

Zusätzlich zahlt der Arbeitgeber die Beiträge zur **gesetzlichen Unfallversicherung** an die jeweilige Berufsgenossenschaft zu 100 % selbst. Diese Beiträge[1] werden auf dem Konto

642 Beiträge zur Berufsgenossenschaft

als Personalkosten erfasst und auf dem Konto

484 Verbindlichkeiten gegenüber Sozialversicherungsträgern

gegengebucht.

1 Die Höhe der Beiträge zur gesetzlichen Unfallversicherung ist von verschiedenen gewerbespezifischen Faktoren wie Arbeitsstunden, Lohnsumme und Gefahrenklasse abhängig.

6540150

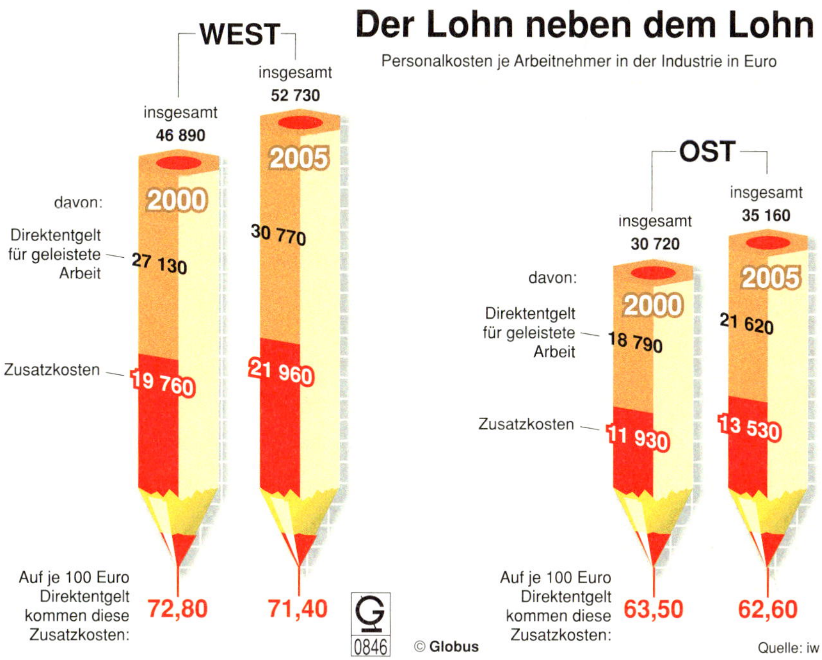

Musteraufgabe

Für Hans Muster, ledig, Fachkraft für Lagerlogistik bei der A. Knoll KG, Heilbronn, liegt folgende Gehaltsabrechnung für den abgelaufenen Monat März zur Verbuchung vor:

Hans Muster
Fachkraft für Lagerlogistik, Lagerleiter
Abt. Sanitärlager

März 20..

Bruttogehalt		**2.300,00 €**
Abzüge:		
Lohnsteuer, Kl. I/ Ki 0 s. Tabelle S. 148	346,50 €	
Solidaritätszuschlag s. Tabelle S. 148	19,05 €	
Kirchensteuer, ev. 8 % s. Tabelle S. 148	27,72 €	
Krankenkasse (KV) mit Zahn + KG s. Tab. S. 149	193,20 €	
Rentenversicherung (RV) s. Tabelle S. 149	228,85 €	
Arbeitslosenversicherung (ALV) s. Tabelle S. 149	48,30 €	
Pflegeversicherung (PV) s. Tabelle S. 149	25,30 €	
		– 888,92 €
Nettogehalt		**1.411,08 €**

(Auszahlung: Postbank, Kto.-Nr. 35421708, BLZ 500 100 60)

Arbeitgeberanteil zur Sozialversicherung von Hans Muster[1]:

KV Krankenkassenbeitrag (AOK 7,1 %)	DRV-Bund Deutsche Rentenversicherung Bund	ALV Arbeitslosenversicherung (BAA 3,25 %)	PV Pflegeversicherung (AOK 0,85 %)
172,50 €	228,85 €	48,30 €	19,55 €

❶ Buchen Sie die Überweisung der Sozialversicherungsbeiträge am drittletzten Bankarbeitstag im März.
❷ Buchen Sie die Gehaltsabrechnung.
❸ Buchen Sie den Arbeitgeberanteil zu Sozialversicherung.
❹ Buchen Sie die Überweisung der lohn- und gehaltsabhängigen Steuern zum 10. des Folgemonats.

Lösung

❶ Buchung der Überweisung der Sozialversicherungsbeiträge am drittletzten Bankarbeitstag im März:

2460	Sozialversicherungsvorauszahlungen	964,85 €	
	an 280 Bank		964,85 €

❷ Buchung der Gehaltszahlung am Monatsende:

63	Gehälter	2.300,00 €	
	an 483 Verbindlichkeiten Finanzamt		393,27 €
	2460 Sozialversicherungsvorauszahlungen		495,65 €
	280 Bank		1.411,08 €

❸ Buchung des Arbeitgeberanteils am Monsatsende:

640	Gesetzliche soziale Abgaben	469,20 €	
	an 2460 Sozialversicherungsvorauszahlungen		469,20 €

❹ Überweisung der lohn- und gehaltsabhängigen Steuern zum 10. des Folgemonats:

483	Verbindlichkeiten Finanzamt	393,27 €	
	an 280 Bank		393,27 €

S	**63 Gehälter**		H
❷	2.300,00		

S	**2460 Soz.-Vers.-vorausz.**		H
❶	964,85	❷	495,65
		❸	469,20

S	**640 ges. soz. Abgaben**		H
❸	469,20		

S	**483 Verb. Finanzamt**		H
❹	393,27	❷	393,27

Bruttogehalt H. Muster	**2.300,00 €**
+ Arb.geberanteil zur SV	**469,20 €**
Personalkosten H. Muster	**2.769,20 €**

S	**280 Bank**		H
		❶	964,85
		❷	1.411,08
		❹	393,27

Merke:

Die Einzelabrechnungen aller Arbeitnehmer werden in der Praxis auf Lohn- und Gehaltslisten zusammengefasst und bilden damit den Buchungssammelbeleg.

1 Vgl. Tabelle S. 149

Aufgaben

1 Für die Angestellte Hanna Hauber, Lohnsteuerklasse V/Ki 0, beschäftigt in Hamburg, liegt folgende Gehaltsabrechnung zur Verbuchung vor:

Bruttogehalt	1.796,00 €
Abzüge: Sozialversicherungsanteil Arbeitnehmer	392,42 €
Lohn-/Kirchensteuer, Solidaritätszuschlag	543,47 €
Nettogehalt	860,11 €
Sozialversicherungsanteil Arbeitgeber	376,26 €

a) Buchen Sie die Überweisung der Sozialversicherungsbeiträge.
b) Buchen Sie die Gehaltsabrechnung.
c) Buchen Sie den Arbeitgeberanteil zur Sozialversicherung.
d) Buchen Sie die Überweisung an das Finanzamt zum 10. des Folgemonats.

2 Buchen Sie die Lohnabrechnung der Logistikfachkraft Heiner Renner, Nürnberg, für den Monat März:

Bruttolohn (165 Stunden zu je 13,95 €)	2.301,75 €
Abzüge: Sozialversicherungsanteil/Arbeitnehmer	503,23 €
Steuerabzüge LSt-Klasse 2/Ki 2. (Lohn-, Kirchensteuer, Solidaritätszuschlag)	320,61 €
Nettolohn	1.477,91 €
Sozialversicherungsanteil Arbeitgeber	482,50 €

a) Buchen Sie die Überweisung der Sozialversicherungsbeiträge.
b) Buchen Sie die Lohnabrechnung.
c) Buchen Sie den Arbeitgeberanteil zur Sozialversicherung.
d) Buchen Sie die Überweisungen an das Finanzamt und die Sozialversicherungsträger zum 10. des Folgemonats.

3 Buchen Sie die folgenden Daten der Lohnliste der Internationalen Handelsgesellschaft Gerhardt Müller für den abgelaufenen Monat:

Bruttolöhne	27.754,00 €
Lohn- und Kirchensteuer, einschl. Solidaritätszuschlag	5.327,00 €
Sozialversicherungsanteil der Arbeitnehmer	6.064,25 €
Arbeitgeberanteil zur Sozialversicherung	5.814,46 €
Nettolohnauszahlungen	16.362,75 €

Hinweis: *Die Auszahlungsbeträge werden als Einzelüberweisungen auf die Konten der Arbeitnehmer überwiesen.*

a) Buchen Sie die Überweisung der Sozialversicherungsbeiträge.
b) Buchen Sie die Lohnabrechnung.
c) Buchen Sie den Arbeitgeberanteil zur Sozialversicherung.
d) Buchen Sie die Überweisungen an das Finanzamt und die Sozialversicherungsträger zum 10. des Folgemonats.

4 Führen Sie die Gehaltsbuchung der Internationalen Handelsgesellschaft Gerhardt Müller auf Basis der Gehaltsliste für den abgelaufenen Monat durch:

Bruttogehälter	17.551,00 €
Lohn- und Kirchensteuer, Solidaritätszuschlag	3.866,00 €
ges. Sozialversicherungsbeiträge der Arbeitnehmer	3.834,89 €
ges. Sozialversicherungsbeiträge des Arbeitgebers	3.676,93 €

a) Buchen Sie die Überweisung der Sozialversicherungsbeiträge.
b) Buchen Sie die Gehaltsabrechnung.
c) Buchen Sie den Arbeitgeberanteil zur Sozialversicherung.
d) Buchen Sie die Überweisungen an das Finanzamt und die Sozialversicherungsträger zum 10. des Folgemonats.

5 Führen Sie die Gehaltsbuchung für den abgelaufenen Monat durch:

Bruttogehälter	234.258,00 €
Lohn- und Kirchensteuer, einschl. Solidaritätszuschlag	44.563,00 €
ges. Sozialversicherungsbeiträge der Arbeitnehmer	51.185,37 €
ges. Sozialversicherungsbeiträge des Arbeitgebers	49.077,05 €

Hinweis: *Die Auszahlungsbeträge werden als Einzelüberweisungen auf die Konten der Arbeitnehmer überwiesen.*

a) Buchen Sie die Überweisung der Sozialversicherungsbeiträge.
b) Buchen Sie die Gehaltsabrechnung.
c) Buchen Sie den Arbeitgeberanteil zur Sozialversicherung.
d) Buchen Sie die Überweisungen an das Finanzamt und die Sozialversicherungsträger zum 10. des Folgemonats.

6 Im Rahmen eines Logistikprojekts wird den gewerblichen Mitarbeitern einheitliche Arbeitskleidung kostenlos zur Verfügung gestellt:

Rechnungsbetrag, netto	1.480,00 €
+ 19 % Umsatzsteuer	281,20 €
Rechnungsbetrag, brutto	1.761,20 €

Hinweis: *Die vom Arbeitgeber gestellte Arbeitskleidung wird auf dem* Konto 406 freiwillige Sozialleistungen *verbucht.*

7 Lastschrift der Berufsgenossenschaft über den Monatsbeitrag zur gesetzlichen Unfallversicherung: 3.578,80 €.

Hinweis: *Aufgrund gesetzlicher Vorschriften zahlt der Arbeitgeber die Beiträge zur gesetzlichen Unfallversicherung zu 100 %.*

8 Für die Gehaltsabrechnung von Beate Müller liegen folgende Daten vor: Nettogehalt 1.367,55 €, Steuern 700,00 €, Sozialversicherungsanteil Arbeitnehmer 21,30 %, Sozialversicherungsanteil Arbeitgeber 20,40 %.

a) Berechnen Sie den Bruttolohn.
b) Buchen Sie die komplette Gehaltsabrechnung.

9 Gehaltsabrechnung für den Lagerleiter Uwe Tammer, Osnabrück, LSt-Klasse 1/Ki 0:

Bruttogehalt	2.260,00 €
+ vermögenswirksame Leistungen[1]	40,00 €
steuer- und versicherungspflichtige Bezüge	2.300,00 €
Abzüge: Sozialversicherungsanteil Arbeitnehmer (lt. Tab. S. 105)	502,74 €
Lohn-/Kirchensteuer, sonstige Steuern	396,73 €
vermögenswirks. Leistungen (Bausparkasse)	40,00 €
Nettogehalt (Überweisungsbetrag)	**1.361,05 €**
Arbeitgeberanteil zur Sozialversicherung	**482,03 €**

Die Anlage erfolgt auf einem Bausparvertrag. Die Überweisung erfolgt direkt durch den Arbeitgeber.

a) Buchen Sie die Überweisung der Sozialversicherungsbeiträge.
b) Buchen Sie die Gehaltsabrechnung einschl. der Überweisung des Bausparbetrags.
c) Buchen Sie den Arbeitgeberanteil zur Sozialversicherung.
d) Buchen Sie die Überweisungen an das Finanzamt, die Sozialversicherungsträger und die Bausparkasse zum 10. des Folgemonats.

1 Vermögenswirksame Leistungen des Arbeitgebers stellen Bruttogehalt dar.

6540154

11.3 Verbuchung von Lohn- und Gehaltsvorschüssen

Benötigt ein Mitarbeiter vor **Fälligkeit** der Lohn- und Gehaltszahlung Bargeld, lässt er sich von der Personalabteilung einen **Vorschuss** auszahlen.

Das Unternehmen hat somit eine Forderung an den Mitarbeiter bis zur Lohn- und Gehaltszahlung. Vorschüsse werden daher auf dem Forderungskonto

265 Vorschüsse

erfasst und dann mit der Lohn- und Gehaltszahlung am Monatsende verrechnet.

Musteraufgabe

Die Lagerfachkraft Herbert Lutz erhält am 12.10. einen Vorschuss von 300,00 € bar, der mit dem Oktoberlohn verrechnet werden soll.
Herbert Lutz arbeitet im Oktober 180 Stunden zu je 12,79 €/Stunde.

Abzüge lt. Tab. S. 149

Arbeitnehmeranteil zur Sozialversicherung:	496,12 €
Arbeitgeberanteil zur Sozialversicherung:	469,65 €
gesamte Steuerabzüge, LSt 1/0; keine KSt:	366,43 €
Verrechnung des Oktobervorschusses	300,00 €

❶ Buchen Sie die Vorschusszahlung vom 12.10.
❷ Erstellen Sie die Lohnabrechnung „Herbert Lutz" für den Monat Oktober.
❸ Buchen Sie die Überweisung der Sozialversicherungsbeiträge.
❹ Buchen Sie die Lohnabrechnung Oktober.
❺ Buchen Sie den Arbeitgeberanteil zur Sozialversicherung.
❻ Buchen Sie die Überweisung der Steuerzahlung der Lagerfachkraft Herbert Lutz.

Lösung

❶

265	Vorschüsse	300,00 €	
	an 282 Kasse		300,00 €

❷

Bruttolohn: 180 Std. · 12,79 €/Std.	2.302,20 €
– Steuerabzüge	366,43 €
– Sozialversicherungsanteil des AN	496,12 €
Nettolohn	1.439,65 €
– Vorschusszahlung vom 12.10.	300,00 €
Auszahlungsbetrag (Überweisung)	1.139,65 €

❸

2460	Sozialversicherungsvorauszahlung	965,77 €	
	an 280 Bank		965,77 €

❹

62	Löhne	2.302,20 €	
	an 483 Verbindlichkeiten Finanzamt		366,43 €
	2460 Sozialversicherungsvorauszahlungen		496,12 €
	265 Vorschüsse		300,00 €
	280 Bank		1.139,65 €

Lösung ❺

640	gesetzl. soziale Abgaben	469,65 €	
	an 2460 Sozialversicherungsvorauszahlungen		469,65 €

❻

483	Verbindlichkeiten Finanzamt	366,43 €	
	an 280 Bank		366,43 €

Soll — 282 Kasse — Haben

Soll		Haben	
		❶	300,00

Soll — 265 Vorschüsse — Haben

Soll		Haben	
❶	300,00	❹	300,00

Soll — 62 Löhne — Haben

Soll		Haben	
❹	2.302,20		

Soll — 483 Verb. FA — Haben

Soll		Haben	
❻	366,43	❹	366,43

Soll — 640 ges. soz. Abgaben — Haben

Soll		Haben	
❺	469,65		

Soll — 2460 Soz.-Vers. Vorausz. — Haben

Soll		Haben	
❸	965,77	❹	496,12
		❺	469,65

Soll — 280 Bank — Haben

Soll		Haben	
		❸	965,77
		❹	1.139,65
		❻	366,43

Merke:

- **Vorschusszahlungen sind kurzfristige Forderungen des Unternehmens an den Mitarbeiter.**
- **Vorschusszahlungen werden mit der Lohn-/Gehaltszahlung an den Mitarbeiter verrechnet:**

	Nettolohn/-gehalt
−	Vorschusszahlung
=	Auszahlungsbetrag

11.4 Verbuchung von Minijobentgelten bei geringfügiger Beschäftigung

Die Entgeltsgrenze für geringfügig Beschäftigte beträgt 400,00 €. Diese „Minijobs" sind für die Arbeitnehmer **steuerfrei** und **sozialversicherungsfrei.** Der gewerbliche Arbeitgeber entrichtet eine **Pauschalabgabe** von 30 % an die Minijobzentrale der Bundesknappschaft in Essen.

Bei 400,00 € fallen 120,00 € (30 %) Pauschalabgabe an:

Die Pauschalabgabe besteht aus 4 Einzelbeiträgen:

1. 60,00 € an die Rentenkassen (15 %)
2. 52,00 € an die Krankenkassen (13 %)
3. 8,00 € Steuern (2 %)

6540156

Musteraufgabe

Elke Maurer arbeitet bei der Transflex GmbH, Cottbus, als Datenerfasserin im Rahmen eines Minijobs bis 400,00 € Entgelt. Sie erhält 7,50 € pro Arbeitsstunde. Im März arbeitete sie 32 Stunden.

a) Erstellen Sie die Märzabrechnung für Frau Maurer.
b) Berechnen Sie die Höhe der Pauschalabgabe an die Minijobzentrale.
c) Verbuchen Sie die Lohnzahlung und die Pauschalabgabe.

Lösung

a) Arbeitsentgelt für Elke Maurer, März 20..:

32 Arbeitsstunden · 7,50 € = 240,00 € Überweisungsbetrag

b) Pauschalabgabe an die Minijobzentrale:

$$30\,\% \text{ von } 240{,}00\text{ €} = \frac{240{,}00 \cdot 30}{100} = 72{,}00\text{ €}$$

c) **Verbuchung der Lohnzahlung an Frau Müller:**

62	Löhne	240,00 €	an	280	Bank	240,00 €

Erfassung der Pauschalabgabe

640	Gesetzl. soz. Abgaben...	72,00 €	an	484	Verb. Sozvers.	72,00 €

Überweisung der Pauschalabgabe zum 10. April:

484	Verb. Sozvers.	72,00 €	an	280	Bank	72,00 €

Merke:

- **Minijobs sind bis 400,00 € pro Monat für die Arbeitnehmer steuer- und sozialversicherungsfrei.**
- **Der Arbeitgeber zahlt in diesen Fällen eine Pauschalabgabe von 30 % des Arbeitsentgeltes an die Minijobzentrale der Bundesknappschaft, Essen.**

Aufgaben

1 Eine Reinigungskraft im Lager der Elektrogroßhandlung Uwe Peters, Magdeburg, erhält im Rahmen eines Minijobs 6,40 € pro Arbeitsstunde. Im Monat Mai wurden 25 Stunden gearbeitet.

a) Erstellen Sie die Maiabrechnung der Reinigungskraft.
b) Berechnen Sie die Höhe der Pauschalabgabe an die Minijobzentrale.
c) Verbuchen Sie die Lohnzahlung und die Pauschalabgabe.

2 Bei einem Logistikprojekt setzt die Translog GmbH, Eisenach, Kommissionierer auf Minijobbasis ein.

a) Wie viele Stunden darf eine Kommissionierkraft maximal pro Monat arbeiten, wenn 8,50 € pro Arbeitsstunde gezahlt werden.
b) Erstellen Sie auf Basis der höchstmöglichen Arbeitsstunden die Entgeltabrechnung des Kommissionierers Albert Seib für den Monat Oktober.

   Hinweis: *Nur mit vollen Stunden rechnen.*
c) Berechnen Sie die Pauschalabgabe für Albert Seib an die Minijobzentrale.
d) Verbuchen Sie die Lohnzahlung und die Pauschalabgabe.

Kapitelzusammenfassende Aufgaben

1 Für die Angestellte Petra Bayer, Köln, Lohnsteuerklasse V/Ki 0, liegt folgende Gehaltsabrechnung zur Verbuchung vor:

Bruttogehalt		2.303,00 €
Abzüge:	Sozialversicherungsanteil Arbeitnehmer	503,23 €
	Lohn-/Kirchensteuer (9 %), Solidaritätszuschlag	774,19 €
Nettogehalt		1.025,58 €
Sozialversicherungsanteil Arbeitgeber		482,50 €

a) Buchen Sie die Überweisung der Sozialversicherungsbeiträge.
b) Buchen Sie die Gehaltsabrechnung.
c) Buchen Sie den Arbeitgeberanteil zur Sozialversicherung.
d) Buchen Sie die Überweisungen an das Finanzamt und die Sozialversicherungsträger.

2 Buchen Sie die Lohnabrechnung der Fachkraft für Lagerlogistik Olaf Haufe für den Monat März:

Bruttolohn (164 Stunden zu je 14,02 €)		2.299,28 €
Abzüge:	Sozialversicherungsanteil Arbeitnehmer	502,74 €
	Steuerabzüge LSt-Klasse 3/Ki 2 (Lohn-, Kirchensteuer (8 %), Solidaritätszuschlag)	93,83 €
Nettolohn		1.702,71 €
Sozialversicherungsanteil Arbeitgeber		482,03 €

a) Buchen Sie die Überweisung der Sozialversicherungsbeiträge.
b) Buchen Sie die Lohnabrechnung.
c) Buchen Sie den Arbeitgeberanteil zur Sozialversicherung.
d) Buchen Sie die Überweisungen an das Finanzamt und die Sozialversicherungsträger.

3 Buchen Sie die folgenden Daten der Lohnliste der Internationalen Handelsgesellschaft Marco Kruse GmbH für den abgelaufenen Monat:

Bruttolöhne	34.500,00 €
Lohn- und Kirchensteuer einschl. Solidaritätszuschlag	6.520,00 €
Sozialversicherungsanteil der Arbeitnehmer	7.538,25 €
Arbeitgeberanteil zur Sozialversicherung	7.227,75 €
Nettolohnauszahlungen	20.441,75 €

Hinweis: *Die Auszahlungsbeträge werden als Einzelüberweisungen auf die Konten der Arbeitnehmer überwiesen.*

a) Buchen Sie die Überweisung der Sozialversicherungsbeiträge.
b) Buchen Sie die Lohnabrechnung.
c) Buchen Sie den Arbeitgeberanteil zur Sozialversicherung.
d) Buchen Sie die Überweisungen an das Finanzamt und die Sozialversicherungsträger.

4 Lastschrift der Berufsgenossenschaft über den Monatsbeitrag zur gesetzlichen Unfallversicherung: 4.200,00 €.

Hinweis: *Aufgrund gesetzlicher Vorschriften zahlt der Arbeitgeber die Beiträge zur gesetzlichen Unfallversicherung zu 100 %.*

6540158

5 Führen Sie die Gehaltsbuchung der LogSpeed GmbH auf Basis der Gehaltsliste für den abgelaufenen Monat durch:

Bruttogehälter	78.320,00 €
Lohn- und Kirchensteuer einschl. Solidaritätszuschlag	12.531,00 €
gesamte Sozialversicherungsbeiträge Arbeitnehmer	17.112,92 €
gesamte Sozialversicherungsbeiträge Arbeitgeber	16.408,04 €

a) Buchen Sie die Überweisung der Sozialversicherungsbeiträge.

b) Buchen Sie die Gehaltsabrechnung.

c) Buchen Sie den Arbeitgeberanteil zur Sozialversicherung.

d) Buchen Sie die Überweisungen an das Finanzamt und die Sozialversicherungsträger.

6 Im Rahmen eines Logistikprojekts wird den gewerblichen Mitarbeitern einheitliche Arbeitskleidung kostenlos zur Verfügung gestellt:

Rechnungsbetrag, netto	1.025,00 €
+ 19 % Umsatzsteuer	194,75 €
Rechnungsbetrag, brutto	1.219,75 €

7 Beate Müller arbeitet als Aushilfe 42 Stunden pro Monat zu je 9,15 €/Stunde. Als geringfügig Beschäftigte unterliegt sie nicht der Sozialversicherungspflicht.

Der Arbeitgeber, die Frankenspedition GmbH, übernimmt die pauschalierten Sozialversicherungsabgaben.

Erstellen und buchen Sie die Lohnabrechnung.

8 Gehaltsabrechnung für den Angestellten Uwe Tammer LSt-Klasse 3/Ki 1:

Bruttogehalt		2.263,00 €
+ vermögenswirksame Leistungen[1]		40,00 €
steuer- und versicherungspflichtige Bezüge		2.303,00 €
Abzüge:	Sozialversicherungsanteil Arbeitnehmer	503,23 €
	Lohn-/Kirchensteuer (9 %), sonstige Steuern	95,14 €
	vermögenswirks. Leistungen (Bausparkasse + Wertpap.)	72,00 €
Nettogehalt (Überweisungsbetrag)		**1.632,63 €**
Arbeitgeberanteil zur Sozialversicherung		**482,50 €**

Die Anlage erfolgt auf einen Bausparvertrag und auf einen Aktiensparvertrag. Die Überweisung erfolgt direkt durch den Arbeitgeber.

a) Buchen Sie die Überweisung der Sozialversicherungsbeiträge.

b) Buchen Sie die Gehaltsabrechnung einschl. der Überweisung des Bausparbetrags.

c) Buchen Sie den Arbeitgeberanteil zur Sozialversicherung.

d) Buchen Sie die Überweisungen an das Finanzamt, die Sozialversicherungsträger und die Bausparkasse.

1 Vermögenswirksame Leistungen des Arbeitgebers stellen Bruttogehalt dar.

12 Buchungen im Warenverkehr

12.1 Buchungen beim Wareneinkauf

Beim Wareneinkauf müssen in der Buchhaltung auch die Bezugskosten, Warenrücksendungen und Preisreduzierungen berücksichtigt werden. Um den GoB und dem Anspruch der Klarheit und Übersichtlichkeit in der Buchhaltung nachzukommen, werden diese Fälle auf besonderen Unterkonten erfasst.

12.1.1 Bezugskosten

Wird die eingekaufte Ware nicht frei Haus zugestellt, fallen vor allem Transportkosten und sonstige Bezugskosten an.

Mögliche Bezugskosten sind:

- Frachtkosten
- Zustellgebühren
- Verpackungskosten
- Transportversicherung
- Zölle
- Lagerkosten
- Vermittlungskosten (Provisionen usw.)

Bezugskosten sind zusätzlicher Aufwand für bezogene Waren und werden daher auf dem Aufwandskonto

6001 Bezugskosten

gebucht. Da die Bezugskosten zusätzlichen Aufwand für die bezogenen Waren darstellen, sind die Bezugskosten ein Unterkonto des Hauptkontos „60 Aufwendungen für Waren" und werden auf dieses abgeschlossen.

Musteraufgabe

Bei einer Warenanlieferung kassiert der Frachtführer Schnell Frachtkosten von 190,00 €, zusätzlich Palettentauschgebühr von 10,00 € + 19 % Umsatzsteuer.

❶ Buchen Sie die Bezugskosten.

❷ Schließen Sie das Unterkonto „6001 Bezugskosten" auf das Hauptkonto „60 Aufwendungen für Waren" ab.

Lösung

❶

6001	Bezugskosten	200,00 €	
260	Vorsteuer	38,00 €	
	an 282 Kasse		238,00 €

❷

60	Aufwendungen für Waren	200,00 €	
	an 6001 Bezugskosten		200,00 €

Hauptbuchbuchung

Soll	6001 Bezugskosten		Haben
❶	200,00	❷	200,00

Soll	60 Aufwend. für Ware		Haben
❷	200,00		

Soll	260 Vorsteuer		Haben
❶	38,00		

Soll	282 Kasse		Haben
		❶	238,00

Merke:

- **Bezugskosten sind Aufwendungen und werden auf dem Konto „6001 Bezugskosten" im Soll gebucht.**
- **Das Konto „6001 Bezugskosten" ist ein Unterkonto und wird auf das Hauptkonto „60 Aufwendungen für Waren" abgeschlossen.**

Aufgaben

1	Wir erhalten eine Frachtführerrechnung über 150,00 € + 19 % Ust.
2	Wir zahlen Hausfracht von 59,50 € bar an den Fahrer.
3	Die Spedition Zuverlässig stellt uns für Zollgutlagerung und Zollabwicklung 350,00 € + 19 % Ust für Importwaren in Rechnung.
4	Spezialverpackung im Wert von 80,00 € + 19 % USt werden vom Lieferanten in Rechnung gestellt.
5	Buchen Sie den Monatsabschluss des Kontos „6001 Bezugskosten". Saldo: 1.874,00 €.

12.1.2 Rabatte

Rabatte sind **warenbezogene Preisnachlässe,** die sofort gewährt werden und daher nicht verbucht werden müssen.

	Einkaufspreis lt. Preisliste
–	Rabatt (Mengen-/Wiederverkäufer-/Sonderrabatt)
=	Ziel-Einkaufspreis, netto

Musteraufgabe

Verbuchen Sie die folgende ER 11/138:

	100 St. Art. 14781 zu je 30,00 €	3.000,00 €
–	15 % Mengen-Rabatt	450,00 €
	Ziel-Einkaufspreis, netto	2.550,00 €
+	19 % Umsatzsteuer	484,50 €
	Ziel-Einkaufspreis, brutto	3.034,50 €

Lösung

60	Aufwendungen	2.550,00 €	
260	Vorsteuer	484,50 €	
	an 44 Verbindlichkeiten		3.034,50 €

Merke:

- **Rabatte werden direkt bei der Rechnungserstellung gewährt.**
- **Rabatte müssen daher in der Buchhaltung nicht erfasst werden.**
- **Verbucht wird somit nur der Ziel-Einkaufspreis.**

12.1.3 Lieferanten-Skonto

Skonto ist der Preisnachlass für die vorzeitige Zahlung einer Rechnung. Durch den vorzeitigen Geldrücklauf spart der Verkäufer Zinsen für die Finanzierung des Rechnungsbetrags bis zu dessen Bezahlung. Deshalb kann der Verkäufer seinem Kunden Skonto bis zu 4 % gewähren, wenn er innerhalb einer bestimmten Frist, meist 10 Tage, bezahlt.

Beim Wareneinkauf verkürzt die Skontierung den Zahlungsbetrag. Daher muss bei Skontoabzug auch die bereits gebuchte Vorsteuer korrigiert werden.

Die **Anschaffungspreisminderung** wird über das Konto **„6003 Liefererskonto"** gebucht.

Auch das Unterkonto „6003 Liefererskonto" wird auf das Hauptkonto „60 Aufwendungen für Waren" abgeschlossen.

Musteraufgabe

❶ Verbuchen Sie die folgende ER 11/189:

	Art. 15784	312,50 €
–	20 % Sonderrabatt	62,50 €
	Zieleinkaufspreis, netto	250,00 €
+	19 % Umsatzsteuer	47,50 €
	Zieleinkaufspreis, brutto	297,50 €

Zahlungsbedingungen: Zahlbar unter Abzug von 3 % Skonto innerhalb 10 Tagen nach Rechnungsdatum

❷ Wir zahlen die Rechnung unter Abzug von 3 % Skonto innerhalb 10 Tagen:

Überweisungsbetrag	288,57 €
Skontoabzug, netto	7,50 €
Vorsteuerkorrektur	1,43 €

Lösung

❶

60	Aufwendungen für Ware	250,00 €	
260	Vorsteuer	47,50 €	
	an 44 Verbindlichkeiten		297,50 €

❷

44	Verbindlichkeiten	297,50 €	
	an 280 Bank		288,57 €
	an 6003 Liefererskonto		7,50 €
	an 260 Vorsteuer		1,43 €

Hauptbuchbuchung

Soll	60 AfW	Haben
❶ 250,00		

Soll	44 Verb.	Haben
❷ 297,50		❶ 297,50

Soll	260 Vorsteuer	Haben
❶ 47,50		❷ 1,43

Soll	280 Bank	Haben
		❷ 288,57

Soll	6003 Liefererskonto	Haben
		❷ 7,50

6540162

Merke:

- Skonto ist ein Preisnachlass für die Zahlung der Rechnung vor Fälligkeit.
- Skontoabzug erfolgt erst bei Zahlung der Rechnung.
- Lieferskonto wird auf das Konto „6003 Liefererskonto" im Haben gebucht.
- Bei Skontoabzug muss auch die Vorsteuer korrigiert werden (Habenbuchung).
- Das Unterkonto „6003 Liefererskonto" wird auf das Hauptkonto „60 AfW" abgeschlossen.

Aufgaben

1

a) Verbuchen Sie die folgende ER 11/189:

	Art. 15784	5.000,00 €
–	20 % Sonder-Rabatt	1.000,00 €
	Zieleinkaufspreis, netto	4.000,00 €
+	19 % Umsatzsteuer	760,00 €
	Zieleinkaufspreis, brutto	4.760,00 €

Zahlungsbedingungen:Zahlbar unter Abzug von 2 % Skonto innerhalb 10 Tagen nach Rechnungsdatum

b) Wir zahlen die Rechnung unter Abzug von 2 % Skonto innerhalb 10 Tagen:

Überweisungsbetrag	4.664,80 €
Skontoabzug, netto	80,00 €
Vorsteuerkorrektur	15,20 €

2

a) Wir erhalten eine Eingangsrechnung über 750,00 € + 19 % Umsatzsteuer.

b) Wir überweisen die Rechnung unter Abzug von 3 % Skonto.

3

a) Wir erhalten eine Eingangsrechnung über 7.140,00 €, brutto.

b) Wir überweisen die Rechnung unter Abzug von 4 % Skonto.

12.1.4 Preisnachlässe und Rücksendungen

Gewährt der Lieferant z. B. für mangelhafte Ware einen Preisnachlass oder wird diese zurückgeschickt, entstehen Gutschriften des Lieferanten an uns. Diese werden auf dem Konto

6002 Preisnachlässe/Rücksendungen

gebucht. Da es sich um **Korrekturen** oder Stornobuchungen handelt, werden diese Geschäftsfälle im **„Haben"** gebucht.

Musteraufgabe

Wir erhalten eine Warensendung im Wert von 2.000,00 € + 19 % USt.
Da ein Teil der Ware falsch geliefert wurde, schicken wir Ware im Wert von 300,00 € + 19 % USt zurück.

❶ Verbuchen Sie den Wareneingang.

❷ Verbuchen Sie die Rücksendung an den Lieferanten.

❸ Schließen Sie das Konto „6002 Preisnachlässe/Rücksendungen" am Monatsende auf das Hauptkonto „60 Aufwendungen für Waren" ab.

Lösung

❶

60	Aufwendungen für Ware	2.000,00 €	
260	Vorsteuer	380,00 €	
	an 44 Verbindlichkeiten		2.380,00 €

❷

44	Verbindlichkeiten	357,00 €	
	an 6002 Preisnachlässe/Rücksendungen		300,00 €
	an 260 Vorsteuer		57,00 €

❸

6002	Preisnachlässe/Rücksendungen	300,00 €	
	an 60 Aufwendungen für Ware		300,00 €

Hauptbuchbuchung

Soll	60 AfW		Haben
❶	2.000,00	❸	300,00

Soll	44 Verb.		Haben
❷	357,00	❶	2.380,00

Soll	260 Vorsteuer		Haben
❶	380,00	❷	57,00

Soll	6002 Pr./Rücksend.		Haben
❸	300,00	❷	300,00

Merke:

- **Preisnachlässe und Rücksendungen verringern den Aufwand für Waren und werden daher im „Haben" gebucht.**
- **Damit muss auch der entsprechende Vorsteuerbetrag im Haben berichtigt werden.**
- **Das Konto „6002 Preisnachlässe/Rücksendungen" ist ein Unterkonto und wird auf das Hauptkonto „60 Aufwendungen für Waren" abgeschlossen, das dadurch korrigiert wird.**

Aufgaben

1 Wir senden mangelhafte Ware für 750,00 € + 19 % Umsatzsteuer 142,50 € = 892,50 € an den Lieferanten zurück.

2 Wegen einer Falschlieferung erhalten wir eine Gutschrift über 595,00 €, brutto.

3 a) Wir erhalten mit ER 11/721 eine Acryl-Badewanne zum Preis von 2.000,00 € + 19 % Umsatzsteuer.

b) Wegen Farbmängel erhalten wir einen Preisnachlass von 30 %.

4 Buchen Sie den Monatsabschluss des Kontos 6002 Preisnachlässe/Rücksendungen – Saldo: 2.214,00 €.

6540164

12.2 Buchungen beim Warenverkauf

Beim Warenverkauf fallen neben den Umsatzerlösen der einzelnen Warengruppen auch **weitere Erlöse** oder **Umsatzkorrekturen** an.

So werden Kosten für das **Verpackungsmaterial** und **Ausgangsfracht,** die dem Kunden extra berechnet werden, im Rahmen der Umsatzerlöse erfasst und gebucht. Andererseits müssen bei **Warenrücksendungen** oder in den Fällen von **Preisnachlässen** an die Kunden die Umsatzerlöse korrigiert werden.

12.2.1 Transportkosten, Verpackungsmaterial

Belastet der Spediteur oder Frachtführer den Handelsbetrieb als Auftraggeber mit Transportkosten, Verpackungskosten (Palettentausch) usw., werden diese zuerst als Aufwand des Handelsbetriebs über die Unterkonten

604 Verpackungsmaterial oder
614 Frachten

erfasst und dann als Umsatzerlös über das Konto

50 Umsatzerlöse

an den Kunden weiter verrechnet.

Musteraufgabe

Fall 1: Die Spedition Zuverlässig schickt uns folgende ER 11/183:

	Sammelguttransport	530,00 €
+	Palettentauschgebühr	20,00 €
	Rechnungsbetrag, netto	550,00 €
+	19 % Umsatzsteuer	104,50 €
	Rechnungsbetrag, brutto	654,50 €

Verbuchen Sie ER 11/183.

Fall 2: Wir stellen unserem Kunden Möhler GmbH neben der Warenlieferung auch den Transport und den Palettentausch in Rechnung.

	4 Paletten Fliesen Art. 34-23678	6.000,00 €
+	Transportkosten	530,00 €
+	Palettentauschgebühr	20,00 €
	Rechnungsbetrag, netto	6.550,00 €
+	19 % Umsatzsteuer	1.244,50 €
	Rechnungsbetrag, brutto	7.794,50 €

Verbuchen Sie die AR 11/ 278.

Lösung

❶

614	Frachten	530,00 €	
604	Verpackungsmaterial	20,00 €	
260	Vorsteuer	104,50 €	
	an 44 Verbindlichkeiten		654,50 €

Lösung ❷

240	Forderungen	7.794,50 €	
	an 50 Umsatzerlöse		6.550,00 €
	480 Umsatzsteuer		1.244,50 €

Merke:

- Die beim Warenverkauf entstehenden Transportkosten bzw. Verpackungskosten werden als Aufwand in der Kontenklasse 6 (im Soll) gebucht.
  Konto 614 Frachten/Konto 604 Verpackungskosten
- Diese Aufwendungen im Rahmen des Warenverkaufs werden dem Kunden über die Umsatzerlöse wieder in Rechnung gestellt.
  Konto 50 Umsatzerlöse

Aufgaben

1 a) Die Spedition Zuverlässig schickt uns folgende ER 11/233:

Sammelguttransport	710,00 €
+ Palettentauschgebühr	40,00 €
Rechnungsbetrag, netto	750,00 €
+ 19 % Umsatzsteuer	142,50 €
Rechnungsbetrag, brutto	892,50 €

Verbuchen Sie ER 11/233.

b) Wir stellen unserem Kunden Maurer KG neben der Warenlieferung auch den Transport und den Palettentausch in Rechnung.

8 Paletten Steinzeug Art. 689-23646	4.250,00 €
+ Transportkosten	710,00 €
+ Palettentauschgebühr	40,00 €
Rechnungsbetrag, netto	5.000,00 €
+ 19 % Umsatzsteuer	950,00 €
Rechnungsbetrag, brutto	5.950,00 €

Verbuchen Sie die AR 11/297.

2 Wir erhalten die ER 11/231 von der Spedition Zuverlässig für eine Stückgutsendung an einen Kunden.

Frachtbetrag	140,00 €
+ Gitterboxtausch	10,00 €
Frachtbetrag, netto	150,00 €
+ 19 % Umsatzsteuer	28,50 €
Rechnungsbetrag, brutto	178,50 €

3 Wir stellen unserem Kunden die ER 11/231 als AR 11/312 für Fracht- und Verpackungskosten wieder in Rechnung (siehe 2.).

4 Wir kaufen 500 Spezial-Versandboxen zu 22,00 €, netto das Stück – frei Haus. Erstellen Sie die Rechnung und buchen Sie diese Eingangsrechnung.

5 Wir senden einem Kunden Montageteile im Wert von 3.390,00 € netto, in 5 Spezial-Versandboxen frei Haus. Die Boxen bekommt der Kunden zum Selbstkostenpreis von 22,00 €/St., netto. Erstellen Sie die Rechnung und buchen Sie diese Ausgangsrechnung.

6540166

12.2.2 Preisnachlässe und Rücksendungen

An die Kunden des Handelsbetriebs gewährte nachträgliche Preisnachlässe und Rücksendungen mindern die Umsatzerlöse des Unternehmens.

Preisnachlässe und Rücksendungen werden auf dem Unterkonto

5001 Preisnachlässe und Rücksendungen

gebucht und am Ende des Geschäftsjahres wird das Unterkonto auf das Hauptkonto

50 Umsatzerlöse

abgeschlossen. Da es sich bei Preisnachlässen und Rücksendungen um Umsatzkorrekturen handelt, muss auch die Umsatzsteuer korrigiert werden.

Musteraufgabe

❶ Wir verkaufen Ware mit AR 11/368 im Wert von 5.950,00 € brutto.

❷ Da ein Teil der Ware Qualitätsmängel aufweist, erhält der Kunde (AR 11/368) einen Preisnachlass von 200,00 € + 19 % Umsatzsteuer.

❸ 3 Wochen später schickt uns der Kunde (AR 11/368) Ware für 595,00 € brutto zurück.

Lösung

❶

240 Forderungen		5.950,00 €	
	an 50 Umsatzerlöse		5.000,00 €
	480 Umsatzsteuer		950,00 €

❷

5001 Preisnachl./Rücksendungen		200,00 €	
480 Umsatzsteuer		38,00 €	
	an 240 Forderungen		238,00 €

❸

5001 Preisnachl./Rücksendungen		500,00 €	
480 Umsatzsteuer		95,00 €	
	an 240 Forderungen		595,00 €

Hauptbuchbuchung

Soll	240 Forderung		Haben
❶	5.950,00	❷	238,00
		❸	595,00

Soll	50 Umsatzerlöse		Haben
		❶	5.000,00

Soll	5001 Rücks./Preisnachl.		Haben
❷	200,00		
❸	500,00		

Soll	480 Umsatzsteuer		Haben
❷	38,00	❶	950,00
❸	95,00		

Merke:

- Nachträglich gewährte Preisnachlässe und Rücksendungen der Kunden mindern die Umsatzerlöse des Unternehmens.
- Preisnachlässe und Rücksendungen werden auf dem Unterkonto „5001 Preisnachlässe und Rücksendungen" gebucht.
- Am Ende des Geschäftsjahres wird das Unterkonto „5001 Preisnachlässe und Rücksendungen" auf das Hauptkonto „50 Umsatzerlöse" abgeschlossen.
- Preisnachlässe und Rücksendungen sind Umsatzkorrekturen – daher muss auch die Umsatzsteuer korrigiert werden (Minderung unserer Umsatzsteuer-Verbindlichkeiten an das Finanzamt).

Aufgaben

Bilden Sie die Buchungssätze zu den folgenden Geschäftsfällen:

1
a) Wir verkaufen Ware mit AR 11/398 im Wert von 2.380,00 € brutto.
b) Da ein Teil der Ware Qualitätsmängel aufweist, erhält der Kunde (AR 11/398) einen Preisnachlass von 150,00 € + 19 % Umsatzsteuer.
c) 2 Wochen später schickt uns der Kunde (AR 11/398) Ware für 416,50 € brutto zurück.

2
a) Wir verkaufen Ware mit AR 11/324 zu 890,00 € + 19 % Umsatzsteuer.
b) Aufgrund einer Kundenreklamation geben wir auf die Rechnung AR 11/324 einen Preisnachlass von 20 %.

3
a) Wir liefern verschiedene Duschabtrennungen mit AR 11/268 zu 5.712,00 € brutto.
b) Wegen falscher Größen erhalten wir Ware im Wert von 654,50 € brutto zurück.

4
a) Wir verkaufen Wannen – AR 11/364 zu 4.658,50 € + 19 % Umsatzsteuer.
b) Aufgrund von Warenmängeln geben wir 10 % Preisnachlass zur AR 11/364.

5
a) Wir liefern verschiedene Fallrohre mit AR 11/228 zu 1.761,20 € brutto.
b) Wegen falscher Größen erhalten wir Ware im Wert von 240,00 € netto zurück.

6540168

13 Abschreibungen auf Anlagen

13.1 Wertansätze der Anlagegüter in der Jahresbilanz

Abnutzbare Anlagegüter (z. B. Gebäude, Fuhrpark) sind am Ende des Geschäftsjahres mit den Anschaffungs- oder Herstellungskosten, abzüglich Abschreibungen anzusetzen.

Nicht abnutzbare Anlagegüter (z. B. Grundstücke) dürfen höchstens mit ihren Anschaffungskosten in die Jahresbilanz eingestellt werden. Ist der Wert am Bilanzstichtag jedoch nachhaltig niedriger, so ist das betreffende Anlagegut mit dem niedrigeren Tageswert anzusetzen, indem eine außerplanmäßige Abschreibung vorgenommen wird.

§ 253 (1) HGB	Vermögensgegenstände sind höchstens mit den Anschaffungs- oder Herstellungskosten, vermindert um **Abschreibungen** anzusetzen.
§ 253 (2) HGB	Bei Vermögensgegenständen des Anlagevermögens, deren Nutzung zeitlich begrenzt ist, sind die Anschaffungs- oder Herstellungskosten um **planmäßige Abschreibungen** zu vermindern.
§ 253 (2) HGB	Ohne Rücksicht darauf, ob ihre Nutzung zeitlich begrenzt ist, können bei Vermögensgegenständen des Anlagevermögens **außerplanmäßige Abschreibungen** vorgenommen werden, um die Vermögensgegenstände mit dem niedrigeren Wert anzusetzen, der ihnen am Abschlussstichtag beizulegen ist; sie sind vorzunehmen bei einer voraussichtlich dauernden Wertminderung.

Abschreibungen sollen die Wertminderung erfassen, die bei Anlagegütern durch Abnutzung, technischen Fortschritt oder wirtschaftliche Entwertung entstehen. Abschreibungen stellen Aufwand dar. Sie vermindern deshalb den Gewinn des Speditionsunternehmens und damit auch die gewinnabhängigen Steuern. Man unterscheidet zwischen planmäßigen und außerplanmäßigen Abschreibungen.

Planmäßige Abschreibungen. Abnutzbare Anlagegüter werden planmäßig, d. h. entsprechend ihrer betriebsgewöhnlichen Nutzungsdauer entweder linear, degressiv oder auch nach Leistungseinheiten abgeschrieben. Amtliche AfA[1]-Tabellen weisen die gewöhnliche[2] Nutzungsdauer nahezu aller Arten von Anlagegütern aus.

Auszug aus der AfA-Tabelle (Stand 2007):

Anlagegut	Allgemeine AfA-Tabelle		Afa-Tabelle im Güterverkehr[3]	
	Nutzungsdauer in Jahren	Linearer AfA-Satz in %	Nutzungsdauer in Jahren	Linearer AfA-Satz in %
Pkw	6	16 2/3 %	5	20 %
Lkw – unter 7,5 t – ab 7,5 t	 9 9	 11 1/9 % 11 1/9 %	 6 5	 16 2/3 % 20 %
Anhänger, Auflieger	11	9 1/11 %	6	16 2/3 %
Büromöbel	13	7 9/13 %	13	7 9/13 %
PC	3	33 1/3 %	3	33 1/3 %
DV-Großrechner	7	14 2/7 %	7	14 2/7 %

1 AfA = Absetzung für Abnutzung
2 Bei tatsächlich nachgewiesener kürzerer Nutzungsdauer kann der Abschreibungssatz entsprechend höher sein.
3 Die branchenspezifische AfA-Tabelle hat Vorrang vor den allgemeinen AfA-Tabellen.

Außerplanmäßige Abschreibungen werden im Falle einer außergewöhnlichen Wertminderung vorgenommen, wie bei plötzlich auftretenden Schäden oder bei wirtschaftlicher Entwertung des Anlagegutes.

Übersicht Abschreibungen der Anlagegüter

Anlagevermögen	planmäßige Abschreibung (normale Abschreibung) verursacht durch	Abschreibungsmethode der planmäßigen Abschreibung	außerplanmäßige Abschreibung verursacht durch
bebaute Grundstücke – Grundstücke	–	–	außergewöhnliche Ereignisse
– Bauten	Nutzung (Gebrauch)	lineare Abschreibung	technischer Fortschritt, außergewöhnliche Ereignisse
Maschinen	Nutzung (Gebrauch)	lineare oder degressive Abschreibung	
BGA	Nutzung (Gebrauch)	lineare oder degressive Abschreibung	
Fuhrpark	Nutzung (Gebrauch)	lineare oder degressive Abschreibung	

Alle Abschreibungen werden in der **Kontenklasse 6** auf dem Konto **650 Abschreibung auf Sachanlagen** erfasst.

Buchungssatz: 650 Abschreibung auf Sachanlagen an Anlagenkonto (Klasse 0)

- 650 Abschreibung auf Sachanlagen → erhöht den **Aufwand in der GuV**
- Anlagenkonto (Klasse 0) → vermindert den **Buchbestand**

Musteraufgabe

Gegeben sind: Fuhrpark; Anschaffungswert und zugleich Anfangsbestand 300.000,00 €; Abschreibung am Ende des ersten Jahres 60.000,00 €.

Buchen Sie die Abschreibung.

Lösung in Teilschritten

❶ Zuerst den Anfangsbestand eintragen.
❷ Die Abschreibung buchen.
❸ Abschreibung (Aufwandskonto) über das GuV-Konto abschließen.
❹ Fuhrpark über die Schlussbilanz abschließen.

Soll	084 Fuhrpark		Haben
❶ AB	300.000,00	❷	**60.000,00**
		❹	240.000,00

Soll	650 Abschr. auf Sachanl.		Haben
❷	60.000,00	❸	60.000,00

A	801 Schlussbilanz		P
❹ Fuhrp.	240.000,00		

A	802 GuV		E
❸	60.000,00		

- mindert Gewinn in der GuV
- mindert gewinnabhängige Steuern

Buchungssatz der Abschreibung:
650 Abschreibung auf Sachanlagen 60.000,00 € an 022 Fuhrpark 60.000,00 €

6540170

Zusammenfassung: Abschreibungen

Gründe für Abschreibungen

⬇

Wertminderung erfassen

⬇

- durch Abnutzung
- technischen Fortschritt
- wirtschaftliche Entwertung

Wirkung der Abschreibung

⬇

Aufwand in der GuV

- mindert den Gewinn
- mindert gewinnabhängige Steuern

Buchung der Abschreibung

⬇

Aufwand in der Kontenklasse 6

- (650 Abschreibung auf Sachanlagen)

13.2 Der Abschreibungskreislauf

Abschreibungen bewegen sich nahezu in einem **Kreislauf.** Aus dem Anlagevermögen fließen sie über die Umsatzerlöse in das Umlaufvermögen (Bank) und von dort durch Neuanschaffungen in das Anlagevermögen zurück.

In der **Kalkulation der Verkaufspreise** werden die **Abschreibungen** als Kosten eingesetzt. Über die Umsatzerlöse fließen die einkalkulierten Abschreibungsbeträge in Form von liquiden Mitteln (Geld) in das Unternehmen zurück. Diese Mittel stehen nun wiederum für Anschaffungen (Investitionen) zur Verfügung. Das Unternehmen finanziert somit die Anschaffung von Sachanlagegütern in erster Linie aus **Abschreibungsrückflüssen.** Die Abschreibung stellt deshalb ein bedeutendes Mittel der Finanzierung dar.

Beispiel: *Ein Kurierfahrzeug (PKW) wird für 30.000,00 € angeschafft. Es wird 6 Jahre genutzt. Jährlich werden $16\frac{2}{3}$ % =* ***5.000,00 €*** *abgeschrieben. Die Wertentwicklung von 30.000,00 € zu Beginn des ersten Jahres bis zum Wert 0,00 € am Ende des fünften Jahres wird mit dem* **schwarzen Kreislauf** *dargestellt. Der Buchwert des PKW verringert sich jährlich um 5.000,00 € Abschreibungen. Der zweite, rot* **dargestellte Kreislauf** *zeigt den* **Rückfluss** *der in die Umsatzerlöse* **einkalkulierten Abschreibungen**. *Nach jedem Jahr steigen die zurückgeflossenen Mittel. Nach 6 Jahren reicht der Mittelrückfluss zur Ersatzbeschaffung aus.*

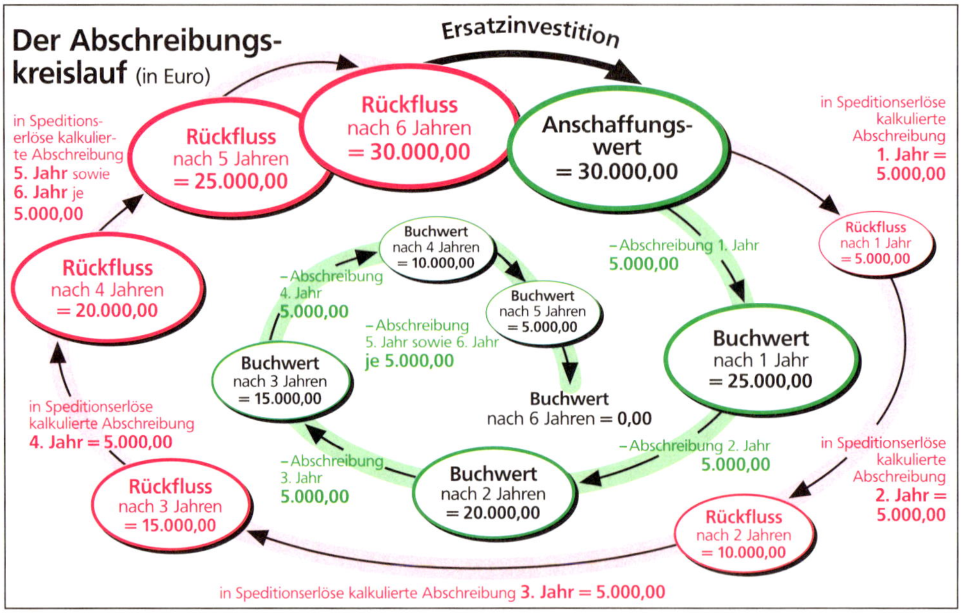

13.3 Methoden der planmäßigen Abschreibung

Die Berechnung der planmäßigen Abschreibung erfolgt gemäß § 7 EStG nach folgenden Methoden:

- lineare Abschreibung
- degressive Abschreibung
- Abschreibung nach Leistungseinheiten

Beginn der planmäßigen Abschreibung. Bei abnutzbaren Anlagegütern beginnt die AfA grundsätzlich im Monat der Anschaffung bzw. Inbetriebnahme **(zeitanteilige AfA).**

Nach **Ablauf der betriebsgewöhnlichen Nutzungsdauer** ist das Wirtschaftsgut abgeschrieben. Wird das Wirtschaftsgut nach Ablauf der betriebsgewöhnlichen Nutzungsdauer weiterhin im Unternehmen genutzt, wird es nicht vollständig, sondern bis auf 1,00 € **Erinnerungswert** abgeschrieben. Der Erinnerungswert von 1,00 € sagt aus, dass im Unternehmen bereits abgeschriebene Wirtschaftsgüter noch genutzt werden.

13.3.1 Lineare[1] Abschreibung

§ 7 EStG Die lineare Abschreibung ist bei allen beweglichen und unbeweglichen abnutzbaren Anlagegütern erlaubt.

Die **lineare Abschreibung** erfolgt in einem gleich bleibenden Prozentsatz von den Anschaffungs- oder Herstellungskosten des Anlagegutes. Die Anschaffungskosten werden somit „planmäßig" in gleichen Beträgen auf die Nutzungsjahre verteilt. Deshalb ist das Anlagegut bei linearer Abschreibung am Ende der geplanten Nutzungsdauer voll abgeschrieben.

1 linear = gleich bleibend, geradlinig

Beispiel: *Die Anschaffungskosten für einen LKW betragen 60.000,00€. Der LKW wird 10 Jahre genutzt.*

Jährlicher Abschreibungsbetrag: 60.000,00 € : 10 = 6.000,00 €
Jährlicher Abschreibungssatz: 100 % : 10 = 10 %

Merke:

- **AfA-Betrag** $= \frac{\text{Anschaffungskosten}}{\text{Nutzungsdauer}}$
- **AfA-Prozentsatz** $= \frac{100\ \%}{\text{Nutzungsdauer}}$

13.3.2 Degressive[1] Abschreibung

§ 7 (2) EStG

Die **degressive** Abschreibung ist nur bei beweglichen abnutzbaren Anlagegütern möglich. Der Abschreibungssatz bei degressiver Abschreibung darf das Dreifache des linearen AfA-Satzes betragen, wobei aber 30 % **nicht überschritten** werden dürfen.[2]

Die **degressive Abschreibung** wird nur im ersten Jahr von den Anschaffungskosten des Anlagegutes berechnet, in den folgenden Jahren dagegen mit dem gleich bleibenden Prozentsatz vom jeweiligen Restbuchwert. Da der Buchwert von Jahr zu Jahr geringer wird, ergeben sich bei gleich bleibendem Abschreibungsprozentsatz **fallende (degressive) Abschreibungsbeträge.** Am Ende der Nutzungsdauer bleibt ein Restwert.

Beispiel: *Die Anschaffungskosten für einen LKW betragen 60.000,00 €. Der LKW wird 9 Jahre genutzt.*

Die degressive Abschreibung darf das Dreifache der linearen Abschreibung betragen:

- *lineare Abschreibung:* $100\ \% : 6 = 16\frac{2}{3}\ \%$
- *degressive Abschreibung:* $16\frac{2}{3}\ \% \cdot 3 = 50\ \%$*, höchstens aber 30 %*
- *Degressiv dürfen also nicht 50 %, sondern nur 30 % abgeschrieben werden.*

Nutzungsjahr	Buchwert zu Jahresbeginn	30 % degressive Abschreibung vom Buchwert	Buchwert am Jahresende
1. Jahr	60.000,00 €	18.000,00 €	42.000,00 €
2. Jahr	42.000,00 €	12.600,00 €	29.400,00 €
3. Jahr	29.400,00 €	8.820,00 €	20.580,00 €
4. Jahr	20.580,00 €	6.174,00 €	14.406,00 €
5. Jahr	14.406,00 €	4.321,80 €	10.084,00 €
6. Jahr	10.084,20 €	3.025,26 €	7.058,94 €

1 degressiv = fallend, sich vermindernd
2 ab Anschaffung 1. Januar 2007 max. 30 %; ab 2008 angeschaffte Güter dürfen nicht mehr degressiv abgeschrieben werden.

Merke:

1. **Die degressive Abschreibung wird mit einem gleich bleibenden Prozentsatz vom jeweiligen Buchwert vorgenommen.**
2. **Die Abschreibungsbeträge fallen von Jahr zu Jahr, sind also „degressiv".**

Vorteile der degressiven Abschreibung. Die degressive Abschreibung führt in den ersten Nutzungsjahren zu **höheren Abschreibungsbeträgen** als die lineare Abschreibung, wenn die Nutzungsdauer mehr als 5 Jahre beträgt. Der höhere Abschreibungsaufwand bewirkt eine **stärkere Minderung des steuerpflichtigen Gewinns.** Die daraus resultierenden geringeren Steuerzahlungen erhöhen die Liquidität des Unternehmens, deshalb wird die degressive Abschreibung in der Praxis bevorzugt.

Vergleich: lineare Abschreibung – degressive Abschreibung

	lineare Abschreibung	degressive Abschreibung
Abschreibungsbasis	immer Anschaffungskosten	immer Buchwert
Berechnung des Prozentsatzes der Abschreibung	100 % : Nutzungsdauer	linearer Abschreibungssatz · 3 max. jedoch 30 %
Buchwert am Ende der Nutzungsdauer	0,00 € (vollständige Abschreibung)	Restwert (mit degressiver Abschreibung wird das Anlagegut nie vollständig abgeschrieben)
Gewinnminderung in den ersten Nutzungsjahren	geringer als bei degressiver Abschreibung	höher als bei linearer Abschreibung

§ 7 (3) EStG

Der Wechsel von der degressiven zur linearen AfA ist steuerrechtlich erlaubt, jedoch nicht umgekehrt.

Der Wechsel von der degressiven zur linearen AfA ist aus folgenden Gründen zu empfehlen:

- Mit dem Wechsel zur linearen Abschreibung wird das Anlagegut am Ende der Nutzungsdauer voll abgeschrieben.
- Der lineare Abschreibungsbetrag ist vom Zeitpunkt des Wechsels an höher als bei fortgesetzter degressiver Abschreibung.

Der günstigste Zeitpunkt des Wechsels ist gegeben, wenn der AfA-Betrag der linearen Restabschreibung größer ist als bei fortgeführter degressiver Abschreibung. Der Restbuchwert wird dann in gleichen Beträgen auf die restlichen Nutzungsjahre verteilt.

Beispiel: *Die Anschaffungskosten für einen Lkw betragen 60.000,00 €. Der Lkw wird 9 Jahre genutzt. Das Anlagegut kann mit $11\frac{1}{9}$ % linear oder mit 20 % degressiv abgeschrieben werden.*

6540174

	Lineare AfA 1.–9. Jahr jeweils $16\frac{2}{3}$ % von den Anschaffungskosten	Degressive AfA 1.–6. Jahr jeweils 30 % vom Buchwert	Übergang **degressiver** zu **linearer** Abschreibung
Anschaffungskosten AfA 1. Jahr	60.000,00 € 10.000,00 €	60.000,00 € 18.000,00 €	degressive AfA 18.000,00 € ist höher als lineare
Buchwert Beginn 2. Jahr AfA 2. Jahr	50.000,00 € 10.000,00 €	42.000,00 € 12.600,00 €	lineare AfA: 42.000,00 : 5 = 8.400,00 € degressive AfA ist höher (12.600,00 €)
Buchwert Beginn 3. Jahr AfA 3. Jahr	40.000,00 € 10.000,00 €	29.400,00 € 8.820,00 €	lineare AfA: 29.400,00 : 4 = 7.350,00 €; **degressive AfA ist höher** (8.820,00 €)
Buchwert Beginn 4. Jahr AfA 4. Jahr	30.000,00 € 10.000,00 €	20.580,00 € 6.174,00 €	lineare AfA: 20.580,00 : 3 = 6.860,00 €; **lineare AfA ist höher,** jetzt erfolgt der Übergang 20.580,00 € 6.860,00 €
Buchwert Beginn 5. Jahr AfA 5. Jahr	20.000,00 € 10.000,00 €	14.406,00 € 4.321,80 €	13.720,00 € 6.860,00 €
Buchwert Beginn 6. Jahr AfA 6. Jahr	10.000,00 € 10.000,00 €	10.084,20 € 3.025,26 €	6.860,00 € 6.860,00 €
Buchwert nach 6 Jahren	0,00 €	7.058,94 €	0,00 €

Die lineare Abschreibung erreicht hier nach 6 Jahren den Nullwert. Die degressive Abschreibung endet dagegen nach 9 Jahren mit einem Restwert von 7.058,94 €. Es ist hier empfehlenswert, im 4. Jahr von der degressiven zur linearen Abschreibung zu wechseln, da mit der linearen Abschreibung ab dem 4. Jahr eine höhere Abschreibung erreicht wird.

13.3.3 Abschreibung nach Leistungseinheiten

Die Abschreibung kann bei Anlagegütern auch nach Maßgabe der Inanspruchnahme oder Leistung (km, Stunden u. a.) vorgenommen werden. Diese AfA-Methode kommt der technischen Abnutzung am nächsten. In diesen Fällen sind Fahrzeuge gemäß ihrer jährlichen Kilometerleistung abzuschreiben, wobei eine Gesamtkilometerleistung von 600 000 km zugrunde gelegt wird.

Beispiel: *Betragen die Anschaffungskosten für einen Lkw 60.000,00 € und die voraussichtliche Gesamtleistung 600 000 km, so ergibt sich daraus ein Abschreibungsbetrag je Leistungseinheit (km) von 60.000,00 € : 60 0000 = 0,10 €/km.*

Den Jahresabschreibungsbetrag erhält man, indem die jährliche Kilometerleistung mit dem AfA-Betrag von 0,10 € je km multipliziert wird.

1. Jahr	90 000 · 0,10	=	9.000,00 € AfA
2. Jahr	150 000 · 0,10	=	15.000,00 € AfA
3. Jahr	120 000 · 0,10	=	12.000,00 € AfA

Aufgaben zum Sachverhalt

1 Ein Lkw wurde am 1. April für netto 125.000,00 € angeschafft. Er hat eine Nutzungsdauer von 10 Jahren und wird linear abgeschrieben.

Ermitteln Sie die zeitanteilige Abschreibung für das erste Nutzungsjahr.

2 Ein Gabelstapler wurde am 2. Januar für netto 40.000,00 € angeschafft. Er hat eine Nutzungsdauer von 6 Jahren.

a) Wie viel € sind in den ersten drei Nutzungsjahren jährlich linear abzuschreiben?

b) Wie viel € sind in den ersten drei Nutzungsjahren jährlich degressiv abzuschreiben?

3 Ein Pkw wurde am 2. Jan. für netto 30.000,00 € angeschafft. Er wird bei einer Nutzungsdauer von 7 Jahren linear oder degressiv abgeschrieben.

Stellen Sie in einer tabellarischen Übersicht

a) die lineare Abschreibung für die gesamte Nutzungsdauer dar.

b) die degressive Abschreibung für die gesamte Nutzungsdauer dar.

c) den günstigsten Übergang von der degressiven zur linearen Abschreibung dar.

d) Welche Gründe sprechen für einen Wechsel von der degressiven zur linearen AfA?

4 Eine EDV-Anlage wurde am 2. Jan. für 3.000,00 €+ USt angeschafft. Sie wird 4 Jahre genutzt. Wie viel € werden im ersten Jahr abgeschrieben:

a) bei linearer Abschreibung? b) bei degressiver Abschreibung?

5 Die Anschaffungskosten eines Lkws betragen 125.000,00 € + USt. Die Gesamtleistung wird auf 1 Mio. km geschätzt. Nutzungsdauer 5 Jahre. Die km-Leistung: 1. Nutzungsjahr 240 000 km, 2. Jahr: 220 000 km, 3. Jahr: 200 000 km, 4. Jahr: 190 000 km, 5. Jahr: 150 000 km.

a) Ermitteln Sie die AfA nach Leistungseinheiten für jedes Nutzungsjahr.

b) Ermitteln Sie die AfA für das erste Nutzungsjahr bei linearer Abschreibung.

c) Ermitteln Sie die AfA für das erste Nutzungsjahr bei degressiver Abschreibung.

d) Welche Gründe sprechen für bzw. gegen die AfA nach Leistungseinheiten?

13.4 Geringwertige Wirtschaftsgüter[1]

§ 6 (2) EStG

Die Anschaffungs- oder Herstellungskosten von abnutzbaren beweglichen Wirtschaftsgütern des Anlagevermögens, die zu einer selbstständigen Nutzung fähig sind, können im Wirtschaftsjahr der Anschaffung in voller Höhe als Betriebsausgabe abgesetzt werden, wenn die Anschaffungs- oder Herstellungskosten, vermindert um einen darin enthaltenen Vorsteuerabzug, für das einzelne Wirtschaftsgut 410,00 Euro nicht übersteigen.

Das Steuerrecht lässt bei beweglichen Anlagegütern mit Anschaffungskosten bis 410,00 Euro ein Wahlrecht zu;

entweder ■ **Vollabschreibung im Jahr der Anschaffung**

oder ■ **Abschreibung über die Nutzungsdauer.**

Die geringwertigen Wirtschaftsgüter müssen selbstständig nutzbar und bewertbar sowie abnutzbar sein.

1 Wertgrenze 410,00 € gilt bis 31.12.2007. Ab dem 01.01.2008 angeschaffte Wirtschaftsgüter dürfen nur dann als geringwertige Wirtschaftsgüter behandelt werden, wenn die Anschaffungs- oder Herstellkosten 100,00 € nicht übersteigen.

Geringwertige Wirtschaftsgüter werden zum Zeitpunkt ihrer Anschaffung zunächst auf dem Anlagenkonto

089 Geringwertige Wirtschaftsgüter

erfasst. Bei Erstellung des Jahresabschlusses muss man sich für eine der beiden Abschreibungsmöglichkeiten entscheiden. Diese Entscheidung wird in Abhängigkeit der Gewinnsituation fallen. Soll beispielsweise ein geringerer Gewinn ausgewiesen werden, wird man die geringwertigen Wirtschaftsgüter am Jahresende in **voller Höhe abschreiben.** Für abgeschriebene und weiterhin genutzte geringwertige Wirtschaftsgüter wird üblicherweise kein Erinnerungswert gebucht.

Musteraufgabe

	ER 278, Schreibtisch, netto	380,00 €
+	19 % USt	72,20 €
	Rechnungsbetrag	452,20 €

a) Buchen Sie die Anschaffung.
b) Buchen Sie am Jahresende die Vollabschreibung.

Lösung

a)

089	Geringwertige Wirtschaftsgüter	380,00 €	
260	Vorsteuer	72,20 €	
	an 44 Verbindlichkeiten		452,20 €

b)

650	Abschreibungen auf Sachanlagen	380,00 €	
	an 089 GWG		380,00 €

Zusammenfassung: Geringwertige Wirtschaftsgüter

Geringwertige Wirtschaftsgüter

⬇

gehören zum beweglichen abnutzbaren Anlagevermögen,

- sind **einzeln nutzbar,**
- haben **Anschaffungskosten** bis maximal **410,00 Euro,**
- **dürfen** im Jahr der Anschaffung **in voller Höhe abgeschrieben werden.**

Aufgaben zum Sachverhalt

1 ER 288, Anrufbeantworter 300,00 € + 57,00 € USt

2

	ER 289, Aktenschrank	340,00 €
+	Transportkosten	35,00 €
		375,00 €
+	19 % USt	71,25 €
	Rechnungspreis	446,25 €

3	ER 290, 10 Schreibtische à 380,00 €	3.800,00 €
	+ 19 % USt	722,00 €
	Rechnungspreis	4.522,00 €
4	Banküberweisung für ER 288 (Aufgabe 1)	
5	ER 291, Diktiergerät, netto 420,00 € + 67,20 € USt	
6	Banküberweisung für ER 291 unter Abzug von 3 % Skonto	
7	ER 292, Bildschirm für PC, 250,00 € + 47,50 € USt	
8	ER 293, Schreibtisch 500,00 € + 95,00 € USt	
9	Der Anrufbeantworter (Aufgabe 1) soll am Jahresende in voller Höhe abgeschrieben werden. Buchen Sie diesen Vorgang.	

Kapitelzusammenfassende Aufgaben

1 ER 305, Lkw-Kauf am 2. Jan; netto 100.000,00 €. Der Lkw hat eine Nutzungsdauer von 9 Jahren.

a) Buchen Sie die Anschaffung.
b) Buchen Sie die lineare Abschreibung am Ende des ersten Nutzungsjahres.
c) Buchen Sie alternativ die degressive Abschreibung am Ende des ersten Nutzungsjahres.

2 ER 306; Rechnungsdatum 4. Januar; Aktenschrank netto 225,00 € + USt

3 ER 307 Schreibtisch, 413,00 € + USt

4 ER 308; Gabelstapler-Kauf am 5. Mai; netto 30.000,00 € + USt, Nutzungsdauer 6 Jahre

a) Buchen Sie die Anschaffung.
b) Ermitteln und buchen Sie die lineare Abschreibung im ersten Nutzungsjahr, wenn der höchstmögliche lineare Abschreibungsbetrag berücksichtigt werden soll.
c) Ermitteln und buchen Sie die degressive Abschreibung im ersten Nutzungsjahr, wenn der höchstmögliche degressive Abschreibungsbetrag berücksichtigt werden soll.

5 Banküberweisung für ER 307 (Fall 3) unter Abzug von 3 % Skonto

6 ER 309, Rechnungsdatum 1. März; bebautes Grundstück (Lagerhalle), 700.000,00 €. Im Kaufpreis inbegriffe ist der Grundstückswert von 200.000,00 €.

a) Ermitteln und buchen Sie die lineare Abschreibung von 2 % für das erste Nutzungsjahr.
b) Ermitteln und buchen Sie die lineare Abschreibung von 2 % für das zweite Nutzungsjahr.
c) Prüfen Sie, ob auch degressiv abgeschrieben werden könnte.

7 ER 310; Pkw-Kauf am 5. Okt.; netto 25.000,00 € + USt, Nutzungsdauer 6 Jahre

a) Buchen Sie die Anschaffung.
b) Ermitteln und buchen Sie die lineare Abschreibung im ersten Nutzungsjahr, wenn der höchstmögliche lineare Abschreibungsbetrag berücksichtigt werden soll.
c) Ermitteln und buchen Sie die degressive Abschreibung im ersten Nutzungsjahr, wenn der höchstmögliche degressive Abschreibungsbetrag berücksichtigt werden soll.

8 Banküberweisung für ER 310 unter Abzug von 3 % Skonto

9

ER 311, Faxgerät	300,00 €
Papier usw.	40,00 €
	340,00 €
+ 19 % USt	64,60 €
Rechnungspreis	404,60 €

10 Banküberweisung für ER 308 unter Abzug von 2 % Skonto

11 Er 312, Rechnungsdatum 5. Mai, bebautes Grundstück (Lagerhalle) 1,2 Mio. €. Der anteilige Grundstückswert beträgt 40 %. Die Grunderwerbsteuer beläuft sich auf 3,5 %. Notariats- und sonstige Anschaffungsnebenkosten betragen 24.000,00 € ohne Umsatzsteuer.

a) Ermitteln und buchen Sie die lineare Abschreibung von 2 % für das erste Nutzungsjahr.
b) Ermitteln und buchen Sie die lineare Abschreibung von 2 % für das zweite Nutzungsjahr.
c) Prüfen Sie, ob auch degressiv abgeschrieben werden könnte.

12 Geschäftsgang mit Abschluss mit Berücksichtigung der Abschreibung auf Sachanlagen

a) Bilden Sie zu den Geschäftsfällen (1–10) die Buchungssätze.
b) Erstellen Sie die Eröffnungsbilanz, lösen die EB in Konten auf und buchen Sie die Geschäftsfälle (1–10) auf T-Konten (Hauptbuch) und schließen Sie diese über GuV und die Schlussbilanz ab.
c) Vergleichen Sie das Eigenkapital in der Eröffnungsbilanz mit dem Eigenkapital in der Schlussbilanz.

Anfangsbestände:

084	Fuhrpark	60.000,00 €	282	Kasse	8.000,00 €
085	Betriebsausstattung	120.000,00 €	300	Eigenkapital	– ? – €
20	Waren	282.000,00 €	42	Darlehen	140.000,00 €
240	Forderungen	90.000,00 €	44	Verbindlichk.	80.000,00 €
280	Bank	30.000,00 €			

weitere Konten:

50	Umsatzerlöse	60	Aufwendungen für Waren
62	Löhne	67	Miete
350	Abschreibungen auf Sachanlagen		

Geschäftsfälle:

1. ER 11/72 Kauf von Handelswaren 54.000,00 €, netto
2. Kauf eines Lieferwagens gegen Darlehensaufnahme 28.000,00 €, netto
3. AR 11/97 Verkauf von Handelswaren 88.000,00 €, netto
4. Wir erhalten eine Nachnahme-Lieferung von Handelswaren und zahlen bar 5.600,00 € + 19 % USt 1.064,00 € = 6.664,00 €
5. Zahlung der Miete durch Banküberweisung 2.500,00 €
6. Barverkauf eines gebrauchten PC 500,00 € + USt
7. Lohnzahlungen durch Banküberweisung 8.000,00 €
8. Barverkauf von Handelsware 18.700,00 €, netto

Abschlussangaben:

Warenendbestand laut Inventur 280.000,00 €

9. 30 % degressive Abschreibung des Fuhrparks vom Restwert 88.000,00 €
10. lineare Abschreibung der Betriebsausstattung 11.500,00 €

14 Jahresabschluss

Sehr viele Handelsbetriebe werden in der Rechtsform der GmbH geführt. Aus diesem Grund ist der hier dargestellte Jahresabschluss auf die GmbH bezogen. Dabei wird die einfachste Darstellungsmöglichkeit für so genannte „kleine Kapitalgesellschaften" gewählt. Große Kapitalgesellschaften[1] müssen ihren Jahresabschluss ausführlicher gestalten.

Nach § 264 HGB besteht der Jahresabschluss der Kapitalgesellschaften aus:

- Bilanz,
- Gewinn- und Verlustrechnung,
- Anhang, der Bilanz und GuV-Positionen erläutert.

Außerdem ist der Jahresabschluss um einen Lagebericht, der den Geschäftsverlauf und die Lage der Kapitalgesellschaft darstellt, zu ergänzen.

14.1 Vorbereitung des Jahresabschlusses

Zur Erstellung des Jahresabschlusses sind **Umbuchungen** und **Abschlussbuchungen** notwendig.

14.1.1 Umbuchungen zur Vorbereitung des Jahresabschlusses

Durch Umbuchungen werden Konten miteinander verrechnet durch

a) Auflösung der Unterkonten über Hauptkonten

- 3001 Privatkonto wird mit dem Konto 300 Eigenkapital verrechnet.

Beispiel Das Konto 3001 Privat weist im Soll einen Saldo von 24.800,00 € auf.

Buchung zum 31.12. (Geschäftsjahresende):
300 Eigenkapital 24.800,00 an 3001 Verbindlichkeiten 24.800,00

- 265 Vorschüsse wird mit dem Konto 62 Löhne bzw. 63 Gehälter verrechnet.

Beispiel Im Dezember sind 2.500,00 € Vorschusszahlungen an Lohnempfänger angefallen.

Buchung zum 31.12. (Geschäftsjahresende):
62 Löhne 2.500,00 an 265 Vorschüsse 2.500,00

- 6001 Bezugskosten wird mit dem Konto 600 Aufwendungen für Waren verrechnet (zugebucht).

Beispiel In der Warengruppe I sind 2.974,00 € Bezugskosten angefallen.

Buchung zum 31.12. (Geschäftsjahresende):
600 AfW I 2.974,00 an 6001 Bezugskosten 2.974,00

1 Je nach Bilanzsumme, Umsatzerlösen und Zahl der Arbeitnehmer werden Kapitalgesellschaften in drei Größenklassen eingeteilt, wobei es für die Veröffentlichung des Jahresabschlusses der Gesellschaft unterschiedlich strenge Vorschriften gibt (vgl. § 267 HGB).

- 6002 Preisnachlässe/Rücksendungen/
  6003 Liefererskonto/
  6004 Liefererboni werden mit dem Konto 600 Aufwendungen für Waren verrechnet (korrigiert).

Beispiel In der Warengruppe I sind 33.294,00 € Liefererskonto angefallen.

Buchung zum 31.12. (Geschäftsjahresende):

6003	Liefererskonto	33.294,00	an	600	AfW	33.294,00

- 5001 Preisnachlässe/Rücksendungen/
  5002 Kundenskonto/
  5003 Kundenboni werden mit dem Konto 50 Umsatzerlöse verrechnet (korrigiert).

Beispiel In der Warengruppe I sind 10.782,00 € Rücksendungen angefallen.

Buchung zum 31.12. (Geschäftsjahresende):

500	Umsatzerlöse I	10.782,00	an	5001	Preisnachlässe/ Rücksendungen	10.782,00

b) Ermittlung und Passivierung der Dezember-Zahllast

Beispiel 480 USt – Saldo 22.450,00 € im Haben
60 Vorsteuer – Saldo 10.650,00 € im Soll

Buchung zum 31.12. (Geschäftsjahresende):

480	USt	10.650,00	an	260	VSt	10.650,00
480	USt	12.200,00	an	801	Schlussbilanz-Konto	12.200,00

c) Erfassung der Abschreibungen am Geschäftsjahresende

Beispiel Der Fuhrpark wird linear mit 18.240,00 € abgeschrieben.

Buchung zum 31.12. (Geschäftsjahresende):

650	Abschreibungen auf Sachanlagen	18.240,00	an	084	Fuhrpark	18.240,00

d) Auflösung des Bestandskontos 20 Waren mit Erfassung der Bestandsveränderung

Beispiel 20 Waren: AB 224.000,00 SB 219.000,00

Buchung zum 31.12. (Geschäftsjahresende):

801	Schlussbilanz	219.000,00	an	20	Waren	219.000,00
60	Aufwendungen für Waren	5.000,00	an	20	Waren	5.000,00

14.1.2 Abschlussbuchungen zur Erstellung der GuV und der Schlussbilanz

Zum Ende des Geschäftsjahres werden alle Hauptkonten abgeschlossen – zuerst die **Erfolgskonten** ins **GuV**, und dann, wenn der Gewinn oder Verlust über das Eigenkapitalkonto erfasst wurde, werden die **Bestandskonten** über das **Schlussbilanzkonto** aufgelöst.

Das Schlussbilanzkonto bildet die Basis für die Erstellung der Schlussbilanz zum Ende des Geschäftsjahres (siehe Kap. 15.2).

Arbeitsschritte zur Erstellung der Bilanz:

1. Schritt Abschluss der Erfolgskonten

Buchung zum 31.12. (Geschäftsjahresende):			
802 GuV	an	**Aufwandskonten** (Kontenklasse 6/7)	
Ertragskonto (Kontenklasse 5)	an	802 GuV	

2. Schritt Verbuchung des Unternehmenserfolgs

Buchung zum 31.12. (Geschäftsjahresende):			
Gewinn:	802 GuV	an	30 Eigenkapital
Verlust:	30 Eigenkapital	an	802 GuV

3. Schritt Abschluss der Bestandskonten

Buchung zum 31.12. (Geschäftsjahresende):		
801 Schlussbilanzkonto	an	**Aktivkonto** (Kontenklasse 0, 1, 2)
Passivkonto (Kontenklasse 3, 4)	an	801 Schlussbilanzkonto

14.2 Bilanz

Die exakte Gliederung der Bilanz schreibt das HGB nur für Kapitalgesellschaften vor. Einzelunternehmen und Personengesellschaften übernehmen die für Kapitalgesellschaften vorgeschriebene Gliederung normalerweise.

Für die Bilanz ergibt sich folgendes Gliederungsschema:

Verkürzte Gliederung der Bilanz für kleine Kapitalgesellschaften (hier GmbH) gemäß § 266 Abs. 1 Satz 2, HGB

Aktiva	Bilanz Passiva
A. Anlagevermögen	**A. Eigenkapital**
I. Immaterielle Vermögensgegenstände	I. Stammkapital
II. Sachanlagen	II. Kapitalrücklage
III. Finanzanlagen	III. Gewinnrücklage
B. Umlaufvermögen	IV. Gewinnvortrag/Verlustvortrag Jahresfehlbetrag
I. Vorräte	V. Gewinnrücklage
II. Forderungen und sonstige Vermögensgegenstände	**B. Rückstellungen**
III. Wertpapiere	**C. Verbindlichkeiten**
IV. Schecks, Kassenbestand, Bankguthaben	**D. Rechnungsabgrenzungsposten**
C. Rechnungsabgrenzungsposten	

6540182

Musteraufgabe

Erstellen Sie die Bilanz aus den zum 31. Dez. des abgelaufenen Geschäftsjahres bewerteten Vermögens- und Schuldwerten der SANGRO GmbH, Köln.

Vermögenswerte: Verwaltungsgebäude 380.000,00 €, Lagergebäude 240.000,00 €, Bankguthaben 90.200,00 €, Kasse 3.800,00 €, Warenvorrat 661.000,00 €, Heizölvorrat 23.000,00 €, Lagereinrichtung 160.000,00 €, Umlaufkettenanlage 80.000,00 €, Hochregallager 300.000,00 €, Lkw 45.000,00 €, Pkw 15.000,00 €, Beteiligung an der SEC AG 300.000,00 €, Forderungen gegenüber Kunden 542.000,00 €, Betriebs- und Geschäftsausstattung 180.000,00 €.

Schuldwerte: Verbindlichkeiten aus Lieferungen 382.000,00 €, Rückstellungen 60.000,00 €, Stammkapital 1.100.000,00 €, Bilanzgewinn 126.000,00 €, Kapitalrücklagen 72.000,00 €, Gewinnrücklagen 120.000,00 €, Darlehensschuld 1.124.000,00 €, sonstige Verbindlichkeiten 36.000,00 €.

Lösung

Die einzelnen Vermögens- und Schuldwerte der SANGRO GmbH werden zu Bilanzpositionen zusammengefasst.

Aktiva — **Bilanz** zum 31. Dez. — **Passiva**

Aktiva		Passiva	
A. Anlagevermögen		**A. Eigenkapital**	
I. Sachanlagen		I. Stammkapital	1.100.000,00
1. Grundstücke/		II. Kapitalrücklag.	72.000,00
Bauten	620.000,00	III. Gewinnrücklag.	120.000,00
2. Techn. Anlagen ...	540.000,00	IV. Bilanzgewinn	126.000,00
3. Fuhrpark	60.000,00		
1. Betriebs- und		**B. Rückstellungen**	60.000,00
Geschäftsausst. ...	180.000,00		
II. Finanzanlagen	300.000,00	**C. Verbindlichkeiten**	
B. Umlaufvermögen		I. Darl.-Schuld	1.124.000,00
I. Vorräte.............	684.000,00	II. Verbindlichkeiten	
II. Forderungen	542.000,00	a. LL..............	382.000,00
III. Kasse, Bank.........	94.000,00	III. Sonst. Verbl.	36.000,00
	3.020.000,00		**3.020.000,00**

14.3 Gewinn- und Verlustrechnung

In der Buchführung wird die Gewinn- und Verlustrechnung in T-Kontenform mit den Aufwendungen auf der Soll-Seite und den Erträgen auf der Haben-Seite dargestellt. Im Gegensatz dazu erfolgt die Darstellung der Gewinn- und Verlustrechnung im Jahresabschluss nach § 275 HGB in **Staffelform.**

Die Darstellung der Gewinn- und Verlustrechnung in **Staffelform** erleichtert die Beurteilung der erfolgswirksamen Vorgänge, da mehrere **Zwischenergebnisse** ausgewiesen werden:

- Betriebsergebnis
- Finanzergebnis
- Ergebnis der gewöhnlichen Geschäftstätigkeit
- außerordentliches Ergebnis
- Jahresüberschuss bzw. Jahresfehlbetrag

Das Gliederungsschema nach § 275 HGB ist hauptsächlich für Industriebetriebe gedacht. Das nachfolgend dargestellte Schema orientiert sich an § 275 HGB, ist jedoch vereinfacht und **konsequent auf Handelsbetriebe** bezogen:

Gliederung der Gewinn- und Verlustrechnung der Kapitalgesellschaft gemäß § 275 (2) HGB für Speditionsbetriebe

GuV-Position	Erläuterung
1. Umsatzerlöse + 2. Sonstige betriebliche Erträge	Summe der betrieblichen Erträge
– 3. Betriebliche Aufwendungen a) Aufwand für bezogene Leistungen b) Aufwendungen für Treibstoffe usw. – 4. Personalaufwand – 5. Abschreibungen – 6. Sonstige betriebliche Aufwendungen	– Summe der betrieblichen Aufwendungen
	= Betriebsergebnis
+ 7. Zinsen und ähnliche Erträge – 8. Zinsen und ähnliche Aufwendungen	+ – Finanzergebnis
= **9. Ergebnis aus gewöhnlicher Geschäftstätigkeit**	= **Zwischenergebnis**
+ 10. Außerordentliche Erträge – 11. Außerordentliche Aufwendungen = 12. Außerordentliches Ergebnis	+ – Außerordentliches Ergebnis
– 13. Steuern vom Einkommen und Ertrag – 14. Sonstige Steuern	– Steuern
= **15. Jahresüberschuss/Jahresfehlbetrag**	= **Gewinn/Verlust**

Musteraufgabe

Erstellen Sie aus den Ergebnissen der Buchhaltung eine Gewinn- und Verlustrechnung in Staffelform nach § 275 HGB.

Aufwand **Gewinn- und Verlustrechnung** Ertrag

60	Aufwendungen für Waren	2.705.000,00	500	UE I	1.029.000,00
61	Aufwendungen für bezogene Leistungen	44.000,00	501	UE II	499.500,00
62/63	Löhne, Gehälter	2.060.000,00	502	UE III	2.217.000,00
64	Soz. Abgaben	560.000,00	503	UE IV	411.500,00
650	Bilanzmäßige Abschreibungen	188.000,00	504	UE V	1.959.00,00
67	Verwalt.-Kost.	520.000,00	541	Provisionserträge	20.000,00
70	Betr. Steuern	118.000,00	571	Zinserträge	172.000,00
751	Zinsaufwend.	145.000,00	58	Außerordentliche Erträge	224.000,00
76	Außerordentliche Aufwendungen	66.000,00			
	Gewinn	126.000,00			
		6.532.000,00			**6.532.000,00**

Lösung

GuV-Position	Rechenweg	Erläuterung
1. Umsatzerlöse	6.116.000,00	
+ 2. Sonstige betriebliche Erträge	20.000,00	
– 3. Betriebliche Aufwendungen		
a) Aufwand für bezogene Waren	2.705.000,00	
b) Aufwendungen für bezogene Leistungen	44.000,00	Betriebsergebnis 59.000,00 €
– 4. Personalaufwand	2.620.000,00	
– 5. Abschreibungen	188.000,00	
– 6. Sonstige betriebliche Aufwendungen[1]	520.000,00	
+ 7. Zinsen und ähnliche Erträge	172.000,00	Finanzergebnis
– 8. Zinsen und ähnliche Aufwendungen	145.000,00	+ 27.000,00 €
= 9. Ergebnis aus gewöhnlicher Geschäftstätigkeit	**= 86.000,00**	**= 86.000,00 €**
+ 10. Außerordentliche Erträge	+ 224.000,00	Außerordentliches
– 11. Außerordentliche Aufwendungen	– 66.000,00	Ergebnis
= 12. Außerordentliches Ergebnis	= 158.000,00	+ 158.000,00 €
– 13. Steuern vom Einkommen und Ertrag	118.000,00	Steuern
– 14. Sonstige Steuern		– 118.000,00 €
= 15. Jahresüberschuss/Jahresfehlbetrag	**126.000,00**	**126.000,00 €**

Zusammenfassung: Jahresabschluss der kleinen Kapitalgesellschaft

Bilanz

- Gegenüberstellung von Vermögen und Schulden zum Abschlussstichtag

⬇

Bilanzerstellung in T-Kontenform

GuV

- Aufstellung von Erträgen und Aufwendungen, wobei verschiedene Zwischenergebnisse ausgewiesen werden müssen

⬇

GuV-Erstellung in Staffelform

Anhang

- Erläuterung der Positionen der Bilanz und der Gewinn- und Verlustrechnung

1 Unter Sonstige betriebliche Aufwendungen werden hier nur die Verwaltungskosten erfasst.

Aufgaben

1

a) Welche der folgenden Konten sind Unterkonten und welche sind Hauptkonten?

b) Ordnen Sie dem jeweiligen Unterkonto das zugehörige Hauptkonto zu, auf das es beim Jahresabschluss abgeschlossen wird.

480 Umsatzsteuer, 3001 Privat, 5002 Kundenskonto, 6002 Preisnachlässe, 30 Eigenkapital, 265 Vorschüsse, 260 Vorsteuer, 62 Löhne, 60 Aufwendungen für Waren, 50 Umsatzerlöse, 6001 Bezugskosten

2

Ein Gabelstapler wird November .. für 40.000,00 € angeschafft und soll im Unternehmen 8 Jahre genutzt werden.

a) Wieviel % beträgt die jährliche Abschreibung?

b) Wie hoch ist der Abschreibungsbetrag bei Anwendung der Halbjahresregel?

c) Verbuchen Sie die Abschreibung zum Geschäftsjahresende ..

3

Schließen Sie die jeweiligen Unterkonten zum Geschäftsjahresende (31.12.) ab:

a)

Soll	**3001 Privat**		Haben
Saldo	42.230,00		

Soll	**300 Eigenkapital**		Haben
		AB	624.800,00

b)

Soll	**6001 Bezugskosten**		Haben
Saldo	8.700,00		

Soll	**60 Aufw. für Waren**		Haben
Saldo	304.800,00		

c)

Soll	**5002 Kundenskonti**		Haben
		Saldo	24.560,00

Soll	**500 Umsatzerlöse**		Haben
		Saldo	895.450,00

4

Ermitteln Sie die Zahllast und passivieren Sie die Zahllast zum Geschäftsjahresende:

Soll	**260 Vorsteuer**		Haben
Saldo	9.270,00		

Soll	**480 Umsatzsteuer**		Haben
		Saldo	21.833,00

5

Bilanzieren Sie nachstehende Vermögens- und Schuldwerte der Albsped GmbH, Ulm:

Vermögenswerte:
Verwaltungsgebäude 240.000,00 €, Lagergebäude 120.000,00 €, Bankguthaben 63.100,00 €, Kasse 1.900,00 €, Warenvorrat 280.500,00 €, Heizölvorrat 11.500,00 €, Lagereinrichtung 280.000,00 €, Umlaufkettenanlage 90.000,00 €, Lkw 40.000,00 €, Pkw 40.000,00 €, Forderungen gegenüber Kunden 222.400,00 €, Betriebs- und Geschäftsausstattung 121.200,00 €.

Schuldwerte:
Verbindlichkeiten aus Lieferungen und Leistungen 189.000,00 €, Rückstellungen 30.000,00 €, Stammkapital 550.000,00 €, Bilanzgewinn 63.000,00 €, Kapitalrücklagen 36.000,00 €, Gewinnrücklagen 62.400,00 €, Darlehensschuld 562.200,00 €, sonstige Verbindlichkeiten 18.000,00 €.

6540186

6 Erstellen Sie aus den Ergebnissen der Buchhaltung eine Gewinn- und Verlustrechnung in Staffelform nach § 275 HGB.

Aufwand	**Gesamtergebnis (GuV)**				Ertrag
60	Aufwendungen für Waren	1.302.500,00	500	UE I	617.000,00
61	Aufwendungen für bezogene Leistungen	72.000,00	501	UE II	933.600,00,
62/63	Löhne, Gehälter	1.030.000,00	502	UE III	712.400,00
64	Soz. Abgaben	280.000,00	503	UE IV	295.000,00
650	Bilanzmäßige Abschreibungen	94.000,00	504	UE V	460.00,00
67	Verwalt.-Kost.	260.000,00	541	Provisionserträge	40.000,00
70	Betr. Steuern	59.000,00	571	Zinserträge	96.000,00
751	Zinsaufwend.	72.500,00	58	Außerordentliche Erträge	122.000,00
76	Außerordentliche Aufwendungen	43.000,00			
	Gewinn	63.000,00			
		3.276.000,00			**3.276.000,00**

7 **Geschäftsgang mit Abschluss mit Berücksichtigung der Abschreibung auf Sachanlagen.**

a) Bilden Sie zu den Geschäftsfällen (1–10) die Buchungssätze.

b) Erstellen Sie die Eröffnungsbilanz, lösen Sie die EB in Konten auf und buchen Sie die Geschäftsfälle (1–10) auf T-Konten (Hauptbuch) und schließen Sie diese über GuV und die Schlussbilanz ab.

c) Vergleichen Sie das Eigenkapital in der Eröffnungsbilanz mit dem Eigenkapital in der Schlussbilanz.

Anfangsbestände:

084	Fuhrpark	80.000,00 €	282	Kasse	8.000,00 €
085	Betriebsausstattung	120.000,00 €	300	Eigenkapital	– ? – €
20	Waren	262.000,00 €	42	Darlehen	140.000,00 €
240	Forderungen	90.000,00 €	44	Verbindlichk.	80.000,00 €

weitere Konten:

50	Umsatzerlöse	60	Aufwendungen für Waren
62	Löhne	67	Miete
650	Abschreibungen auf Sachanlagen		

Geschäftsfälle:

1. ER 11/72 Kauf von Handelswaren 54.000,00 €, Bezugskosten 200,00 netto + 19 % USt
2. Kauf eines Lieferwagens gegen Darlehensaufnahme 27.840,00 €
3. AR 11/97 Verkauf von Handelswaren 88.000,00 € + 19 % Umsatzsteuer
4. Wir erhalten eine Nachnahme-Lieferung von Handelswaren und zahlen bar 5.950,00 € brutto.
5. Zahlung der Miete durch Banküberweisung 2.500,00 €
6. Barverkauf einer gebrauchten Telefonanlage 500,00 €, netto
7. Lohnzahlungen durch Banküberweisung 8.000,00 €
8. Barverkauf von Handelsware 18.700,00 €, netto

Abschlussangaben:

Warenendbestand laut Inventur 260.000,00 €

9. 30 % degressive Abschreibung des Fuhrparks vom Restwert 104.000,00 €
10. lineare Abschreibung der Betriebsausstattung 9.500,00 €

15 Fallstudie: Geschäftsprozesse dokumentieren und Zahlungsvorgänge bearbeiten

Bei der Sanitärgroßhandlung Knoll KG, Heilbronn, fallen unter anderem folgende Geschäftsfälle an:

1. Kauf und Verbrauch von Treibstoffvorräten

1.1 Eingangsrechnung für Kauf von 2 250 Liter Dieseltreibstoff zum Nettopreis von 0,89 €/Liter. Buchen Sie die Eingangsrechnung.

1.2 Ein Lieferfahrzeug der Knoll KG tankt an der Betriebstankstelle 68 Liter.

1.2.1 Buchen Sie die Entnahme.

1.2.2 Begründen Sie, warum bei der Entnahme durch ein betriebseigenes Fahrzeug keine Umsatzsteuer gebucht wird.

1.3 Ein Mitarbeiter tankt an der Betriebstankstelle 52 Liter für seinen Privat-Pkw.

1.3.1 Buchen Sie den Verbrauch.

1.3.2 Buchen Sie die Ausgangsrechnung an den Mitarbeiter, Nettopreis/Liter: 0,95 €.

1.4 Außendienstmitarbeiter Moll legt nebenstehenden Tankbeleg vor. Buchen Sie den Geschäftsvorfall.

```
Tank- und Rastanlage
Autohof Oldenburger Land
A1, Abfahrt Vechta Bakum
Tel. 04446 12444
USt-IdNr.: DE 135 566 897

Datum:                    ..-07-12
Kraftstoffart:              Diesel
Menge in Liter:             432,97
Literpreis, netto:          0,94 €
Nettopreis:               406,99 €

19 % USt:                  77,33 €

Gesamtpreis:              484,32 €

Betrag dankend erhalten

Gute Fahrt
Ihr Autohof
* Oldenburger Land *
```

2. Lohn- und Gehaltszahlungen

2.1 Lohnzahlung (Sammelüberweisung) an gewerbliche Arbeitnehmer der Knoll KG

Bruttolöhne	13.280,00 €
Lohnsteuer	2.921,60 €
Kirchensteuer	233,73 €
Solidaritätszuschlag	160,69 €
Sozialversicherungsbeiträge der Arbeitnehmer	2.802,08 €
Sozialversicherungsbeiträge des Arbeitgebers	2.567,84 €

2.2 Abführung der einbehaltenen Sozialversicherungsbeiträge und Steuern

2.3 Die Arbeitskosten je Arbeiterstunde betrugen im Jahr 2002 in Deutschland 26,36 €. Der durchschnittliche Stundenlohn betrug 14,74 €, die restlichen 11,62 € waren Personalzusatzkosten.

2.3.1 Begründen Sie, in welcher Kontenklasse die Personalzusatzkosten gebucht werden.

2.3.2 Beschreiben Sie die Auswirkungen der Personalzusatzkosten auf die Gewinn- und Verlustrechnung eines Großhandelsunternehmens.

6540188

3. Abrechnung mit Kunden und Lieferanten

3.1 Ausgangsrechnung an unseren Kunden „Süddeutsches Handelskontor München GmbH" für Sanitär-Armaturen, netto 2.189,73 € + 19 % USt 416,05 €

3.1.1 Buchen Sie die Ausgangsrechnung.

3.1.2 Buchen Sie den Zahlungseingang.

3.2 Eingangsrechnung der Norddeutschen Kupferhütte AG für Kupferrohre und -bleche, netto 32.800,00 € + 19 % USt 6.232,00 €

3.2.1 Buchen Sie die Eingangsrechnung.

3.2.2 Begründen Sie, warum diese Eingangsrechnung in der Kontenklasse 6 gebucht wird.

3.2.3 Buchen Sie die Zahlung.

3.3 Abbuchung der Kfz-Steuer für eigene Fahrzeuge, 4.890,00 €.

3.3.1 Buchen Sie die Zahlung.

3.3.2 Begründen Sie, warum die Kfz-Steuer in der Kontenklasse 7 gebucht wird.

4. Kauf von Anlagevermögen (Lieferwagen).

Autohaus
Krause OHG

Liebigstraße 18–20
74076 Heilbronn
Tel.: 07131 651777-0
Fax: 07131 651777-12

E-Mail: info@autokrause-wvd.de
www.autokrause-wvd.de

Krause OHG, Liebigstr. 18–20, 74076 Heilbronn

Sanitär
Knoll KG
Kanalstraße 17
74080 Heilbronn

Auftragsannahme:	
km-Stand:	
Typ/Modell/BJ:	
Fahrzeug Id-Nr.:	

Rechnungsnummer:	0308/412
Rechnungsdatum:	..-05-16

Anzahl	Artikel-Nr.	Bezeichnung	€ je Einheit	€ Gesamt
01	211-27683	Renault Traffic, Combi 1.9 dCi L1H1. Tageszulassung (EZ 03/20..) 1 870 cm³, 74 kW, 4 Zylinder, tenebro-schwarz metallic, Sonderausstattung (ABS, Radio, Servolenkung, Navigationshilfe, Anhängerkupplung, 2 Airbags, Klimaanlage, Zentralverriegelung, Wegfahrsperre, Telefonvorrüstung)		
			netto	29.391,00
			19 % USt	5.584,29
		Rechnungen sind sofort fällig.	Gesamt	34.975,29

Geschäftsführer: Alfred Krause
St.-Nr. 58 223 9547 5
HRA 1021 Amtsgericht Heilbronn
Erfüllungsort und Gerichtsstand: Heilbronn

Kreissparkasse Heilbronn
Konto 022 769 841 • BLZ 620 500⊠00
Volksbank Heilbronn
Konto 241 513 322 • BLZ 620 901 00

4.1 Buchen Sie die Eingangsrechnung.

4.2 Buchen Sie den Zahlungsausgleich.

4.3 Die betriebsgewöhnliche Nutzungsdauer des Fahrzeuges beträgt 8 Jahre. Buchen Sie die Abschreibung des Fahrzeuges am Jahresende 2007.

4.3.1 bei linearer Abschreibung,

4.3.2 bei degressiver Abschreibung.

4.4 Beschreiben Sie die Vor- und Nachteile der degressiven Abschreibung.

4.5 Wie und warum werden in der Praxis degressive und lineare Abschreibung miteinander kombiniert?

4.6 Abbuchung der Kfz-Versicherung für ein Jahr, 370,26 €

5. Kauf von Anlagevermögen (Büro- und Geschäftsausstattung)

Bürohaus **STRAUB** GmbH

Bürohaus Straub GmbH, Wiesensteig 17, 74080 Heilbronn

Wiesensteig 17
74080 Heilbronn
Tel.: 07131 351221
Fax: 07131 351442

E-Mail: buerostraub.heilbronn@wvd.de
www.buerostraub.heilbronn-wvd.de

Sanitär
Knoll KG
Kanalstraße 17
74080 Heilbronn

Rechnung Nr. 09-05/091 **Rechnungsdatum:** ..-09-06

Anzahl	Best.-Nr.	Artikel	Einzelpreis	Gesamtbetrag
04	29/02	Schreibtisch, Eiche dunkel, 0,90 x 1,80	1.200,00 €	4.800,00 €
04	31/19	Schreibtischsessel, schwarz, Leder, mit Armlehnen, verstellbar	580,00 €	2.320,00 €
15	31/81	Konferenzstühle, grau mit Auflage	198,00 €	2.970,00 €
		netto		10.090,00 €
		+ 19 % USt		1.917,10 €
		brutto		12.007,10 €

Rechnung zahlbar innerhalb von 20 Tagen
Bei Zahlung innerhalb von 8 Tagen 2 % Skonto

Bankverbindungen:
Kreissparkasse Heilbronn • 022 769 841 • BLZ 620 500 00
Volksbank Heilbronn • 241 513 322 • BLZ 620 901 00
Steuer-Nr. 65 823 4875 4

Geschäftsführerin: Helga Straub
HRB 1419 Amtsgericht Heilbronn
Erfüllungsort und Gerichtsstand: Heilbronn

5.1 Buchen Sie die Eingangsrechnung.

5.2 Nach eingehender Kontrolle werden zwei der Konferenzstühle nach Rücksprache wegen starker Mängel an das Bürohaus Straub zurückgegeben. Korrigieren Sie die Eingangsrechnung.

5.3 Buchen Sie die Zahlung.

5.3.1 Die Zahlung erfolgt am 26.09.20..

5.3.2 Die Zahlung erfolgt am 14.09.20..

C Die Kosten- und Leistungsrechnung

1 Gliederung des Rechnungswesens

Das **Rechnungswesen** gliedert sich in die vier Teilbereiche **Geschäftsbuchführung, Kosten- und Leistungsrechnung, Statistik** und **Planung.** In diesem Kapitel wird die Kosten- und Leistungsrechnung dargestellt.

Aufgaben der Geschäftsbuchführung	Aufgaben der Kosten- und Leistungsrechnung
1. Chronologische **Erfassung aller Geschäftsfälle** auf Bestands- und Erfolgskonten nach den Grundsätzen ordnungsgemäßer Buchführung (GoB). 2. Erstellung des **Jahresabschlusses** am Ende der Abrechnungsperiode. 3. **Rechenschaftslegung** und **Information** für die Bilanzadressaten: ■ Unternehmer und Gesellschafter ■ Finanzamt ■ Kreditgeber ■ Öffentlichkeit	1. Erfassung sämtlicher **Kosten.** 2. **Gegenüberstellung von Kosten und Leistungen** einer Abrechnungsperiode; z. B. Lagerkosten und Lagerleistungen im II. Quartal. 3. Ermittlung von **Preisuntergrenzen** für die einzelnen Leistungen, z. B. Selbstkosten einer Gabelstapler-Einsatzstunde. 4. **Kontrolle** der Abteilungen in ihrer **Kostenentwicklung;** z. B. bei den Lagerkosten. 5. **Ertragsverbesserungen,** z. B. durch Kostensenkungen bei Umschlagsleistungen im Wareneingang. 6. **Rechenschaftslegung** für den Unternehmer.
interne und externe Adressaten	interner Adressat
Vorschriften für die Darstellung der Geschäftsbuchführung	**Vorschriften für die Darstellung der Kosten- und Leistungsrechnung**
Handelsgesetzbuch HGB Einkommensteuergesetz EStG	keine Vorschriften, da lediglich für interne Zwecke zur Unternehmensführung

2 Kosten und Leistungen

Kosten und Leistungen sind Begriffe der Kosten- und Leistungsrechnung. Kosten und Leistungen sind immer betriebsbezogen.

Als **Kosten** bezeichnet man den **wertmäßigen Verbrauch** an Gütern, Diensten und Abgaben in einer Abrechnungsperiode zur Erstellung und Verwertung von Leistungen (Erlöse).

■ Lohn- und Gehaltszahlungen	**Personalkosten**
■ Treibstoffverbrauch der betrieblichen Fahrzeuge	**Treibstoffkosten**
■ betrieblicher Stromverbrauch	**Energiekosten**
■ gezahlte Miete für betrieblich genutzte Räume	**Mietkosten**
■ gezahlte Kfz.-Steuer und -Versicherung der betrieblichen Fahrzeuge	**Fahrzeugkosten**
■ Zinszahlungen zur Finanzierung des Warenlagers	**Zinskosten**

Leistungen (Erlöse). Betriebliche Erträge sind das Ergebnis der betrieblichen Leistungserstellung und -verwertung. In der Kosten- und Leistungsrechnung werden sie daher als Leistungen bezeichnet.

■ Umsatzerlöse für Warenlieferungen	**Umsatzleistung (Erlös)**
■ In Rechnung gestellte Wareneinlagerungen, Auslagerungen, Kommissionierung eines Lagerhalters	**Umsatzleistung (Erlös)**
■ In Rechnung gestellte Warentransporte zum Kunden im Rahmen des Werkverkehrs	**Umsatzleistung (Erlös)**

6540192

3 Kostenartenrechnung

Die Kostenartenrechnung bildet die **Basis der Kosten- und Leistungsrechnung.** Sie hat die Aufgabe, die **Kosten** nach verschiedenen Gesichtspunkten **zu gliedern,** z. B. nach der Art der verbrauchten Kostengüter, nach der Zurechenbarkeit auf die einzelnen Kostenträger (z. B. Produkte) oder nach dem Verhalten bei Beschäftigungsschwankungen.

3.1 Kosten nach der Art der verbrauchten Kosten

Die verschiedenen Kostenarten werden zu übergeordneten Kostengruppen zusammengefasst. Beispielsweise können nachstehende Kostenarten gebildet werden.

- Materialkosten: Verbrauch von Roh-, Hilfs- und Betriebsstoffen
- Personalkosten: Löhne, Gehälter, Spesen, soziale Abgaben
- Raumkosten: Miete, Abschreibungen, Energiekosten, Instandhaltung
- Fuhrparkkosten: Treibstoffverbrauch, Reifenverbrauch, Reparaturkosten, Abschreibungen für Fuhrpark
- Steuern und Abgaben: Gewerbesteuer, Körperschaftsteuer oder Einkommensteuer, Abgaben für IHK und Verbände
- Kapitalkosten: Zinsen für Fremdkapital, Zinsen für das in den Warenvorräten gebundene Kapital
- Kosten für Fremdleistungen: Versicherungsprämien, Miete, Pacht, Rechtsberatungskosten

3.2 Kosten nach der Zurechenbarkeit auf die Kostenträger

Aufgabe der Vollkostenrechnung ist es, alle Kosten den Kostenträgern (z. B. Lagerleistung, Lkw-Leistung) zuzurechnen. Nach der Zurechenbarkeit der Kosten auf die Kostenträger werden Einzelkosten und Gemeinkosten unterschieden.

- **Einzelkosten** können für den einzelnen Auftrag dem einzelnen Kostenträger unmittelbar zugerechnet werden, z. B. Versandkosten, Treibstoffverbrauch, Verpackungskosten, Vertreterprovisionen.
- **Gemeinkosten** können dem einzelnen Kostenträger nicht unmittelbar zugerechnet werden, weil sie für mehrere oder alle Kostenträger gemeinsam anfallen, z. B. Verwaltungskosten, Unternehmenssteuern, Versicherungsbeiträge, Kosten der Unternehmensleitung.

3.3 Kosten nach dem Verhalten bei Beschäftigungsänderungen

- **Variable Kosten** sind **beschäftigungsabhängig.** Sie verändern sich also mit dem Beschäftigungsgrad, z. B. Treibstoffverbrauch des Gabelstaplers, Stromverbrauch der Förderzeuge, Überstundenzuschläge.
- **Fixe Kosten** reagieren nicht auf Beschäftigungsänderungen. Fixe Kosten werden auch als **zeitabhängige Kosten** bezeichnet, z. B. Miete, Kfz-Steuer, Personalkosten, Telefon-/Stromgrundgebühr.

4 Lagerkalkulation

Mit der **Lagerkostenrechnung** wird die **fortlaufende Kostenkontrolle** der Lageraufträge durchgeführt.

Die **Lagerkalkulation** wird unterteilt in:

- Berechnung der Umschlagkosten *(Kosten für Ein-, Auslagerung, Umschlaggeräte)*
- Berechnung der Lagerungskosten *(Kosten der eigentlichen Lagerung)*
- Berechnung der Kommissionierkosten

Kosten der **Kommissionierung** pro Auftrag/pro Pick-Position
reine **Lagerungskosten** pro 100 kg/pro m²
Umschlagskosten Einlagerungskosten/Auslagerungskosten pro 100 kg/pro 100 kg

4.1 Berechnung der Umschlagkosten pro 100 kg

Die **Umschlagkosten** setzen sich aus Kosten der **Einlagerung,** Kosten der **Auslagerung** und Kosten der **Umschlaggeräte** (vgl. Kapitel 6.3.1.3) zusammen. Betrachtet man die Kosten für Umschlaggeräte als getrennten Posten, so bestehen die Kosten der Einlagerung und die Kosten der Auslagerung nur noch aus den **Lohnkosten.**

Umschlagkosten		
Lohnkosten der Einlagerung	Kosten der Umschlaggeräte bei Ein- **und** Auslagerung	Lohnkosten bei Auslagerung

Hinweis: Es ist nicht in jedem Fall sinnvoll, die gesamten Umschlagkosten mit einem 100-kg-Satz auszudrücken. Insbesondere bei höheren Durchschnittsgewichten bei der Einlagerung als bei der Auslagerung werden die Umschlagkosten in einen Einlagerungssatz und einen Auslagerungssatz aufgeteilt.

Die Kosten der Umschlaggeräte können dann getrennt für die Einlagerung und die Auslagerung berechnet werden. Man erhält dann einen **Einlagerungssatz/100 kg** (Lohnkosten der Einlagerung und Kosten der Umschlaggeräte bei der Einlagerung) und einen **Auslagerungssatz/100 kg** (Lohnkosten der Auslagerung und Kosten der Umschlaggeräte bei der Auslagerung).

4.1.1 Kosten der Einlagerung

Die eingelagerten Güter werden nach ihrer Abpackungsstruktur[1] unterteilt in:

- manuelle Einlagerungen
- teilpalettierte Einlagerungen
- vollpalettierte Einlagerungen

1 Häufig sind die Durchschnittsgewichte je Palette bei der Einlagerung höher als bei der Auslagerung, da durch Kommissionierung die Durchschnittsgewichte je Palette geringer werden.

Für jede Einlagerungsart werden der prozentuale Anteil an der gesamten Einlagerung und der durchschnittliche Zeitbedarf für die Einlagerung festgestellt.

Musteraufgabe

Spedition Fink betätigt sich in Leipzig als Lagerhalter. Das durchschnittliche tägliche Einlagerungsgewicht beträgt 15 500 kg. Je Stunde und Lagerarbeiter fallen Lohn- und Lohnnebenkosten von 29,25 € je Stunde an.

Die Güter werden vollpalettiert eingelagert. Das durchschnittliche Einlagerungsgewicht pro Palette beträgt 400 kg. Die durchschnittliche Einlagerungszeit je Palette beträgt 4 Minuten.

a) Berechnen Sie die Einlagerungskosten je Palette.
b) Berechnen Sie die Einlagerungskosten für 100 kg.

Lösung

a) Einlagerungskosten je Palette:

60 Minuten ≙ 29,25 €
4 Minuten ≙ x €

$x = \frac{29{,}25 \cdot 4}{60} = 1{,}95$ €

b) Einlagerungskosten je 100 kg:

400 kg ≙ 1,95 €
100 kg ≙ x €

$x = 0{,}49$ €

Aufgaben

1 Barth & Söhne betätigt sich als Lagerhalter. Das durchschnittliche tägliche Einlagerungsgewicht beträgt 18 000 kg. Je Stunde und Lagerarbeiter fallen Lohn- und Lohnnebenkosten von 30,00 € an.

Paletten mit 500 kg werden in 2,5 Minuten eingelagert. Bei Paletten mit 700 kg werden 3 Minuten für die Einlagerung benötigt.

a) Berechnen Sie die Einlagerungskosten der 500-kg-Paletten bezogen auf 100 kg.
b) Berechnen Sie die Einlagerungskosten der 700-kg-Paletten bezogen auf 100 kg.

2 Spedition Hollmann OHG betätigt sich auch als Lagerhalter. Das durchschnittliche tägliche Einlagerungsgewicht beträgt 14 800 kg.

Je Stunde und Lagerarbeiter fallen Lohn- und Lohnnebenkosten von 31,00 € an.

Für die Einlagerung liegen folgende Daten vor:

Abpackungsstruktur	Gewicht	durchschnittliche Einlagerungszeit
unpalettiert	25 kg	3,5 Minuten
teilpalettiert	30 kg	3,0 Minuten
vollpalettiert	300 kg	2,4 Minuten
vollpalettiert	500 kg	2,5 Minuten

a) Berechnen Sie die Einlagerungskosten der unpalettierten Güter für 100 kg.
b) Berechnen Sie die Einlagerungskosten der teilpalettierten Güter für 100 kg.
c) Berechnen Sie die Einlagerungskosten der 300-kg-Paletten für 100 kg.
d) Berechnen Sie die Einlagerungskosten der 500-kg-Paletten für 100 kg.

4.1.2 Kosten der Auslagerung

Das Berechnungsschema für die Kosten der **Auslagerung** ist mit der Berechnungsweise der Einlagerungskosten identisch.

Musteraufgabe

Spedition Fink betätigt sich in Leipzig als Lagerhalter. Das durchschnittliche tägliche Auslagerungsgewicht beträgt 14 000 kg. Je Stunde und Lagerarbeiter fallen Lohn- und Lohnnebenkosten von 28,50 € an. Die Ware wird auf Paletten mit jeweils 400 kg ausgelagert. Für die Auslagerung werden 3 Minuten pro Palette benötigt.

a) Berechnen Sie die Auslagerungskosten je Palette.
b) Berechnen Sie die Auslagerungskosten für 100 kg.

Lösung

a) Auslagerungskosten je Palette:

60 Minuten ≙ 28,50 €
3 Minuten ≙ x €

$x = \frac{28{,}50 \cdot 3}{60} = 1{,}425$ €

b) Auslagerungskosten je 100 kg:

400 kg ≙ 1,425 €
100 kg ≙ x €

x = 0,36 €

Aufgaben

1 Spedition Hollmann OHG betätigt sich auch als Lagerhalter. Das durchschnittliche tägliche Auslagerungsgewicht beträgt 15 000 kg. Je Stunde und Lagerarbeiter fallen Lohn- und Lohnnebenkosten von 31,00 € an.

Für die Auslagerung liegen folgende Daten vor:

Abpackungsstruktur	Gewicht	durchschnittliche Auslagerungszeit
manuell	5 kg	3,0 Minuten
manuell	10 kg	3,5 Minuten
manuell	25 kg	4,0 Minuten
teilpalettiert	30 kg	3,0 Minuten
vollpalettiert	300 kg	2,5 Minuten
vollpalettiert	500 kg	3,0 Minuten
vollpalettiert	700 kg	3,5 Minuten

Berechnen Sie die Auslagerungskosten für 100 kg.

a) für Ware mit der Abpackungsstruktur „manuell 5 kg"
b) für Ware mit der Abpackungsstruktur „manuell 10 kg"
c) für Ware mit der Abpackungsstruktur „manuell 25 kg"
d) für teilpalettierte Ware
e) für vollpalettierte Ware, Palettengewicht 300 kg
f) für vollpalettierte Ware, Palettengewicht 500 kg
g) für vollpalettierte Ware, Palettengewicht 700 kg

6540196

2 Barth & Söhne betätigt sich als Lagerhalter. Das durchschnittliche tägliche Auslagerungsgewicht beträgt 17 000 kg. Je Stunde und Lagerarbeiter fallen Lohn- und Lohnnebenkosten von 30,00 € an.

Für die Auslagerung liegen folgende Daten vor:

Abpackungsstruktur	Gewicht	durchschnittliche Auslagerungszeit
manuell	10 kg	3,5 Minuten
manuell	25 kg	4,0 Minuten
vollpalettiert	500 kg	2,5 Minuten
vollpalettiert	700 kg	2,5 Minuten

Berechnen Sie die Auslagerungskosten für 100 kg.

a) für Ware mit der Abpackungsstruktur „manuell 10 kg"
b) für Ware mit der Abpackungsstruktur „manuell 25 kg"
c) für vollpalettierte Ware, Palettengewicht 500 kg
d) für vollpalettierte Ware, Palettengewicht 700 kg

4.1.3 Kosten der Umschlaggeräte (Gabelstaplerkosten-Kalkulation)

Kosten der Umschlaggeräte (z. B. Gabelstapler, Hubwagen) fallen zusätzlich zu den Lohnkosten bei der Ein- und Auslagerung an. Kosten der Umschlaggeräte sind beispielsweise Abschreibungen, Zinsen, Energiekosten und Reparaturen.

Hinweis: Bei der Kalkulation der Gabelstaplerkosten gibt es zwei Methoden.
1. Methode: Die Personalkosten für die Gabelstaplerbedienung werden bereits bei den Kosten der Einlagerung und den Kosten der Auslagerung erfasst. Folglich enthält der Stundensatz für den Gabelstapler keine Personalkosten. Diese Methode wird in diesem Buch dargestellt.
2. Methode: Die Personalkosten für die Gabelstaplerbedienung werden bei der Kalkulation der Gabelstaplerkosten berücksichtigt. Dann enthält der Stundensatz für den Gabelstapler zusätzlich auch die Personalkosten.

Musteraufgabe

Für die Wareneinlagerung eines Lebensmittelherstellers werden täglich 2,5 Gabelstaplerstunden, für die Warenauslagerung täglich 3 Gabelstaplerstunden benötigt. Es werden täglich durchschnittlich jeweils 15 750 kg ein- und ausgelagert.

Über den Gabelstapler liegen folgende Daten vor:

Monatliche Arbeitstage	20
Durchschnittliche tägliche Einsatzzeit	6 Stunden
Anschaffungskosten	40.000,00 €
Geschätzte Wiederbeschaffungskosten	46.000,00 €
Geplante Nutzungsdauer	10 Jahre
Kalkulatorische Zinsen pro Jahr	2.300,00 €
Jährliche Reparaturen	2.500,00 €
Jährlicher Energieverbrauch	1.400,00 €

Berechnen Sie

1. die Kosten für eine Gabelstaplerstunde.
2. die Kosten der Umschlaggeräte (hier: Gabelstaplerkosten) für 100 kg.

Lösung

1. Kosten für eine Gabelstaplerstunde:

Kalkulatorische Abschreibung jährlich		4.600,00 €
Kalkulatorische Zinsen jährlich		2.300,00 €
Reparaturen jährlich		2.500,00 €
Energieverbrauch jährlich		1.400,00 €
Gabelstaplerkosten pro Jahr	❶	10.800,00 €

Einsatzstunden pro Jahr: 20 · 12 · 6 = 1440 ❷

Kosten f. 1 Gabelstaplerstunde = $\frac{\text{Gesamtkosten}}{\text{Einsatzstunden}} = \frac{10.800,00\ €}{1\,440}$ = 7,50 € ❸

2. Gabelstaplerkosten pro 100 kg:

Einsatzkosten/Jahr		10.800,00 €
Einsatzkosten/Tag 10.800,00 € : 240	❹	45,00 €
Einsatzkosten/Stunde 45,00 € : 6		7,50 €

Einsatzkosten/100 kg für Lagerauftrag:

$= \frac{\text{Einsatzkosten/Stunde} \cdot \text{Einsatzstunden für Lagerauftrag}}{\text{tägliche Einlagerung}} \cdot 100$

$= \frac{7{,}50\ € \cdot 2{,}5\ ❺}{15\,750\ ❻} \cdot 100$ ❼ = <u>0,12 €/100 kg</u> (Einlagerungssatz)

$= \frac{\text{Einsatzkosten/Stunde} \cdot \text{Einsatzstunden für Lagerauftrag}}{\text{tägliche Auslagerung}} \cdot 100$

$= \frac{7{,}50\ € \cdot 3\ ❺}{15\,750\ ❻} \cdot 100$ ❼ = <u>0,14 €/100 kg</u> (Auslagerungssatz)

Lösungsweg

❶ Gabelstaplerkosten pro Jahr ermitteln
❷ jährliche Einsatzstunden ermitteln (tägliche Einsatzstunden · monatliche Arbeitstage · 12)
❸ Kosten für eine Gabelstaplerstunde ermitteln
❹ tägliche Einsatzkosten des Gabelstaplers berechnen
❺ tägliche Einsatzstunden des Gabelstaplers für bestimmten Lagerauftrag berechnen
❻ Einsatzkosten pro 100 kg für bestimmten Lagerauftrag berechnen
❼ Multiplikation mit 100, damit ein Kostensatz auf 100-kg-Basis ausgewiesen werden kann

Aufgaben

1 Für die Wareneinlagerung eines Sportartikelherstellers werden täglich 1,5 Gabelstaplerstunden, für die Warenauslagerung täglich 3,5 Gabelstaplerstunden benötigt. Es werden täglich durchschnittlich jeweils 12 250 kg ein- und ausgelagert.

Über den Gabelstapler liegen folgende Daten vor:

Monatliche Arbeitstage	20
Durchschnittliche tägliche Einsatzzeit	6,5 Stunden
Anschaffungskosten	32.000,00 €
Geschätzte Wiederbeschaffungskosten	40.000,00 €
Geplante Nutzungsdauer	8 Jahre
Kalkulatorische Zinsen pro Jahr	1.950,00 €
Vierteljährliche Reparaturen	1.520,00 €
Monatlicher Energieverbrauch	100,00 €

a) Berechnen Sie die Kosten für eine Gabelstaplerstunde.
b) Berechnen Sie die Kosten der Umschlaggeräte für 100 kg.

6540198

4.1.4 Berechnung der Umschlagkosten[1]

Die **Umschlagkosten** werden für 100 kg berechnet. Dabei werden die Kosten für die **Einlagerung,** die Kosten für die **Auslagerung** und die Kosten für **Umschlaggeräte** addiert. Betrachtet man die vorangegangenen Musteraufgaben, so ergeben sich folgende Umschlagkosten:

Kosten für die Einlagerung	0,49 €/100 kg	(siehe S. 195)
Kosten für die Auslagerung	0,36 €/100 kg	(siehe S. 196)
Kosten für Umschlaggeräte bei Ein- und Auslagerung (0,12 + 0,14)	0,26 €/100 kg	(siehe S. 197)
Umschlagkosten	**1,11 €/100 kg**	

Hinweis: Gegenüber manchen Kunden und in der innerbetrieblichen Kostenrechnung wird nicht **ein Umschlagsatz** für Einlagerung, Auslagerung und Umschlaggeräte ermittelt, sondern jeweils **ein Einlagerungssatz inklusive Kosten für Umschlaggeräte** bei der Einlagerung und **ein Auslagerungssatz inklusive Kosten für Umschlaggeräte** bei der Auslagerung. Notwendig ist diese Unterteilung bei getrennter Abrechnung von Ein- und Auslagerung.

4.1.5 Zusammenfassung Umschlagkosten

Umschlagkosten/100 kg:

  Einlagerungskosten/100 kg
+ Auslagerungskosten/100 kg
+ Kosten Umschlaggeräte/100 kg
= Umschlagkosten/100 kg

oder Trennung in:

Einlagerungssatz/100 kg:
(siehe Hinweis)

  Einlagerungskosten/100 kg
+ Kosten Umschlaggeräte/100 kg
= Einlagerungssatz/100 kg

Auslagerungssatz/100 kg:
(siehe Hinweis)

  Auslagerungskosten/100 kg
+ Kosten Umschlaggeräte/100 kg
= Auslagerungssatz/100 kg

Kosten der Umschlaggeräte

Tägliche Kosten Umschlaggeräte = Einsatzstunden für Lagerauftrag · Stundensatz

$$\text{Kosten Umschlaggeräte/100 kg} = \frac{\text{Tägliche Kosten Umschlaggeräte für bestimmten Lagerauftrag}}{\text{Ein- und Auslagerungsgewicht pro Tag und Lagerauftrag}} \cdot 100$$

Aufgabe

1 Spedition Kolb betätigt sich auch als Lagerhalter. Je Stunde und Lagerarbeiter fallen Lohn- und Lohnnebenkosten von 30,00 € an. Der Stundensatz für die Umschlaggeräte (ohne Personalkosten) beträgt 6,20 €.

1 In der Speditionspraxis werden die Umschlagkosten häufig als „Handlingkosten" bezeichnet.

Für die Einlagerung liegen folgende Daten vor:

Abpackungsstruktur	Gewicht	durchschnittliche Auslagerungszeit
manuell	25 kg	2,0 Minuten
vollpalettiert	500 kg	3,5 Minuten

Für die Auslagerung liegen folgende Daten vor:

Abpackungsstruktur	Gewicht	durchschnittliche Auslagerungszeit
manuell	25 kg	2,5 Minuten
vollpalettiert	500 kg	4,0 Minuten

a) Berechnen Sie die Einlagerungskosten für 100 kg:
   - für Kolli mit 25 kg
   - für Paletten mit 500 kg

b) Berechnen Sie die Auslagerungskosten für 100 kg:
   - für Kolli mit 25 kg
   - für Paletten mit 500 kg

c) Berechnen Sie die Kosten der Umschlaggeräte für 100 kg:
   - für Kolli mit 25 kg
   - für Paletten mit 500 kg

d) Ermitteln Sie die Umschlagkosten für 100 kg:
   - für Kolli mit 25 kg
   - für Paletten mit 500 kg

4.2 Lagerungskosten pro m²

Zunächst sind die **gesamten Lagerungskosten** zu ermitteln. In der Lagerwirtschaft werden die Lagerungskosten monatlich berechnet.

Lagerungskosten setzen sich zusammen aus:

- tatsächlich gezahlter Miete bei gemietetem Lagerhaus
- Abschreibung für eigenes Gebäude, Lagereinrichtung, Lagergeräte, Förderzeuge (Rollenbahnen, Aufzüge, Hochregalbedienungsgeräte)
- Zinsen
- Reparaturen für Lagergebäude, Lagereinrichtung und Förderzeug
- Lagerversicherungen
- Energiekosten: Wasser, Strom, Heizung
- Reinigungskosten
- allgemeinen Verwaltungskosten, wie Löhne, Gehälter, Sozialleistungen für das Personal in der Lagerverwaltung
- Lagerverwaltungskosten

m²-Kosten pro Monat

Die gesamten monatlichen Lagerungskosten werden auf die durchschnittlich belegte Fläche bezogen. Es lassen sich dann die **m²-Kosten pro Monat** ermitteln.

Beispiel: *Die Lagerungskosten für den Monat Oktober betrugen 16.000,00 €. Die gesamte Lagerfläche beträgt 2500 m², die durchschnittlich genutzte Lagerfläche beträgt 2000 m².*

$$\textbf{m}^2\textbf{-Kosten Oktober} = \frac{16.000,00\ €}{2000\ m^2} = 8,00\ €/m^2$$

Merke:

$$m^2\text{-Kosten pro Monat} = \frac{\text{Lagerungskosten/Monat}}{\text{Ø belegte Lagerfläche}}$$

6540200

Musteraufgabe

Für ein eigenes Lagerhaus der SLAG – Spedition- und Lagerei AG – Berlin, sind nachstehende Daten bekannt:

Abschreibung	120.000,00 €	jährlich
Zinsen	72.000,00 €	jährlich
Reparaturen am Lagerhaus	1.500,00 €	vierteljährlich
Versicherungskosten Lagerhaus	9.000,00 €	halbjährlich
Energiekosten	2.700,00 €	monatlich
Allgemeine Verwaltungskosten	45.900,00 €	jährlich
ø belegte Lagerfläche	4 000 m²	
ø Lagerbestand in kg	2 000 000 kg	
Monatliche Einlagerungsmenge	800 000 kg	

a) Berechnen Sie die täglichen Lagerkosten, wenn an 225 Tagen im Jahr gearbeitet wird.

b) Berechnen Sie die Kosten je m² im Monat.

c) Welchen Betrag einschließlich 16 % Umsatzsteuer erhält ein Kunde in Rechnung gestellt, wenn die SLAG mit 10 % Gewinnzuschlag kalkuliert und der Kunde 250 m² für zwei Monate anmietete?

Lösung

a) 1. Schritt: m²-Kosten pro Tag:

Jährliche Lagerungskosten:

Abschreibung		=	120.000,00 €
Zinsen		=	72.000,00 €
Reparaturen am Lagerhaus	1.500,00 € · 4	=	6.000,00 €
Versicherungskosten Lagerhaus	9.000,00 € · 2	=	18.000,00 €
Energiekosten		=	32.400,00 €
Allgemeine Verwaltungskosten	2.700,00 € · 12	=	45.900,00 €
Jährliche Lagerungskosten			**294.300,00 €**
Tägliche Lagerungskosten	294.300 : 225	=	1.308,00 €

b) 2. Schritt: Monatliche Lagerungskosten pro m²

Monatliche Lagerungskosten	= Jährliche Lagerungskosten	: 12
	= 294.300	: 12
	= 24.525	
Kosten je m² und Monat	= Monatl. Lagerkosten	: Ø belegte Fläche
	= 24.525	: 4000
	= 6,13 €	

c) 3. Schritt: Rechnungsbetrag für 250 m² und 2 Monate

Lagerungskosten pro m² u. Monat	= 6,13 €
Lagerungskost. f. 250 m² u. 2 Mon.	= 6,13 € · 250 · 2
	= 3.065,00 €

Rechnungsbetrag:

Lagerungskosten 250 m²/2 Monate	3.065,00 €
+ 10 % Gewinnzuschlag	306,00 €
= Nettopreis	3.371,00 €
+ 16 % USt	539,36 €
Rechnungsbetrag	3.910,36 €

Lösungsweg

1. Schritt: Tägliche Lagerungskosten berechnen. Alle Lagerungskosten werden auf ein Jahr bezogen und anschließend durch die Arbeitstage geteilt.

2. Schritt: Die jährlichen Lagerkosten durch 12 geteilt, ergeben die monatlichen Lagerkosten. Nun werden die monatlichen Lagerkosten durch die durchschnittlich belegte Lagerfläche geteilt. Dies ergibt die Kosten je m² und Monat.

3. Schritt: Lagerungskosten für 250 m² und 2 Monate berechnen. Danach 10 % Gewinnzuschlag berechnen und anschließend auf den Nettopreis 16 % Umsatzsteuer berechnen.

Aufgaben

1 Die Theo Grundmann GmbH hatte im vergangenen Kalenderjahr nachstehende Lagerkosten:

Abschreibungen	230.000,00 €
Zinsen	104.000,00 €
Energie	186.000,00 €
Personal	740.000,00 €
Versicherungen	21.000,00 €
Sonstige Kosten	25.000,00 €

a) Berechnen Sie die täglichen Lagerkosten, wenn an 225 Tagen im Jahr gearbeitet wurde.

b) Berechnen Sie die Kosten je m² im Monat, wenn die Grundfläche des zweigeschossigen Lagers 120 m x 75 m beträgt.

c) Welchen Betrag, einschließlich 16 % Umsatzsteuer, erhält ein Kunde, der für einen Monat 300 m² anmietete, in Rechnung gestellt, wenn die Grundmann GmbH mit 10 % Gewinn kalkuliert?

2 Für ein gemietetes Lagerhaus werden jährlich 280.000,00 € Miete bezahlt. Die Versicherungskosten betragen 15.000,00 € jährlich. Energiekosten fallen in Höhe von 4.000,00 € monatlich an. Die allgemeinen Verwaltungskosten für das Lager werden mit 14.000,00 € je Quartal ausgewiesen.

Die gesamte Lagerfläche beträgt 6 250 m², von der durchschnittlich 80 % belegt sind. Der durchschnittliche Lagerbestand beträgt 2 500 t.

Berechnen Sie die Lagerungskosten je m² und Monat.

3 Für ein eigenes Lagerhaus der Wehrle & Sohn GmbH, Freiburg, sind nachstehende Daten bekannt:

Abschreibung	90.000,00 €	jährlich
Zinsen	33.000,00 €	jährlich
Reparaturen am Lagerhaus	2.500,00 €	vierteljährlich
Versicherungskosten Lagerhaus	1.000,00 €	monatlich
Energiekosten	10.500,00 €	halbjährlich
Allgemeine Verwaltungskosten	32.700,00 €	halbjährlich
Vorhandene Lagerfläche	2 900 m²	
ø belegte Lagerfläche	2 500 m²	
ø Lagerbestand in kg	1 200 000 kg	

Berechnen Sie die Lagerungskosten je m² und Monat.

6540202

4.3 Berechnung der Kommissionierungskosten

Eingelagerte Ware wird vom Spediteur oftmals in einer **anderen Zusammenstellung oder in anderen Einheiten** ausgelagert. Dabei kann die umsortierte Ware auch bezettelt oder beschriftet werden. Diese Umsortierung der Ware, eventuell mit weiteren Dienstleistungen verbunden, bezeichnet man als **Kommissionierung.**

Die Kommissionierkosten werden separat erfasst und auf **100 kg auszulagernde Ware** bezogen. Nachdem ein angemessener Gewinnzuschlag berücksichtigt ist, kann dem Speditionskunden der Marktpreis für die Kommissionierung von 100 kg mitgeteilt werden.

Zur Berechnung der Kommissionierungskosten notwendige Daten sind:

- Gesamtgewicht der kommissionierten Ware
- Zeitbedarf für einen Kommissionierungsauftrag
- Zeitbedarf für die Kommissionierung von 100 kg
- Personalkosten je Stunde

Musteraufgabe

Ein Auftraggeber lagert pro Monat 300 000 kg aus. Die Ware wird auf Paletten mit jeweils 500 kg kommissioniert. Der Zeitbedarf für eine Palette beträgt 20 Minuten. Eine Arbeitsstunde kostet 33,00 €.

1. Berechnen Sie die Kommissionierungskosten pro Palette.
2. Berechnen Sie die Kommissionierungskosten pro 100 kg.

Lösung

1. Kommissionierungskosten pro Palette (500 kg):

1 Arbeitsstunde	=	60 Minuten	≙	33,00 €
1 Palette	=	20 Minuten	≙	x €

$$x = \frac{33{,}00 \cdot 20}{60} = 11{,}00\ €$$

2. Kommissionierungskosten pro 100 kg:

500 kg (1 Palette)	≙	11,00 €
100 kg	≙	x €
100 kg	≙	2,20 €

Aufgaben – Übungen

1 Ein Auftraggeber lagert pro Monat 225 000 kg aus. Die Ware wird auf Paletten mit jeweils 450 kg kommissioniert. Der Zeitbedarf für eine Palette beträgt 25 Minuten. Eine Arbeitsstunde kostet 31,00 €.

a) Berechnen Sie die Kommissionierungskosten pro Palette.
b) Berechnen Sie die Kommissionierungskosten pro 100 kg.

2 Für einen Kunden lagert die Spedition Rhönnfeldt, Fulda, monatlich 160 000 kg aus. Die Ware wird auf Paletten mit jeweils 600 kg kommissioniert. Der Zeitbedarf für eine Palette beträgt 30 Minuten. Die Lagerarbeiter werden mit 12,00 € Stundenlohn bezahlt. Die Lohnnebenkosten betragen 130 % des Stundenlohnes.

a) Berechnen Sie die Kommissionierungskosten pro Palette.
b) Berechnen Sie die Kommissionierungskosten pro 100 kg.

4.4 Berechnung der Lagerverwaltungskosten

Die anteiligen Kosten der allgemeinen Verwaltung für das Lager sind bereits bei den Lagerungskosten erfasst worden. Nun sind noch die **in der Lagerabteilung aufgetretenen Verwaltungskosten** zu berücksichtigen.

Lagerverwaltungskosten sind hauptsächlich Lohn- bzw. Gehaltskosten für den Lagermeister. Die Lageverwaltungskosten werden zeitanteilig für die **eingelagerte Ware** erfasst und auf **100 kg** bezogen.

Musteraufgabe Ein Auftraggeber lagert pro Monat 300 000 kg ein. Monatlich fallen für diesen Auftrag 60 Stunden Lagerverwaltung an. Der Stundensatz für eine Lagerverwaltungsstunde beträgt 35,00 €.

Berechnen Sie die Lagerverwaltungskosten für 100 kg/Monat.

Lösung

300 000 kg	≙	2.100,00 €	(35,00 € · 60)
100 kg	≙	x €	
100 kg	=	0,70 €	

Aufgaben

1 Ein Auftraggeber lagert pro Monat 180 000 kg ein. Monatlich fallen für diesen Auftrag 50 Stunden Lagerverwaltung an. Der Stundensatz für eine Lagerverwaltungsstunde beträgt 32,50 €.

Berechnen Sie die Lagerverwaltungskosten für 100 kg/Monat.

2 Ein Auftraggeber lagert pro Monat 85 000 kg ein. Monatlich fallen für diesen Auftrag 18 Stunden Lagerverwaltung an. Eine Lagerverwaltungsstunde verursacht Lohn- und Gehaltskosten von 13,00 €. Die Lohn- und Gehaltsnebenkosten belaufen sich auf 120 %.

Berechnen Sie die Lagerverwaltungskosten für 100 kg/Monat.

4.5 Zusammenfassung: Kalkulation der Lagerkosten

Lagerkosten =	Kosten der Einlagerung + Kosten der Auslagerung + Kosten für Umschlaggeräte für Ein- und Auslagerung	} Kosten für den Umschlag
	+ Lagerungskosten	
	+ Lagerverwaltungskosten	
	+ Kommissionierungskosten	
	= **Lagerkosten**	

6540204

Aufgaben

1 Die Maschinenfabrik Mahler GmbH, Hameln, möchte einen Exportauftrag für 2 Monate bei der Hamburger Lagergesellschaft AG einlagern. Zu lagern sind eine Seekiste mit den Maßen 1,50 m x 4,00 m x 2,00 m und 6 Industriepaletten mit den Maßen von je 1,00 m x 1,50 m.

Wie hoch sind die reinen Lagerungskosten, die der Fa. Mahler GmbH berechnet werden, wenn pro Monat 6,90 €/m² Lagerfläche berechnet werden?

2 Für ein Logistikprojekt soll die Kieler Lagerhaus AG ein Angebot abgeben. Durchschnittlich sollen 50 nicht stapelbare Paletten zu je 200 kg in Blocklagerung gelagert und alle 30 Tage ausgelagert werden. Die Kieler Lagerhaus AG kalkuliert mit 1,10 €/100 kg Umschlagskosten, Lagerverwaltungskosten 0,80 €/100 kg und Lagerungskosten von 5,80 €/m² je Monat.

a) Wie hoch sind die reinen Lagerungskosten pro Monat?
b) Wie hoch sind die Selbstkosten pro Monat?
c) Wie hoch ist der monatliche Angebotspreis für diesen Auftrag, wenn die Kieler Lagerhaus AG einen Gewinnaufschlag von 10 % einkalkuliert?

3 Import-Wein im Gewicht von 16,2 t wird auf Paletten bei der Norddeutschen Lagergesellschaft AG für 3 Monate eingelagert. Dafür wurden dem Importeur 540,00 € in Rechnung gestellt.

a) Wie hoch sind die Lagerkosten einer Flasche, die 900 g wiegt?
b) Wie hoch sind die Lagerkosten einer Palette pro Monat, wenn 300 Flaschen in Kartons auf eine Palette gesetzt sind?

4 Im Lager der Santex GmbH fallen pro Jahr folgende Lagerkosten an:

Personalkosten, einschl. Lagerverwaltung	240.000,00 € p. a.
Abschreibung des Lagergebäudes und der Lagereinrichtung	93.800,00 € p. a.
Energiekosten	7.500,00 € p. a.
Versicherungsprämien	9.000,00 € p. a.
Zinsaufwendungen	54.000,00 € p. a.
Reparaturkosten	1.500,00 € p. a.

a) Wie hoch sind die monatlichen Lagerkosten?
b) Die Gesamtfläche des Lagers beträgt 8.625 m². 20 % der Lagerfläche sind Fahrwege und sonstige nicht nutzbare Flächen. Wie viel m² sind als reine Lagerfläche nutzbar?
c) Von der nutzbaren Lagerfläche sind durchschnittlich 80 % belegt. Wie hoch sind die monatlichen Lagerkosten der Santex GmbH pro m² Lagerungsfläche?

5 Die Sportgroßhandlung Hugo Lieber e. K. hatte im vergangenen Geschäftsjahr folgende Lagerkosten:

Personalkosten, einschl. Lagerverwaltung	116.200,00 € p. a.
Abschreibung des Lagergebäudes und der Lagereinrichtung	41.000,00 € p. a.
Energiekosten	18.100,00 € p. a.
Versicherungsprämien	10.545,00 € p. a.
Sonstige Lagerkosten	22.206,20 € p. a.

Wie hoch waren die monatlichen Lagerkosten pro m², wenn das zweigeschossige Lagergebäude eine Grundfläche von 48 m x 25 m hat? Die durch Fahrwege usw. nicht nutzbare Lagerfläche beträgt 14 %.

4.6 Fallstudie: Kalkulation der Lagerkosten

Der Suppenhersteller AROMIA AG lagert bei der Spedition Griesinger, Gießen, einen Teil seiner Fertigprodukte ein. Das monatliche Einlagerungsgewicht beträgt 420 000 kg. Die einzulagernde Ware wird auf Paletten mit jeweils 500 kg geliefert.

Das monatliche Auslagerungsgewicht für die AROMIA AG beträgt ebenfalls 420 000 kg. Auch die auszulagernde Ware befindet sich auf Paletten mit 500 kg.

Für die monatliche Einlagerung der 420 000 kg werden täglich $1\frac{3}{4}$ Gabelstaplerstunden, für die Auslagerung täglich 3,5 Gabelstaplerstunden benötigt. Der Gabelstapler verursacht pro Stunde Kosten von 10,00 €. Es werden 20 Arbeitstage zugrunde gelegt.

Zur Berechnung der Lagerungskosten stehen folgende Daten zur Verfügung:

Kosten einer Arbeitsstunde	33,00 €	
Kalkulatorische Abschreibung	54.000,00 €	jährlich
Kalkulatorische Verzinsung des eingesetzten Kapitals	39.000,00 €	jährlich
Reparaturen am Lagerhaus	1.500,00 €	vierteljährlich
Versicherungskosten Lagerhaus	6.000,00 €	halbjährlich
Energiekosten	1.150,00 €	monatlich
Allgemeine Verwaltungskosten	20.100,00 €	jährlich
ø belegte Lagerfläche	2 500 m²	
ø Lagerbestand in kg	1 200 000 kg	
ø Lagerbestand der AROMIA AG	210 000 kg	

Für die Lageraufträge der AROMIA AG sind monatlich 50 Lagerverwaltungsstunden notwendig. Der Stundensatz für eine Lagerverwaltungsstunde beträgt 36,00 €.

1. Berechnen Sie die Lagerkosten. Ermitteln Sie dabei folgende Zwischenergebnisse:
   a) Kosten der Einlagerung für 100 kg
   b) Kosten der Auslagerung für 100 kg
   c) Kosten der Umschlaggeräte für 100 kg
   d) Umschlagkosten für 100 kg
   e) Lagerungskosten für 100 kg/Monat
   f) Lagerverwaltungskosten für 100 kg/Monat
   g) Lagerkosten für 124 000 kg, wenn die Ware vom 15. Sept. bis 15. Dez. eingelagert war. Angefangene Monate werden als volle Monate gezählt.
2. Im September wurden durchschnittlich 685 000 kg Waren der AROMIA AG gelagert. Das Gewicht der im September eingelagerten Waren betrug 420 000 kg. Ebenfalls 420 000 kg wurden ausgelagert. Spedition Griesinger stellt der AROMIA AG für Lagerleistungen im September 14.750,00 € zuzüglich Umsatzsteuer in Rechnung. Berechnen Sie den Gewinn bzw. Verlust aus diesem Lagergeschäft.

Zusammenfassende Aufgaben – Kalkulation der Lagerkosten

1 Ein Markenartikelhersteller lagert bei der Spedition Schröder, Kiel, einen Teil seiner Fertigprodukte ein. Das monatliche Einlagerungsgewicht beträgt 120 000 kg. Die einzulagernde Ware wird auf Paletten mit jeweils 600 kg geliefert.

Das monatliche Auslagerungsgewicht für den Markenartikelhersteller beträgt ebenfalls 120 000 kg. Auch die auszulagernde Ware befindet sich auf Paletten mit 600 kg. Für die Einlagerung der 120 000 kg werden täglich 1 Gabelstaplerstunde, für die Auslagerung täglich 1,5 Gabelstaplerstunden benötigt. Der Gabelstapler verursacht pro Stunde Kosten von 9,80 €. Es werden 20 Arbeitstage zugrunde gelegt.

Zur Berechnung der Lagerungskosten stehen folgende Daten zur Verfügung:

Kosten einer Arbeitsstunde	28,50 €	
Kalkulatorische Abschreibung Lagergeb.	66.000,00 €	jährlich
Kalkulatorische Verzinsung des eingesetzten Kapitals	30.000,00 €	jährlich
Reparaturen am Lagerhaus	1.800,00 €	vierteljährlich
Versicherungskosten Lagerhaus	9.000,00 €	jährlich
Energiekosten	4.800,00 €	vierteljährlich
Allgemeine Verwaltungskosten	4.020,00 €	vierteljährlich
ø belegte Lagerfläche insgesamt	3 800 m²	
ø Lagerbestand in kg insgesamt	1 200 000 kg	
ø Lagerbestand des Markenartikelherstellers	180 000 kg	

Für die Lageraufträge des Markenartikelherstellers sind monatlich 38 Lagerverwaltungsstunden notwendig. Der Stundensatz für eine Lagerverwaltungsstunde beträgt 34,50 €.

Berechnen Sie die Lagerkosten. Ermitteln Sie dabei folgende Zwischenergebnisse:

a) Kosten der Einlagerung für 100 kg
b) Kosten der Auslagerung für 100 kg
c) Kosten der Umschlaggeräte für 100 kg
d) Umschlagkosten für 100 kg
e) Lagerungskosten für 100 kg/Monat
f) Lagerverwaltungskosten für 100 kg/Monat
g) Berechnen Sie die Lagerkosten für 34 000 kg Markenartikel, die vom 12. Mai bis 18. Aug. eingelagert waren.

2 Die Läpple Maschinenbau AG lagert bei ihrer Hausspedition Ullmann & Kramer, Stuttgart, Rohstoffe ein. Das monatliche Einlagerungsgewicht beträgt 225 000 kg. Die einzulagernde Ware wird auf Paletten mit jeweils 750 kg geliefert.

Das monatliche Auslagerungsgewicht für die Maschinenbau AG beträgt ebenfalls 225 000 kg. Auch die auszulagernde Ware befindet sich auf Paletten mit 750 kg.

Für die Einlagerung der 225 000 kg werden täglich 1,75 Gabelstaplerstunden, für die Auslagerung täglich 1,25 Gabelstaplerstunden benötigt. Der Gabelstapler verursacht pro Stunde Kosten von 5,50 €. Es werden 20 Arbeitstage zugrunde gelegt.

Zur Berechnung der Lagerungskosten stehen folgende Daten zur Verfügung:

Kosten einer Arbeitsstunde	29,50 €	
Bilanzielle Abschreibung für das Lager	97.500,00 €	jährlich
Kalkulatorische Abschreibung für das Lager	89.000,00 €	jährlich
Zinsaufwand für Lager	14.500,00 €	jährlich
Kalkulatorische Verzinsung des eingesetzten Kapitals	36.000,00 €	jährlich
Reparaturen am Lagerhaus	2.500,00 €	vierteljährlich
Versicherungskosten Lagerhaus	12.000,00 €	jährlich
Energiekosten	6.300,00 €	vierteljährlich

Allgemeine Verwaltungskosten	5.400,00 €	vierteljährlich
ø belegte Lagerfläche insgesamt	4 200 m²	
ø Lagerbestand in kg insgesamt	1 095 000 kg	
ø Lagerbestand der Maschinenbau AG	450 000 kg	

Für die Lageraufträge der Maschinenbau AG sind monatlich 43 Lagerverwaltungsstunden notwendig. Der Stundensatz für eine Lagerverwaltungsstunde beträgt 34,00 €.

Der Kunde ist bereit, für die gesamte Lagerleistung 3,30 € pro 100 kg zu bezahlen.

a) Berechnen Sie die Lagerkosten für 100 kg, wenn die Ware durchschnittlich 1 Monat gelagert wird.
b) Berechnen Sie den Gewinn bzw. Verlust je 100 kg Lagerleistung.
c) Wie hoch ist der Gewinnzuschlag in %?

3 **Zusammenfassende Aufgabe einschließlich Kommissionierkosten:**

Der Lebensmittelhersteller Gondolfo AG, Essen, liefert der benachbarten Spedition Pfefferkorn GmbH, Essen, verschiedene Fertigprodukte auf Paletten mit einem durchschnittlichen Palettengewicht von 400 kg. Die Spedition Pfefferkorn kommissioniert die von den jeweiligen Großhändlern gewünschten Fertigprodukte auf Paletten mit einem durchschnittlichen Gewicht von 250 kg. Durchschnittlich werden pro Monat jeweils 675 000 kg ein- und ausgelagert. Für die Einlagerung werden täglich 1,5 Gabelstaplerstunden, für die Auslagerung täglich 3 Gabelstaplerstunden benötigt. Der Gabelstapler verursacht pro Stunde Kosten von 11,00 €. Es werden 20 Arbeitstage zugrunde gelegt.

Folgende Daten sind bekannt:

Einlagerungszeit für 400-kg-Palette:	2 Minuten
Auslagerungszeit für 250-kg-Palette:	2,5 Minuten
Kommissionierzeit für 250-kg-Palette:	20 Minuten

Zur Berechnung der Lagerungskosten stehen folgende Daten zur Verfügung:

Kosten einer Arbeitsstunde	30,50 €	
Bilanzielle Abschreibung für das Lager	125.000,00 €	jährlich
Kalkulatorische Abschreibung für das Lager	90.000,00 €	jährlich
Zinsaufwand für Lager	25.000,00 €	jährlich
Kalkulatorische Verzinsung des eingesetzten Kapitals	33.000,00 €	jährlich
Reparaturen am Lagerhaus	3.750,00 €	vierteljährlich
Versicherungskosten Lagerhaus	12.480,00 €	jährlich
Energiekosten	7.500,00 €	vierteljährlich
Allgemeine Verwaltungskosten	5.100,00 €	vierteljährlich
ø belegte Lagerfläche insgesamt	7 500 m²	
ø Lagerbestand in kg insgesamt	3 850 000 kg	
ø Lagerbestand der Gondolfo AG	450 000 kg	

Für die Lageraufträge der Gondolfo AG sind monatlich 28 Lagerverwaltungsstunden notwendig. Der Stundensatz für eine Lagerverwaltungsstunde beträgt 35,25 €.

a) Berechnen Sie die Lagerkosten für 100 kg, wenn die Ware durchschnittlich 2 Monate gelagert wird.
b) Dem Lagerkunden werden die Lagerkosten zuzüglich 20 % Gewinnzuschlag in Rechnung gestellt. Berechnen Sie den Preis für 100 kg Lagerleistung.

6540208

4.7 Eigen- oder Fremdlagerung (als Make-or-buy-Entscheidung)

Bei der Erstellung von Lagerleistungen entstehen unterschiedliche Kosten.

Fixe Kosten sind nur vom Zeitablauf abhängig und entstehen unabhängig von der Leistungserstellung, wie z. B. die Monatsmiete, Versicherungsprämien, durch Zeitablauf bedingte Abschreibung und Gehälter.

Variable Kosten entstehen nur, wenn die Leistung tatsächlich erstellt wird, wie z. B. Stromverbrauch bei Lagerförderzeugen, Treibstoffverbrauch beim Gabelstapler, Leistungsabschreibung und Überstundenzuschläge.

Erstellt ein Unternehmen seine Lagerleistungen selbst, so fallen immer fixe und variable Kosten an. Kauft ein Unternehmen jedoch Lagerleistungen bei einem Lagerhalter oder Logistikdienstleister fremd ein, so fallen nur variable Kosten pro Palette, pro m^2, pro 100 kg, pro t usw. an.

Das Risiko steigender Stückkosten bei einem Rückgang der Lagerleistung besteht bei einer Fremdlagerung nicht, da hier nur variable Kosten für den Auftraggeber entstehen. Jedoch muss der Lagerdienstleister seine eigenen Fixkosten abdecken. Daher sind die Kostensätze oft höher als bei Eigenlagerung.

Eine Entscheidung für Eigen- oder Fremdlagerung sollte immer auch rechnerisch belegt werden.

Musteraufgabe

Die Keller AG, Neuruppin, stellt Industriefenster und -türen für Fertighausfirmen, Großprojekte und Baumärkte her. Im Rahmen einer Reorganisation des Lagerwesens stellte sich die Frage, ob die Beschläge künftig im Unternehmen selbst oder bei dem Lagerdienstleister Translog GmbH gelagert werden sollen.

Kosten der Einlagerung		Angebot der Translog GmbH
Fixe Kosten	164.000,00 €	komplette Lagerhaltung 0,45 €/kg
Variable Kosten	0,05 €/kg	

Pro Monat werden durchschnittliche 40.000 kg Beschläge in der Produktion eingesetzt und im Lager umgeschlagen.

a) Wie hoch ist die Umschlagsmenge pro Jahr?
b) Vergleichen Sie die jährlichen Kosten der Eigenlagerung mit den Kosten der Fremdlagerung.
c) Wie hoch müsste der Angebotspreis pro kg sein, damit sich die Keller AG für eine Fremdlagerung entscheiden könnte?
d) Ab welcher Lagerungsmenge pro Jahr sind die Kosten der Eigenlagerung bzw. der Fremdlagerung gleich hoch?
e) Stellen Sie die Kostenkurve der Eigen- bzw. Fremdlagerung grafisch dar.

Lösung

a) Jährliche Lagermenge: 40 000 kg · 12 = 480 000 kg

b) Eigenlagerung:

Fixe Kosten	164.000,00 €
Variable Kosten (480 000 kg · 0,05 €/kg)	24.000,00 €
Gesamte Lagerkosten	188.000,00 €

Fremdlagerung: 480 000 kg · 0,45 €/kg = 216.000,00 €

Die Kosten der Fremdlagerung liegen um 28.000,00 € pro Jahr über den Kosten der Eigenlagerung.

c) 188.000,00 € : 480 000 kg = 0,3916 €/kg
Der Angebotspreis der Translog GmbH sollte bei 0,39 €/kg oder niedriger liegen.

d) Lagermenge pro Jahr = x
Kosten der Eigenlagerung:
fixe Kosten + variable Kosten · Menge = 164.000 + 0,05 x
Kosten der Fremdlagerung: Angebotspreis/kg · Menge = 0,45 x
Kosten der Fremdlagerung = Kosten der Eigenlagerung

$$0{,}45\,x = 164.000 + 0{,}05\,x$$
$$0{,}45\,x - 0{,}05\,x = 164.000$$
$$0{,}4\,x = 164.000$$
$$x = 410.000$$

Bei einer Lagermenge von 410 000 kg sind die Kosten bei Eigen- bzw. Fremdlagerung gleich groß. Über 410 000 kg pro Jahr lohnt sich die Eigenlagerung und unter 410 000 kg pro Jahr lohnt sich die Fremdlagerung der Beschläge.

e)

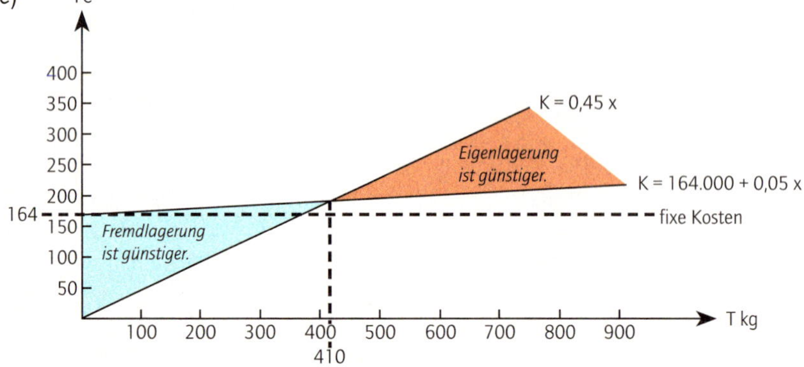

Aufgaben

1 Die Unternehmensleitung der Möbelfabrik Linea GmbH, Freiberg/S., überlegt, ob das Beschlägelager nicht an einen Logistikdienstleister ausgegliedert werden sollte.

Kosten der Einlagerung		Angebot des Logistikdienstleisters
fixe Kosten	126.000,00 €	komplette Lagerhaltung 0,40 €/kg
variable Kosten	0,04 €/kg	

Pro Monat werden durchschnittlich 3 000 Beschlägekisten zu je 10 kg umgeschlagen.

a) Wie hoch ist die Umschlagsmenge pro Jahr?
b) Vergleichen Sie die jährlichen Kosten der Eigenlagerung mit den Kosten der Fremdlagerung.
c) Wie hoch müsste der Angebotspreis pro kg sein, damit sich die Keller AG für eine Fremdlagerung entscheiden könnte?
d) Ab welcher Lagerungsmenge pro Jahr sind die Kosten der Eigenlagerung bzw. der Fremdlagerung gleich hoch?
e) Stellen Sie die Kostenkurve der Eigen- bzw. Fremdlagerung grafisch dar.

2 Die Sensortechnik GmbH, Wuppertal, stellt die Teileversorgung für die Fertigung auf Kanbanversorgung um. Anstelle eines eigenen Lagerkanbans könnte die Kanbanversorgung auch über das Fremdlager der Translog AG, Siegburg, erfolgen.

Folgender Kostenvergleich liegt vor:

Kosten der Einlagerung		Angebot des Logistikdienstleisters
fixe Kosten	240.000,00 €	komplette Lagerhaltung 0,60 €/kg
variable Kosten	0,10 €/kg	

Pro Monat werden durchschnittlich 2 400 Kisten zu je 15 kg in der Produktion eingesetzt.

a) Vergleichen Sie die jährlichen Kosten der Eigen- und Fremdlagerung miteinander.
b) Ab welcher Lagermenge sind die jährlichen Kosten der Eigen- bzw. Fremdlagerung gleich hoch?
c) Stellen Sie die Kostenkurve der Eigen- bzw. Fremdlagerung grafisch dar.

Fallstudie zur Entscheidung über Eigen- oder Fremdlagerung

Die Goldnudel GmbH, Ulm, stellt Teigwaren her. Diese werden auf Paletten mit je 500 Packungen zu durchschnittlich 400 g gelagert. Pro Monat werden im Lager der Goldnudel GmbH im Durchschnitt 8 800 Paletten gelagert und umgeschlagen. Die Geschäftsleitung der Goldnudel GmbH überlegt nun, ob ein neues eigenes Hochregallager gebaut werden soll, oder ob bei der Donau-Logistik GmbH fremdgelagert wird.

Der Kostenvergleich sieht wie folgt aus:

Kosten des eigenen Hochregallagers		Angebot der Donau-Logistik GmbH
fixe Kosten	589.000,00 €	komplette Lagerhaltung für je 100 kg
variable Kosten	1,80 €/t	palettierte Teigwaren: 2,90 €

a) Wie hoch ist das durchschnittliche Nettogewicht einer Palette der Goldnudel GmbH?
b) Wie viel Tonnen Teigwaren werden jährlich bei der Goldnudel GmbH umgeschlagen?
c) Vergleichen Sie die Kosten pro Jahr bei Eigenlagerung und Fremdlagerung.
d) Ab welcher Umschlagsmenge ist die Eigenlagerung günstiger als die Fremdlagerung bei der Donau-Logistik GmbH?
e) Ab welcher monatlichen Menge an Paletten ist die Eigenlagerung günstiger als die Fremdlagerung?
f) Stellen Sie die Kostenkurve der Eigen- bzw. Fremdlagerung grafisch dar.
g) Im nächsten Jahr sollen die Produktion und der Absatz auf durchschnittlich 10 000 Paletten pro Monat gesteigert werden. Um wie viel Euro wäre dann die Eigenlagerung günstiger als die Fremdlagerung, wenn mit der Donau-Logistik GmbH ein Preisnachlass von 5 % vereinbart werden könnte?
h) Warum entscheidet sich die Geschäftsleitung der Goldnudel GmbH trotz einer etwas günstigeren Eigenproduktion für die Fremdlagerung ihrer Teigwaren bei der Donau-Logistik GmbH? Zeigen Sie zwei mögliche Gründe für diese Entscheidung auf.

5 Lagerkennzahlen

5.1 Meldebestand bei Vorratsbeschaffung

Erfolgt die Beschaffung zeitlich vor dem Bedarf (Verbrauch), ist die Einlagerung der Ware bis zum Bedarfszeitpunkt (Produktion) notwendig. Dabei darf die rechtzeitige Ersatzbeschaffung nicht übersehen werden.

Es wird der **Meldebestand** ermittelt. Wenn der Meldebestand erreicht ist, wird dies der Beschaffungsabteilung mitgeteilt, die dann die angeforderte Ware bestellt.

Bei der Ermittlung des Meldebestandes sind nachstehende Angaben zu berücksichtigen:

- durchschnittlicher Tagesverbrauch
- Beschaffungszeit
- eiserner Bestand (Mindestbestand)

Der eiserne Bestand ist ein Mindestbestand, der ständig auf Lager sein muss, um die Verkaufs- bzw. Produktionsbereitschaft zu sichern. Der eiserne Bestand darf bei normalem Betriebsablauf nicht unterschritten werden.

Merke: **Meldebestand = Tagesverbrauch · Lieferzeit + eiserner Bestand**

Musteraufgabe Ein Artikel hat einen Tagesverbrauch von 10 Stück, eine Beschaffungszeit von 5 Tagen und einen eisernen Bestand von 30 Stück.
Berechnen Sie den Meldebestand.

Lösung a) rechnerische Lösung:

Meldebestand = Tagesverbrauch · Lieferzeit + eiserner Bestand
= 10 · 5 + 30
= 80 Stück

b) zeichnerische Lösung:

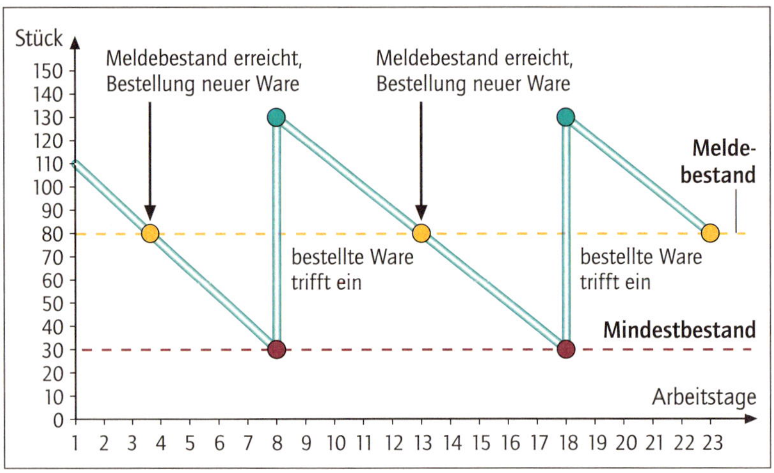

6540212

Aufgaben

1	Ein Papiergroßhändler verkauft täglich 40 Paletten Druckpapier. Die Lieferzeit für das Druckpapier beträgt 8 Tage. Der eiserne Bestand wird auf 180 Paletten festgesetzt. Wie hoch ist der Meldebestand?
2	Ein Lebensmittelhersteller verkauft täglich 220 Pakete Traubenzucker. Die Produktionszeit für Traubenzucker beträgt 10 Tage. Der eiserne Bestand wird auf 1 500 Pakete festgesetzt. Berechnen Sie den Meldebestand.
3	Der Meldebestand für einen Kleinartikel beträgt 1000 Stück, die Lieferzeit 20 Tage und der durchschnittliche Tagesverbrauch 40 Stück. Berechnen Sie den eisernen Bestand.
4	Der Meldebestand für ein Kunststoffteil beträgt 700 Stück, die Lieferzeit 15 Tage und der eiserne Bestand 100 Stück. Berechnen Sie den durchschnittlichen Tagesverbrauch.

5.2 Durchschnittlicher Lagerbestand

Der durchschnittliche Lagerbestand gibt die durchschnittlich eingelagerte Warenmenge an. Die Praxis kennt verschiedene Berechnungsmethoden. Je mehr Bestände einbezogen werden, desto genauer wird die Berechnung.

Jährliche Ermittlung:

$$\text{Ø Lagerbestand} = \frac{\text{Jahresanfangsbestand} + \text{Jahresendbestand}}{2}$$

Vierteljährliche Ermittlung:

$$\text{Ø Lagerbestand} = \frac{\text{Jahresanfangsbestand} + 4\ \text{Quartalsendbestände}}{5}$$

Monatliche Ermittlung:

$$\text{Ø Lagerbestand} = \frac{\text{Jahresanfangsbestand} + 12\ \text{Monatsendbestände}}{13}$$

Musteraufgabe

Berechnen Sie den durchschnittlichen Lagerbestand.

Jahresanfangsbestand (1. Jan.)................................ 720 Stück
Endbestand (31. März) 680 Stück; Endbestand (30. Sept.) .... 920 Stück
Endbestand (30. Juni) 950 Stück; Endbestand (31. Dez.).......... 740 Stück

Lösung

$$\text{Ø Lagerbestand} = \frac{\text{Jahresanfangsbestand} + 4\ \text{Quartalsendbestände}}{5}$$

$$\text{Ø Lagerbestand} = \frac{720 + 680 + 950 + 920 + 740}{5} = \underline{\underline{802\ \text{Stück}}}$$

Merke:

- **Bei der <u>jährlichen</u> Ermittlung wird durch <u>2</u> dividiert, weil <u>2 Bestände</u> herangezogen werden.**
- **Bei der <u>vierteljährlichen</u> Ermittlung wird durch <u>5</u> dividiert, weil <u>5 Bestände</u> (1 Anfangsbestand und vier Endbestände) herangezogen werden.**
- **Bei der <u>monatlichen</u> Ermittlung wird durch <u>13</u> dividiert, weil <u>13 Bestände</u> (1 Anfangsbestand und 12 Monatsbestände) herangezogen werden.**

Aufgaben

1

Jahresanfangsbestand (1. Jan.)	430 Stück
Jahresendbestand (31. Dez.)	550 Stück

Berechnen Sie den durchschnittlichen Lagerbestand.

2

Jahresanfangsbestand (1. Jan.)	910 Stück
Endbestand (31. März)	630 Stück
Endbestand (30. Juni)	1 120 Stück
Endbestand (30. Sept.)	820 Stück
Endbestand (31. Dez.)	620 Stück

Berechnen Sie den durchschnittlichen Lagerbestand.

3

Jahresanfangsbestand (1. Jan.)	2 100 Stück
Endbestand Januar	1 650 Stück
Endbestand Februar	1 980 Stück
Endbestand März	1 624 Stück
Endbestand April	1 925 Stück
Endbestand Mai	2 089 Stück
Endbestand Juni	2 362 Stück
Endbestand Juli	1 950 Stück
Endbestand August	1 985 Stück
Endbestand September	1 610 Stück
Endbestand Oktober	1 975 Stück
Endbestand November	2 282 Stück
Endbestand Dezember	2 468 Stück

Berechnen Sie den durchschnittlichen Lagerbestand.

5.3 Die Umschlagshäufigkeit

Die Umschlagshäufigkeit gibt an, wie oft sich der durchschnittliche Lagerbestand während des Betrachtungszeitraumes umgeschlagen hat. Die Umschlagshäufigkeit kann über die Stückzahl oder den Wert in € einer Ware berechnet werden.

Merke:

Umschlagshäufigkeit – berechnet über Stückzahlen:

Anfangsbestand in Stück
\+ Zugänge in Stück
− Endbestand in Stück
= umgeschlagene Ware in Stück

$$\text{Umschlagshäufigkeit} = \frac{\text{umgeschlagene Menge in Stück}}{\text{Ø Lagerbestand in Stück}}$$

Merke:

Umschlagshäufigkeit – berechnet über Warenwert in €:

Anfangsbestand in €
\+ Zugänge in €
− Endbestand in €
= umgeschlagene Ware in € (= Wareneinsatz)

$$\text{Umschlagshäufigkeit} = \frac{\text{umgeschlagene Ware in €}}{\text{Ø Lagerbestand in € (Wareneinsatz)}}$$

6540214

Musteraufgabe

Anfangsbestand	52 Stück	5.200,00 €
Zugänge	492 Stück	49.200,00 €
Endbestand	44 Stück	4.400,00 €
Ø Lagerbestand	50 Stück	5.000,00 €

a) Berechnen Sie die Umschlagshäufigkeit mithilfe der Stückzahl.
b) Berechnen Sie die Umschlagshäufigkeit mithilfe des Warenwertes in €.

Lösung

a) Umschlagshäufigkeit – berechnet mit der Stückzahl:

Anfangsbestand	52 Stück
+ Zugänge	492 Stück
– Endbetrag	44 Stück
= umgeschlagene Menge in Stück	500 Stück

$$\text{Umschlagshäufigkeit} = \frac{\text{umgeschlagene Menge}}{\text{Ø Lagerbestand in Stück}} = \frac{500\ \text{St.}}{50\ \text{St.}} = 10$$

b) Umschlagshäufigkeit – berechnet mit dem Warenwert in €:

Anfangsbestand	5.200,00 €
+ Zugänge	49.200,00 €
– Endbestand	4.400,00 €
= umgeschlagene Ware (Wareneinsatz)	50.000,00 €

$$\text{Umschlagshäufigkeit} = \frac{\text{Wareneinsatz}}{\text{Ø Lagerbestand}} = \frac{50.000\ €}{5.000\ €} = 10$$

Aufgaben

1 Berechnen Sie die Umschlagshäufigkeit.

Anfangsbestand	73 Stück
Zugänge	852 Stück
Endbestand	55 Stück
Ø Lagerbestand	60 Stück

2 Berechnen Sie die Umschlagshäufigkeit.

Anfangsbestand	8.200,00 €
Zugänge	54.200,00 €
Endbestand	6.400,00 €
Ø Lagerbestand	8.000,00 €

5.4 Die durchschnittliche Lagerdauer

Die Lagerdauer ist die Zeitspanne zwischen Lagereingang und Lagerausgang der Lagerware. Sie kann für jedes einzelne Gut ermittelt werden. Die durchschnittliche Lagerdauer bezieht sich auf das gesamte Lagergut oder gleichartige Warengruppen. Die durchschnittliche Lagerdauer zeigt an, wie viele Tage die Ware im Durchschnitt auf Lager liegt und damit Kapital bindet.

Wird das Lager 6-mal im Jahr umgeschlagen, so beträgt die durchschnittliche Lagerdauer 360 Tage : 6 = 60 Tage.

Merke:

$$\text{Ø Lagerdauer} = \frac{360}{\text{Umschlagshäufigkeit}}$$

Musteraufgabe

Eine Handelsware wird 9-mal im Jahr umgeschlagen. Berechnen Sie die durchschnittliche Lagerdauer.

Lösung

$$\text{Ø Lagerdauer} = \frac{360}{\text{Umschlagshäufigkeit}}$$

$$\text{Ø Lagerdauer} = \frac{360}{9} = \textbf{45 Tage}$$

Aufgaben

1 Eine Ware wird 18-mal im Jahr umgeschlagen. Berechnen Sie die durchschnittliche Lagerdauer.

2 Die Umschlagshäufigkeit für Metallbeschläge beträgt 4,5. Berechnen Sie die durchschnittliche Lagerdauer.

3 Der Jahresanfangsbestand für Fertigsuppen beträgt 122 Paletten. Am Jahresende sind 99 Paletten Fertigsuppen auf Lager. Während des Jahres wurden 1 186 Paletten eingelagert.

a) Berechnen Sie den durchschnittlichen Lagerbestand.
b) Berechnen Sie die Umschlagshäufigkeit.
c) Berechnen Sie die durchschnittliche Lagerdauer.

5.5 Lagerzinssatz

Rechnet man z. B. mit einem Marktzinssatz (Jahreszinssatz) von 9 % für gebundenes Kapital, kann man mithilfe der durchschnittlichen Lagerdauer den Lagerzinssatz für bestimmte Waren bzw. Warengruppen ermitteln.

Merke:

$$\text{Lagerzinssatz} = \frac{\text{Marktzinssatz} \cdot \text{Ø Lagerdauer}}{\text{360 Tage}}$$

Musteraufgabe

Die durchschnittliche Lagerdauer für Spirituosen beträgt 60 Tage. Der Marktzinssatz für gebundenes Kapital beträgt 12 %.

Berechnen Sie den Lagerzinssatz für Spirituosen.

6540216

Lösung

$$\text{Lagerzinssatz} = \frac{\text{Marktzinssatz} \cdot \text{Ø Lagerdauer}}{360\ \text{Tage}}$$

$$\text{Lagerzinssatz} = \frac{12\,\% \cdot 60}{360} = \mathbf{2\,\%}$$

5.6 Lagerzinsen

Die Lagerzinsen sind die Zinsen für das im durchschnittlichen Lagerbestand gebundene Kapital für die Zeit der durchschnittlichen Lagerdauer.

Die Lagerzinsen leiten sich aus der allgemeinen Zinsformel her:

$$Z = \frac{K \cdot i \cdot p}{100 \cdot 360}$$

K = Kapital → Ø Lagerbestand
i = Zeit → Ø Lagerdauer
p = Zinssatz → Marktzinssatz

Merke:

$$\textbf{Lagerzinsen} = \frac{\text{Ø Lagerbestand} \cdot \text{Ø Lagerdauer} \cdot \text{Marktzinssatz}}{100 \cdot 360}$$

oder vereinfacht mithilfe des Lagerzinssatzes (siehe 5.5):

Merke:

$$\textbf{Lagerzinsen} = \frac{\text{Ø Lagerbestand}}{100} \cdot \text{Lagerzinssatz}$$

Musteraufgabe

Der Ø Lagerbestand des Spirituosenlagers beträgt 180.000,00 € und die Ø Lagerdauer liegt bei 60 Tagen. Der Marktzinssatz für das Ø gebundene Kapital beträgt 12 %.

Lösung

1. Möglichkeit:

$$\text{Lagerzinsen} = \frac{\text{Ø Lagerbestand} \cdot \text{Ø Lagerdauer} \cdot \text{Marktzinssatz}}{100 \cdot 360} = \frac{180.000 \cdot 60 \cdot 12}{100 \cdot 360}$$

Lagerzinsen = **3.600,00 €**

2. Möglichkeit:

$$\text{Lagerzinsen} = \frac{\text{Ø Lagerbestand}}{100} \cdot \text{Lagerzinssatz} = \frac{180.000}{100} \cdot 2$$

Lagerzinsen = **3.600,00 €**

Aufgaben

1 Die durchschnittliche Lagerdauer für Spielwaren beträgt 120 Tage. Der Marktzinssatz für gebundenes Kapital beträgt 10,5 %.

Berechnen Sie den Lagerzinssatz für Spielwaren.

2 Die durchschnittliche Lagerdauer für Tiefkühlkost beträgt 20 Tage. Der durchschnittliche Lagerbestand der Tiefkühlkost beträgt 32.000,00 €. Der Marktzinssatz für gebundenes Kapital beträgt 9 %.

a) Berechnen Sie den Lagerzinssatz für Tiefkühlkost.
b) Berechnen Sie die Lagerzinsen für Tiefkühlkost.

5.7 Sonstige Lagerkennziffern

In den Unternehmen werden im Lager-Controlling noch weitere Kennziffern zur Verbesserung der Wirtschaftlichkeit im Lager verwendet.

5.7.1 Servicegrad

Der Servicegrad zeigt die augenblickliche Lieferfähigkeit des Unternehmens. Je mehr der bestellten Artikel tatsächlich im Lager vorhanden sind, desto höher der Servicegrad (Auslieferungsgrad). Dadurch steigt dann auch die Kundenzufriedenheit, weil meist alle vom Kunden bestellten Artikel ausgeliefert wurden. Zusätzlich fallen weniger Kosten für Nachsendungen zum Kunden an.

Merke:

$$\text{Servicegrad} = \frac{\text{kommissionierte Bestellpostitionen} \cdot 100}{\text{Kundenbestellpositionen}}$$

<u>Beispiel:</u> *Am 16.09. lagen 84 Aufträge mit 396 Bestellpositionen zur Kommissionierung vor. Alle Aufträge wurden abgearbeitet und es wurden 385 Bestellpositionen gepickt.*

$$\text{Servicegrad} = \frac{\text{kommissionierte Bestellpositionen} \cdot 100}{\text{Kundenbestellpositionen}} = \frac{385 \cdot 100}{396} = \underline{\underline{97{,}22\ \%}}$$

5.7.2 Bestandsreichweite (Lagerreichweite)

Die Bestandsreichweite (Lagerreichweite) gibt an, wie lange der vorhandene Lagerbestand eines Artikels bei vorgegebenem durchschnittlichem Verbrauch ausreicht.

Merke:

$$\text{Bestandsreichweite} = \frac{\text{Lagerbestand eines Artikels}}{\text{Ø Tagesverbrauch des Artikels}}$$

<u>Beispiel:</u> *Eine Baustoffgroßhandlung hat noch 8 Kartons mit je 12 Kartuschen Silikon, Farbe 108, vorrätig. Durchschnittlich werden werktäglich 16 Kartuschen geordert.*

$$\text{Bestandsreichweite} = \frac{\text{Lagerbestand eines Artikels}}{\text{Ø Tagesverbrauch des Artikels}} = \frac{8 \cdot 12}{16} = \frac{96}{16} = \underline{\underline{6\ \text{Werktage}}}$$

5.7.3 Durchschnittliche Lagerplatzkosten

Besonders im Palettenlager sind die durchschnittlichen Lagerplatzkosten für die Kalkulation der Selbstkosten interessant. Für den gewerblichen Lagerhalter stellen sie die langfristige Preisuntergrenze dar.

Merke:

$$\text{Ø Lagerplatzkosten} = \frac{\text{Lagerkosten}}{\text{Anzahl der Lagerplätze}}$$

<u>Beispiel:</u> *In einem Hochregallager mit 28.000 Palettenstellplätzen fallen monatlich Lagerkosten von 84.160,00 € an.*

$$\text{Ø Lagerplatzkosten} = \frac{\text{Lagerkosten}}{\text{Anzahl der Lagerplätze}} = \frac{84.160{,}00\ €}{28.000\ \text{Pal.}} = \underline{\underline{3{,}00\ €/\text{Pal.platz}}}$$

5.7.4 Lagerkostensatz

Mit dem Lagerkostensatz ermittelt man den prozentualen Anteil der Lagerkosten am durchschnittlichen Lagerbestand. Ziel ist es, einen niedrigen Lagerkostensatz zu erreichen bzw. den Lagerkostensatz stabil zu halten.

Merke:

$$\text{Lagerkostensatz} = \frac{\text{Lagerkosten} \cdot 100}{\text{Ø Lagerbestand}}$$

6540218

Beispiel: *Ein Hochregallager verursacht jährlich 980.640,00€ Lagerkosten. Der durchschnittliche Lagerbestand liegt bei 1.307.520,00 €.*

$$\text{Lagerkostensatz} = \frac{\text{Lagerkosten} \cdot 100}{\text{Ø Lagerbestand}} = \frac{980.640{,}00 \cdot 100}{1.307.520{,}00} = \underline{\underline{75\ \%}}$$

5.7.5 Flächennutzungsgrad (Raumnutzungsgrad)

Der Flächennutzungsgrad (Raumnutzungsgrad) ist der prozentuale Anteil der tatsächlich belegten Lagerfläche (Lagerraum) an der zur Verfügung stehenden Lagerfläche (Lagerraum). Diese Zahlen geben den Auslastungsgrad des Lagers an. Je höher dieser Auslastungsgrad ist, desto erfolgreicher arbeitet der Lagerhalter.

Merke:

$$\textbf{Flächennutzungsgrad} = \frac{\textbf{Ø belegte Lagerfläche (m}^2\textbf{)} \cdot 100}{\textbf{Nutzfläche (m}^2\textbf{)}}$$

Merke:

$$\textbf{Raumnutzungsgrad} = \frac{\textbf{Ø belegter Lagerraum (m}^3\textbf{)} \cdot 100}{\textbf{zur Verfügung stehender Lagerraum (m}^3\textbf{)}}$$

Beispiel: *Ein Lager hat eine Grundfläche von 2600 m². Nach Abzug von Verkehrsflächen usw. stehen noch 2 210 m² zur Nutzung bereit. Im Jahresdurchschnitt sind 1 768 m² Lagerfläche belegt.*

Gesamtfläche 2 600 m² – 390 m² Verkehrsfläche = 2 210 m² Nutzfläche

$$\text{Flächennutzungsgrad} = \frac{\text{Ø belegte Lagerfläche (m}^2\text{)} \cdot 100}{\text{Nutzfläche (m}^2\text{)}} = \frac{1\,768\ \text{m}^2 \cdot 100}{2\,210\ \text{m}^2} = \underline{\underline{80\ \%}}$$

Vermischte Aufgaben

1 Ein Unternehmen hat einen durchschnittlichen Lagerbestand von 400.000,00 €, der im Jahr zehnmal umgeschlagen wird. Der Zinssatz beträgt 8 %.

a) Berechnen Sie die Lagerzinsen.
b) Welchen Lagerbestand hätte das Unternehmen, wenn es bei einer durchschnittlichen Lagerdauer von 50 Tagen und einem Zinssatz von 8 % mit 25.000,00 € Lagerzinsen kalkuliert?
c) Welchem Lagerumschlag entspricht eine durchschnittliche Lagerdauer von 42 Tagen?

2 Im Rohstofflager eines Maschinenherstellers werden folgende Werte ermittelt: Anfangsbestand Rohstoffe 150.000,00 €, Zugänge 900.000,00 €, Schlussbestand 250.000,00 €.

Berechnen Sie:

a) den durchschnittlichen Lagerbestand
b) den Wareneinsatz in €
c) die Umschlagshäufigkeit
d) die durchschnittliche Lagerdauer
e) den Lagerzinssatz bei einem Marktzinssatz von 9 %
f) die Lagerzinsen für Rohstoffe

3 Ein Handelsbetrieb ermittelt folgende Lagerdaten: Warenanfangsbestand 250.000,00 €, Warenzugänge 700.000,00 €, Warenschlussbestand 150.000,00 €.

Berechnen Sie:

a) den durchschnittlichen Lagerbestand
b) den Wareneinsatz in €
c) die Umschlagshäufigkeit
d) die durchschnittliche Lagerdauer
e) den Lagerzinssatz bei einem Marktzinssatz von 12 %
f) die Lagerzinsen für Rohstoffe

6 Fahrzeug-Selbstkosten (Exkurs)

6.1 Kalkulation der Fahrzeug-Selbstkosten

Mit der **Fahrzeug-Selbstkostenrechnung** wird die **fortlaufende Kostenkontrolle** jedes einzelnen Fahrzeugs durchgeführt. Die ermittelten Fahrzeugkosten können mit den Kosten anderer (eigener und fremder) Fahrzeuge verglichen werden.

Die **Fahrzeugkosten** sind **Selbstkosten.** Für jeden Transport kann die Rentabilität festgestellt werden, um die rentablen Transporte herauszufinden und die **Entscheidung über den Einsatz eigener oder fremder Fahrzeuge** zu begründen.

Die dargestellte Kalkulationsmethode wurde weit gehend von der Unternehmensberatung Spedition und Logistik (USL)[1] übernommen.

6.2 Trennung der Fahrzeug-Selbstkosten in Einsatzkosten und anteilige Verwaltungskosten

Die **Fahrzeug-Selbstkosten** werden in **Fahrzeug-Einsatzkosten** und **anteilige Verwaltungskosten** unterteilt.

Für die Berechnung der **Fahrzeug-Einsatzkosten** müssen zwei Fragen beantwortet werden:

1. Wie lange dauert der Auftrag?
   → Zeitverbrauch → zeitabhängige Einsatzkosten
2. Wie viele Kilometer werden zurückgelegt?
   → Leistungsverbrauch → leistungsabhängige Einsatzkosten

Die vom Fahrzeug verursachten **Verwaltungskosten** werden über einen BAB-Verteilungsschlüssel ermittelt. Die anteiligen Verwaltungskosten werden entweder mit einem prozentualen Zuschlagsatz oder mit einem festen Betrag pro Lkw berücksichtigt.

Zusammenfassung: Fahrzeug-Selbstkosten

Fahrzeug-Selbstkosten

zeitabhängige Einsatzkosten
\+ leistungsabhängige Einsatzkosten
\+ anteilige Verwaltungskosten
= Fahrzeug-Selbstkosten

6.3 Trennung der Einsatzkosten in fixe und variable Bestandteile

Die mit dem **Fahrzeugeinsatz** verbundenen Kosten werden einerseits in **variable** (leistungsabhängige) Kosten und andererseits in **fixe (leistungsunabhängige bzw. zeitabhängige) Kosten** unterteilt.

1 Die USL ist eine Tochtergesellschaft des Bundesverbands Spedition und Logistik e.V., Bonn (BSL).

6540220

Fixe Einsatzkosten (feste, zeitabhängige, leistungsunabhängige Kosten) sind:

- Kfz-Steuer,
- Kfz-Versicherung,
- Güterschadenshaftpflichtversicherung,
- Zinsen für betriebsnotwendiges Vermögen,
- **Abschreibung,** sofern sie **zeitabhängig** ist,
- Löhne und Lohnnebenkosten des Fahrpersonals *(Lohnnebenkosten stellen insbesondere der Sozialversicherungsaufwand des Arbeitgebers und die Spesen dar.),*
- Gebäudemietwert für Unterstellung des Fahrzeugs.

In den Musterkalkulationen der Unternehmensberatung Spedition und Logistik (USL) wird die **Abschreibung** zur Hälfte als **zeitabhängig,** zur anderen Hälfte als **leistungsabhängig** angesehen. Folglich geht die Kfz-Abschreibung in der USL-Musterkalkulation zu jeweils 50 % in die variablen Kosten und fixen Kosten ein. Eine andere Gewichtung kann bei entsprechender Begründung vorgenommen werden.

Die **fixen Einsatzkosten** sind **zeitabhängige Einsatzkosten.** Folglich werden die fixen Einsatzkosten auf die **Einsatzdauer** bezogen. Der durchschnittliche Tagessatz der fixen Einsatzkosten wird folgendermaßen berechnet:

Tagessatz der fixen Einsatzkosten = fixe Einsatzkosten pro Jahr : Einsatztage pro Jahr

Variable Einsatzkosten (leistungsabhängig von den gefahrenen km) sind:

- Kraftstoffkosten,
- Schmierstoffkosten,
- Reifenkosten,
- Reparaturkosten,
- Wartungskosten,
- Abschreibung, sofern sie leistungsabhängig ist.

Die **Abschreibung** wird zur **Hälfte** als **leistungsabhängig** angesehen. Folglich werden 50 % der Lkw-Wiederbeschaffungskosten abzüglich Kosten für die Bereifung bei den **variablen Einsatzkosten** berücksichtigt.

Die **variablen Einsatzkosten** sind **leistungsabhängige Einsatzkosten.** Folglich werden die variablen Einsatzkosten auf die **gefahrene Kilometerleistung** bezogen. Der durchschnittliche Kilometersatz der variablen Einsatzkosten wird folgendermaßen berechnet:

km-Satz = km-abhängige Kosten : km-Leistung

Musteraufgabe

Großhändler Riemann, Mainz, erwirbt für seinen Werkverkehr einen neuen Lkw mit einem zulässigen Gesamtgewicht von 40 t. Die Nutzlast beträgt 25 t. Der Lkw wird wie folgt in Rechnung gestellt.

Lkw 40 t.	180.000,00 €
+ 19 % Umsatzsteuer	34.200,00 €
Rechnungspreis.	214.200,00 €

Weitere Angaben:

- geschätzte Nutzungsdauer in km .... 600 000 km
- jährliche km-Leistung .... 120 000 km

■ Einsatztage pro Jahr	240
■ Kraftstoffverbrauch	36 l/100 km
■ Kraftstoffpreis je l	0,90 € netto
■ Schmierstoffkosten	3 % der Kraftstoffkosten
■ Abschreibung ist zu 50 % leistungsabhängig.	
■ Kfz-Steuer	3.500,00 € jährlich
■ Kfz-Versicherung	3.000,00 € jährlich
■ Garage/Unterstellung	50,00 € monatlich
■ Reparaturkosten	1.000,00 € monatlich
■ Zinsen	9.120,00 € jährlich

- Jährlich werden 30.000,00 € Fahrerlöhne bezahlt.
- Der Sozialversicherungsaufwand für den Arbeitgeber beträgt 24 %.
- Die jährlichen Fahrerspesen belaufen sich auf 5.000,00 €.

1. Berechnen Sie die fixen Einsatzkosten pro Jahr.
2. Berechnen Sie die fixen Einsatzkosten pro Einsatztag (Tagessatz).
3. Berechnen Sie die variablen Einsatzkosten pro Jahr.
4. Berechnen Sie den km-Satz.

Lösung Zunächst werden die Einsatzkosten in fixe und variable Bestandteile getrennt.

1. Fixe Einsatzkosten pro Jahr:

a) Abschreibung

Nutzungsdauer: $\frac{\text{Gesamt-km-Leistung}}{\text{jährliche km-Leistung}} = \frac{600\,000}{120\,000} = 5$

Die Nutzungsdauer ist 5 Jahre. Folglich beträgt der Abschreibungssatz 20 %.
Abschreibungsbasis: 180.000,00 €, also 20 % von 180.000,00 € =

36.000,00 €, davon 50 % zeitabhängig		18.000,00 €
b) Zinsen		9.120,00 €
c) Kfz-Steuer		3.500,00 €
d) Kfz-Versicherung		3.000,00 €
e) Garage/Unterstellung (12 · 50,00 €)		600,00 €
f) Fahrpersonalkosten Bruttolöhne	30.000,00 €	
24 % Sozialaufw.	7.200,00 €	
Spesen	5.000,00 €	42.200,00 €
Fixe Einsatzkosten pro Jahr		76.420,00 €

2. Fixe Einsatzkosten pro Einsatztag:

76.420,00 € : 240 = 318,42 €

3. Variable Einsatzkosten pro Jahr:

a) Abschreibung zur Hälfte	18.000,00 €
b) Kraftstoffkosten $\frac{120\,000 \cdot 36 \cdot 0{,}65}{100}$	28.080,00 €
c) Schmierstoffkosten: 3 % von 28.080,00 €	842,40 €
d) Reparaturkosten: 1.000,00 € · 12	12.000,00 €
Variable Einsatzkosten pro Jahr	58.922,40 €

4. Variable Einsatzkosten pro km:

58.922,40 : 120.000 = 0,491 €
= 49,1 Cent

6540222

Aufgaben

1 Großhändler Schmidthuber, Coburg, erwirbt für den Werkverkehr einen neuen Lkw mit einem zulässigen Gesamtgewicht von 15 t. Die Nutzlast beträgt 10,5 t. Der Lkw wird wie folgt in Rechnung gestellt:

Lkw	70.000,00 €
+ 19 % Umsatzsteuer	13.300,00 €
Rechnungspreis	83.300,00 €

Weitere Angaben:

■ Geschätzte Nutzungsdauer in km	252 000 km	
■ Nutzungsdauer	7 Jahre	
■ Jährliche km-Leistung	36 000 km	
■ Einsatztage pro Jahr	240	
■ Kraftstoffverbrauch	20 l/100 km	
■ Kraftstoffpreis je l	0,95 € netto	
■ Schmierstoffkosten	3 % der Kraftstoffkosten	
■ Abschreibung ist zu 50 % leistungsabhängig		
■ Kfz-Steuer	979,00 €	jährlich
■ Kfz-Versicherung	1.700,00 €	jährlich
■ Garage/Unterstellung	50,00 €	monatlich
■ Reparaturkosten	3.000,00 €	jährlich
■ Zinsen	3.000,00 €	jährlich

- Jährlich werden 25.000,00 € Fahrerlöhne bezahlt.
- Der Sozialversicherungsaufwand für den Arbeitgeber beträgt 24 %.
- Die jährlichen Fahrerspesen belaufen sich auf 2.000,00 €.

a) Berechnen Sie die fixen Einsatzkosten pro Jahr.
b) Berechnen Sie die fixen Einsatzkosten pro Einsatztag (Tagessatz).
c) Berechnen Sie die variablen Einsatzkosten pro Jahr.
d) Berechnen Sie den km-Satz.

2 Für einen Motorwagen mit Anhänger liegen nachstehende Daten vor:

	Motorwagen	Anhänger
Zulässiges Gesamtgewicht	16,0 t	22,0 t
Nutzlast	8,4 t	16,7 t
Geschätzte Nutzungsdauer	8 Jahre	10 Jahre
Jährlicher km-Durchschnitt	100 000 km	100 000 km
Kraftstoffverbrauch auf 100 km	39 l	–
Nutzungsdauer in km	600 000 km	1 000 000 km
Kraftstoffpreis je l	0,98 €	
Anschaffungskosten	90.000,00 €	42.000,00 €
Zeitabhängige Abschreibung	50 %	50 %
Schmierstoffkosten in % der Treibstoffk.	3 %	
Kfz-Steuer jährlich	2.100,00 €	2.750,00 €
Kfz-Haftpflichtversicherung jährlich	2.200,00 €	60,00 €
Kfz-Kaskoversicherung jährlich	900,00 €	280,00 €
Garage/Unterstellung jährlich	600,00 €	600,00 €
Reparaturkosten jährlich	9.000,00 €	2.000,00 €
Zinsen	2.250,00 €	1.050,00 €
Einsatztage pro Jahr	230	230
Fahrpersonalkosten: Löhne	28.000,00 €	
Sozialaufwand	24 %	
Spesen	5.000,00 €	

a) Berechnen Sie die fixen Einsatzkosten für den Motorwagen mit Anhänger pro Jahr.
b) Berechnen Sie die fixen Einsatzkosten für den Motorwagen mit Anhänger pro Einsatztag (Tagessatz).
c) Berechnen Sie die variablen Einsatzkosten für den Motorwagen mit Anhänger pro Jahr.

6.4 Ermittlung der allgemeinen Kosten

Fixe und variable Einsatzkosten ergeben die gesamten Einsatzkosten eines Fahrzeugs. Hinzu kommen nun noch **allgemeine Kosten,** die hauptsächlich aus den allgemeinen Verwaltungskosten bestehen.

Die Summe aus Einsatzkosten und allgemeinen Kosten wird als Fahrzeugkosten bezeichnet. **Fahrzeugkosten** deshalb, weil das Fahrzeug neben den **reinen Einsatzkosten** auch **allgemeine Verwaltungskosten** verursacht.

Die **allgemeinen Kosten** haben **Fixkostencharakter,** da sie weit gehend zeitabhängig anfallen. Die bereits bekannten fixen Einsatzkosten und die **allgemeinen Kosten** ergeben die **fixen Fahrzeugkosten.** Dividiert man die fixen Fahrzeugkosten durch die Einsatztage, erhält man die fixen Fahrzeugkosten pro Einsatztag.

Zusammenfassung

Fahrzeug-Selbstkosten = Einsatzkosten + allgemeine Kosten

fixe Fahrzeugkosten = fixe Einsatzkosten + allgemeine Kosten

$$\textbf{fixe Fahrzeugkosten pro Einsatztag} = \frac{\text{fixe Einsatzkosten + allgemeine Kosten}}{\text{Einsatztage}}$$

<table>
<tr><td colspan="2">EINSATZKOSTEN</td><td></td></tr>
<tr><td rowspan="2">variable Einsatzkosten</td><td>fixe Einsatzkosten</td><td>allgemeine Kosten</td></tr>
<tr><td colspan="2">fixe Fahrzeugkosten</td></tr>
<tr><td colspan="3">FAHRZEUGKOSTEN</td></tr>
<tr><td>km-Satz</td><td colspan="2">Tagessatz</td></tr>
</table>

Aufgaben

1 Nennen Sie Beispiele für fixe Einsatzkosten.

2 Nennen Sie Beispiele für variable Einsatzkosten.

3 Wodurch unterscheiden sich Fahrzeug-Selbstkosten von Einsatzkosten?

4 Für einen Lkw mit 24 t zulässigem Gesamtgewicht fallen 72.300,00 € fixe Einsatzkosten an. Die km-abhängigen Kosten betragen 42.500,00 €. Für den Lkw fallen 8.000,00 € allgemeine Kosten an. Die jährliche Fahrleistung beträgt 120 000 km. Das Fahrzeug wird an 240 Tagen eingesetzt.

a) Berechnen Sie die fixen Fahrzeugkosten.
b) Berechnen Sie die fixen Fahrzeugkosten je Einsatztag.
c) Berechnen Sie den km-Satz.
d) Für einen Transport über 1 045 km sind 2 Einsatztage erforderlich. Berechnen Sie die Selbstkosten für diesen Transport.

6540224

5 Für ein Auslieferungsfahrzeug im Werksverkehr mit 7,49 t zulässigem Gesamtgewicht fallen 45.000,00 € fixe Einsatzkosten an. Die km-abhängigen Fahrzeugkosten betragen 9.100,00 €. Der Lkw ist mit 7.200,00 € allgemeinen Kosten zu belasten. Die jährliche Fahrleistung beträgt 38 000 km. Die Nutzungsdauer wird auf sieben Jahre geschätzt. Das Fahrzeug wird jährlich an 240 Tagen eingesetzt.

a) Berechnen Sie die fixen Fahrzeugkosten.
b) Berechnen Sie die fixen Fahrzeugkosten je Einsatztag.
c) Berechnen Sie den km-Satz.
d) Für einen Transport wird ein halber Einsatztag benötigt. Die Entfernung beträgt 93 km. Berechnen Sie die Selbstkosten für diesen Transport.

Zusammenfassung: Ermittlung der Fahrzeug-Selbstkosten

Fahrzeug-Selbstkosten

fixe Einsatzkosten	variable Einsatzkosten
zeitabhängige Einsatzkosten (fixe Einsatzkosten)	km-abhängige Einsatzkosten (variable Einsatzkosten)
z. B. ■ Kfz-Steuer ■ Kfz-Versicherung ■ Garagenkosten ■ Fahrerlohnkosten ■ zeitabhängige Abschreibung ■ Zinsen +	z. B. ■ Kraftstoffkosten ■ Schmierstoffkosten ■ Reifenkosten ■ Reparaturkosten ■ km-abhängige Abschreibung
allgemeine Kosten ■ allgemeine Verwaltungskosten	
fixe Einsatzkosten + allgemeine Kosten = **fixe Fahrzeugkosten**	variable Fahrzeugkosten
⬇ Bezugsgröße: **Einsatztage** ⬇	⬇ Bezugsgröße: **km-Leistung** ⬇
Tagessatz der fixen Fahrzeugkosten	km-Satz
$\frac{\text{fixe Fahrzeugkosten}}{\text{Einsatztage}}$	$\frac{\text{variable Einsatzkosten}}{\text{km-Leistung}}$

Fahrzeug-Selbstkosten:

	fixe Einsatzkosten
+	allgemeine Kosten
+	variable Einsatzkosten
=	**Fahrzeug-Selbstkosten**

Zusammenfasssende Aufgabe

1 Für einen Lieferwagen im Werksverkehr liegen folgende Daten vor:

Zulässiges Gesamtgewicht	3 500 kg
Nutzlast	1 685 kg
Geschätzte Nutzungsdauer	7 Jahre
Jährliche km-Leistung	50 000 km
Kraftstoffverbrauch auf 100 km	3 l
Preis pro Liter Kraftstoff	0,90 € netto
Einsatztage jährlich	240
Kaufpreis netto (Anschaffungskosten)	23.000,00 €
Kalkulatorische Abschreibung zu 50 % zeitabhängig	
Schmierstoffkosten: 3 % der Treibstoffkosten	
Reparaturkosten jährlich	2.400,00 €
Garage/Unterstellung jährlich	600,00 €
Kfz-Steuer jährlich	413,00 €
Kfz-Versicherung jährlich	3.300,00 €
Zinsen jährlich	800,00 €
Fahrpersonalkosten jährlich	
Bruttolöhne	23.800,00 €
Sozialversicherungsaufwand Arbeitgeber	24,5 %
Spesen	2.050,00 €
Allgemeine Verwaltungskosten jährlich	13.200,00 €

a) Berechnen Sie die fixen Einsatzkosten pro Jahr.
b) Berechnen Sie die variablen Einsatzkosten pro Jahr.
c) Berechnen Sie die gesamten Einsatzkosten pro Jahr.
d) Berechnen Sie die fixen Fahrzeugkosten pro Jahr.
e) Berechnen Sie den Tagessatz.
f) Berechnen Sie den km-Satz.

6540226

D Frachtrechnen

Im Warenausgang werden die Güter für den Transport zum Kunden mit den verschiedenen Verkehrsträgern vorbereitet. Dabei muss die Ware transportgerecht verpackt werden. Auch das Basiswissen über die Ermittlung der Frachtkosten gehört zu den Aufgaben des Lagerlogistikers im Warenausgang.

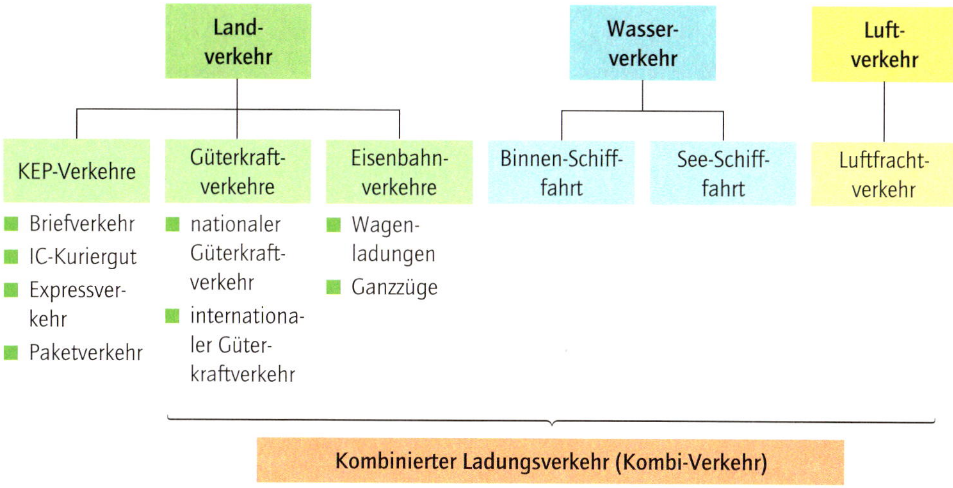

1 Brief- und Kleingutsendungen mit der Deutschen Post AG bzw. Paketdiensten

1.1 Tarifproblematik

Die Deutsche Post AG verfügt nur noch bis Ende 2007 im Briefverkehr bis 50 g über das Postmonopol, d. h., im gewerblichen Briefverkehr ist der Postdienst der einzige Anbieter in der Bundesrepublik Deutschland. In der Beförderung von Kleingut steht der Postdienst jedoch in Konkurrenz zu privaten Paketdiensten, wie z. B. Deutscher Paketdienst, German Parcel, UPS usw., die Kleingut bis zu 70 kg/Stück befördern.

Während die Entgelte für Leistungen im Postdienst grundsätzlich als fixe Gebühren[1] festgelegt sind, arbeiten die privaten Paketdienste mit Preistafeln, die aber meist nur Richtpreise darstellen.

1 Bei mehr als 3 000 Paketsendungen pro Jahr sind Nachlässe im Rahmen von Kooperationsverträgen möglich.

1.2 Briefsendungen[1]

Briefsendungen im Postdienst

gewöhnliche Briefsendungen
- Postkarte (Pluskarte)
- Briefe (Plusbrief)
  - Standardbrief
  - Kompaktbrief
  - Großbrief
  - Maxibrief

beschleunigte Briefsendungen
- Express-Brief
- Luftpostbrief (Aerogramm)
- Telegramm

verbilligte Briefsendungen
- Infopost
- Warensendung
- Kataloge
- Büchersendung
- Postwurfsendung

gesicherte Briefsendungen
- Einschreiben
- Wertbrief
- Rückschein
- Nachnahme

Briefdienst Inland

Standardbrief .... **0,55 €**
Höchstmaße[1]:
L 235 mm, B 125 mm, H 5 mm
Gewicht bis 20 g
Mindestmaße:
L 140 mm, B 90 mm

Großbrief .... **1,45 €**
Höchstmaße (B4):
L 353 mm, B 250 mm, H 20 mm
Gewicht bis 500 g
Mindestmaße:
L 100 mm, B 70 mm

Maxibrief .... **2,20 €**
Höchstmaße (B4):
L 353 mm, B 250 mm, H 50 mm
Gewicht bis 1000 g
Mindestmaße:
L 100 mm, B 70 mm

Postkarte .... **0,45 €**
Höchstmaße (C6)[2]:
L 162 mm, B 114 mm
Mindestmaße:
L 140 mm, B 90 mm

Plusbrief ist das Briefumschlag-Sortiment der Deutschen Post AG mit der eingedruckten Sondermarke. Den Plusbrief erhalten Sie in Ihrer Postfiliale in praktischen Verkaufs-Sets. Plusbrief als Kartonware für Großabnehmer erhalten Sie bei Ihrem **Geschäftskundenservice.**

Kompaktbrief .... **0,90 €**
Höchstmaße[1]:
L 235 mm, B 125 mm, H 10 mm
Gewicht bis 50 g
Mindestmaße:
L 100 mm, B 70 mm

Infopost

setzt die Einlieferung inhaltsgleicher Sendungen voraus.

Mindestmengen

a) mindestens 4 000 Stück, nach Postleitzahlen in auf-/absteigender Reihenfolge geordnet,

oder

b) mindestens 250 Stück für dieselbe Leitregion (Übereinstimmung der ersten beiden Stellen der Postleitzahl), nach Postleitzahl in aufsteigender oder absteigender Reihenfolge geordnet,

oder

c) mindestens 50 Stück für den Leitbereich der Einlieferungsstelle, nach Postleitzahl in aufsteigender oder absteigender Reihenfolge geordnet.

Die Aufzahlung für zur Mindestmenge fehlende Sendungen ist zulässig.

Freimachung nur durch Freimachungsvermerk, Freistempelung, DV-Freistempelung oder Absender-Stempelung (Freimachung mit Postwertzeichen i. V. m. Absender-Stempelung – bes. Maschine)

---
1 Stand Januar 2007
2 Die Länge muss mindestens das 1,41fache der Breite betragen.

Briefdienst Inland

Infopost-Standard[1]/Kataloge[a)] ..... **0,25 €**

Infopost-Kompakt[2]/Kataloge[a)]

bis 20 g .... **0,28 €**
über 20 g bis 50 g .... **0,28 € bis 0,39 €**
Entgeltberechnung nach der Formel:
(Gewicht in ganzen g − 20) · 0,352 ct + 30 ct[3]

Infopost-Groß[4]/Kataloge[a)]

bis 20 g .... 0,36 €
über 20 g bis 100 g .... **0,36 € bis 0,64 €**
Entgeltberechnung nach der Formel:
(Gewicht in ganzen g − 20) · 0,352 ct + 36 ct[3]
über 100 g bis 1000 g ...... **0,64 € bis 1,05 €**
Entgeltberechnung nach der Formel:
(Gewicht in ganzen g − 100) · 0,046 ct + 64 ct[3]

Infopost-Maxi[5]/Kataloge[a)]

bis 20 g .... **0,73 €**
über 20 g bis 100 g .... **0,73 € bis 1,01 €**
Entgeltberechnung nach der Formel:..
(Gewicht in ganzen g − 20) · 0,352 ct + 73 ct[3]
über 100 g bis 1000 g ...... **1,01 € bis 1,42 €**
Entgeltberechnung nach der Formel:..
(Gewicht in ganzen g − 100) · 0,046 ct + 101 ct[3]

Für die Fertigung von Leitregionsbehältern, Postleitzahlbehältern und -bunden sowie Leitzonen- und Leitregionspaletten wird bei einer Einlieferungsmenge ab 4 000 Stück das Entgelt ermäßigt.

Warensendung-Standard .... **0,45 €**

Höchstmaße:
L 235 mm, B 125 mm, H 5 mm
Mindestmaße:
L 140 mm, B 90 mm
Gewicht bis 20 g

Allen Warensendungen können kurze, den Inhalt kennzeichnende Angaben sowie die Rechnung und ein entsprechender Zahlscheinvordruck beigelegt werden.

Briefliche Mitteilungen sind nicht zugelassen, Drucksstücke (außer Papierwaren und Verkaufswaren), z. B. Angebote, dürfen nur beigelegt werden, sie dürfen nicht Hauptversandgegenstand sein.

Warensendung-Kompakt .... **0,70 €**

Höchstmaße:
L 235 mm, B 125 mm, H 10 mm
Mindestmaße:
L 100 mm, B 70 mm
Gewicht bis 50 g

Warensendung-Maxi .... **1,65 €**

Höchstmaße:
L 353 mm, B 250 mm, H 50 mm
Mindestmaße:
L 100 mm, B 70 mm
Gewicht bis 500 g

a) Kataloge seit 1. Sept. 1998. Exklusivlizenz bis 199 g
1 Maße und Gewicht wie beim Standardbrief (s. S. 228)
2 Maße wie beim Kompaktbrief (s. S. 228)
3 Der Betrag ist auf volle Cent mathematisch zu runden.
4 Maße wie beim Großbrief (s. S. 228)
5 Maße wie beim Maxibrief (s. S. 228)

Briefdienst Inland

Zusätzliche Leistungen
(zuzüglich zum Beförderungsentgelt für die Sendungen)

Übergabe-Einschreiben .... **2,05 €**
Vom Empfänger dokumentierte Übergabe der Sendung

bei Briefen, Postkarten, Blindensendungen (auch: Blindensendungen-Schwer).

Nähere Informationen enthält die Broschüre „Briefzusatzleistungen: Informationen zum Versand".

Einwurf-Einschreiben .... **1,60 €**
Von der Deutschen Post notierter Einwurf in Briefkasten oder Postfach des Empfängers

bei Briefen, Postkarten, Blindensendungen.

Nähere Informationen enthält die Broschüre „Briefzusatzleistungen – Informationen zum Versand".

Eigenhändig .... **1,80 €**
nur bei Blindensendungen-Schwer, Übergabe-Einschreiben und Nachnahme.

Auslieferung der Sendung nur an den Empfänger persönlich oder an einen besonders Bevollmächtigten.

Rückschein .... **1,80 €**
nur bei Blindensendungen-Schwer, Übergabe-Einschreiben und Nachnahme

Die Auslieferung der Sendung wird dem Absender auf einem vorbereiteten Rückschein bestätigt.

Nachnahme
bei Briefen und Postkarten
(bis 1.600 €)...................... **2,00 €**
für die Geldübermittlung (wird vom eingezogenen Betrag abgesetzt)...................... **2,00 €**

Nähere Informationen enthält die Broschüre „Briefzusatzleistungen – Informationen zum Versand".

Werbeantwort
Der Absender darf die Werbeantwort unfrei einliefern.

Wichtigstes Merkmal: Vermerk „Werbeantwort", „Antwort", „Antwortkarte" o. Ä. oberhalb der Anschrift

bei Briefen und Postkarten .... **0,25 €**
erhöhtes Werbeantwortentgelt[1] ...... **0,25 €**

Frachtpost Inland

Express-Briefe

Höchstmaße (B4):
L 353 mm, B 250 mm, H 50 mm

Mindestmaße:
L 100 mm, B 70 mm

Gewicht bis 50 g .... 8,00 €
über 50 g bis 1000 g .... 9,00 €
über 1000 g bis 2000 g .... 11,00 €

Zusatzleistungen
(zuzüglich zum Beförderungsentgelt für die Sendung)

Früh-Zustellung (werktags, Montag bis Samstag)
vor 09:00 Uhr.................... + 21,00 €
vor 10:00 Uhr.................... + 11,00 €
vor 12:00 Uhr.................... + 4,50 €
Sonn- und Feiertags-Zustellung ...... + 57,00 €

Transportversicherung
bis € 2.500,00.................. + 3,50 €
bis € 25.000,00................. + 15,00 €

Zusatzleistungen
Eigenhändig .... + 12,00 €
Rückschein....................... + 1,80 €

1 wird erhoben, wenn die Werbeantwort keine maschinenlesbare Aufschrift trägt oder Standardsendungen nicht automationsgerecht sind

Briefdienst Ausland			
Europabrief[1] schnellster Beförderungsweg (Land oder Luft)		**Weltbrief**[2] Luftbeförderung	
		Aerogramm (bis 5 g)[3]	1,00 €
Standardbrief	0,70 €	Standardbrief	1,70 €
Kompaktbrief	1,00 €	Kompaktbrief	2,00 €
Maxibrief international		Maxibrief international	
bis 100 g	2,00 €	bis 100 g	4,00 €
über 100 bis 500 g	4,50 €	über 100 bis 500 g	8,00 €
über 500 bis 1000 g	6,00 €	über 500 bis 1000 g	12,00 €
über 1000 bis 2000 g	14,00 €	über 1000 bis 2000 g	24,00 €
Postkarte	0,65 €	Postkarte	1,00 €

1.2.1 Gewöhnliche Briefsendungen

Musteraufgabe

Folgende innerdeutsche Briefsendungen der Elektrogroßhandlung Bauer sollen frankiert werden:

14 Rechnungen an verschiedene Kunden in C6-Umschlägen, lang
2 offene Mahnungen, Postkartenformat C6
5 Verkaufskataloge mit Werbeanschreiben in C4-Umschlägen, je 3 cm dick

Wie hoch sind die Portokosten dieser Sendung?

Lösung

14 Rechnungen	:	Standardbrief zu je 0,55 €	7,70 €
2 Mahnungen	:	Postkarte C6 zu je 0,45 €	0,90 €
5 Verkaufskataloge	:	Maxibrief wg. 3 cm H je 2,20 €	11,00 €
Portokosten			**19,60 €**

Aufgaben

1 Die Einkaufsabteilung der Elektrogroßhandlung Bauer will folgende Sendungen an Kunden in der Bundesrepublik aufgeben:

6 Anfragen in C6-Umschlägen zu je 12 g
4 Antwortpostkarten
3 Konstruktionszeichnungen in C4-Umschlägen zu je 800 g, 4 cm dick

Mit welchen Portokosten wird die Kostenstelle „Einkauf" belastet?

2 Die Kostenstelle „Verkauf" hatte im letzten Monat 1.773,55 € Portokosten. Wie viele Maxibriefe wurden verschickt, wenn laut Statistik 1465 Standardbriefe, 478 Kompaktbriefe und 128 Großbriefe aufgegeben wurden?

1 In alle Länder Europas einschließlich der Länder bzw. Republiken Armenien, Aserbaidschan, Belorussland (Weißrussland), Estland, Georgien, Lettland, Litauen, Moldau und Ukraine, Kasachstan, die Russische Föderation, die Türkei, die Azoren, die Färöer, die Kanarischen Inseln, Grönland, Madeira und Zypern sowie die französischen Übersee-Departments Guadeloupe, Guayana, Martinique, Réunion und die Gebietskörperschaften Mayotte sowie St. Pierre und Miquelon.

2 Die Ländergruppe „Welt" umfasst alle außereuropäischen Länder und Gebiete, sofern sie nicht der Ländergruppe „Europa" zugeordnet sind.

3 Das Aerogramm besteht aus einem gefalteten Bogen Briefpapier, der an allen Seiten geklebt wird. Es darf keine Einlage enthalten. Höchstmaße: L 220 mm, B 110 mm; Mindestmaße: L 140 mm, B 90 mm

3 Wie hoch sind die Portokosten folgender Briefsendungen?

46 Rundschreiben an die Außendienstmitarbeiter in C6-Umschlägen, je 28 g
28 Rechnungen in C6-Umschlägen zu je 16 g
66 Preislisten in C4-Umschlägen zu je 300 g, 1,6 cm dick

4 Die Frankiermaschine der Papiergroßhandlung Kern hat ein Restguthaben von 63,80 €. Reicht dieser Rest aus, um die folgende Tagespost zu frankieren?

3 Anfragen in C6-Umschlägen zu je 16 g nach Schweden
24 Rechnungen in C6-Umschlägen an Empfänger in der Bundesrepublik zu je 24 g
2 Anfragen nach Kanada in C6-Umschlägen zu je 14 g
8 Preislisten nach Österreich in C4-Umschlägen zu je 200 g, 2,5 cm dick

1.2.2 Beschleunigte, verbilligte und gesicherte Sendungen

Musteraufgabe

In der Versandabteilung der Elektrogroßhandlung Bauer sollen die folgenden innerdeutschen Briefe frankiert werden. Wie viel € Porto kosten die einzelnen Sendungen?

a) Eine vergessene Fahrkarte zu einer Auslandsmesse soll in einem C6-Umschlag werktags in der Zeit vor 09:00 Uhr zugestellt werden;
b) Werbebriefe an 3 862 Kunden, wobei mind. je 10 Sendungen auf den gleichen Leitbereich entfallen, in C6-Umschlägen zu je 18 g;
c) Ersatzteile (Leiterplatte je 20 x 10 x 6 mm, 40 g) an 17 Kunden;
d) 4 Mahnbriefe als letzte Mahnung per Einwurf-Einschreiben in C6-Umschlägen, je 35 g

Lösung

a) Express-Brief	8,00 €
+ Frühzustellung vor 09:00 Uhr	21,00 €
Porto	**29,00 €**
b) 3 862 Info-Postsendungen – Standard zu je 0,25 €	**965,50 €**
c) 17 Warensendungen – Kompakt zu je 0,70 €	**11,90 €**
d) 4 Kompaktbriefe zu je 0,90 €	3,60 €
+ Einschreiben-Gebühr zu je 2,05 €	8,20 €
Porto	**11,80 €**

Aufgaben

1 Eine Urkunde im C4-Umschlag, 35 g, soll schnellstens vor 09:00 Uhr zugestellt werden. Welche Portokosten fallen an?

2 Ein Zeugnis soll in einem C4-Umschlag, 30 g, per Einschreiben, eigenhändig mit Rückschein verschickt werden. Auf wie viel € wird die Frankiermaschine eingestellt?

3 Alle 3 246 Kunden sollen über eine Sortimentserweiterung informiert werden. Ein C6-Brief wiegt 18 g und pro Leitbereich entfallen mind. 10 Sendungen. Wie hoch sind die günstigsten Versandkosten?

6540232

4 Acht gleiche Ersatzteile (30 x 20 x 4 cm, je 450 g) werden auf unsere Kosten an die Kunden verschickt. Wie hoch sind die Portokosten?

5 Welcher Gesamtbetrag wird dem Kunden S. Mellzich, 74632 Neuenstein, zusätzlich in Rechnung gestellt, wenn die letzte Mahnung über einen Rechnungsbetrag von 2.487,00 €, bisherige Mahnkosten 24,50 €, als Nachnahme im C6-Umschlag, 18 g, zugestellt werden soll?

6 Ein Ersatzteil im B4-Brief, 800 g, 4,5 cm dick, Wert 748,00 €, wird an einen Kunden geschickt, der die eilige Sendung vor 10:00 Uhr annehmen möchte. Wie viel Versandkosten sind dem Kunden zusätzlich in Rechnung zu stellen?

7 An alle Kunden sollen 2826 Jahreskataloge, A4, 3 cm dick, 700 g, verschickt werden, wobei pro Leitbereich mind. 10 Sendungen entfallen. Der B4-Umschlag wiegt jeweils 15 g. Mit wie viel € Versandkosten wird die Kostenstelle „Verkauf" belastet?

8 Entscheiden Sie, welche Versendungsform am preisgünstigsten bzw. am zweckmäßigsten ist und berechnen Sie das jeweilige Porto.

Im Postversand der Elektrogroßhandlung Bauer sollen die folgenden Briefsendungen frankiert werden:

a) 4826 Einladungen an alle Kunden zum Firmenjubiläum, 28 g in C6-Umschlägen;

b) Warenproben (15 cm x 8 cm x 4 mm, 18 g) an alle Kunden;

c) 2 Arbeitszeugnisse, A4, ungeknickt, 16 g, sollen nur persönlich an die ehemaligen Mitarbeiter ausgehändigt werden;

d) Dokumente, A4, 80 g, an den Rechtsanwalt P. Braun per Einschreiben mit Rückschein.

1.3 Kleingutsendungen – Paketdienst der Deutschen Post AG (DHL)[1]

Päckchen

- max. 2 kg
- max. 60 x 30 x 15 cm
- Rollenform
- max. 90 cm
- Durchmesser 15 cm
- Einheitspreis
- keine Zustellgebühr

einfaches Post-Paket

- **Schalterpaket**
  - max. 20 kg
  - max. 120 x 60 x 60 cm
  - gewichtsabhängige Gebühr
  - keine Zustellgebühr
- **Paketmarke – DHL**
- **selbst gebuchtes Paket**[2] (Business-Paket)
  - max. 31,5 kg
  - max. 120 x 60 x 60 cm
  - gewichtsabhängige Sondergebühr
  - keine Zustellgebühr

besondere Pakete

- **Expresspaket**
- **sperriges Paket**
  - über 120 x 60 x 60 cm
  - besondere Behandlung (z. B. Rollen, Kannen usw.)
- **Infopost schwer**
  - bis 10 kg
- **Blindenpost**
  - bis 7 kg

1 Stand Januar 2007

2 Ab 500 Paketsendungen pro Jahr – der Einreicher wiegt und bucht selbst mit fortlaufendem Identcode-Label (dadurch Haftung der Post).

Frachtpost Inland

Post-Paket[1]

bis 10 kg	6,90 €
über 10 bis 20 kg	9,90 €
über 20 bis 31,5 kg	13,90 €

DHL Paketmarke

Für den Versand innerhalb Deutschlands sind Ihre Pakete mit der DHL *PAKETMARKE* Deutschland bereits bis 10 kg freigemacht.

Für den Versand in die Länder der Europäischen Union sind Ihre Pakete mit der DHL *PAKETMARKE EU* bereits bis 5 kg freigemacht.

Wünschen Sie eine Abholung von zu Hause oder wiegt ein Paket mehr, kleben Sie einfach die entsprechende Anzahl an Zusatzmarken auf.

Die Einlieferung wird auf Wunsch bescheinigt.

DHL Paketmarke Deutschland bis 10 kg

3er-Pack	19,80 €
10er-Pack	64,00 €
50er-Pack	295,00 €
100er-Pack	550,00 €

DHL Paketmarke EU bis 5 kg

3er-Pack	47,90 €
10er-Pack	154,00 €
50er-Pack	720,00 €
100er-Pack	1.350,00 €

Zusatzmarken

Für Abholung sowie ein höheres Gewicht bis 20 kg

3er-Pack	9,00 €
10er-Pack	30,00 €

Selbst gebuchtes Post-Paket[2] **(Preisbeispiel)**

bis 1 kg	3,05 €
bis 2 kg	3,40 €
bis 3 kg	3,75 €
bis 4 kg	4,05 €
bis 5 kg	4,35 €
bis 6 kg	4,65 €
bis 7 kg	4,95 €
bis 8 kg	5,30 €
bis 9 kg	5,60 €
bis 10 kg	5,90 €
bis 15 kg	6,20 €
bis 20 kg	6,90 €
bis 31,5 kg	7,50 €

Päckchen .... **3,90 €**

Höchstgewicht: 2 000 g

Quaderform
Mindestmaße:
15 x 11 x 1 cm (uml. Kantenhöhe)

Höchstmaße:
60 x 30 x 15 cm oder L + B + H max. 90 cm, dabei keine Seite länger als 60 cm

Rollenform
Mindestmaße:
Länge 15 cm, Durchmesser 5 cm

Höchstmaße:
Länge 90 cm, Durchmesser 15 cm

Pluspäckchen .... **5,99 €**

Verpackung (PackSet Größe S, M) plus Porto (Motiv-Wertmarke) in einem

Höchstgewicht: **20 kg**

Maße:
S: 25 x 17,5 x 10 cm
M: 37,5 x 30 x 13,5 cm

Hinweis: Postpakete zwischen 20 und 31,5 kg werden am Paketschalter nur von Firmenkunden angenommen. Im Privatbereich geht das nur mit Abholung.

Spartipp:
Kleinere Güter bis 20 kg (!) können Sie in Deutschland preiswert mit einem *PLUSPÄCKCHEN* versenden. Das kostet nur 5,99 €. Gegenüber einem DHL PAKET (mit z. B. 20 kg) sparen Sie also 3,91 € – und die Verpackung ist auch noch inklusive!

---

1 Bei Onlinefrankierungen verringern sich die Paketgebühren um jeweils 1,00 €.
2 quaderförmige Sendung: Länge bis 120 cm, Breite und Höhe bis 60 cm

Briefdienst Inland

Sperriges Paket

Als sperrig gelten Pakete,

- die länger als 120 cm, breiter als 60 cm oder höher als 60 cm sind.
- die eine besondere betriebliche Behandlung erfordern (z. B. Kinderwagen, Henkelkörbe, Kannen, Eimer usw.).

Zuschlag[1] .... 20,00 €

Höchstmaße:
Länge 200 cm; Länge und größter, nicht in Längsrichtung gemessener Umfang zusammen 360 cm

Zusatzleistungen

(zzgl. zum Beförderungsentgelt für die Sendungen)

Transportversicherung

Wert bis 2.000,00 € .... + 3,50 €
Wert bis 25.000,00 € .... + 15,00 €

Haftung für den tatsächlichen Wert eines Post-Pakets über 500,00 € hinaus bis zum angegebenen Wertbetrag; höchstens jedoch bis zur Höhe von 25.000,00 €. (Eine Versiegelung oder sonstiger äußerlicher Hinweis auf den wertvollen Inhalt ist nicht zulässig.)

Eine Pflicht zur Beförderung von massenhaft eingelieferten Post-Paketen mit besonderem Wert besteht nicht.

Eigenhändig .... 12,00 €

Auslieferung von Post-Paketen nur an den Empfänger persönlich oder an einen besonders Bevollmächtigten.

Rückschein .... 1,80 €

Die Auslieferung des Post-Pakets wird dem Absender auf einem vorbereiteten Rückschein bestätigt.

Nachnahme .... 4,00 €

(Nachnahmeentgelt zahlbar bei **Einlieferung**)

Entgelt für die Überweisung des Nachnahmebetrags .... 2,00 €

(Überweisungsentgelt zahlbar bei Auslieferung durch Abzug vom Nachnahmebetrag)

Post-Pakete mit Nachnahme werden nur gegen Einziehung des auf der Sendung angegebenen Nachnahmebetrags (in bar oder gegen einen garantierten Scheck) ausgeliefert.
Nachnahmebetrag höchstens 3.500,00 €

Express Services

Mit den folgenden Services können Sie Ihr DHL PAKET innerhalb Deutschlands schneller machen.

Wenn Sie ein DHL PAKET mit Express Service verschicken, erhält es der Empfänger in Deutschland am nächsten Werktag (auch Samstag).

Express Service (Mo–Sa) .... + 12,50 €
Express vor 12:00 Uhr (Mo–Sa) ...... + 17,00 €
Express vor 10:00 Uhr (Mo–Sa) ...... + 23,00 €
Express vor 09:00 Uhr (Mo–Sa) ...... + 33,00 €

Mit Express Sonn- und Feiertagszustellung wird Ihr Paket deutschlandweit an allen Sonn- und Feiertagen ausgeliefert.

Express Sonn- und Feiertagszustellung + 57,00 €

Musteraufgabe

Im Warenausgang der Elektrogroßhandlung Bauer stehen folgende Sendungen, die mit dem Postdienst befördert werden sollen.
Der Absender ist Selbstbucher und die Versendung erfolgt mit fortlaufendem Identcode-Label.
Ermitteln Sie die jeweiligen Gebühren mithilfe der vorstehenden Gebührenauszüge.

Sendung	Gewicht	Maß	Besonderheiten
1. Karton	11,5 kg	90 x 50 x 40 cm	–
2. Schachtel	0,7 kg	60 x 25 x 15 cm	–
3. Holzkiste	26,7 kg	160 x 70 x 60 cm	–
4. Karton	4,2 kg	60 x 25 x 15 cm	–
5. Karton	8,8 kg	70 x 50 x 30 cm	–
6. Karton	1,8 kg	50 x 30 x 15 cm	–

1 auch für selbst gebuchte Pakete

Lösung

Sendung	Sendungsart	Zusatzentgelt + Beförderungsgebühr = Gesamtgebühr			
1.	selbst geb. Paket			6,20	**6,20 €**
2.	Päckchen			3,90	**3,90 €**
3.	Sperrgut	20,00	+	7,50	**27,50 €**
4.	selbst geb. Paket			4,35	**4,35 €**
5.	selbst geb. Paket			5,60	**5,60 €**
6.	Päckchen			3,90	**3,90 €**

Gebühren: Päckchen, frankiert. . . . . **7,80 €**
selbst gebuchte Pakete, lt. Einlieferungsliste . . . . **43,65 €**

Aufgaben

1 Im Warenausgang der Elektrogroßhandlung Bauer stehen am nächsten Tag folgende Sendungen, die mit dem Postdienst befördert werden sollen. Der Absender ist Selbstbucher und die Versendung erfolgt mit fortlaufender Einlieferungsnummer. Ermitteln Sie die jeweiligen Gebühren mithilfe der vorstehenden Gebührenauszüge.

Sendung	Gewicht	Maß	Besonderheiten
1. Karton	9,5 kg	80 x 40 x 40 cm	–
2. Karton	2,8 kg	40 x 30 x 15 cm	–
3. Karton	30,5 kg	90 x 70 x 70 cm	–
4. Karton	14,2 kg	100 x 55 x 55 cm	–
5. Karton	18,8 kg	90 x 60 x 50 cm	–
6. Karton	1,2 kg	50 x 30 x 15 cm	–

2 Folgende Geschenksendungen werden als Schalterpaket aufgegeben:

Sendung	Gewicht	Maß	Besonderheiten
1. Karton	9,5 kg	80 x 70 x 40 cm	–
2. Karton	2,8 kg	40 x 30 x 15 cm	–
3. Karton	14,2 kg	100 x 55 x 55 cm	–
4. Karton	1,2 kg	50 x 30 x 15 cm	–

Wie viel € hat der Absender zu zahlen?

3 Ein Paket mit Leiterplatten, 8,5 kg, Wert 2.800,00 € soll von der Elektrogroßhandlung Bauer mit Rückschein an einen Kunden nach Berlin geschickt werden.

Wie viel € werden dem Kunden in Rechnung gestellt?

4 Der neue Kunde, die Theo Köller GmbH, Schollerstr. 9, 78462 Konstanz, bestellte bei Ihrem Ausbildungsbetrieb Ware für 2.468,00 €. Der Karton mit den Maßen 100 x 70 x 60 cm wiegt 17,5 kg.

a) Mit welchen Versandkosten wird die Köller GmbH belastet, wenn die Sendung als Schalterpaket per Nachnahme aufgegeben wird?

b) Welcher Betrag wird bei der Köller GmbH durch die Post eingezogen, wenn dem Kunden die Versandkosten in Rechnung gestellt werden?

c) Welcher Betrag wird auf dem Girokonto Ihres Ausbildungsbetriebs gutgeschrieben?

d) Besorgen Sie die für diese Sendung notwendigen Versandpapiere und füllen Sie diese mithilfe der obigen Angaben aus.

6540236

5 Ein Industriebetrieb bezieht per Post (Schalterpaket) 3 Eimer Neutralseife im Gewicht von je 12,5 kg.

Wie viel € werden dem Empfänger in Rechnung gestellt?

6 In der Versandabteilung der Sanitärgroßhandlung Hofer überlegt man, ob die Sendungen künftig als selbst gebuchte Post-Pakete befördert werden sollten.

a) Ermitteln Sie die jeweiligen Gebühren mithilfe der Gebührenauszüge.

Sendung	Gewicht	Maß	Besonderheiten
1. Karton	9,5 kg	90 x 50 x 40 cm	–
2. Schachtel	0,7 kg	60 x 25 x 15 cm	–
3. Holzkiste	26,7 kg	160 x 70 x 60 cm	–
4. Karton	4,2 kg	60 x 25 x 15 cm	Eigenhändig
5. Karton	8,8 kg	70 x 50 x 30 cm	–
6. Karton	1,8 kg	50 x 30 x 15 cm	Rückschein

b) Um wie viel € wäre der Versand in diesem Fall günstiger als beim Schalter-Paket?

7 a) Wie hoch wären die Versandkosten, wenn die folgende Sendung jeweils als Schalterpaket befördert würde?

Sendung	Gewicht	Maß	Besonderheiten
1. Karton	11,5 kg	90 x 50 x 40 cm	–
2. Schachtel	0,7 kg	60 x 25 x 15 cm	–
3. Holzkiste	26,7 kg	160 x 70 x 60 cm	–
4. Karton	4,2 kg	60 x 25 x 15 cm	–
5. Karton	8,8 kg	70 x 50 x 30 cm	–
6. Karton	1,8 kg	50 x 30 x 15 cm	Rückschein

b) Um wie viel € teurer wäre diese Versandart gegenüber dem Selbstbucherverfahren mit fortlaufendem Identcode-Label?

1.4 Kleingutsendungen der privaten Paketdienste

Leistungen privater Paketdienste[1]				
Haus-Haus-Lieferung	**Gewichte**	**Gurtmaß[2]**	**Versicherung**	**Nebenleistungen**
d. h. Abholung beim Versender – Hauszustellung beim Empfänger	bis zu 70 kg/ Paket	bis 3 m max. Länge bis zu 2 m	bis 520,00 € Warenwert je Paket	■ kein Zustellentgelt ■ Nachnahmen ■ Ablieferungsnachweis ■ Höherversicherung

1 Beispiel: Deutscher Paketdienst (DPD), United Parcel Service (UPS)
2 gemessener Umfang + Länge

Preisgestaltung privater Paketdienste[1]	
Gewichts-staffel	**Nebengebühren**
ab 2 kg bis 31,5 (70) kg	■ Übergrößen/Übergewichte .... 25,00 € ■ nicht förderbandfähiges Gut (z. B. Rollen) .... 1,50 € ■ Privatzustellung .... 1,00 € ■ Nachnahmezuschlag .... 8,00 € ■ Ablieferungsnachweis .... 1,50 € ■ Höherversicherung bis zu 13.000,00 € je Paket ■ Inselzuschläge .... 8,00 € ■ Finanzierungskosten (5 % des Rechnungsbetrags bei Abbuchung)

Angebot je Paket ab Haus Versender bis frei Haus Empfänger[2]

Pakettarife	Deutschland
Gewicht	Preis
2 kg	3,80 €
3 kg	4,10 €
4 kg	4,30 €
5 kg	4,55 €
6 kg	4,85 €
7 kg	5,55 €
8 kg	5,85 €
9 kg	6,25 €
10 kg	6,85 €
12 kg	7,45 €

Pakettarife	Deutschland
Gewicht	Preis
14 kg	7,80 €
16 kg	8,30 €
18 kg	9,20 €
20 kg	10,00 €
22 kg	10,85 €
24 kg	11,60 €
26 kg	12,65 €
28 kg	13,55 €
30 kg	14,50 €
31,5 kg	15,35 €

Enthalten ist eine Frei-Haus-Zustellung inkl. Versicherung bis zu 520,00 € je Paket. Je Versandauftrag wird ein Paket transportiert. Die Preise verstehen sich zzgl. der gesetzlichen MWSt., Mautgebühr (0,12 € pro Paket).

Musteraufgabe

Die Santex GmbH, Heilbronn, stellt Sanitärzubehör her und beliefert Kunden mit Kleinsendungen bis 31,5 kg über das Depot 174 des „Deutschen Paketdienstes". Berechnen Sie die Preise für die folgenden Sendungen, wenn 8,00 € Nachnahmezuschlag, 1,50 € für den Ablieferungsnachweis vereinbart sind und die Rechnung vom Konto der Santex GmbH abgebucht wird:

PLZ	Empfangsort	tatsächl. Gewicht	Zusatzleistung
99081	Erfurt	14,0 kg	–
40501	Düsseldorf	2,5 kg	Nachnahme
10203	Berlin	30,0 kg	Ablieferungsnachweis
66104	Saarbrücken	24,5 kg	–
04331	Leipzig	11,5 kg	–

1 Beispiel: Deutscher Paketdienst (DPD), United Parcel Service (UPS)
2 Quelle: Deutscher Paketdienst

Lösung

PLZ	Empfangsort	Gewicht frachtpflichtig	Transportpreis	+	Zusatzleistung	+	Mautgebühr	=	Gesamtpreis
99081	Erfurt	14 kg	7,80 €	+	–	+	0,12 €	=	7,92 €
40501	Düsseldorf	3 kg	4,10 €	+	8,00 €	+	0,12 €	=	12,22 €
10203	Berlin	30 kg	14,50 €	+	1,50 €	+	0,12 €	=	16,12 €
66104	Saarbrücken	26 kg	12,65 €	+	–	+	0,12 €	=	12,77 €
04331	Leipzig	12 kg	7,45 €	+	–	+	0,12 €	=	7,57 €

Gesamtkosten, netto .... 56,60 €
+ 19 % USt .... 10,75 €
Gesamtkosten, brutto .... **67,35 €**

Aufgaben

1 Die Santex GmbH, Heilbronn, beliefert Kunden mit Kleinsendungen bis 31,5 kg über das Depot 174 des Deutschen Paketdienstes.

Berechnen Sie die Preise für die folgenden Sendungen, wenn 8,00 € Nachnahmezuschlag und 1,50 € für den Ablieferungsnachweis vereinbart sind:

PLZ	Empfangsort	tatsächl. Gewicht	Zusatzleistung
97064	Würzburg	18,0 kg	–
69112	Heidelberg	1,5 kg	–
06002	Halle	28,5 kg	Ablieferungsnachweis
30001	Hannover	30,5 kg	Nachnahme
24100	Kiel	4,5 kg	–

2 Die Santex GmbH beliefert am nächsten Tag folgende Kunden mit Kleinsendungen bis 31,5 kg über das Depot 174 des Deutschen Paketdienstes.

Berechnen Sie die Preise für die folgenden Sendungen, wenn 8,00 € Nachnahmezuschlag, 1,50 € für den Ablieferungsnachweis und 8,00 € Inselzuschlag vereinbart sind:

PLZ	Empfangsort	tatsächl. Gewicht	Zusatzleistung
34112	Kassel	1,5 kg	–
50482	Köln	11,0 kg	–
60285	Frankfurt	14,0 kg	Ablieferungsnachweis
28080	Bremen	2,5 kg	Nachnahme
18053	Rostock	20,5 kg	Ablieferungsnachweis
65037	Wiesbaden	31,0 kg	–
25980	Westerland/Sylt	23,5 kg	Insel/Ablieferungsnachweis
01008	Dresden	6,5 kg	–

3 Der Innenarchitekt Wolfgang Nies, 25999 Kampen/Sylt, erhält 2 Pakete zu 26 kg und 30 kg. Wie viel € Transportkosten werden ihm von der Santex GmbH in Rechnung gestellt?

4 Die Santex GmbH schickt dem Sanitärgroßhändler F. Clauser, 56065 Koblenz, folgende Bestellung unfrei gegen Nachnahme:
1 Karton 25 kg, 1 Karton 29 kg, 1 Karton 28 kg zum Warenwert von 3.877,00 €, netto.

Wie hoch ist der Einzugsbetrag in Koblenz, wenn 3,50 € Versicherungszuschlag berechnet wird?

1.5 IC-Kurierdienst

Der IC-Kurierdienst ist eine Kooperation der Deutschen Bahn AG mit der „time:matters" GmbH, einer Kurierdienst-Tochtergesellschaft der Lufthansa Cargo AG. Mit diesem Service werden sehr eilige Gütersendungen bis 20 kg Gewicht in Intercity-Zügen (IC) und Intercity-Express-Zügen (ICE) transportiert. IC-Kuriergüter werden am Gepäckschalter oder direkt am IC-Kurierdienst-Zugabteil von IC-Zügen aufgegeben.

Preistabelle inkl. 19 % USt

IC-Kurierdienstbeförderungen innerhalb Deutschlands			
Gewicht	Bahnhof–Bahnhof	Haus–Bahnhof Bahnhof–Haus	Haus–Haus
bis 10 kg	97,58 €	129,71 €	161,84 €
10 kg bis 15 kg	113,05 €	145,18 €	177,31 €
15 kg bis 20 kg	128,52 €	160,65 €	192,79 €
Maße: Länge max. 1,00 m/Umfang max. 2,00 m			

Musteraufgabe

Eine Sendung eiliger Messeunterlagen im Gewicht von 8 kg sollen in einem Aktenkoffer (3 kg) zur Messe nach Frankfurt direkt im Haus-Haus-Verkehr befördert werden.

a) Welcher Bruttobetrag wird in Rechnung gestellt?
b) Wie hoch ist die in Rechnung gestellte Umsatzsteuer von 19 %?
c) Welcher Nettobetrag wird in Rechnung gestellt?

Lösung

Messeunterlagen 8,00 kg + Aktenkoffer 3,00 kg = 11 kg Gesamtgewicht

a) 11,00 kg im Haus-Haus-Verkehr = **177,31 € brutto**

b) 177,31 : 119 · 19 = **28,31 € Umsatzsteuer**

c) 177,31 € – 28,31 € = **149,00 €**

Aufgaben

1 Eine Sendung Ersatzteile (2,5 kg) wird in Bremen am Gepäckschalter 30 Minuten vor Abfahrt des ICE nach Würzburg aufgegeben. In Würzburg sollen die Ersatzteile direkt beim Kunden zugestellt werden.

Welchen Preis hat der Absender in Bremen zu zahlen?

2 0,7 kg Verkaufsdokumente sollen von Ulm nach Köln von Schreibtisch zu Schreibtisch befördert werden.
Wie viel € hat der Absender zu zahlen?

3 1,2 kg Druckvorlagen aus Kiel sollen schnellstens nach Zürich zum Kunden. Die Sendung wird in Zürich vom Empfänger direkt abgeholt.

Erstellen Sie die Abrechnung.

4 26 kg eilige Ersatzteile in 3 Kartons mit den Maßen von je 50 x 40 x 40 cm sollen vom Bahnhof Magdeburg zum Bahnhof Freiburg/B. transportiert werden.

Wie viel € müssen dem Fahrer des Absenders für diese Sendung mitgegeben werden?

6540240

2 Eisenbahnverkehr

2.1 Preisermittlung

Die Preisbildung beim Eisenbahnverkehr ist abhängig von der Konkurrenz anderer Verkehrsträger. Grundlage für die Abrechnung mit der Railion Deutschland bleiben weiterhin die unverbindlichen Frachtentafeln.

Mit Großkunden vereinbaren die Kundenberater unternehmensspezifische, besondere Preislisten, die nicht veröffentlicht werden.

2.2 Grundlagen der Frachtberechnung im Wagenladungsverkehr

Die Preisfindung der Railion Deutschland AG basiert bei aller Flexibilität in der kostenorientierten Preisfindung auf den folgenden Grundlagen:

Grundlagen der Frachtberechnung		
Entfernung	**Gewicht**	**Nebenleistungen**
■ kürzester Schienenweg ■ Entfernungsdegression ■ relationsabhängige Preise	■ diverse Rundungsvorschriften zum frachtpflichtigen Gewicht ■ 13,499 t Mindestgewicht je Waggon	■ Locofrachten (Beförderungen innerhalb eines Bahnhofs) ■ Serviceleistungen (z. B. Standgeld)

2.2.1 Grundsätze der Frachtberechnung

Wagenladungen	
Gewicht der Sendung	Rundung der tatsächlichen Gewichte auf volle Tonnen, d. h. bis 499 kg abrunden, ab 500 kg aufrunden
Allgemeine Preisliste (APL)	ausgerechnetes branchenunabhängiges Standardangebot
Frachtpreise zur Allgemeinen Preisliste	Preistafel 1 – Transporte in einem Wagen mit zwei Achsen Preistafel 2 – Transporte in einem Wagen mit mehr als zwei Achsen
Entgelte für Serviceleistungen	z. B.: Wiegegeld: pro Güterwagen 33,00 € Wagenstandgeld: 1.–14. Tag, je Tag 15,00 €
Tiefladewagen	grundsätzlich freie Preisvereinbarungen
Privatwagen	Fracht wird um einen Mindestabschlag gekürzt: bei Regelwagen 15 % Leerlauffrachten: Abrechnung nach einer extra Frachtentafel
Ganzzüge	marktorientierte Frachtpreise auf Basis vereinbarter Preise

2.2.2 Wagenladungen nach allgemeiner Preisliste

Für Transporte in einem Wagen mit zwei Achsen						
Sendungsgewicht in kg	bis 13 499	13 500 – 17 499	17 500 – 21 499	21 500 – 25 499	25 500 – 30 499 ❷	jede weitere Tonne kostet
Entfernung bis km	Wagenpreise in Euro – ohne Umsatzsteuer					
200	511	544	615	687	770	28
220	511	570	646	721	808	30
240	524	604	685	764	856	31
260	553	639	723	808	905	33
280	582	672	761	851	953	35
300	612	707	800	894	1.001	37
320	640	739	837	935	1.047	38
340	666	769	871	973	1.090	40
360	692	799	905	1.011	1.133	41
380	718	829	939	1.049	1.175	43
400	744	859	974	1.087	1.218	44
450	784	905	1.025	1.145	1.282	47
500	837	966	1.094	1.222	1.369	51
550	887	1.023	1.159	1.294	1.450	53
❶ 600	933	1.076	1.219	1.362	❸ 1.525	56
650	977	1.128	1.277	1.427	1.598	59
700	1.021	1.178	1.334	1.490	1.669	61
750	1.054	1.217	1.378	1.540	1.724	63
800	1.079	1.246	1.410	1.575	1.764	65
850	1.103	1.273	1.442	1.611	1.804	66
900	1.127	1.301	1.474	1.646	1.844	67
950	1.151	1.329	1.505	1.681	1.883	69
1000	1.175	1.357	1.537	1.716	1.923	70
1100	1.212	1.399	1.584	1.770	1.982	73
1200	1.260	1.455	1.648	1.841	2.062	76
1300	1.309	1.511	1.711	1.911	2.141	78
1400	1.357	1.567	1.775	1.982	2.220	82
1500	1.406	1.623	1.838	2.053	2.299	84

Musteraufgabe

Eine Wagenladung Druckfarbe im Gewicht von 27 620 kg soll von Ludwigshafen nach Hamburg (588 km) in einem Wagen der Gattung „H" unfrei transportiert werden. Mit welchem Frachtbetrag wird der Empfänger in Hamburg belastet?

6540242

Lösung

27 620 kg = 28 000 kg frachtpflichtiges Gewicht
Frachtbetrag = Entfernung 600 km – Gewichtsspalte 25 500 bis 30 499 t
= ❶ 1.525,00 € ❸ ❷

Frachtbetrag, netto	1.525,00 €
+ 19 % USt	289,75 €
Frachtbetrag, brutto	1.814,75 €

Lösungsweg

❶ Aufgerundete Transportentfernung ermitteln.
❷ Gerundete Gewichtsspalte ermitteln.
❸ Frachtbetrag: Schnittpunkt der Entfernungszeile mit der Gewichtsstufenspalte ablesen.

Aufgaben

1 21,4 t Kühlgüter werden von Köln über 368 km nach Stuttgart in einem Kühlwagen der Gattung „I" unfrei befördert.

Wie hoch ist der Transportpreis?

2 28,5 t Gussteile werden frei Haus von Chemnitz nach Wolfsburg (343 km) in einem Achswagen (2 Achsen) unter 14 m Länge transportiert.

Wie hoch ist das Frachtentgelt, wenn ein Nachlass von 25 % auf die Fracht vereinbart und der Wagen von der Railion Deutschland AG verwogen wurde?

3 Ein Achswagen mit 22 360 kg Granulat wird von Ludwigshafen nach Flensburg über 792 km frei Haus transportiert.

Wie hoch ist das Frachtentgelt, wenn der Absender 20 % Preisnachlass auf die Fracht vereinbart hat?

4 Ein Zulieferer der Automobilindustrie könnte jeden Werktag 3 Achswagen mit je 20,6 t von Bochum frei Haus nach Stuttgart-Zuffenhausen (432 km) versenden.

Wie viel % Preisnachlass müsste die Railion Deutschland AG dem Kunden gewähren, wenn dieser für den Straßentransport bisher 3,40 €/100 kg bezahlt und sie den Kunden durch einen niedrigeren Preis gewinnen kann?

5
a) Versandboxen im Gesamtgewicht von 31 820 kg gehen in einem privaten Achswagen über 265 km zum Kunden. Der Wagen wird erst am 3. Tag nach seiner Ankunft in Fulda vom Eigentümer übernommen, sodass 2 Standtage in Rechnung gestellt werden.

Mit welchem Betrag belastet die Railion Deutschland AG das Konto des Kunden, wenn ein pauschaler Preisnachlass von 15 % auf alle Bahnregelpreise vereinbart ist?

b) Die leeren Versandboxen gehen am 4. Tag wieder zum Absender zurück. Mit welchem Betrag wird das Konto belastet, wenn ein pauschaler Preisnachlass von 15 % vereinbart ist und hier die 10-t-Grundfracht 538,00 € beträgt?

6 Für den Bau einer Neubaustrecke setzt ein privates Bauunternehmen 6 Achswagen ein.

Die Wagen sind mit Schienen- und Baumaterial mit folgenden Gewichten beladen:

33,4 t 32,8 t 27,3 t 31,7 t 26,6 t 28,5 t

Mit welchem Frachtbetrag belastet die Railion Deutschland AG das Bauunternehmen, wenn die Transportentfernung 323 km beträgt?

2.3 Abrechnung im Kombiverkehr

2.3.1 Allgemeine Grundsätze der Frachtberechnung

	Kombiverkehr
Leistungsangebote	Die Stinnes-Modal AG verkauft als Tochterunternehmen der Deutschen Bahn AG: ■ Ganzzüge ■ Stellplätze an Wiederverkäufer (Operateure)
Operateure im kombinierten Verkehr	■ Kombiverkehrs KG (Deutsche Bahn AG = Vollhafter/Spediteure = Teilhafter) ■ Transfracht GmbH (überwiegend maritime Containerverkehre) ■ Intercontainer S. A. (Binnen-Containerverkehre der europäischen Eisenbahnen) ■ Polzug/Metrans (kombinierte Verkehre nach Osteuropa) ■ Hupack (kombinierte Verkehre im Alpentransit nach Italien)
Leistungsumfang	Die Operateure bilden meist eigenständige Ganzzüge und bieten ihren Kunden: ■ Stellplätze im Haus-Haus-Verkehr ■ Stellplätze im Terminal-Terminal-Verkehr
Frachtpreise	freie Preisbildung auf Basis von Stellplätzen (Ladeeinheiten) nach Angebot und Nachfrage
Nebenleistungen gegen Einzelberechnung	z. B.: – Terminalumschlag – Depot-Serviceleistungen – Zwischenlagerung von Containern
Angebote im Containerverkehr	– Binnencontainer (20 ft/40 ft) – ISO-Container (20 ft/40 ft)
Angebote, z. B. Kombiverkehrs KG	– „Rollende Landstraße" – „Auflieger" (SAL = Sattelauflieger) – Wechselbehälter (Wechselbrücken, Container)
Preisberechnung, z. B. Kombiverkehrs KG	Die Fracht wird pro LE (Ladungseinheit) berechnet, indem der Grundpreis mit dem jeweiligen Koeffizienten, der sich aus Länge und Gesamtgewicht der LE ergibt, multipliziert wird. Es gilt folgendes Koeffizientenraster:

Ladeeinheit nach Länge und Gesamtgewicht

t \ m	≤ 6,15	6,16–7,82	7,83–9,15	9,16–13,75	SAL
≤ 8	0,48	0,50	0,75	0,96	1,00
> 8 – ≤ 16,5	0,48	0,50	0,75	0,96	1,00
> 16,5 – ≤ 22	0,75	0,75	0,90	1,00	1,00
> 22 – ≤ 34	0,75	0,75	0,96	1,00	1,00
> 34	0,85	0,85	1,00	1,00	1,00

Pro Sendung gilt als Mindestfaktor 1,00.

2.3.2 Containerverkehr

Musteraufgabe

Ein Spediteur schickt Ventilatoren von Reutlingen wöchentlich in zwei 20-Fuß-Containern mit je 12,2 t Gesamtgewicht und je 1 230 Ventilatoren im Haus-Haus-Verkehr über den Container-Terminal Nagold nach Braunschweig (564 km). Mit der Kombiverkehrs KG wird ein Grundpreis von 1.720,00 € für den Haus-Haus-Verkehr ausgehandelt.

a) Mit welchem Frachtbetrag wird das Konto des Absenders belastet, wenn 6 Sendungen verschickt werden?

b) Wie hoch ist der Frachtkostenanteil eines Ventilators im Containerverkehr?

Lösung

a) 20-Fuß-Container = 20 x 30,48 cm = 6,096 m (Länge)
Koeffizientberechnung:
9,2 t/6,096 m = 0,48 · 2 LE = 0,96,
aber: Mindestfaktor pro Sendung 1,0

1 Sendung	1.720,00 €
6 Sendungen, netto	10.320,00 €
+ 19 % USt	1.960,80 €
Frachtbetrag, brutto	12.280,80 €

b)

1 230 Ventilatoren · 2 Container	=	2 460 Ventilatoren
2 460 Ventilatoren	=	1.720,00 €
1 Ventilator	=	0,70 €

Aufgaben

1 Die Spedition Stein GmbH, Bremen, verschickt in einer Sendung folgende Wechselbehälter nach München:

1 Wechselbehälter mit 7,4 t und 6,10 m,
1 Wechselbehälter mit 15,6 t und 7,30 m.

Der Grundpreis der Sendung beträgt 1.680,00 €. Mit welchem Preis belastet die Kombiverkehrs KG das Stundungskonto der Spedition Stein GmbH?

2 Die Winzergenossenschaft Freiburg/Br. schickt über einen Spediteur zwei 20-Fuß-Container mit Wein in Kartons auf 15 Paletten nach Oldenburg (683 km). Für den Transport sind 1.940,00 € als Grundpreis vereinbart. Pro Palette sind 90 Kartons zu je 6 Flaschen gepackt und mit Folie verschweißt. Das Gesamtgewicht beträgt 18 200 kg.

a) Wie hoch sind die Transportkosten pro Palette?
b) Wie hoch sind die Transportkosten pro Weinflasche?

3 Die Metallbau Reimer GmbH in Osnabrück produziert Gehäuseteile direkt in 40-Fuß-Containern. 12-mal pro Monat werden zwei 40-Fuß-Container mit 14 870 kg über die Spedition Müller zum Kunden nach Nürnberg (484 km) verschickt. Die Kombiverkehrs KG verlangt einen Grundpreis von 780,00 €.

a) Wie hoch sind die Frachtkosten eines Containers von Osnabrück nach Nürnberg?
b) Welchem Frachtpreis für 100 kg entsprechen diese Frachtkosten?
c) Wie hoch ist der monatliche Transportpreis?
d) Im gewerblichen Güterfernverkehr werden auf dieser Strecke 4,65 €/100 kg verlangt. Um wie viel Prozent müsste der Grundpreis der Kombiverkehrs KG mindestens gesenkt werden, um einen wettbewerbsfähigen Preis verlangen zu können?

3 Güterkraftverkehr

3.1 Preisermittlung

Der freie Verkehrsmarkt in der EU zwingt die Marktteilnehmer, die Preise **kostenrechnerisch** zu begründen (siehe Kapitel B – Kosten- und Leistungsrechnung).

Als Hilfsmittel zur Preisfindung werden in der Praxis verwendet:

- Haustarife (siehe unten)
- Einzelkalkulationen (siehe unten)
- unverbindliche Preisempfehlungen der Verbände (z. B. Tarif für den Sammelgutverkehr)

3.2 Grundsätze der Frachtberechnung

Bei der Frachtberechnung stehen das Verständnis für komplexe Kostenstrukturen und die Erstellung konkurrenzfähiger Angebotspreise im Mittelpunkt.

Mögliche Komponenten der Preisgestaltung sind hierbei:

- Einsatzzeit (Nutzungszeit)
- Wartezeiten beim Absender/Empfänger (Standzeiten)
- Sendungsgewicht, Sendungsvolumen, Lademeter, Palettenstellplätze usw.
- Entfernung
- Besonderheiten der Verkehrsbedingungen (Staugefahr, Baustellen, Straßenverhältnisse, Nachtfahrverbot usw.)
- Rückladeмöglichkeit
- Leerfahrt-Kilometer
- Maut

3.3 Frachtberechnungen – Haustarife

Haustarife dienen einer einheitlichen Preisbildung einzelner Speditionen gegenüber ihren Kunden. Während die Preise von Komplettladungen und Teilladungen in der Regel durch marktorientierte Einzelkalkulationen gebildet werden, arbeiten viele Speditionsunternehmen für Stückgutsendungen mit Haustarifen.

Die meisten Haustarife basieren auf branchenüblichen Tarifstrukturen, wie beispielsweise Gewicht, Volumen, Entfernung, PLZ-Bereiche.

Je nach Kundenstatus (Umsatz, Sendungshäufigkeit usw.) kann der tatsächlich berechnete Preis von dem Haustarifpreis abweichen.

Der Haustarif basiert auf allen Kosten, die bei einem Transport regelmäßig anfallen. Neben- und Zusatzleistungen (z. B. Nachnahmegebühren, Avisgebühren, Lagerkosten) werden gesondert ausgewiesen und in Rechnung gestellt.

Die Kosten der Maut werden entweder direkt in die Preise einkalkuliert oder zusätzlich in Rechnung gestellt.

6540246

3.3.1 Haustarife im Nahbereich

Auszüge aus dem Haustarif[1] der EURO Sped GmbH

Bei der Abrechnung nach „Tabelle 1: Gestellung von Fahrzeug und Fahrer" werden die Zurverfügungstellung von Fahrzeug und Fahrer in Stundensätzen und die zurückgelegten km in km-Sätzen berechnet. So werden auch Standzeiten mit verrechnet.

Tabelle 1: Gestellung von Fahrzeug und Fahrer

Nutzlast bis	km-Satz	Stundensatz je angefangene Stunde
5 t	0,37 €	43,30 €
6 t	0,39 €	43,99 €
7 t	0,41 €	44,63 €
8 t	0,42 €	45,31 €
14 t	0,54 €	48,99 €
15 t	0,57 €	49,57 €
23 t	0,65 €	53,94 €
24 t	0,66 €	54,51 €
25 t	0,67 €	55,03 €
26 t	0,68 €	55,61 €
27 t	0,69 €	56,12 €

Bei der Abrechnung nach „Tabelle 2: Erbrachte Transportleistung" werden das transportierte Gewicht und die Lastkilometer berechnet. Es steht dabei die erbrachte Transportleistung im Vordergrund.

Tabelle 2: Erbrachte Transportleistung, Transportsatz in €/t

Entfernung in km bis einschl.	Gewicht der Ladung in t ab								
	3	4	5	6	7	8	9	10	11
30	46,29	36,25	30,22	26,18	23,28	21,09	19,38	18,00	16,86
35	51,98	40,61	33,78	58,40	51,85	46,89	43,01	39,90	37,32
40	57,54	44,87	37,25	32,15	28,50	25,64	23,59	21,86	20,43
45	62,98	49,03	40,64	35,04	31,03	28,00	25,63	23,73	22,16
50	68,30	53,11	43,98	37,87	33,50	30,20	28,41	25,55	23,85
55	73,51	59,42	47,23	40,64	35,92	32,37	29,58	27,35	25,52
60	78,61	61,00	50,42	53,36	38,29	34,48	31,51	29,11	27,14
80	98,02	75,88	62,58	53,70	47,34	42,56	38,83	35,83	33,37
85	102,64	79,42	65,48	56,17	49,50	44,49	40,58	37,44	34,86
90	107,19	82,91	68,33	58,59	51,63	46,39	42,30	39,03	36,33
Entfernung in km bis einschl.	Gewicht der Ladung in t ab								
	21	22	23	24	25	26	27	28	29 u. mehr
60	17,40	16,87	16,38	15,92	15,49	15,08	14,70	14,34	13,99
65	18,39	17,83	17,31	16,83	16,38	15,94	15,55	15,16	14,80
70	19,37	18,78	18,23	17,72	17,25	16,80	16,38	15,98	15,60

1 Die Struktur der Haustarife kann auch nach PLZ-Bereichen gegliedert werden.

Musteraufgabe 1

Ein Fahrzeug mit 7,5 t Nutzlast wird zu Erdaushubarbeiten eingesetzt. Die Entfernung zwischen Be- und Entladestelle beträgt 2,4 km. Das Fahrzeug befördert in der Stunde durchschnittlich 5 Ladungen und wird am 1. Tag 7,5 Stunden und am 2. Tag 2,5 Stunden benötigt.

Wie hoch ist das Beförderungsentgelt nach Tabelle 1?

Lösung

	Stundensätze: insgesamt 10 Stunden · 45,31 €	453,10 €
+	km-Satz: 0,42 · 240	100,80 €
	Nettoentgelt	553,90 €
+	19 % USt	105,24 €
	Bruttoentgelt	659,14 €

Musteraufgabe 2

Ein Großhändler beauftragt den Spediteur Karl Weber, Güter bei verschiedenen Kunden abzuladen. Die gesamte Sendung wiegt 11 000 kg. Die gefahrene Strecke beträgt insgesamt 89 km.

Berechnen Sie das Beförderungsentgelt, wenn Tabelle 2 abzüglich 7,5 % vereinbart ist.

Lösung

	89 km/11 t = 11 · 36,33	399,63 €
−	7,5 % Marge	29,97 €
	Nettoentgelt	369,66 €
+	19 % USt	70,24 €
	Beförderungsentgelt	439,90 €

Aufgaben

1 Ein Landschaftsgärtner, der eine Parkanlage gestaltet, benötigt von Frachtführer Wolter einen 7,5-t-Lkw. Die Einsatzzeit beträgt 2 Stunden und 45 Minuten. Insgesamt wurden 37 km zurückgelegt.

Berechnen Sie das Beförderungsentgelt nach Tabelle 1 (Seite 247).

2 Ein Handwerker benötigt für den Transport verschiedener Maschinen einen Lkw mit Ladebordwand. Die Spedition Nolte stellt ihm ein Fahrzeug mit einer Nutzlast von 5 t. Die Lastentfernung beträgt 30,5 km. Das Fahrzeug ist 3 Stunden und 35 Minuten im Einsatz. Nolte berechnet für den Einsatz von Fahrzeugen mit Ladebordwand einen Zuschlag von 5 %.
Es wurde ein Nachlass von 12,5 % auf den Gesamtpreis vereinbart.

Berechnen Sie das Beförderungsentgelt.

3 Die Kleintransporte GmbH hat eine Sendung mit 9 000 kg Gewicht über eine Entfernung von 83 km zu transportieren. Es wurde ein Preisnachlass von 7 % vereinbart. Die Kleintransporte GmbH rechnet vereinbarungsgemäß nach Tabelle 1 (Seite 247) ab.

6540248

3.3.2 Haustarife im Fernbereich – Stückgut

Stückgut-Haustarife bilden die Grundlage für die Abrechnung von Stückgutbeförderungen. Oft werden diese den Kunden direkt zur Verfügung gestellt. Bei der Preisfestsetzung ist der Kundenstatus (z.B. Umsatz, Sendungshäufigkeit) entscheidend für die Höhe der prozentualen Preisabschläge auf den Haustarif.

Auszug aus dem Stückguthaustarif der Frankenexpress GmbH, Erlangen
(Preise in Euro pro Sendung, Abholung beim Absender, Transport bis zum Empfänger)

Entfernung in km	71 bis 80 kg	81 bis 90 kg	91 bis 1000 kg	101 bis 120 kg	121 bis 140 kg	141 bis 160 kg	161 bis 180 kg	181 bis 200 kg	201 bis 220 kg	221 bis 240 kg
101–150	25,41	27,30	30,98	34,51	37,99	38,89	41,52	45,30	48,52	51,74
151–200	26,23	28,12	30,32	34,46	38,50	42,59	46,58	50,67	54,61	58,34
201–250	28,17	30,32	32,82	37,48	41,98	46,53	50,87	55,42	59,82	64,01
251–300	29,55	31,85	34,51	39,47	44,33	49,14	53,79	58,70	63,35	67,80
301–400	32,06	34,61	37,73	43,20	48,78	54,15	59,26	64,78	70,00	74,96
401–500	33,34	36,05	39,32	45,15	50,98	56,60	62,02	67,80	73,32	81,04
501–600	34,77	37,73	41,21	47,35	53,53	59,46	65,19	71,38	77,15	82,73
...	...	...	...	...	...	...	...	...	...	...
...	...	...	...	...	...	...	...	...	...	...
...	...	...	...	...	...	...	...	...	...	...

Entfernung in km	bis 1 600 kg	bis 1 700 kg	bis 1 800 kg	bis 1 900 kg	bis 2 000 kg	bis 2 100 kg	bis 2 200 kg	bis 2 300 kg	bis 2 400 kg	bis 2 500 kg
251–300	257,10	269,90	280,70	292,20	303,80	315,10	326,40	337,50	348,60	359,40
301–400	267,50	279,90	292,10	304,00	316,10	327,80	339,60	351,20	362,60	373,80
401–500	279,00	291,90	304,70	317,20	329,60	342,00	354,20	366,40	378,40	390,00
501–600	292,60	306,20	319,60	332,60	345,80	358,70	371,50	384,30	396,80	409,00
...	...	...	...	...	...	...	...	...	...	...
...	...	...	...	...	...	...	...	...	...	...
...	...	...	...	...	...	...	...	...	...	...

Mindestabrechnung bei Sperrigkeit:

- 200 kg je Palette (stapelbar)
- 400 kg je Palette (nicht stapelbar)
- 300 kg je Gitterbox

Auszug aus den Nebengebühren

1.	Versendernachnahme, 2 %	mindestens	15,40 €
2.	Avisgebühren	pro Sendung	5,10 €
3.	Fixtagzustellung nach Ablauf der Regellaufzeit		15,40 €
4.	Wiegen/Aufmessen	pro Sendung mindestens	2,60 €
5.	Lagergeld je 100 kg/Tag		1,05 €
6.	Rechnungserstellung bei unfreien Sendungen		6,10 €
7.	Abliefernachweis		6,10 €
8.	Palettentausch	Euro-Flachpalette	2,60 €
		Gitterbox	10,30 €
9.	Stand-/Wartezeiten von mehr als einer halben Std.	je halbe Std.	17,90 €
10.	Gefahrgut-Handling-Zuschlag, pro Sendung	bis 300 kg	10,20 €
		301–1000 kg	15,40 €
		über 1000 kg	20,50 €

Musteraufgabe

Die Frankenexpress GmbH, Erlangen, bildet die Preise für Stückgutsendungen auf Basis ihres Haustarifs. Ein Kunde verschickt folgende Sendung frei Haus nach Dortmund (Ortsklasse II) über 482 km:

3 Euro-Paletten – nicht stapelbar –	zu je 450 kg
1 Euro-Gitterbox	230 kg

Der Kunde wünscht einen Abliefernachweis. Da der Kunde Stammkunde der Frankenexpress GmbH ist, erhält er einen Rabatt von 10 %. Erstellen Sie die Abrechnung.

Lösung

Frachtpflichtiges Sendungsgewicht:

Euro-Paletten, 3 · 450 kg		1 350 kg
Euro-Gitterbox – Mindestgewicht		300 kg
Abrechnungsgewicht		1 650 kg
Transport bis Empfänger (bis 1 700 kg)		291,90 €
+ Abliefernachweis		6,10 €
+ Palettentauschgebühren	3 · Euro-Flachpalette/je 2,60 €	7,80 €
	1 · Euro-Gitterbox	10,30 €
Grundpreis		316,10 €
– 10 % Rabatt		31,61 €
Rechnungspreis, netto		284,49 €
+ 19 % USt		54,05 €
Rechnungspreis, brutto		338,54 €

6540250

Aufgaben

1 Die Frankenexpress GmbH, Erlangen, erhält folgenden Auftrag:

Frei-Haus-Sendung nach Köln über 395 km:

4 Euro-Paletten – stapelbar .... zu je 250 kg
2 Euro-Gitterboxen .... zu je 230 kg

Der Kunde wünscht einen Abliefernachweis. Da der Kunde Stammkunde der Frankenexpress GmbH ist, erhält er einen Rabatt von 10 % auf den Haustarif.

Erstellen Sie die Abrechnung.

2 Folgender Auftrag geht an die Frankenexpress GmbH:

Sendung – frei Haus nach Chemnitz über 265 km:

2 Euro-Paletten – nicht stapelbar .... je 480 kg
3 Euro-Gitterboxen .... je 180 kg

Der Kunde wünscht einen Abliefernachweis. Es wurden keine Nachlässe auf den Haustarif vereinbart.

Erstellen Sie die Abrechnung.

3 3 Alukisten mit je 65 kg werden über die Frankenexpress GmbH unfrei nach Berlin (440 km) als Nachnahmesendung verschickt. Der Einzugsbetrag der Sendung beträgt 2.784,00 €.

a) Erstellen Sie auf Basis des Haustarifs die Rechnung an den Empfänger in Berlin.

b) Erstellen Sie auf Basis des Haustarifs die Abrechnung an den Absender.

4 Ein Industriebetrieb beliefert einen Kunden in Freiburg/Br. (410 km) regelmäßig mit Montagematerial in Versandboxen frei Haus. Das Durchschnittsgewicht beträgt 235 kg je Gitterbox.

Der Industriebetrieb lieferte im Monat März 21 Gitterboxen aus. Eine Konkurrenzspedition führte diesen Auftrag für 1.600,00 € + 19 % USt aus.

a) Wie hoch ist der Transportpreis eines Behälters?

b) Wie hoch müsste der Rabatt der Frankenexpress GmbH sein, wenn der Preis der Konkurrenzspedition um 15 % unterboten werden müsste?

5 Eine Gefahrgut-Sendung soll frei Haus nach Wien über 585 km befördert werden: 6 Euro-Paletten – nicht stapelbar – zu je 286 kg mit Abliefernachweis.

Erstellen Sie die Abrechnung der Frankenexpress GmbH auf Basis des Haustarifs.

Aufgrund der Konkurrenzsituation müssen 20 % Rabatt auf den Transportpreis gewährt werden.

3.3.3 Haustarife im Fernbereich – Expressdienste

Für besonders eilige oder zeitgenaue Gütertransporte bieten viele Speditionen Spezialverkehre mit Abliefergarantien an.

Die Express-Angebote werden in **„Overnight-Dienste“** (12–24 Stunden Haus-Haus-Lieferung) und **„Sameday-“** bzw. **„Innight-Dienste“** (unter 12 Stunden Haus-Haus-Lieferung) unterschieden, für die dann aufgrund der besonderen Kostenstruktur auch unterschiedliche Haustarife gelten.

Preisliste: Express (in €)

kg \ km	bis 40	bis 75	bis 100	bis 150	bis 200	bis 250	bis 300	bis 350
bis 150	48,00	53,50	57,50	62,50	67,90	72,40	75,40	78,60
bis 175	50,90	57,00	61,50	67,10	73,10	78,10	81,60	85,10
bis 200	53,60	60,70	65,80	72,40	79,40	85,10	89,20	93,30
bis 225	61,20	69,30	75,10	82,50	90,30	97,00	101,60	106,20
bis 250	64,10	72,80	79,10	87,10	95,50	102,70	107,50	112,50
bis 275	66,90	76,30	83,00	91,50	100,60	108,30	113,50	118,80
bis 300	71,30	81,60	88,90	98,20	108,00	116,40	122,10	127,90
bis 325	76,30	87,30	95,20	105,32	115,90	124,90	131,00	137,30
bis 350	78,80	90,50	98,20	109,20	120,30	129,80	136,20	142,70

Preisliste: Express-Plus (in €)

kg \ km	bis 100	bis 200	bis 300
bis 10	45,00	49,00	51,00
bis 20	47,00	50,00	53,00
bis 30	49,00	52,00	55,00
bis 40	53,00	56,00	59,00
bis 50	55,00	58,00	62,00

kg \ km	bis 100	bis 200	bis 300
bis 75	64,00	68,00	72,00
bis 100	73,00	77,00	82,00
bis 125	83,00	92,00	98,00
bis 150	87,00	97,00	105,00

Musteraufgabe

Die Frankenexpress GmbH bietet ihren Kunden Express-Verkehre an. Für „Overnight"-Transporte gilt die Preisliste Express, für „Sameday-" bzw. „Innight-Transporte" die Preisliste Express-Plus.

a) Eine Gitterbox mit Montageteilen im Gewicht von 318 kg soll bis 08:00 Uhr am nächsten Morgen beim Empfänger in Ulm (189 km) sein. Welcher Rechnungsbetrag wird dem Kunden für diese „frei Haus"-Lieferung in Rechnung gestellt?

b) Eine Maschinensteuerung (52 kg) im Wert von 10.000,00 € wird innerhalb 8 Stunden benötigt und über 234 km zum Kunden unfrei transportiert. Über welchen Betrag lautet die Rechnung?

Lösung

a) Preisliste Express, da „Overnight-Dienst":
bis 325 kg/bis 200 km – 115,90 €

Haus-Haus-Express, netto	115,90 €
+ 19 % USt	22,02 €
Rechnungsbetrag, brutto	137,92 €

b) Preisliste Express-Plus, da „Innight-Dienst":
bis 75 kg/bis 300 km – 72,00 €

Haus-Haus-Express Plus, netto	72,00 €
+ 19 % USt	13,68 €
Rechnungsbetrag, brutto	85,68 €

6540252

Aufgaben

1	Eine Euro-Palette mit Formteilen im Gewicht von 248 kg soll bis 10:00 Uhr am nächsten Morgen beim Empfänger in Altenberg (278 km) sein. Welcher Rechnungsbetrag wird dem Kunden in Rechnung gestellt?
2	Ein Ersatzteil (76 kg) wird um 11:00 Uhr beim Absender übernommen und über 194 km zum Kunden unfrei transportiert. Die Sendung muss bis spätestens 18:00 Uhr eintreffen. Über welchen Betrag lautet die Rechnung?
3	Ein Austauschmotor (130 kg) soll als „Innight-Express" über 264 km nach Friedberg transportiert werden. Wie hoch ist der Einzugsbetrag beim Empfänger?
4	Eine Gitterbox (320 kg) muss bis 09:00 Uhr am nächsten Morgen im GVZ Dessau (336 km) sein. Wie hoch ist der Frachtbetrag, der dem Auftraggeber in Rechnung gestellt wird?

3.3.4 Haustarife im Fernbereich – Komplett- und Teilladungsverkehre

Die Preise für Komplettladungen und Teilladungen werden in der Praxis marktorientiert nach Angebot und Nachfrage, auch saisonabhängig, gebildet. Dabei ist die Preisbildungsbasis die individuelle Fahrzeugkostenrechnung oder ein universeller Haustarif für Ladungsgüter. Je nach Marktlage können die kalkulierten Preise durchgesetzt werden oder es müssen Kürzungen akzeptiert werden.

Musteraufgabe

Die Spedition Gruner GmbH, Bad Homburg, erbringt Güterfernverkehrsleistungen im Selbsteintritt. Die Gruner GmbH bildet die Preise für Transportleistungen im Güterkraftverkehr auf Basis der eigenen Kostenrechnung und der Marktsituation.

Eine Stahlkonstruktion (11 x 2,30 x 2,20 m) im Gewicht von 16 200 kg soll von Frankfurt/M. nach Chemnitz transportiert werden. In Chemnitz kann eine Rückladung nach Würzburg zum Pauschalpreis von 540,00 € übernommen werden. Das Fahrzeug ist 2 volle Tage im Einsatz.

Der eingesetzte Sattelzug weist folgende Kostenstruktur auf:

variable Kosten	000,25 €/km
fixe Kosten	342,00 €/Tag
Gemeinkostenzuschlag auf die Fahrzeugkosten	30 %
Gewinnzuschlag	11 %

Transportentfernungen:

Frankfurt/M. – Chemnitz	415 km	Würzburg – Bad Homburg	128 km
Chemnitz – Würzburg	324 km	Frankfurt/M. – Bad Homburg	19 km

a) Berechnen Sie den Angebotspreis, netto, für die Stahlkonstruktion als 100-kg-Satz und als Lademeter-Satz (Ergebnisse auf-/abrunden).

b) Wie viel Prozent Preisnachlass auf den Haustarif „Ladungsgut" entspricht der Angebotspreis des 100-kg-Satzes?

Auszug a. d. Haustarif „Ladungsgüter" der Spedition Gruner GmbH:

	Ladungsgüter in €/100 kg					
Entfernung	**bis 5 t**	**bis 10 t**	**bis 15 t**	**bis 20 t**	**bis 23 t**	**bis 25 t**
401–420 km	7,72	6,07	5,49	5,08	4,91	4,87
421–440 km	7,93	6,24	5,64	5,17	5,05	5,00
441–460 km	8,15	6,42	5,80	5,36	5,19	5,14

c) Wie hoch ist der Erfolg des Rundlaufs, wenn der Kunde den Auftrag auf Basis des Angebotspreises erteilt hat?

d) Wie lässt sich der geringe Erfolg des Rundlaufs erklären?

Lösungw a) **km-Einsatz:**

Bad Homburg – Frankfurt/M. (leer)	19 km
Frankfurt/M. – Chemnitz (Last)	415 km
insgesamt	434 km

Transportkosten:

variable Kosten 434 km · 0,25 €/km	108,50 €
+ fixe Kosten für 1 Einsatztag	342,00 €
Fahrzeugkosten	450,50 €
+ Gemeinkostenzuschlag 30 %	135,15 €
Selbstkosten	585,65 €
+ Gewinnzuschlag 11 %	64,42 €
Angebotspreis, netto	650,07 €
	(650,00 €)

100-kg-Satz:

16 200 kg ≙ 650,00 €
100 kg ≙ x

$x = \frac{650 \cdot 100}{16\,200} = 4{,}01\ €$

Lademeter-Satz:

11 Lademeter ≙ 650,00 €
1 Lademeter ≙ x

$x = \frac{650}{11} = 59{,}09\ €$

b)

Haustarif	5,17 €/100 kg
– Angebotspreis	4,01 €/100 kg
Preisdifferenz	1,16 €/100 kg

5,17 €/100 kg ≙ 100 %
1,16 €/100 kg ≙ x

$x = \frac{100 \cdot 1{,}16}{5{,}17} = 22{,}44\ \%$

c) **Kosten des Rundlaufs:**

Rückfahrt : 324 km (Last) + 128 km (leer) = 452 km

Rückfahrtkosten:

variable Kosten 452 km · 0,25 €/km	113,00 €
fixe Kosten für 1 Einsatztag	342,00 €
Fahrzeugkosten	455,00 €
+ Gemeinkostenzuschlag 30 %	136,50 €
Selbstkosten	591,50 €

Gesamtkosten:

Selbstkosten – Hinfahrt	585,65 €
Selbstkosten – Rückfahrt	591,50 €
Selbstkosten, insgesamt	1.177,15 €

Erlöse:

Hinfahrt	650,00 €
Rückfahrt	540,00 €
Gesamterlös, netto	1.190,00 €

Erfolg:

Gesamterlös des Rundlaufs	1.190,00 €
– Selbstkosten des Rundlaufs	1.177,15 €
Erfolg des Rundlaufs	12,85 €

d) Die Gemeinkosten der Rückfahrt werden nur zu 85,00 € statt 136,50 € gedeckt.

6540254

Aufgaben

1 9,4 t Druckerzeugnisse werden mit einem Motorwagen der Spedition Gruner GmbH von Bad Homburg nach Hamburg (488 km) transportiert.

Als Preisgrundlage wird der 10-t-Satz des Haustarifs abzüglich 20 % vereinbart. Auszug aus dem Haustarif:

	Ladungsgüter in €/100 kg			
Entfernung	**bis 5 t**	**bis 10 t**	**bis 15 t**	**bis 20 t**
461–480 km	8,38	6,60	5,96	5,51
481–500 km	8,60	6,78	6,13	5,66
501–520 km	8,84	6,97	6,30	5,82

a) Erstellen Sie die Abrechnung dieses Transports.

b) Wie hoch ist der Erfolg dieses Transports, wenn das Fahrzeug mit Gesamtkosten von 1,10 €/km kalkuliert wird?

2 Im Rahmen eines Logistikprojekts müssen zweimal wöchentlich 32 Paletten mit durchschnittlich 380 kg, netto, von Nürnberg nach Wuppertal (458 km) befördert werden.

Zu welchem Preis könnte die Spedition Frank KG, Nürnberg, den Palettenstellplatz auf dieser Strecke anbieten, wenn der Haustarif zugrunde gelegt wird?

Auszug aus dem Haustarif der Spedition Frank KG, Nürnberg:

	Ladungsgüter in €/100 kg			
Entfernung	**bis 10 t**	**bis 12 t**	**bis 14 t**	**bis 16 t**
441–550 km	6,29	5,68	5,01	4,65
551–560 km	6,54	5,93	5,27	4,91
561–570 km	6,80	6,19	5,52	5,16

3 Die Spedition K. Steiner, Schwieberdingen, versendet eine Wechselbrücke mit 8 630 kg Autozubehör im kombinierten Ladungsverkehr von Ludwigsburg nach Hamburg.

Kosten:

1 Wechselbrücke (Halbsendung) .... (Festpreis der Kombiverkehrs KG)	399,00 €
Vorlaufkosten	12 km zu je 1,12 €/km
Nachlaufkosten...	23 km zu je 1,33 €/km

Zu welchem 100-kg-Satz könnte der Transport angeboten werden, wenn die Spedition Steiner 18 % Gemeinkostenzuschlag und 10 % Gewinn einrechnet?

4 Im kombinierten Ladungsverkehr zwischen Freiburg und Mailand kostet ein Sattelauflieger je Strecke 340,00 €. Bei einem paarigen Verkehr mit durchschnittlich 11 800 kg Fracht entstehen insgesamt 140,00 € Vor- und Nachlaufkosten. Erstellen Sie einen Kostenvergleich mit einem traditionellen Transport auf dieser Strecke (420 km) bei 2 Einsatztagen, 400,00 € Fixkosten pro Tag und variablen Kosten von 0,24 €/km sowie 92,00 € Transportnebenkosten.

5 Der Frachtführer Karl Mayer, München, führt internationale Transporte durch. Für den Transport von Elektrogeräten nach Spanien soll Mayer ein Angebot abgeben.

Auftragsdaten:

Hinfahrt:	18 240 kg Fracht nach Madrid	(2 030 km) – 2,5 Einsatztage
Rückfahrt:	14 620 kg Barcelona – München	(1 410 km) – 2 Einsatztage
Leerfahrt:		630 km – 1 Einsatztag

Kalkulationsdaten:

variable Kosten	0,25 €/km
fixe Kosten	410,00 €/Tag
Einsatzkosten (Maut usw.)	8 % der Fahrzeugkosten
Verwaltungsgemeinkosten	15 %
Gewinnzuschlag	12 %

a) Erstellen Sie das Angebot für den Transport nach Madrid ohne Berücksichtigung der Leerfahrt nach Barcelona.

b) Wie hoch müsste der Preis für die Rückfracht von Kfz-Ersatzteilen der Seat S. p. A., Barcelona, nach München mindestens sein, um die Gesamtkosten Mayers abzudecken?

4 Sammelgutverkehr

4.1 Preisermittlung

Im **Speditionssammelgutverkehr** führen Sammelladungsspediteure als **Versandspediteure** folgende Leistungen aus:

- **Einzelsendungen** ihrer Kunden **übernehmen**
- Einzelsendungen zu einer geschlossenen Ladung **zusammenfassen**
- die **Beförderung** dieser Ladung zum Empfangsspediteur **besorgen**

Der **Empfangsspediteur übernimmt** die Ladung und **verteilt** die Einzelsendungen nach Anweisung des Versandspediteurs an die Empfänger auf Basis des der Sendung beigefügten Borderos. Diese Leistungen im Sammelgutverkehr werden grundsätzlich nach frei vereinbarten Preisen abgerechnet, wobei gegenüber den Kunden meist die unverbindliche Preisempfehlung **„Tarif für den Spediteursammelgutverkehr"** und gegenüber den Frachtführern grundsätzlich der Marktpreis zugrunde gelegt wird.

4.2 Grundsätze der Frachtberechnung im Spediteursammelgutverkehr

Die Abrechnung des Sammelladungsspediteurs erfolgt einerseits gegenüber den Leistungserstellern (Frachtführern und Empfangsspediteuren) und zum anderen gegenüber den Kunden (Auftraggebern bzw. Empfängern).

6540256

Abrechnung im Sammelgutverkehr

I ... mit den **Leistungserstellern**	II ... mit den **Kunden**
Abrechnung mit den Frachtführern	1. **Haus-Haus-Entgelte**
1. Vorlauf: **Nahverkehrsunternehmer** nach vereinbarten **Haustarifen** 2. Hauptlauf: a) **Mit der Bahn als Wagenladung:** allgemeine Preisliste b) **Mit dem Lkw:** Haustarif	Diese enthalten a) Beförderung Haus–Haus b) büromäßige Bearbeitung durch den Versand- und Empfangsspediteur Sperrgut/Mindestabrechnung ■ Gewicht unter 200 kg/m³: 2 kg je angefangene 10 dm³ ■ Palettenstellplatz mind. 400 kg ■ stapelbare Gitterbox 250 kg ■ stapelbare Euro-Palette 200 kg
Abrechnung mit den Empfangsspediteuren	2. **Nebengebühren für zusätzliche Leistungen, z. B.:**
1. **E+V-Provision**[1] für die Übernahme und den Umschlag nach Einzelvereinbarung bzw. Monatspauschalen 2. **Nachlauf:** Haustarif	■ Versendernachnahme 2 %, mind. 15,30 € ■ Avisgebühren 5,10 € ■ Rechnungserstellung 6,10 € ■ Ablieferungsnachweis 6,10 € ■ Palettentauschgebühr – je Flachpalette 2,60 € – je Gitterboxpalette 10,20 €

4.3 Abrechnung mit den Kunden im Spediteursammelgutverkehr[2]

Haus-Haus-Entgelte (Auszug), Preise in Euro

Entfernung in km	Gewicht in kg				
	1–50	51–100	101–200	201–300	301–400
1–100	25,90	43,90	62,10	89,90	115,30
101–200	28,00	48,50	71,20	105,30	136,80
201–300	28,50	49,30	72,70	107,80	140,30
301–400	28,60	49,60	73,50	109,20	142,20
401–500	28,80	50,00	74,20	110,40	143,90
501–600	29,20	50,80	75,70	112,80	147,40
601–700	29,80	52,30	78,80	118,00	154,60
701–800	30,30	53,10	80,30	120,60	158,10
801–1000	30,80	54,60	83,30	125,80	165,40

1 E+V = entladen und verteilen
2 Der „Tarif für den Spediteursammelgutverkehr" wird von der Vereinigung der Sammelgutspediteure im BSL zur Anwendung empfohlen.

Entfernung in km	Gewicht in kg				
	401–500	501–600	601–700	701–800	801–900
1–100	137,80	160,50	187,90	215,20	223,90
101–200	165,40	194,20	227,60	261,00	275,80
201–300	169,90	199,80	324,20	268,70	284,40
301–400	172,10	202,50	237,50	272,50	289,00
401–500	174,50	205,30	240,70	276,20	293,10
501–600	179,20	211,00	247,50	284,00	301,70
601–700	188,30	222,20	260,80	299,30	319,20
701–800	192,80	227,90	267,30	306,90	327,80
801–1000	202,00	239,00	280,60	322,20	345,20

Entfernung in km	Gewicht in kg					
	901–1000	1001–1250	1251–1500	1501–2000	2001–2500	2501–3000
1–100	249,00	271,50	294,40	302,90	303,60	304,20
101–200	307,10	340,30	373,30	387,90	404,80	420,00
201–300	316,80	351,90	386,60	402,10	421,70	439,30
301–400	321,70	357,60	393,20	409,10	430,00	449,00
401–500	326,40	363,40	399,90	416,20	438,50	458,60
501–600	336,20	374,80	413,10	430,40	455,40	478,00
601–700	355,50	397,80	439,40	458,70	489,10	516,50
701–800	356,10	409,10	452,60	473,00	506,10	535,80
801–1000	384,50	432,10	479,00	501,40	539,80	574,30

Nebengebühren (Preise in Euro)

1. **Für zusätzliche Leistungen werden zum Haus-Haus-Entgelt berechnet:**
   a) Gebühr für Versendernachnahmen . . . . 2 %, mindestens 15,30 €
   b) Avisgebühren . . . . pro Sendung 5,10 €
   c) Zustellung an einem vorgeschriebenen Tag (Fixtag) nach Ablauf der Regellaufzeit . . . . 15,30 €
   d) Wiegen von Gütern sowie Aufmessen von Sperrgütern nach Zeit und Aufwand . . . . pro Sendung mindestens 2,60 €
   e) Lagergeld für Güter normalen Umfangs . . . . pro Tag und 100 kg 1,00 €
   . . . . mindestens 2,10 €
   f) Rechnungserstellung für Unfrei-Empfänger, die nicht zur sofortigen Zahlung bereit sind, sowie für Dritte . . . . 6,10 €
   g) Nachträgliche Verfügungen des Versenders (z. B. Änderungen der Frankatur) und Anweisungen des Empfängers . . . . pro Sendung mindestens 5,10 €
   h) Beschaffung eines Ablieferungsnachweises . . . . mindestens 6,10 €
   i) Palettentauschgebühr für – genormte Flachpaletten . . . . je Palette 2,60 €
   – genormte Gitterboxpaletten . . . . je Palette 10,20 €
   j) Stand- und Wartezeiten von mehr als einer halben Std. . . . . je halbe Std. 17,90 €
   k) Entladen und Verteilen . . . . je 100 kg 1,30 €

6540258

2. **Die bei der Versendung gefährlicher Güter erforderlichen zusätzlichen Leistungen werden mit einem angemessenen Betrag, mindestens aber in folgender Höhe abgerechnet:**

pro Sendung	bis 300 kg	mindestens	10,20 €
	301 kg bis 1000 kg	mindestens	15,30 €
	über 1000 kg	mindestens	20,50 €

Musteraufgabe

Die Ventrax GmbH, Hanau, verschickt über die Spedition Eurosped GmbH an einen Kunden in Freiburg 3 Gitterboxen à 874 kg über 291 km „frei Haus".

a) Welchen Frachtbetrag berechnet die Eurosped GmbH ihrem Kunden, wenn ein Nachlass von 20 % auf das Haus-Haus-Entgelt und Palettentauschgebühren lt. Nebengebührentarif vereinbart wurden?

b) Über welchen Betrag lautet die Rückrechnung des Empfangsspediteurs in Freiburg, wenn der Nachlauf mit 55,00 ‰ in Rechnung gestellt wird?

c) Wie viel Euro verbleiben der Eurosped GmbH bei diesem Sammelguttransport zur Deckung ihrer Restkosten?

Lösung

a) Frachtgewicht: 3 · 874 kg = 2 622 kg/291 km

Rechnung an die Ventrax GmbH:

Haus-Haus-Entgelt	439,30 €
– 20 % Preisnachlass	87,86 €
angepasster KS	351,44 €
+ Palettentauschgebühr 3 · 10,20 €	30,60 €
Frachtbetrag, netto	382,04 €
+ 19 % USt	72,59 €
Frachtbetrag, brutto	454,63 €

b) **Rückrechnung des Empfangsspediteurs:**

E+V für 2 700 kg: 1,30 · 27	35,10 €
+ Nachlaufentgelt	55,00 €
+ Palettentauschgebühr	30,60 €
Rechnungsbetrag, netto	120,70 €
+ 19 % USt	22,93 €
Rechnungsbetrag, brutto	143,63 €

c) **Erlös aus dem Sammelguttransport für die Ventrax GmbH:**

netto	382,04 €
– Rückrechnung des Empfangsspediteurs, netto	120,70 €
Deckungsbetrag zur Abdeckung der Restkosten	261,34 €

Aufgaben

1 Im Rahmen des Sammelguttransports aus dem Raum Hanau geht eine Euro-Palette mit Sägeblättern (485 kg) „unfrei" zum Sägewerk Faller nach Denzlingen bei Freiburg (284 km).

Welcher Rechnungsbetrag wird dem Sägewerk Faller durch den Empfangsspediteur in Rechnung gestellt?

2 Zwei Gitterboxen mit je 874 kg werden durch die Ventrax GmbH unfrei an einen weiteren Kunden in Freiburg (291 km) versandt. Je Gitterbox ist eine Versendernachnahme von 952,00 € beim Empfänger einzuziehen.

a) Wie viel Euro hat der Empfänger in Freiburg bei Auslieferung der Sendung an den Empfangsspediteur zu zahlen?
b) Welchen Betrag schuldet der Empfangsspediteur dem Versandspediteur Eurosped GmbH, wenn für die Zustellung 42,30 € berechnet werden?

3 Ebenfalls nach Freiburg wurden 3 Kisten (Maße je Kiste: 280 x 90 x 60 cm) als Sammelgut der Eurosped GmbH, Hanau, über 306 km transportiert. Aufgrund der Sperrigkeit der Sendung werden 300 kg pro m^3 berechnet. Die Sendung geht frei Haus an den Empfänger in Freiburg. Der Absender wünscht einen Ablieferungsnachweis.

a) Ermitteln Sie das frachtpflichtige Gewicht der Sendung.
b) Erstellen Sie die Abrechnung des Empfangsspediteurs an den Empfänger der Sendung, wenn für die Zustellung inklusive Maut 45,00 € belastet werden.
c) Erstellen Sie die Abrechnung des Versandspediteurs an den Absender. Mit der Eurosped GmbH wurde ein Nachlass von 25 % auf das Haus-Haus-Entgelt vereinbart.
d) Erstellen Sie die Abrechnung des Empfangsspediteurs an den Versandspediteur in Hanau.

4 Aus der Sammelgutsendung der Eurosped GmbH, Hanau, nach Freiburg sind 5 Paletten mit insgesamt 2 355 kg Schneidwerkzeug für die MEBA AG, Breisach (278 km), frei Haus bestimmt.

Für die gesamte Sammelgutsendung nach Freiburg kalkuliert die Eurosped GmbH 1.105,00 € Gesamtkosten.

Wie viel Euro Preisnachlass könnte die Eurosped GmbH der MEBA AG auf den Haus-Haus-Satz gewähren, wenn mindestens 10 % Gewinn erwirtschaftet werden sollen und der Erlös der restlichen Sendungsteile bei 945,00 € liegt?

5 Schifffahrt

5.1 Frachtberechnung in der Binnenschifffahrt

5.1.1 Preisermittlung

Das Entgelt für Binnenschifftransporte ist frei vereinbar. Jeder Frachtführer muss anhand seiner Kosten ermitteln, welchen Preis er benötigt. Den Preis berechnet er in der Regel mithilfe seines Haustarifs. Arbeitet der Frachtführer allerdings nach dem Referenztarif FTB (Frachten- und Tarifanzeiger der Binnenschifffahrt), muss er anhand einer Kalkulation ermitteln, ob er seinem Auftraggeber einen Rabatt (Marge) gewähren kann.[1]

1 Einige Frachtführer orientieren sich weiterhin an dem Referenztarif FTB, obwohl dieser seit 1994 nicht mehr verändert wurde.

5.1.2 Haustarif für die Stückgutverfrachtung (bis 300 t)

	Grundfrachten für Sendungen in €/t					
von Duisburg-Ruhrort nach	unter 10 t	ab 10 t	ab 30 t	ab 50 t	ab 100 t	ab 200 t
Emmerich	9,92	7,49	5,64	4,92	4,19	3,66
Uerdingen	10,24	7,82	5,54	4,97	4,41	3,98
Bingen	13,45	11,10	8,78	8,19	7,74	7,24
Mainz	14,05	11,59	9,09	8,45	7,97	7,42
Frankfurt	14,75	12,18	9,89	9,09	8,56	8,06
Würzburg	18,50	15,89	13,58	12,82	12,28	11,80
Bamberg	19,92	18,29	15,95	15,23	14,70	14,16
Heilbronn	17,52	15,01	12,62	11,86	11,37	10,89
Stuttgart	20,31	17,73	51,38	14,64	14,09	13,61
Karlsruhe	16,33	13,73	11,28	10,61	10,06	9,54
Kehl	17,91	15,28	12,81	12,16	11,61	11,09
Rheinfelden	22,02	19,42	16,79	16,25	15,79	15,21

Kleinwasserzuschläge:

Maßgebend ist der niedrigste Wasserstand vom Ladebeginn bis zum Eintreffen des Fahrzeuges am Löschplatz. Bei Verladungen nach Main- und Neckarstationen gilt nicht das Eintreffen des Fahrzeuges am Löschplatz, sondern der Tag des Einlaufens in die erste Schleuse.

Die Berechnung erfolgt auf folgender Grundlage:

... bei einem Kauber Pegel von	1,50 bis 1,36 m	20 % der Fracht
	1,35 bis 1,21 m	30 % der Fracht
	1,20 bis 1,06 m	40 % der Fracht
	1,05 bis 1,01 m	50 % der Fracht
	1,00 bis 0,91 m	60 % der Fracht
	0,90 bis 0,81 m	70 % der Fracht

Sperrigkeitszuschläge:

a) Zuschläge für Güter, die mehr als 2-mal messen (Verhältnis von Maß zu Gewicht größer als 2 m³ = 1 t):

25 % bei einem Maß/Gewicht-Verhältnis (m³/t) > 2
50 % bei einem Maß/Gewicht-Verhältnis (m³/t) > 3
100 % bei einem Maß/Gewicht-Verhältnis (m³/t) > 4

b) Zuschläge für Güter, die mehr als 5-mal messen (m³/t > 5) und für Partien ab 50 t, die mehr als 2-mal messen: Frachtabrechnung auf Basis von 1 m³ = 600 kg.

Musteraufgabe 1

Wie hoch ist die Fracht je Tonne für einen Binnenschiffstransport von 18783 kg Stückgut in Säcken von Duisburg-Ruhrort nach Würzburg bei einem maßgeblichen Pegelstand in Kaub von 1,29 m?

Lösung

Die Grundfracht Duisburg-Ruhrort nach Würzburg beträgt 15,89 € je t (ab 10 t).
Zusätzlich sind 30 % KWZ zu berechnen.
15,89 €/t · 1,3 = 20,66 €/t

Musteraufgabe 2

Von Duisburg-Ruhrort nach Rheinfelden werden 38 400 kg Zellulose transportiert. Zur Verstauung der Sendung werden 96 m³ benötigt.

Berechnen Sie
a) die Sperrigkeit der Sendung,
b) die Grundfracht (netto) je t,
c) die Grundfracht (netto) für die gesamte Sendung, wenn eine Minusmarge von 15 % vereinbart war.

Lösung

a) $96\ m^3 : 38{,}4\ t = \underline{\underline{2{,}5\text{-mal messend}}}$

b) Die Sendung ist sperrig. Auf die Grundfracht ist ein Zuschlag von 25 % zu rechnen.
$16{,}79\ €/t \cdot 1{,}25 = \underline{\underline{20{,}99\ €/t}}$

c) $20{,}99\ €/t \cdot 38{,}4\ t \cdot 0{,}85 = \underline{\underline{685{,}11\ €}}$

Musteraufgabe 3

65,25 t Kunststoffgranulat werden von Duisburg-Ruhrort nach Mainz transportiert. Pro m³ können 150 kg Granulat verladen werden.

Berechnen Sie
a) die Sperrigkeit der Sendung,
b) die Grundfracht (netto) für die gesamte Sendung.

Lösung

a) $\frac{\text{Maß}}{\text{Gewicht}} = \frac{1\ m^3}{150\ kg} = \frac{1\ m^3}{0{,}15\ t} = 6\,\frac{2}{3}\text{-mal messend}$

b) Die Frachtabrechnung erfolgt auf der Basis $\underline{1\ m^3 = 600\ kg}$.
Benötigter Stauraum in m³: $65\,250\ kg : 150\ kg/m^3 = \underline{\underline{435\ m^3}}$
Berechnung des frachtpflichtigen Gewichtes:
$435\ m^3 \cdot 600\ kg = 261\,000\ kg = \underline{\underline{261\ t}}$
Ermittlung der Grundfracht: $261\ t \cdot 7{,}42\ €/t = \underline{\underline{1.936{,}62\ €}}$

Aufgaben

Ermitteln Sie für folgende Sendungen jeweils den Tonnensatz[1] und die Nettofracht ab Duisburg-Ruhrort.

1	Transport von 118 250 kg Stückgut in Säcken nach Karlsruhe. Maßgebender niedrigster Wasserstand des Kauber Pegels für die Berechnung des KWZ: 1,14 m.
2	Transport einer Partieladung von 260 t in Fässern nach Emmerich.
3	Transport von 67,9 t Stückgut in Säcken und Kisten nach Frankfurt. Maßgeblicher Pegelstand in Kaub: 1,37 m, Vereinbarung von $\frac{1}{2}$ KWZ.
4	Transport von 126,60 t Stückgut in Holzkisten nach Bingen. Vereinbarung von 15 % Rabatt.
5	Transport von 19,8 t Stückgut in Fässern nach Stuttgart. Niedrigster Kauber Pegelstand während der Fahrt von Duisburg-Ruhrort bis zur Neckarmündung bei Mannheim: 1,52 m. Vereinbarung von $\frac{1}{4}$ KWZ und 12,5 % Rabatt.
6	Auf der Relation Duisburg–Bamberg werden 48 321 kg Stückgüter, Platzbedarf 174 m³, transportiert.

1 Fracht je t

6540262

7	Ein Partikulier transportiert von Duisburg-Ruhrort nach Heilbronn unter anderen Sendungen auch 17 650 kg Schmierstoffe in Fässern. Die Sendung ist 2,8-mal messend.
8	Transport von 36,85 t Tee in Holzkisten zu je 150 kg vom Freihafen Duisburg nach Kehl. Die einzelnen Kisten haben eine Größe von 0,9 m x 0,9 m x 0,8 m. Der maßgebende Kauber Pegelstand beträgt 1,44 m. Der Frachtschuldner erhält einen Rabatt von 17,25 %.
9	Stückgutverfrachtung von 6,8 t Schaumstoffen, Platzbedarf 81,6 m³, nach Uerdingen. Der maßgebende Kauber Pegelstand beträgt 1,19 m. Der Frachtschuldner erhält einen Rabatt von $6\frac{2}{3}$ %.

5.1.3 Haustarif für die Massengutverfrachtung

Güterart: Schüttgut
Verkehrsbereich: von Rhein-Ruhr-Häfen, Krefeld-Uerdingen und Kanalstationen, Neuss, Köln nach Mosel-, Saar-, Rhein-, Main- und Neckarstationen
I. Grundfracht: ab frei gestaut Schiff Ladehafen bis frei Ankunftsschiff Löschhafen

nach	Grundfracht in €/t	nach	Grundfracht in €/t
Moselstationen		**Mainstationen**	
Wellen	6,07	Rüsselsheim	5,59
Saarstationen		Frankfurt	5,90
Dillingen	6,34	Aschaffenburg	6,68
Rheinstationen		Würzburg	7,56
Worms/Ludwigshafen/Mannheim	6,10	Bamberg	9,01
Speyer	6,61	Erlangen	9,56
Karlsruhe	6,99	**Neckarstationen**	
Kehl	8,43	Heidelberg	6,45
Weil	10,76	Heilbronn	7,65
Grenzach	11,31	Stuttgart	9,18

II. Kleinwasserzuschläge:

a) Bei einem Kauber Pegel unter 0,96 m werden folgende Kleinwasserzuschläge berechnet:

0,95 m bis 0,91 m	60 %
0,90 m bis 0,81 m	70 %
0,80 m bis 0,71 m	80 %
0,70 m bis 0,61 m	100 %

b) Für Verladungen nach den Mosel- und Saarhäfen kommt folgende KWZ-Staffel zur Anwendung:

1,40 m bis 1,31 m	10 %
1,30 m bis 1,21 m	20 %
1,20 m bis 1,11 m	30 %
1,10 m bis 1,01 m	45 %
1,00 m bis 0,91 m	60 %
0,90 m bis 0,81 m	70 %

III. Laden und Löschen:

a) Lade- und Löschzeit nach der Lade- und Löschzeitverordnung vom 23. November 1999
Die Grundfrachten ermäßigen sich bei $\frac{1}{2}$ gesetzlicher Ladezeit oder Löschzeit **jeweils um 0,15 €/t,**
bei $\frac{1}{4}$ gesetzlicher Ladezeit oder Löschzeit jeweils um 0,30 €/t.

b) Die Grundfrachten ermäßigen sich für die Nichtinanspruchnahme eines Meldetages an der Lade- und Löschstelle **jeweils um 0,07 €/t.**

Musteraufgabe 1

Ein Partikulier transportiert mit seinem Motorschiff „Elbvogel“, Tragfähigkeit 1 500 t, 1 250 t Steinkohle von Köln-Niehl nach Mannheim/Rheinau.

a) Ermitteln Sie den Tonnensatz.

b) Berechnen Sie die Nettogrundfracht für die gesamte Sendung.

c) Berechnen Sie den abzurechnenden Tonnensatz bei einem Kauber Pegel von 0,92 m.

d) Das Binnenschiff kann aufgrund des Niedrigwassers (vgl. c) nur zu 50 % beladen werden. Welches Nettofrachtentgelt wird dem Frachtschuldner in Rechnung gestellt?

Lösung

a) Grundfracht je t: 6,10 €/t

b) Grundfracht der Gesamtsendung: 6,10 €/t · 1250 t = 7.625,00 €

c) KWZ: 60 %; um KWZ erhöhte Grundfracht: 6,10 €/t · 1,6 = 9,76 €/t

d) Gewicht der Ladung: 1500 t · 0,5 = 750 t
Fracht der Gesamtsendung: 9,76 €/t · 750 t = 7.320,00 €

Musteraufgabe 2

Von Krefeld-Uerdingen sollen 800 t Koks mit dem Binnenschiff „Moseltal“ nach Dillingen/Saar transportiert werden. Der Kauber Pegel beträgt 1,13 m. Vereinbart wurden $\frac{1}{2}$ gesetzliche Lade- und Löschzeit. Der Frachtführer verzichtet auf die Inanspruchnahme des Meldetages sowohl an der Ladestelle Krefeld-Uerdingen als auch an der Löschstelle Dillingen.

Berechnen Sie

a) den abzurechnenden Tonnensatz,

b) das Nettofrachtentgelt.

Lösung

a) Grundfracht: **6,34 €/t**

um KWZ erhöhte Grundfracht: 6,34 €/t · 1,3	8,24 €/t
– Ermäßigung für $\frac{1}{2}$ gesetzliche Ladezeit	0,15 €/t
– Ermäßigung für $\frac{1}{2}$ gesetzliche Löschzeit	0,15 €/t
– Ermäßigung für Verzicht des Meldetages bei der Beladung	0,07 €/t
– Ermäßigung für Verzicht des Meldetages – bei der Löschung	0,07 €/t
Tonnensatz für Transport von Krefeld-Uerdingen nach Dillingen	7,80 €/t

b) Nettofracht: 7,80 €/t · 800 t = 6.240,00 €

Aufgaben

1 Von Krefeld-Uerdingen sollen 1 300 t Koks mit dem Binnenschiff „Bingen“ nach Grenzach transportiert werden. Der Kauber Pegel beträgt 1,17 m. Vereinbart wurden $\frac{1}{2}$ gesetzliche Lade- und Löschzeit. Der Frachtführer verzichtet auf die Inanspruchnahme des Meldetages an der Ladestelle Krefeld-Uerdingen.

Wie hoch sind der Tonnensatz und das Nettofrachtentgelt?

2 Von Dortmund-Stadthafen werden 950 t Koks nach Erlangen transportiert. Der Kauber Pegel beträgt 1,26 m. Vereinbart wurden $\frac{1}{2}$ gesetzliche Lade- und Löschzeit. Der Frachtführer verzichtet auf die Inanspruchnahme des Meldetages an der Ladestelle Dortmund-Stadthafen.

Wie hoch ist der Tonnensatz und das Nettofrachtentgelt[1]?

3 Der Partikulier Niklas übernimmt in Neuss 1 620 t Steinkohle nach Wellen/Mosel. Niklas vereinbart $\frac{1}{4}$ gesetzliche Ladezeit, $\frac{1}{2}$ gesetzliche Löschzeit und 11,5 % Rabatt auf die um den KWZ erhöhte Grundfracht. Außerdem verzichtet er auf die Inanspruchnahme eines Meldetages an der Löschstelle. Der Kauber Pegel beträgt 1,17 m.

Berechnen Sie den Tonnensatz und die Nettofracht.

4 Das Stahlwerk Flöckner AG in Weil möchte von der Reederei „Rheingau" wissen, zu welchem Tonnensatz 650 t Koks bei einem Kauber Pegel von

a) 0,65 m
b) 0,75 m und
c) 0,85 m

von Duisburg-Ruhrort nach Weil transportiert werden können, wenn der Frachtführer sowohl auf den Meldetag bei Ladung und Löschung verzichtet und jeweils ¼ gesetzliche Lade- und Löschzeit sowie ein Rabatt von 9,5 % auf die um den KWZ erhöhte Grundfracht vereinbart werden.

5.2 Frachtberechnung im Seefrachtverkehr

Für die Seeschifffahrt gibt es keine international verbindlich vorgeschriebenen Tarife. Die Seefrachtberechnung im für den Spediteur wichtigen Linienverkehr erfolgt anhand der Frachttarife der einzelnen Reedereien, Schifffahrtskonferenzen oder Pools. Reedereien, die keiner Konferenz oder keinem Pool angeschlossen sind, bieten im Wettbewerb um die Befrachter bis zu 20 % günstigere Frachtsätze an. Um nicht zu viel Frachtaufkommen an diese Outsider zu verlieren, räumen Konferenzen und Pools ihren Befrachtern Konferenzrabatte (Sofortrabatt, Zeitrabatt) ein.

5.2.1 Reine Gewichtsraten

Die Fracht wird für eine Gewichtseinheit angegeben, z. B. für 1 000 kg, unabhängig vom Raummaß der Ladung.

Musteraufgabe Verschiffung einer Drehmaschine, Bruttogewicht 12,68 t, von Bremen nach Montevideo/Uruguay. Die vereinbarte Frachtrate beträgt 198,78 USD/t bei einem Kurs von 1,25 USD/€.
Berechnen Sie die Fracht für die Verschiffung in €.

Lösung

Fracht in USD (12,68 t · 198,78 USD/t)	2.520,53 USD
Umrechnung in € (2.520,53 USD : 1,25 USD/€)	2.016,42 €

1 Mosel-, Saar-, Main- und Neckarkanalabgaben sind in den Grundfrachten nicht enthalten. Sie sind dem Frachtzahler separat zu berech-

Aufgabe

Berechnen Sie die Fracht in Euro:

a) Verschiffung eines 98 t schweren Kran-Lkw mit den Maßen 9,80 m Länge, 2,80 m Breite und 4,10 m Höhe. Die Frachtrate beträgt 112,30 €/t.

b) Verschiffung von jeweils 712 kg chemischen Lösungsmitteln auf 25 Einwegpaletten (Eigengewicht je Palette: 35 kg). Die Frachtrate beträgt 39,80 USD/t (Kurs: 1,20 USD/€).

c) Ein 46,3 t schwerer Tank für ein Chemiewerk in China wird von Antwerpen aus verschifft. Der Tank ist 23 m lang und hat einen Durchmesser von 6,80 m. Die vereinbarte Frachtrate beträgt 213,85 USD/t (Kurs: 1,20 USD/€).

5.2.2 Reine Maßraten

Die Fracht wird für eine Raumeinheit angegeben, z. B. für 1 m³ oder für 1 Container, unabhängig vom Gewicht der Sendung.

Musteraufgabe

Verschiffung einer Druckmaschine von Rostock nach Belem/Brasilien.
Die verpackte Maschine hat ein Maß von 4,2 m x 2,6 m x 2,1 m. Die vereinbarte Frachtrate beträgt 95,97 USD/m³ bei einem Kurs von 1,25 USD/€.

Berechnen Sie die Fracht für die Verschiffung in €.

Lösung

Benötigte Raumeinheiten (4,2 m x 2,6 m x 2,1 m)	22,932 m³
Fracht in USD (22,932 m³ · 95,97 USD/m³)	2.200,78 USD
Umrechnung in € (2.200,78 USD: 1,25 USD/€)	1.760,62 €

Aufgabe

Berechnen Sie die Fracht in Euro:

a) Ein 98 t schwerer Kran-Lkw mit den Maßen 9,80 m Länge, 2,80 m Breite und 4,10 m Höhe wird von Hamburg nach Westafrika verschifft. Die vereinbarte Frachtrate je m³ beträgt 155,00 €.

b) Eine 96 t schwere Presse, verpackt in eine Überseekiste (8,92 m x 2,35 m x 2,98 m), wird nach Australien verschifft. Als Rate wird mit der englischen Reederei 142,15 GBP/m³ vereinbart (Kurs: 0,63 GBP/€).

c) Verschiffung eines zylinderförmigen Brauereikessels für eine Brauerei in Brasilien. Der Kessel, der 46,8 t wiegt, ist 29,8 m lang und hat einen Durchmesser von 7,12 m. Die vereinbarte Frachtrate beträgt 7,20 USD/m³ (Kurs: 1,20 USD/€).

5.2.3 Maß-/Gewichtsraten

Maß-/Gewichtsraten enthalten zusätzlich zum angegebenen Frachtentgelt einen der folgenden Zusätze:

- M/G = Maß/Gewicht
- W/M = Weight/Measurement
- per Frachttonne (frt)
- in Schiffswahl
- in Reeders Wahl

Zur Abrechnung kommt das Maß **oder** das Gewicht, je nachdem, welches Abrechnungskriterium dem Verfrachter **die höheren Einnahmen** erbringt.

Bei der Anwendung der Maß-/Gewichtsraten wird von einem Maß-Gewichts-Verhältnis von 1 : 1 ausgegangen. Dies bedeutet:

Merke: Abrechnung nach **Maß,** wenn **1 m³ leichter** ist als **1 t** (m³ > t → m³).

Beispiel: *Eine Kiste mit den Maßen 2 m x 1,5 m x 1,6 m wiegt 3,8 t.*
Berechnen Sie das Maß-/Gewichtsverhältnis (Sperrigkeit) und geben Sie die Grundlage für die Frachtberechnung an.

Benötigte Raumeinheiten: 2 m x 1,5 m x 1,6 m = 4,8 m³

Maß-/Gewichtsverhältnis: $\frac{4,8}{3,8}$ *= 1,263-mal*

*Abrechnung nach **Raummaß,** da die Kiste **mehr als 1-mal messend** ist.*

Merke: Abrechnung nach **Gewicht,** wenn **1 m³ schwerer** ist als **1 t** (m³ < t → t).

Beispiel: *Eine Kiste mit den Maßen 2,5 m x 1,5 m x 1,2 m wiegt 6,25 t.*

Berechnen Sie das Maß-/Gewichtsverhältnis (Sperrigkeit) und geben Sie die Grundlage für die Frachtberechnung an.

Benötigte Raumeinheiten: 2,5 m x 1,5 m x 1,2 m = 4,5 m³

Maß-/Gewichtsverhältnis: $\frac{4,5}{6,25}$ *= 0,72-mal*

*Abrechnung nach **Gewicht,** da die Kiste **weniger als 1-mal messend** ist.*

Merke: **Bei der Abrechnung nach Maß-/Gewichtsraten wird die gewählte Abrechnungsgrundlage als frt (Frachttonne) bezeichnet.**

Beisp. 1:	*Sendungsgewicht:*	*13,876 t*	*15,208 frt*
	Maß:	*15,208 m³*	
Beisp. 2:	*Sendungsgewicht:*	*18,212 t*	*18,212 frt*
	Maß:	*16,173 m³*	

Musteraufgabe 1

Verschiffung einer Industriepresse von Emden nach Maracaibo/Venezuela. Die verpackte Presse, Bruttogewicht 24,786 t, hat ein Maß von 6,2 m x 2,7 m x 1,9 m. Die vereinbarte Frachtrate beträgt 112,33 USD M/G bei einem Kurs von 1,25 USD/€.

Berechnen Sie die Fracht für die Verschiffung in €.

Lösung

Benötigte Raumeinheiten (6,2 m x 2,7 m x 1,9 m)	31,806 m³
Maß-/Gewichtsverhältnis (Sperrigkeit) $\frac{31,806}{24,786}$	1,283-mal
Abrechnung nach Raummaß, da die Kiste mehr als 1-mal messend ist.	
Fracht in USD (31,806 frt · 112,33 USD/frt)	3.572,77 USD
Umrechnung in € (3.572,77 USD : 1,25 USD/€)	2.858,22 €

Musteraufgabe 2

Verschiffung einer Karosseriepresse von Hamburg nach Madras/Indien. Die zerlegte und verpackte Presse, Bruttogewicht 24,6 t, hat ein Maß von 4,6 m x 2,5 m x 2,0 m. Die vereinbarte Frachtrate beträgt 102,85 USD per frt bei einem Kurs von 1,25 USD/€.

Berechnen Sie die Fracht für die Verschiffung in €.

Lösung

Benötigte Raumeinheiten (4,6 m x 2,5 m x 2,0 m)	23,0 m^3
Maß-/Gewichtsverhältnis (Sperrigkeit) $\frac{23,0}{24,6}$	0,935-mal
Abrechnung nach **Gewicht,** da die Kiste **weniger als 1-mal messend** ist.	
Fracht in USD (24,6 t · 102,85 USD)	2.530,11 USD
Umrechnung in € (2.530,11 USD : 1,25 USD/€)	2.024,09 €

Aufgaben

1 Eine 12,8 t schwere Maschine mit den Maßen 3,1 m x 1,6 m x 2,4 m wird nach St. Petersburg verschifft. Als Frachtrate werden 161,05 € M/G vereinbart.

2 Ein Baukran, zerlegt in einzelne Segmente mit folgenden Maßen und Gewichten, wird als *eine Sendung*[1] auf die Philippinen verschifft:

Segment 1:	28,00 m x 2,30 m x 2,30 m, 36,25 t
Segment 2:	16,85 m x 2,30 m x 2,30 m, 21,75 t
Segment 3:	32,30 m x 2,10 m x 1,60 m, 27,70 t
Segment 4:	16,15 m x 2,10 m x 1,60 m, 13,85 t
Segment 5:	verpackt in einer Seekiste 2,80 m x 2,15 m x 2,35 m, 17,85 t

Auf Anfrage verlangt die Rotterdamer Reederei Van der Kerk für eine Verschiffung von Bremerhaven nach Manila 72,50 € M/G, die Londoner Reederei Simon Little Ltd 46,75 GBP M/G (Kurs: 0,65 GBP/€).

Ermitteln Sie das günstigste Angebot und berechnen Sie den Transportpreis in Euro.

3 Ein Schweizer Hersteller von Niederflur-Elektrotriebwagen nimmt an einer Ausschreibung in den USA teil. Deshalb verschifft er einen 52 t schweren Triebwagen mit 37,60 m Länge, 3,05 m Breite und 3,89 m Gesamthöhe.

Berechnen Sie die Frachtkosten in Euro, wenn 9,80 USD M/G abgerechnet werden (Kurs: 1,28 USD/€).

5.2.4 Seefrachtraten mit Wertstaffel

Wertstaffeln sind bei reinen Gewichts- oder reinen Maßraten sowie bei Maß-/Gewichtsraten möglich.

Beispiel: *bis 1.500,00 € per frt 175,00 €*
über 1.500,00 € per frt 215,00 € *über 2.500,00 € per frt 240,00 €*

Musteraufgabe

Verschiffung einer mit Maschinenteilen beladenen 4,2 m x 1,7 m x 1,5 m messenden Seekiste, Bruttogewicht 13,85 t, Wert 24.736,10 €, von Bremerhaven nach Karatschi/Pakistan.

1 Üblicherweise wird das Maß-/Gewichtsverhältnis (Sperrigkeit) auf die Gesamtsendung bezogen.

6540268

Lösung

Benötigte Raumeinheiten (4,2 m x 1,7 m x 1,5 m)	10,71 m^3
Maß-/Gewichtsverhältnis $\frac{10{,}71}{13{,}85}$	0,773-mal

Abrechnung nach **Gewicht,** da die Kiste **weniger als 1-mal messend** ist.

Wert je t: $\frac{24.736{,}10\ €}{13{,}85\ t}$	1.786,00 €/t

Abrechnung von 215,00 € je Frachttonne

Fracht in € (13,85 t · 215,00 €)	2.977,75 €

Aufgabe

Reederei Popinga AG, Wismar, verschifft zwischen Wismar und Helsinki nach folgendem Haustarif:

bis 800,00 €/frt	60,00 €
über 800,00 €/frt	80,00 €
über 1.100,00 €/frt	95,00 €
über 1.350,00 €/frt	105,00 €

Berechnen Sie die Frachtkosten für folgende Aufträge:

a) 178 Holzplatten mit den Maßen 1,40 m x 2,10 m x 0,025 m und dem jeweiligen Gewicht von 46,3 kg. Der Auftraggeber gibt als FOB-Wert je Platte 112,50 € an. Die Reederei gibt dem Auftraggeber einen Rabatt von 12 %.

b) Seekisten verschiedener Versender:

	Maße	Gewicht	Wert in €
Seekiste 1:	4,20 m x 1,95 m x 2,12 m	16,850 t	6.780,00 €
Seekiste 2:	4,05 m x 1,19 m x 1,60 m	9,035 t	8.880,00 €
Seekiste 3:	2,67 m x 1,84 m x 1,05 m	2,693 t	8.795,00 €

c) 12 960 Dosen verschiedener Lackfarben in 1-kg-Dosen, verpackt in Kartons (40 cm x 32 cm x 13 cm) mit jeweils 12 Dosen (Bruttogewicht je Karton: 13,8 kg). Die Kartons werden 10-lagig ohne Überstände auf Industriepaletten (1,20 m x 1,00 m x 0,20 m, Eigengewicht: 32 kg) gestapelt. Der FOB-Wert je Karton beträgt 150,00 €.

5.2.5 Wertraten (Ad Valorem Rates)

Die Seefracht wird als Prozentsatz des FOB-Wertes ermittelt.

Musteraufgabe

Verschiffung von 16,2 t Pkw-Ersatzteilen, FOB-Wert 123.432,85 €, verpackt in 5 Seekisten mit den jeweiligen Ausmaßen 2,1 m x 1,8 m x 1,8 m. Berechnen Sie die Seefracht, wenn eine Wertrate von 3,15 % vereinbart wurde.

Lösung

Fracht in € (3,15 % von 123.432,85 €)	3.888,13 €

Aufgabe

Auf Anfrage erhält die MABAU AG Hannover für die Versendung von Baumaschinen nach Südamerika die Wertrate „3,1 % des FOB-Wertes, mindestens 3.200,00 € je Maschine".

FOB-Wert eines Baukrans	1.200.000,00 €
FOB-Wert eines Geraders	724.000,00 €
FOB-Wert eines Kleinbaggers	139.800,00 €
FOB-Wert eines gebrauchten Kleinbaggers	26.800,00 €

Berechnen Sie den Verschiffungspreis für die einzelnen Baumaschinen.

5.2.6 FAK-Raten (Freight All Kinds)

FAK-Raten sind artikelunabhängige Pauschalfrachten, z. B. für Containerladungen.

Musteraufgabe

Verschiffung von drei 20-Fuß-Containern von Bremen nach Savannah/USA, vereinbarte Box-Rate 780,00 USD (Kurs : 1,25 USD/€)

Container 1:	17,5 t Wein, Wert 131.250,00 €
Container 2:	Prototyp einer Lackieranlage, Gewicht 12,57 t, Wert 280.000,00 €
Container 3:	1 gebrauchter Pkw und Ersatzteile, Gewicht 4,2 t, Wert 35.000,00 €

Berechnen Sie die Fracht für die drei Container.

Lösung

Fracht in USD (780,00 USD · 3) .... 2.340,00 USD

Die Fracht für jeden Container ist gleich, unabhängig von Gewicht und Wert des Containerinhalts.

Umrechnung in € (2.340,00 USD: 1,25 USD/€) .... 1.872,00 €

Aufgaben

1 Für den Feederverkehr mit Norwegen, Schweden und Finnland rechnet die Lübecker Reederei Kanzler GmbH ab Bremen und Hamburg mit folgenden Preisen:

20'-Vollcontainer	300,00 €	Für 40'-Container jeweils 65 % Zuschlag	
20'-Open-top-Container	375,00 €	Umschlag je 20'-Container	
20'-Kühlcontainer	490,00 €	je Hafen	105,00 €
20'-Flüssigkeitscontainer	525,00 €	Umschlag je 40'-Container	135,00 €

Berechnen Sie das Entgelt inklusive Umschlag für die Verschiffung.

a) Drei 20'-Vollcontainer, zwei 40'-Kühlcontainer sowie jeweils ein 20'- und ein 40'-Flüssigkeitscontainer von Bremen nach Helsinki.

b) Fünf 40'-Open-top-Container, drei 40'-Kühlcontainer sowie acht 20'-Flüssigkeitscontainer von Stockholm nach Hamburg. Der Versender erhält einen Rabatt von 12,75 %.

2 Ein norwegischer Fischexporteur beabsichtigt den Versand von vier 20'-Kühlcontainern sowie von drei 40'-Kühlcontainern von Bergen nach Bremen. Er ist bereit, für den Containertransport inkl. Umschlägen max. 6.000,00 € zu bezahlen. Kann die Reederei auf dieses Angebot eingehen, wenn sie in ihrem Haustarif 5 % Gewinnzuschlag eingerechnet hat?

5.2.7 Lumpsum-Raten

Lumpsum-Raten sind Pauschalfrachten für benannte Artikel, z. B. pro Pkw bei Pkw-Verschiffung oder pro Tier bei der Verschiffung lebender Tiere.

5.2.8 Zuschläge

Auf die Seefrachtrate werden häufig in Abhängigkeit von Gut oder Fahrtgebiet Zuschläge berechnet, um unvorhersehbare, unwägbare und befristete Risiken zu kompensieren.[1] Die Zuschläge werden, je nach Tarif, entweder auf die Grundfracht oder auf die bereits durch Zuschläge erhöhte Grundfracht bezogen.

1 Die europäische Seeverladerorganisation **European Shippers' Councils (ESC)** möchte die Zuschläge abschaffen, da die Reeder die zusätzlichen Kosten häufig nicht nachweisen können. Somit dienen diese Zuschläge offensichtlich nur zur Verbesserung der Einnahmen, ohne dass eine tatsächliche Mehrbelastung besteht.

Längenzuschläge (Long Length Additionals) und Schwergutzuschläge (Heavy Lift Additionals)

Für lange Frachtstücke wird ein Längenzuschlag berechnet, der von den einzelnen Reedereien separat festgelegt wird (meist ab 12 m). Viele Reedereien und Konferenzen berechnen für Schwerkolli (in den meisten Tarifen ab 5 Tonnen) einen Schwergewichtszuschlag je t Gesamtgewicht.

Musteraufgabe

Verschiffung eines Tanks für die chemische Industrie mit den Maßen 18,5 m x 3,3 m x 3,3 m, Gewicht 67,85 t, mit einem Schwergutschiff von Kiel nach Turku/Finnland. Der vereinbarte Seefrachttarif beträgt 56,34 € W/M. Die Reederei berechnet für Frachtstücke ab 15 m Länge einen Längenzuschlag von 9,50 €/t und zusätzlichen m und ab 8 t einen Schwergutzuschlag von 7,85 €/t für das Effektivgewicht.

Berechnen Sie

a) die Grundfracht (reine Tariffracht),
b) den Längenzuschlag,
c) den Schwergutzuschlag,
d) die Gesamtfracht.

Lösung

a) Benötigte Raumeinheiten (18,5 m x 3,3 m x 3,3 m) .... 201,465 m³

Maß-/Gewichtsverhältnis: $\frac{201{,}465\ m^3}{67{,}85}$ 2,969-mal

Abrechnung nach Raummaß, da der Tank mehr als 1-mal messend ist.

Grundfracht (201,465 frt · 56,34 €/frt)..................... 11.350,54 €

b) Längenzuschlag (9,50 €/t · 67,85 t · 3,5) .... 2.256,01 €

c) Schwergutzuschlag (7,85 €/frt · 67,85 t) .... 532,62 €

d) Gesamtfracht .... 14.139,17 €

Merke: **Längenzuschläge und Schwergutzuschläge können sowohl vom Effektivgewicht als auch vom frachtpflichtigen Gewicht (= frt) berechnet werden.**

Gefährdungszuschläge (War Risk Surcharges)

Die Reedereien berechnen bei der Verschiffung in kriegsgefährdete Gebiete zur Abdeckung des erhöhten Risikos häufig Gefährdungszuschläge.

Beispiel: *Verschiedene Reedereien berechnen für Freetown (Sierra Leone) einen War Risk Surcharge:*

je 20'-Container	je 40'-Container
555,00 EUR	990,00 EUR
320,00 GBP	576,00 GBP
500,00 USD	900,00 USD

Bunkerölzuschlag (BAF = Bunker Adjustment Factor/bunker surcharge)

Der Bunkerölzuschlag ist ein Zuschlag zur vereinbarten Seefrachtrate bei einer Erhöhung der Treibstoffpreise.

Beispiele: *Für Containertransporte zwischen Europa und Madagaskar südgehend 74,00 € per TEU und 61,00 € per TEU nordgehend.*

Währungszu- und Währungsabschläge (CAF = Currency Adjustment Factor)[1]

Währungszu- und -abschläge sollen die durch das Floaten[2] entstehenden Risiken der Wechselkursschwankungen der Abrechnungswährung abmildern. Die meisten Konferenzen rechnen auf der Basis des USD ab.

Beispiele[3]: *1. Für Transporte von der Hamburg/Bayonne Range nach den USA wurde am 1. April 2006 der CAF auf minus 7 % festgesetzt.*

2. Zum 1. April 2006 hat die „Europe to Australia and New Zealand Conference" ihren CAF ausgesetzt.

Vermischte Aufgaben zur Frachtberechnung im Stückgutverkehr

1 Berechnen Sie die Seefracht in Euro für folgende konventionelle Stückgutpartie, bestehend aus 4 Kolli zu je 8,457 t Gewicht. Der FOB-Wert der Sendung beträgt 74.259,00 €. Die einzelnen Kolli haben die Maße 2,04 m x 1,98 m x 1,12 m. (Kurs: 1,26 USD/€)

Tarifauszug:

Frachtrate lt. Tarif:	112,80 USD M/G oder 1,5 % ad valorem in Schiffswahl
Schwergewichtszuschlag:	für Kolli ab 5 t Gesamtgewicht von 3,75 USD je t Gesamtgewicht
CAF:	7 % auf die Grundfracht
Immediate Rebate:	9,5 % auf die Gesamtfracht (Grundfracht + Zuschläge)

2 Berechnen Sie die Seefracht in Euro für einen 20'-Container, beladen mit 21,6 m³ Sportartikeln, Gewicht der Sendung 4 893 kg, von Bremerhaven nach Durban/Südafrika. Der Wert der Sendung beträgt 126.450,00 €. (Kurs: 1,26 USD/€)

Tarifauszug:

Minimale Containerauslastung:	17 m³/17 t		
Maximale Containerauslastung:	31,6 m³/21,8 t		
Frachtrate lt. Tarif:	bis	3-mal messend	254,00 USD W/M
	bis	5-mal messend	228,50 USD W/M
	über	5-mal messend	119,00 USD W/M
CAF:	minus 5 % auf die Grundfracht		
THC je Umschlag:	142,00 USD je 20'-Container		
Immediate Rebate:	9,5 % auf die Gesamtfracht (Grundfracht + Zuschläge − Abschläge)		

3 Versendung von 35 Kolben für Schiffsdieselmotoren von Emden nach Pusan/Südkorea.

Maß je verpackter Kolben:	1,20 m Höhe x 0,70 m Breite x 0,70 m Tiefe, stapelbar
Gewicht je verpackter Kolben:	287 kg
Wert je Kolben:	6.250,00 €

Berechnen Sie die Seefracht in Euro alternativ für Stückgutversand mit einer Konferenz und Containerversand mit einem Outsider. (Kurs: 1,26 USD/€)

1 Einige Konferenzen bezeichnen den Währungszuschlag auch als CAC (Currency Adjustment Charge).
2 Gebräuchliche Bezeichnung für das freie Schwanken der Wechselkurse ohne vorgegebene Bandbreiten.
3 Sämtliche Beispiele dieser Seite sind der DVZ entnommen (Ratenänderungen in der Linienfahrt).

6540272

3 Auszug aus den Tarifen:

Stückguttarif einer Konferenz

Frachtrate laut Tarif:	152,50 USD W/M
CAF:	6 % auf die Grundfracht
Immediate Rebate:	9,5 % auf die Gesamtfracht

Containertarif eines Outsiders	20'	40'
Frachtrate laut Tarif	135,00 USD M/G	115,00 USD M/G
Minimale Containerauslastung – bei Maßratengütern – bei Gewichtsratengütern	 17 m^3 17 t	 34 m^3 17 t
Maximale Containerauslastung – bei Maßratengütern – bei Gewichtsratengütern	 31,6 m^3 21,8 t	 68,8 m^3 27 t
Congestion Surcharge für Containerumschlag CAF	180,00 USD je Container 7,5 % auf die Grundfracht	

4 Verschiffung einer 86,85 t schweren Diesellokomotive, FOB-Wert 1,6 Mio. €, vom Schwergutkai Hamburg nach Bergen/Norwegen mit einem schwedischen RoRo-Schiff. Die Lokomotive hat eine Länge über Puffer von 16,85 m. Benötigter Stauraum für den Versand der Diesellokomotive: 126,375 m^3.

Tarifauszug:

Abrechnung nach Reeders Wahl

bis	50.000,00 SEK Wert/t	= per frt 305,00 SEK
über	50.000,00 SEK Wert/t	= per frt 370,00 SEK
über	100.000,00 SEK Wert/t	= per frt 415,00 SEK

Schwergutzuschlag:	ab 8 t 52,00 SEK je t Gesamtgewicht
Längenzuschlag:	ab 14 m 898,75 SEK je zusätzlichen m Gesamtlänge
CAF:	plus 4,6 % auf die Grundfracht
BAF:	4,8 % auf die Grundfracht
Sofortrabatt:	9,5 % auf die Gesamtfracht

Berechnen Sie die Seefracht in Euro. (Kurs: 9,41 SEK/€)

6 Luftfrachtverkehr

6.1 Preisermittlung

Die Fluggesellschaften veröffentlichen in ihren Tarifhandbüchern die gültigen Tarife. Der bedeutendste Tarif, an dessen Herausgabe ca. 200 Fluggesellschaften beteiligt sind, ist **„The Air Cargo Tariff" (TACT)** der IATA.

Andere Tarife sind ähnlich aufgebaut. Ebenso orientieren sich Charter-Fluggesellschaften und Non-IATA-Fluggesellschaften mit ihren Tarifen an dem IATA-Tarifsystem. Die Darstellung der Luftfrachtberechnung kann sich deshalb auf das Tarifgefüge der IATA beschränken.

Nicht immer werden die IATA-Raten auch tatsächlich abgerechnet.
Zwischen **IATA-Rate** und **Marktrate** ergibt sich bisweilen eine Spanne, da die **Marktraten meist erheblich niedriger** sind als die veröffentlichten IATA-Raten.

Trotz dieser Entwicklung muss man das **IATA-Tarifgefüge** genau kennen, denn

- häufig orientiert sich die Marktrate an der IATA-Rate, es wird ein prozentualer Abschlag von der IATA-Rate berechnet,
- die Abrechnung zwischen Spediteur als IATA-Agent und der IATA-Fluggesellschaft erfolgt häufig nach den veröffentlichten Raten. Marktraten entstehen durch Rückvergütungen (kick-backs),
- IATA-Raten haben nach wie vor uneingeschränkte Gültigkeit, z. B. innerhalb bestimmter Verkehrsgebiete und bei Kapazitätsengpässen.

6.2 Der TACT der IATA

6.2.1 Allgemeines

Der **TACT** ist ein **richtungsgebundener Stationentarif,** er gilt also nicht gleichzeitig für die Gegenrichtung.

Die **Raten** sind immer in der **Währung des Abgangslandes** angegeben. Mit der Angabe **„local curr."** ist local currency = Währung des Abgangslandes gemeint. Die Angabe „USD" im TACT bedeutet US-$.

6.2.2 Gewichtsberechnung

Das frachtpflichtige Gewicht wird ermittelt, indem das tatsächliche Gewicht auf das nächste halbe oder volle Kilogramm aufgerundet wird.

Beispiele:	*tatsächliches Gewicht:*		*frachtpflichtiges Gewicht:*
	50,4 kg	→	*50,5 kg*
	50,1 kg	→	*50,5 kg*
	50,7 kg	→	*51,0 kg*

Aufgaben

1	Geben Sie das frachtpflichtige Gewicht für folgende Luftfrachtsendungen an:				
	a) 49,7 kg	b) 60,4 kg	c) 65,5 kg	d) 70,0 kg	e) 66,1 kg
2	Geben Sie das frachtpflichtige Gewicht für folgende Luftfrachtsendungen an:				
	a) 23,34 kg	b) 132,1 kg	c) 199,4 kg	d) 50,5 kg	e) 149,0 kg
3	Geben Sie das frachtpflichtige Gewicht für folgende Luftfrachtsendungen an:				
	a) 53,7 kg	b) 249,2 kg	c) 119,0 kg	d) 74,5 kg	e) 89,1 kg

6.2.3 Volumenberechnung

Sendungen, deren Rauminhalt im Verhältnis zum Bruttogewicht außergewöhnlich hoch ist **(„sperrige Sendungen"),** werden nach dem Volumen berechnet. Der Rauminhalt berechnet sich aus den größten rechtwinkligen Ausmessungen eines Packstückes, wobei auf **volle cm gerundet** wird.

6540274

Im Luftfrachtverkehr werden 6 dm^3 bzw. 6000 cm^3 einem Kilogramm gleichgesetzt. Hat ein Kilogramm Luftfracht mehr als 6 dm^3, so ist die Frachtberechnung aufgrund der errechneten Volumeneinheiten vorzunehmen.

Merke:

Für die Berechnung des Volumengewichtes gilt folgende Formel:

$$\frac{\text{größte Länge} \cdot \text{größte Breite} \cdot \text{größte Höhe in cm}}{6000} = \text{Volumengewicht in kg}$$

Das berechnete Volumengewicht ist auf das nächsthöhere halbe oder volle Kilogramm aufzurunden.

Musteraufgabe

Eine Kiste mit den Maßen 112,2 cm x 45,4 cm x 25,8 cm wird als Luftfrachtsendung befördert.

Berechnen Sie das frachtpflichtige Gewicht der Luftfrachtsendung.

Lösung

Rundung der Maße: 112,2 cm → 112 cm
45,4 cm → 45 cm
25,8 cm → 26 cm

Berechnung der Volumen-kg: $\frac{112 \cdot 45 \cdot 26}{6000} = 21{,}84$ Volumen-kg

Frachtpflichtiges Volumengewicht: 21,84 → 22 Volumen-kg

Aufgaben

1 Berechnen Sie das Volumengewicht für folgende Luftfrachtsendungen:

a) 73,3 cm x 59,4 cm x 20,8 cm
b) 89,9 cm x 49,0 cm x 10,3 cm
c) 112,4 cm x 89,0 cm x 25,5 cm
d) 45,0 cm x 23,8 cm x 11,7 cm

2 Berechnen Sie das Volumengewicht. Entscheiden Sie, ob das Volumengewicht oder das Effektivgewicht abgerechnet wird.

a) 108,4 cm x 35,5 cm x 20,0 cm — Effektivgewicht: 13,3 kg
b) 150,8 cm x 88,0 cm x 45,2 cm — Effektivgewicht: 90,4 kg
c) 88,5 cm x 88,5 cm x 88,5 cm — Effektivgewicht: 95,8 kg
d) 57,4 cm x 49,0 cm x 36,2 cm — Effektivgewicht: 45,2 kg
e) 148,5 cm x 99,3 cm x 27,5 cm — Effektivgewicht: 59,4 kg

Die Entscheidung, ob Volumenfracht oder Gewichtfracht anzuwenden ist, bezieht sich immer auf die **Gesamtsendung** und nicht auf die einzelnen Packstücke.

Musteraufgabe

Eine Luftfrachtsendung besteht aus 2 Kisten:

1. Kiste: 115,3 cm x 55,2 cm x 45,7 cm; Gewicht: 50,4 kg
2. Kiste: 130,7 cm x 55,6 cm x 75,2 cm; Gewicht: 79,8 kg

Berechnen Sie das frachtpflichtige Gewicht der Luftfrachtsendung.

Lösung

Berechnung des tatsächlichen Gewichts:

1. Packstück	50,4 kg
2. Packstück	79,8 kg
Sendungsgewicht	130,2 kg ❶

Berechnung der Volumen-kg:

1. Packstück: $\frac{115 \cdot 55 \cdot 46}{6000}$ ❷ = 48,49 Volumen-kg

2. Packstück: $\frac{131 \cdot 56 \cdot 75}{6000}$ ❷ = 91,70 Volumen-kg

140,19 Volumen-kg ❸

Tatsächliches Gewicht (Effektivgewicht)	130,2 kg ❹
Volumengewicht (Raumgewicht)	140,19 kg
Abrechnung nach Volumengewicht	**140,50 Volumen-kg** ❺

Lösungsweg

❶ Effektives (tatsächliches) Sendungsgewicht ermitteln.
❷ Für die Berechnung der Volumen-kg die Ausmessungen auf volle cm runden.
❸ Volumen-kg für die gesamte Sendung ermitteln.
❹ Vergleich Effektivgewicht – Volumengewicht. Das Volumengewicht der Luftfrachtsendung (140,19 Vol.-kg) ist höher als das tatsächliche (effektive) Sendungsgewicht (130,2 kg). Für die Frachtberechnung wird deshalb das Volumengewicht herangezogen.
❺ Das für die Frachtberechnung maßgebliche Gewicht (hier: Volumengewicht) auf das nächste halbe oder volle Kilogramm aufrunden.

Aufgaben

3 Eine Luftfrachtsendung besteht aus einem Paket.
Gewicht: 48,2 kg, Maße: 120 cm x 100 cm x 30 cm.

Berechnen Sie das frachtpflichtige Gewicht.

4 Eine Luftfrachtsendung besteht aus einem Paket.
Gewicht: 45,9 kg, Maße: 90 cm x 70 cm x 25 cm.

Berechnen Sie das frachtpflichtige Gewicht.

5 Eine Luftfrachtsendung besteht aus einem Paket.
Gewicht: 18,6 kg, Maße: 60,2 cm x 54,6 cm x 30,3 cm.

Berechnen Sie das frachtpflichtige Gewicht.

6 Eine Luftfrachtsendung besteht aus einem Paket.
Gewicht: 17,2 kg, Maße: 79,3 cm x 74,8 cm x 26,5 cm.

Berechnen Sie das frachtpflichtige Gewicht.

7 Eine Luftfrachtsendung besteht aus 3 Packstücken.

1. Packstück	Gewicht: 65,7 kg	Maße: 105 x 81 x 58 cm
2. Packstück	Gewicht: 74,3 kg	Maße: 130 x 95 x 50 cm
3. Packstück	Gewicht: 33,5 kg	Maße: 98 x 42 x 25 cm

Berechnen Sie das frachtpflichtige Gewicht.

6540276

8 Eine Luftfrachtsendung besteht aus 3 Packstücken.

1. Packstück	Gewicht: 27,4 kg	Maße: 71 x 59 x 15 cm
2. Packstück	Gewicht: 13,6 kg	Maße: 88 x 88 x 24 cm
3. Packstück	Gewicht: 21,9 kg	Maße: 98 x 42 x 25 cm

Berechnen Sie das frachtpflichtige Gewicht.

6.2.4 Mindestfrachten

Für Luftfrachtsendungen sind **Mindestfrachtbeträge** festgesetzt, die grundsätzlich nicht unterschritten werden dürfen. Die Mindestfrachtbeträge werden im TACT mit der Abkürzung „M" (Minimum Charges) ausgewiesen.

Mindestfracht	Sendungen von Deutschland
48,00 €	nach anderen deutschen Flughäfen
56,24 €	in das Tarifgebiet IATA-Europa
76,69 €	nach Flughäfen in IATA-Afrika, nach Flughäfen in IATA-Fernost, nach Flughäfen in Nord-, Mittel- und Südamerika
84,36 €	nach Flughäfen in das IATA-Gebiet Australien/Südwest-Pazifik

6.2.5 Luftfrachtraten

Die im TACT angegebenen **Luftfrachtraten** stellen Transportpreise **je kg** dar. Beachten Sie, dass die Abkürzung „M" für Mindestfrachtbetrag steht und keine Rate per kg darstellt.

6.2.5.1 General Cargo Rates (GCR) – Allgemeine Raten

Die **Allgemeinen Raten** (GCR) werden in **Normalraten** und **Mengenrabattraten** (Quantity-Rates) unterteilt.

Unter **Normalraten** versteht man die Raten für Sendungen mit einem Gewicht **unter 45 frachtpflichtigen kg.** Normalraten werden im TACT mit **„N"** abgekürzt. Da die Normalrate für Sendungen von einem Gewicht unter 45 frachtpflichtigen kg gilt, wird sie auch als **„Minus-45-kg-Rate"** (–45-kg-Rate) bezeichnet.

Mengenrabattraten (Quantity-Rates) gelten ab einem bestimmten frachtpflichtigen Mindestgewicht. Sie bieten **günstigere Frachtraten** pro kg als die Normalrate. Die Gewichtsstaffelung der Mengenraten (z. B. 45, 100, 300, 500, 800) nennt man **„breakpoints"**.

Liegt das Sendungsgewicht unter dem Breakpoint einer Mengenrabattrate, ist sie trotzdem anzuwenden, wenn sich trotz des höheren frachtpflichtigen Gewichts wegen der niedrigeren Frachtrate insgesamt geringere Frachtkosten ergeben.

Musteraufgabe

Aus dem TACT ergibt sich Folgendes:

date/ type	note	item	min. weight	local curr.
DÜSSELDORF			**DE**	**DUS**
EURO		EUR		KGS
BEIJING		**CN**	M	79.69
			N	11.22
			45	7.39
			100	4.00
			300	3.34
			500	3.24

1. Berechnen Sie die Luftfracht für eine nicht sperrige Luftfrachtsendung von Düsseldorf nach Beijing (Peking) im Gewicht von 41,2 kg.
2. Berechnen Sie die Luftfracht für eine nicht sperrige Luftfrachtsendung von Düsseldorf nach Beijing (Peking) im Gewicht von 244,7 kg.

Lösung

1. 41,2 kg Luftfracht
   N-Rate: 41,2 kg → 41,5 frachtpfl. kg;
   41,5 · 11,22 € .... 465,63 €
   oder alternativ
   Q-45-Rate: Abrechnungsmindestgewicht beträgt 45 kg.
   45 · 7,39 € .... 332,55 €
   Die Q-45-Rate ist abzurechnen, da sie eine geringere Luftfracht ergibt.
2. 244,7 kg Luftfracht
   Q-100-Rate: 244,7 kg: → 245,0 frachtpfl. kg
   245 · 4,00 € .... 980,00 €
   oder alternativ
   Q-300-Rate: Abrechnungsmindestgewicht beträgt 300 kg.
   300 · 3,34 € .... 1.002,00 €
   Die Q-100-Rate ist abzurechnen, da sie eine geringere Luftfracht ergibt.

Aufgaben

1 Luftfracht Dresden–Nairobi. Auszug aus dem TACT:

date/ type	note	item	min. weight	local curr.
DRESDEN			**DE**	**DRS**
EURO		EUR		KGS
NAIROBI		**KE**	M	76.69
			N	6.21
			100	4.27
			300	3.66
			500	3.14

a) Berechnen Sie die Luftfracht für ein Paket im Gewicht von 5,2 kg.
b) Berechnen Sie die Luftfracht für ein Paket im Gewicht von 17,1 kg.

6540278

c) Berechnen Sie die Luftfracht für ein Packstück im Gewicht von 39,6 kg.
d) Berechnen Sie die Luftfracht für ein Packstück im Gewicht von 63,4 kg.
e) Berechnen Sie die Luftfracht für ein Packstück im Gewicht von 58,3 kg und den Maßen 125 cm x 110 cm x 40 cm.
f) Berechnen Sie die Luftfracht für eine nicht sperrige Sendung mit dem Gewicht 387,3 kg.

2 Luftfracht Frankfurt–Mombasa. Auszug aus dem TACT:

date/ type	note	item	min. weight	local curr.
FRANKFURT			**DE**	**FRA**
EURO		EUR		KGS
MOMBASA		**KE**	M	76.69
			N	14.14
			45	10.66
			100	4.45
			300	3.83
			500	3.31

a) Berechnen Sie die Luftfracht für ein Paket im Gewicht von 25,2 kg.
b) Berechnen Sie die Luftfracht für ein Paket im Gewicht von 7,1 kg.
c) Berechnen Sie die Luftfracht für ein Packstück im Gewicht von 45,4 kg.
d) Berechnen Sie die Luftfracht für ein Packstück im Gewicht von 168,9 kg.
e) Berechnen Sie die Luftfracht für ein Packstück im Gewicht von 78,3 kg und den Maßen 115 cm x 80 cm x 20 cm.
f) Berechnen Sie die Luftfracht für eine nicht sperrige Sendung mit dem Gewicht 687,3 kg.
g) Eine Luftfrachtsendung besteht aus 2 Packstücken.
1. Packstück Gewicht: 24,1 kg 82 x 82 x 40 cm
2. Packstück Gewicht: 15,2 kg 60 x 55 x 45 cm
Berechnen Sie die Luftfracht.

6.2.5.2 Specific Commodity Rates – Spezialraten

Spezialraten (**Co**mmodity **Ra**te oder CORA) sind gegenüber den Normalraten um bis zu 80 % ermäßigt. Sie gelten nur für die Beförderung exakt beschriebener Waren oder Warengruppen, für die eine vierstellige Itemnummer angegeben sein muss. Spezialraten gelten stets nur zwischen zwei genau bestimmten Flughäfen.

Der TACT unterscheidet bei den Spezialraten nach **10 Warengruppen** mit Warenbeschreibungen (Commodity Descriptions) und Warennummern von 0001 bis 9999.

Spezialraten haben nach IATA-Vorschrift Vorrang[1] vor allen anderen Tarifarten. Wie bei den Mengenraten sind auch bei den Spezialraten Mindestfrachtberechnungsgewichte zu berücksichtigen.

1 Bei kleinen Gewichten muss allerdings eine alternative Frachtberechnung erfolgen, da die Anwendung der allgemeinen Raten zu einer günstigeren Fracht führen kann.

Musteraufgabe

Luftfracht Berlin–Ndola. Auszug aus dem TACT:

date/ type	note	item	min. weight	local curr.
BERLIN			**DE**	**BER**
EURO		EUR		KGS
NDOLA		**ZM**	M	76.69
			N	15.42
			45	11.61
		6495	500	5.91

6495 = PHARMACEUTICALS, DRUGS, MEDICINE ...

1. Berechnen Sie die Luftfracht für Medikamente im Gewicht von 224 kg.
2. Berechnen Sie die Luftfracht für Medikamente im Gewicht von 412 kg.

Lösung

1. Medikamente, 124 kg
   Rate + 45: 224 · 11,61 € = 2.600,64 €
   oder alternativ
   Spezialrate 6495 500: 500 · 5,91 € = 2.955,00 €
   Die Q-45-Rate ergibt die günstigere Luftfracht.
2. Medikamente, 412 kg
   Rate + 45: 412 · 11,61 € = 4.783,32 €
   oder alternativ
   Spezialrate 6495 500: 500 · 5,91 € = 2.955,00 €
   Die Spezialrate (CORA) 6495 500 ergibt die günstigere Luftfracht.

Aufgaben

1 Luftfracht Leipzig–Osaka. Auszug aus dem TACT:

date/ type	note	item	min. weight	local curr.
LEIPZIG			**DE**	**LEJ**
EURO		EUR		KGS
OSAKA		**JP**	M	76.69
			N	15.18
			45	10.96
			100	7.62
			200	5.54
			300	4.48
		1024	100	6.25
		7109	100	3.90
		9998	45	4.64

1024 = FISH (LIVE, INEDIBLE), CORAL, WEED, FISH FOOD
7109 = NEWSPAPERS
9998 = HOUSEHOLD GOODS, ...

a) Berechnen Sie die Luftfracht für 123,3 kg Zierfische.
b) Berechnen Sie die Luftfracht für 55,7 kg Zierfische.
c) Berechnen Sie die Luftfracht für 63,5 kg Zierfische.
d) Berechnen Sie die Luftfracht für 203,9 kg Zierfische.
e) Berechnen Sie die Luftfracht für 21,8 kg Zeitungen.
f) Berechnen Sie die Luftfracht für 62,2 kg Zeitungen.

6540280

g) Berechnen Sie die Luftfracht für 185,3 kg Zeitungen.
h) Berechnen Sie die Luftfracht für 67,4 kg Haushaltswaren.
i) Berechnen Sie die Luftfracht für 290,0 kg Haushaltswaren.
j) Berechnen Sie die Luftfracht für 312,9 kg Haushaltswaren.

6.2.5.3 Class-Rates – Warenklassenraten

Warenklassenraten sind Tarife für speziell bezeichnete Warengruppen. Sie haben in der Anwendung stets **Vorrang vor allgemeinen Frachtraten** (GCR), kommen aber erst zur Anwendung, wenn keine Spezialrate existiert. Die Berechnung der Warenklassenraten basiert je nach Fluggebiet auf der Normalrate (N) oder der anwendbaren allgemeinen Rate.

Warenklassenraten werden entweder durch **Zuschläge** (Surcharges) oder durch **Abschläge** (Reduction) gebildet. Grundlage für Zu- und Abschläge ist je nach Fluggebiet die Normalrate (N) oder die anwendbare allgemeine Rate.

Beispiele für **Warenklassenraten,** die durch **Zuschläge** gebildet werden, sind:

- lebende Tiere
- Tierställe
- sterbliche Überreste
- Wertfracht wie Gold, Diamanten, ...

Beispiele für **Warenklassenraten,** die durch **Abschläge** gebildet werden, sind:

- Zeitungen, Zeitschriften, Magazine
- Bücher, Kataloge, Blindenschriftausrüstungen
- unbegleitetes Reisegepäck

Musteraufgabe

Auszug aus dem TACT:

date/ type	note	item	min. weight	local curr.
HANNOVER			**DE**	**HAJ**
EURO		EUR		KGS
TOKYO		**JP**	M	76.69
			N	15.18
			45	10.96
			100	7.62
			200	5.54
			300	4.48
		1024	100	6.25
		7109	100	3.90
		9998	45	4.64

1024 = FISH (LIVE, INEDIBLE), CORAL, WEED, FISH FOOD
7109 = NEWSPAPERS
9998 = HOUSEHOLD GOODS, ...

a) Eine Kiste mit Edelmetallen ist von Hannover nach Tokio zu befördern. Das Gesamtgewicht beträgt 64,7 kg. Die Class-Rate beträgt 200 % von N.
b) Eine Büchersendung im Gewicht von 23,4 kg ist von Hannover nach Tokio zu befördern. Die Class-Rate beträgt 50 % von N.
c) Eine Büchersendung im Gewicht von 204,0 kg ist von Hannover nach Tokio zu befördern. Die Class-Rate beträgt 50 % von N.
d) Zeitungen im Gewicht von 89,7 kg sind von Hannover nach Tokio zu befördern. Die Class-Rate beträgt 50 % auf N.

Lösung

a)	Normalrate (N) · 200 % = Class-Rate 15,18 · 200 %	=	30,36 €
	64,7 kg → 65 frachtpfl. kg; → 65 · 30,36 €	=	1.973,40 €
b)	Normalrate (N) · 50 % = Class-Rate 15,18 · 50 %	=	7,59 €
	23,4 kg → 23,5 frachtpfl. kg; → 23,5 · 7,59 €	=	178,37 €
c)	Normalrate (N) · 50 % = Class-Rate 15,18 · 50 %	=	7,59 €
	203,6 kg → 204 frachtpfl. kg; → 204 · 7,59 €	=	1.548,36 €
	oder alternativ Q-200-Rate:		
	203,6 kg → 204 frachtpfl. kg; → 204 · 5,54 €	=	1.130,16 €
	Die Q-200-Rate ergibt die günstigere Fracht und ist deshalb anzuwenden.		
d)	Normalrate (N) · 50 % = Class-Rate 15,18 · 50 %	=	7,59 €
	89,7 kg → 90,0 frachtpfl. kg; → 90 · 7,59 €	=	683,10 €
	oder alternativ Spezialrate 7109:		
	Mindestgewicht 100 kg → 100 · 3,90 €	=	390,00 €
	Die Spezialrate ergibt die günstigere Fracht und ist deshalb anzuwenden.		

Aufgaben

1	Ein Hund in einem Transportmittelbehälter ist von Hannover nach Tokio zu befördern. Das Gesamtgewicht beträgt 38,3 kg. Die Class-Rate beträgt 170 % von N.
2	Eine Büchersendung im Gewicht von 52,8 kg ist von Hannover nach Tokio zu befördern. Die Class-Rate beträgt 50 % von N.
3	Ein Hund in einem Transportmittelbehälter ist von Hannover nach Tokio zu befördern. Das Gesamtgewicht beträgt 46,1 kg. Die Class-Rate beträgt 170 % von N.
4	Eine Büchersendung im Gewicht von 12,3 kg ist von Hannover nach Tokio zu befördern. Die Class-Rate beträgt 50 % von N.
5	1 Goldbarren, 2,0 kg, ist von Hannover nach Tokio zu befördern. Die ClassRate beträgt 200 % von N. Berechnen Sie die Luftfracht.

6.2.5.4 Bulk Unitization Charges – Container- bzw. Palettenfrachten (ULD-Programm)

Für **Container und Paletten** gibt es das „Bulk Unitization Program", auch **„ULD-Programm"** (Unit Load Device Program) genannt. Güter werden auf Paletten oder in Containern verladen. Die Container sind oft den Konturen der Frachträume von Flugzeugen angepasst.

Die Raten für Container- und Palettenverladungen beziehen sich nicht auf die Warenart, sondern auf das zu verladende Gewicht. Die Container-/Palettenrate ist also eine **FAK-Rate** (Freight All Kind).

Container und Paletten werden mit den Ziffern 1 bis 9 gekennzeichnet. Je nach Ladeeinheit und Fluggebiet wird ein **frachtpflichtiges Mindestgewicht** vorgeschrieben. Das frachtpflichtige Mindestgewicht wird als **„Pivot Weight"** bezeichnet.

Im TACT ist die Fracht für das PIVOT WEIGHT mit /**B** angegeben. Wird ein Container über das Mindestgewicht (Pivot Weight) hinaus beladen, wird für das **Gewicht über dem Mindestgewicht** die **OVER PIVOT RATE** (im TACT = /**C**) berechnet.

PIVOT WEIGHT /B = Mindestfrachtbetrag
OVER PIVOT WEIGHT /C = Rate für Gewicht über Mindestgewicht

6540282

Muster-aufgabe

Luftfracht Hamburg–Brisbane. Auszug aus dem TACT:

date/ type	note	item	min. weight	local curr.
HAMBURG			**DE**	**HAM**
EURO		EUR		KGS
BRISBANE		**AU**	M	84.36
			N	15.74
			45	11.37
			100	7.32
			300	6.17
			500	5.57
			800	5.07
	/C			4.47
20	/B		3.000	14.564.15
5	/B		2.000	9.709.43
8	/B		1.000	4.854.72

1. Berechnen Sie die Luftfracht für einen Container der Klasse 8. Das Sendungsgewicht beträgt 1 187 kg.
2. Berechnen Sie die Luftfracht für einen Container der Klasse 5 mit einem Sendungsgewicht von 1 923 kg.
3. Berechnen Sie die Luftfracht für einen Container der Klasse 5 mit einem Sendungsgewicht von 2 365 kg.

Lösung

1.	Fracht für PIVOT WEIGHT, Klasse 8	4.854,72 €
	+ 187 kg OVER PIVOT (187 · 4,47 €)....................	835,89 €
		5.690,61 €
2.	Fracht für PIVOT WEIGHT, Klasse 5 (Mindestfrachtbetrag)...	9.709,43 €
	Kein OVER PIVOT WEIGHT.	
3.	Fracht für PIVOT WEIGHT, Klasse 5	9.709,43 €
	+ 385 kg OVER PIVOT (385 · 4,47 €)....................	1.720,95 €
		11.430,38 €

Aufgaben

1 Luftfracht Berlin–Christchurch. Auszug aus dem TACT:

date/ type	note	item	min. weight	local curr.
BERLIN			**DE**	**BER**
EURO		EUR		KGS
CHRISTCHURCH		**NZ**	M	84.36
			N	16.40
			45	12.02
			100	7.97
			300	6.83
			500	6.22
			800	5.73
	/C			5.13
5	/B		2.000	11.022.43
8	/B		1.000	5.511.22

a) Berechnen Sie die Luftfracht für eine Palette Klasse 5, Nettogewicht 2 122 kg.
b) Berechnen Sie die Luftfracht für eine Palette Klasse 5, Nettogewicht 2 031 kg.
c) Berechnen Sie die Luftfracht für eine Palette Klasse 5, Nettogewicht 1 990 kg.
d) Berechnen Sie die Luftfracht für eine Palette Klasse 5, Nettogewicht 1 870 kg.
e) Berechnen Sie die Luftfracht für einen Container Klasse 8, Nettogewicht 1 100 kg.
f) Berechnen Sie die Luftfracht für einen Container Klasse 8, Nettogewicht 940 kg.
g) Berechnen Sie die Luftfracht für einen Container Klasse 8, Nettogewicht 1 048 kg.
h) Berechnen Sie die Luftfracht für einen Container Klasse 8, Nettogewicht 899 kg.

6.2.6 Zusammenfassung Luftfracht

TACT
- richtungsgebundener Stationentarif
- Raten beziehen sich auf ein kg bzw. lb.
- Raten sind in der Währung des Abgangslandes angegeben (local currency).

Gewichtsberechnung:

Das tatsächliche Gewicht wird auf das nächste halbe oder volle Kilogramm aufgerundet.

Volumenberechnung: $\frac{\text{Länge} \cdot \text{Breite} \cdot \text{Höhe in cm}}{6\,000} = \text{Volumen-kg}$

Sperrigkeit bezieht sich auf Luftfrachtsendung, nicht auf einzelnes Packstück.

M	**Mindestfracht,** darf nicht unterschritten werden
N	**Normalrate,** gilt für Sendungen mit frachtpflichtigem Gewicht unter 45 kg
Q 45	**Mengenrabattraten** (Quantity-Rates), gelten ab einem bestimmten frachtpflichtigen Mindestgewicht
CORA	auch SCR genannt, **Spezialraten** (**S**pecific **C**ommodity **R**ates), stark ermäßigte Raten, gelten nur für bestimmte Waren zwischen zwei genau bestimmten Flughäfen
R	**Warenklassenraten (reduced** = ermäßigt), z. B. für Bücher, Zeitschriften, unbegleitetes Reisegepäck, Blindenschriften Berechnung: Abschlag auf N-Rate bzw. anwendbare allgemeine Rate
S	**Warenklassenraten (Surcharge** = Zuschlag), z. B. für lebende Tiere, Wertfracht, sterbliche Überreste Berechnung: Zuschlag auf N-Rate bzw. anwendbare allgemeine Rate
/C	OVER PIVOT WEIGHT Fracht per kg für Gewicht über dem Mindestgewicht bei Container-/Palettenverladung
/B	PIVOT WEIGHT frachtpflichtiges Mindestgewicht mit Angabe der Mindestfracht (unterschiedliche Mindestgewichte und Mindestfrachten je nach Containertyp)

6540284

TACT-Auszug mit Erläuterungen:

date/ type	note	❶ item	min. ❷ weight	❸ local curr.
❹ FRANKFURT			❺ DE	❻ FRA
❼ EURO		❽ EUR		❾ KGS
❿ OSAKA		⓫ JP	M	❸ 76.69
			N	15.18
			❷ 45	10.96
			100	7.62
			200	5.54
			300	4.48
		1 024	100	6.25
		7 109	100	3.90
		9 998	45	4.64
	⓬ /C			...
⓭ 5/B		⓮ 1 000		⓯
8/B		2 000		

1024 = FISH (LIVE, INEDIBLE), CORAL, WEED, FISH FOOD
⓰ 7109 = NEWSPAPERS
9998 = HOUSEHOLD GOODS, ...

❶ item = Warennummer der Spezialrate
❷ min weight = frachtpflichtiges Mindestgewicht
❸ local currency = Währung des Abgangslandes → hier EUR ❽
❹ Abgangsflughafen
❺ Abgangsstaat
❻ Abkürzung für Abgangsflughafen
❼ Währung des Abgangslandes
❽ Währung des Abgangslandes (3-Buchstaben-Code)
❾ Ratenangabe per Kilogramm (KGS = kg)
❿ Zielflughafen
⓫ Staat des Zielflughafens
⓬ Over Pivot Rate
⓭ Containerart
⓮ frachtpflichtiges Mindestgewicht des Containers
⓯ Mindestfrachtbetrag
⓰ Warenbeschreibung für Spezialraten

TACT-Auszüge zu den Übungsaufgaben

date/ type	note	item	min. weight	local curr.
FRANKFURT			**DE**	**FRA**
EURO		EUR		KGS
OSAKA		**JP**	**M**	**76.69**
			N	15.18
			45	10.96
			100	7.62
			200	5.54
			300	4.48
		1 024	100	6.25
		7 109	100	3.90
		9 998	45	4.64

1024 = FISH (LIVE, INEDIBLE), CORAL, WEED, FISH FOOD
7109 = NEWSPAPERS
9998 = HOUSEHOLD GOODS, ...

date/ type	note	item	min. weight	local curr.
BREMEN			**DE**	**LEJ**
EURO		EUR		KGS
MELBOURNE		**AU**	**M**	**84.36**
			N	15.74
			45	11.37
			100	7.32
			300	6.17
			500	5.57
			800	5.07
	/C			4.47
2QX	/B		3.000	14.564.15
5	/B		2.000	9.709.43
8	/B		1.000	4.854.72

Aufgaben

1. Berechnen Sie die Luftfracht für 48,3 kg Maschinenteile von Bremen nach Melbourne.
2. Berechnen Sie die Luftfracht für 5,3 kg Ersatzteile von Bremen nach Melbourne.
3. Ein Löwenbaby wird in einem Käfig von Frankfurt nach Osaka geflogen. Gesamtgewicht der Sendung: 48,9 kg. Die Class-Rate beträgt 170 % auf N. Berechnen Sie die Luftfracht.
4. 212,9 kg Zierfische sind von Frankfurt nach Osaka zu fliegen. Berechnen Sie die Luftfracht, wenn der Carrier 22% Rabatt auf den TACT-Preis gewährt.

6540286

Bildquellenverzeichnis

Deutsche Binnenrederei, Berlin 25
Globus Infografik GmbH, Hamburg 151
Hapag Loyd AG, Hamburg 24, 25
Heinz Böse GmbH, Eslohe-Reiste 20
Satzpunkt Ewert GmbH, Bayreuth 20,31

Grafiken: Claudia Hild Grafikdesign, Angelburg

6540288